LES INVALIDES.

PARIS, TYPOGRAPHIE DE HENRI PLON
IMPRIMEUR DE L'EMPEREUR,
8, RUE GARANCIÈRE.

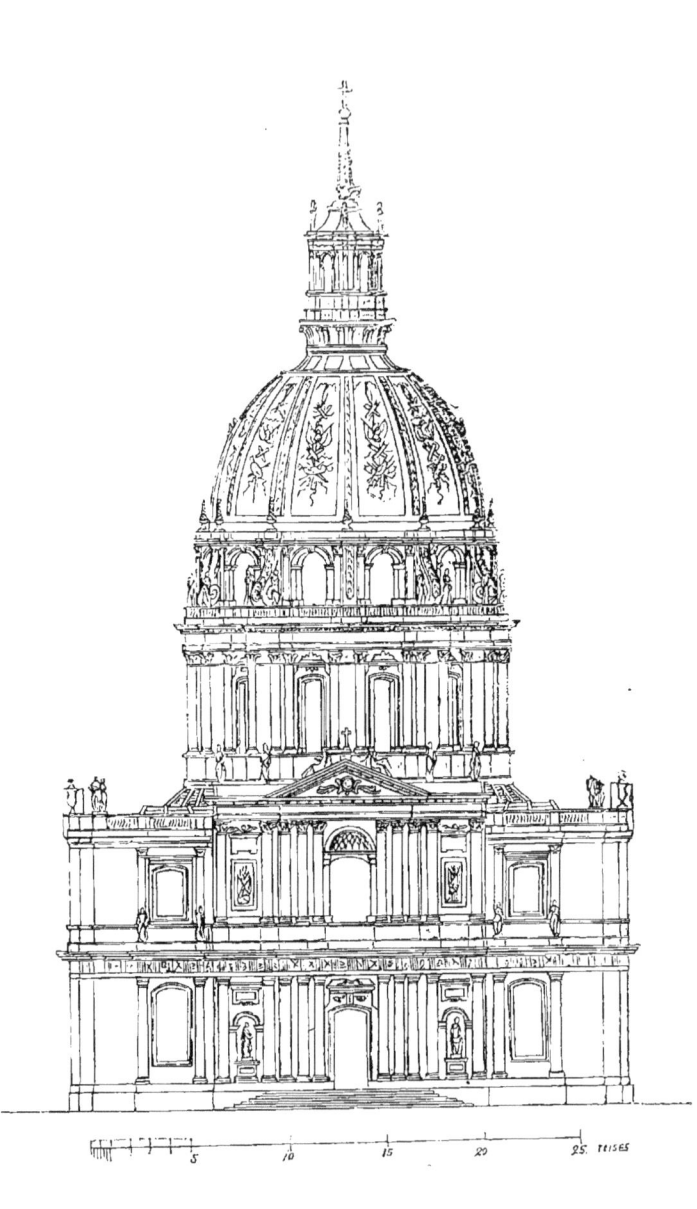

LES INVALIDES

GRANDES ÉPHÉMÉRIDES

DE L'HÔTEL IMPÉRIAL

DES INVALIDES

DEPUIS SA FONDATION JUSQU'A NOS JOURS

DESCRIPTION

DU MONUMENT ET DU TOMBEAU DE NAPOLÉON Ier

PAR LE COLONEL GÉRARD,

ex-secrétaire général, archiviste, trésorier, bibliothécaire,
conservateur des trophées militaires à l'Hôtel
Commandeur de l'Ordre de la Légion d'honneur

OUVRAGE ORNÉ DE GRAVURES.

PARIS

HENRI PLON, IMPRIMEUR-ÉDITEUR

8, RUE GARANCIÈRE

MDCCCLXII

AVERTISSEMENT.

La bienveillance avec laquelle notre description des Invalides et du tombeau de Napoléon Ier a été accueillie par le public français et bon nombre d'étrangers de distinction, parmi lesquels nous avons été heureux et fier de compter des princes souverains, nous impose en quelque sorte l'obligation de compléter ce livre en le faisant précéder d'un abrégé de l'histoire de l'Institution, pour lequel nous demandons et espérons même indulgence et même sympathie.

Cet ouvrage n'est pas, à proprement parler, une histoire ; c'est plutôt un recueil d'éphémérides remarquables dont l'établissement a été témoin que nous racontons sans commentaire aucun, sans appréciation aucune.

C'est dans les lois, décrets et arrêtés; c'est dans le *Moniteur* et autres documents officiels que nous avons puisé ce que nous racontons des hauts faits des héros dont les dépouilles mortelles reposent dans ce temple de la mort et de la gloire. Ces documents, nous les citons textuellement, sans critique et sans éloge, les jugeant plus éloquents et plus instructifs que tout ce qu'on pourrait dire. Apprécier, louer, blâmer (ici nous ne voyons pas place au blâme), à quoi bon quand il s'agit de l'armée française et de l'hôtel des Invalides? Louer Louis XIV, louer Napoléon Ier! Phrases superflues, rhétorique inutile! La postérité la plus reculée, pleine d'admiration, ne les louera-t-elle pas assez quand tous deux se présenteront devant elle tenant à la main, l'un son ordonnance qui fonde l'hôtel des Invalides, l'autre son décret qui institue la Légion d'honneur?

C'est à l'hôtel des Invalides, dans l'église Saint-Louis, que ce décret a reçu sa première sanction; que cette grande institution de la Légion d'honneur a été inaugurée; création du grand Empereur complétant celle du grand Roi, avec cet avantage qu'elle honore et récompense tous les talents, tous les mérites et toutes les vertus, tandis que la première ne récompense que la vertu et le malheur guerriers.

Lejeune de Bellancourt, Félicien des Avaux, Joseph Granet, l'abbé Perau, M. Gentil de Bussy, ont, à diverses époques, publié des descriptions historiques de l'hôtel des Invalides. Mais ces publications, dit M. Solard en tête de son remarquable livre, ont été presque exclusivement consacrées à la partie artistique et architecturale.

Ce dernier, comme il le dit lui-même, a traité ce sujet au point de vue militaire, historique et social. Son livre a paru en 1845.

AVERTISSEMENT.

En 1854, M. de Chamberet a publié sous ce titre : *De l'institution et de l'hôtel des Invalides, leur origine, leur histoire,* un travail très-recommandable qui a le double mérite de l'exactitude et de la brièveté. Aussi nous serions-nous abstenu de refaire après eux cet ouvrage si nous n'avions eu plusieurs pages importantes à y ajouter.

En 1845, en 1854, l'hôtel des Invalides, comme monument, n'était pas achevé; il ne l'a été que du jour où, après vingt ans d'attente dans la chapelle Saint-Jérôme, la dépouille mortelle de Napoléon Ier a été pour toujours et irrévocablement scellée dans le gigantesque sarcophage qui depuis si longtemps l'attendait sous le dôme.

Aujourd'hui le sort du monument, le sort de l'institution est fixé; 1670 et 1861 seront toujours les deux grandes époques de l'histoire des Invalides qu'on peut considérer comme achevée aussi. Sans doute l'avenir y ajoutera encore de nombreuses et glorieuses pages, mais ce ne seront que des faits particuliers qui n'en changeront point le caractère général. Les murailles et la voûte du temple s'enrichiront encore de nouveaux trophées. Autour de Turenne, de Vauban, de Bertrand et de Duroc; autour de Napoléon et de ses plus illustres compagnons d'armes, viendront reposer les plus dignes héritiers de leur gloire; mais reliques de la gloire et reliques de la mort, accumulées dans l'église et dans la nécropole, n'en altéreront ni la physionomie ni la structure. L'Hôtel restera ce qu'il est, et ainsi, après tant de vicissitudes et d'orages qui ont failli la faire disparaître, la plus belle institution de Louis XIV, à jamais protégée par l'ombre de Napoléon, vivra aussi longtemps que la France gardera nom et rang dans le monde.

LES INVALIDES.

LIVRE PREMIER.

CHAPITRE PREMIER.
De 1670 à 1789.

Avant de commencer l'histoire de l'hôtel des Invalides, il est nécessaire de dire quelques mots sur l'origine de cette institution, dont l'antiquité ne nous offre aucun exemple.

C'est une institution toute moderne, une œuvre du génie chrétien, une institution toute française, car, seuls, les rois de France en ont conçu le projet, et c'est un roi de France qui l'a réalisé.

Chez les peuples civilisés qui ont le plus honoré la valeur guerrière, dans l'ancienne Grèce, dans l'ancienne Rome, dans l'ancienne Égypte, on ne trouve pas la moindre trace d'institution de ce genre.

Il ne faut pas s'en étonner, et la raison en est toute simple; c'est que de pareils établissements n'auraient eu aucune raison d'être.

Dans les anciennes républiques, les citoyens étaient, depuis l'âge de vingt jusqu'à soixante ans, astreints au service militaire, non comme armée permanente, mais comme milice qui se réunissait à l'appel des magistrats lorsqu'il fallait combattre les factions intérieures ou les ennemis du dehors. Cette milice déposait les armes aussitôt que l'ordre était rétabli ou que l'État avait fait la paix avec l'étranger. Les esclaves cultivaient les terres et exerçaient les divers métiers. La guerre ne dérangeait donc en aucune façon les affaires des citoyens : seulement, s'ils en revenaient blessés ou s'ils devenaient infirmes, leur maison était l'unique asile réservé à leur situation et à leur vieillesse.

Plus tard, vers la fin de la république et sous les derniers empereurs romains, quand les armées devinrent permanentes et furent en grande partie composées de mercenaires, on distribua aux vétérans les terres conquises sur l'ennemi; les proscriptions leur attribuèrent aussi plusieurs fois celles des citoyens. Ce fut le commencement de la décadence.

Les rois francs, qui enlevèrent les Gaules aux Romains, se conformant aux coutumes des vaincus, donnèrent à leurs *leudes et fidèles,* sous le titre de bénéfice et de fiefs, les terres enlevées à l'empire, à la condition qu'ils leur fourniraient des soldats et les entretiendraient.

Charlemagne mit à la charge des abbayes, sous le nom d'oblats, les officiers et soldats mutilés ou affaiblis par l'âge. Ainsi, sous ce grand prince, une retraite fut assurée aux militaires invalides.

Ses successeurs s'appliquèrent à conserver et à étendre cette institution des oblats.

Lorsqu'ils concédaient un bénéfice, ils imposaient au titulaire une redevance pour les besoins de l'armée, et quand ils fondaient une abbaye, ils se réservaient le droit, imprescriptible et inhérent à la couronne, d'y faire admettre un certain nombre d'officiers et soldats invalides, sous le titre de moines lais. Quand toutes les places des abbayes et des prieurés étaient remplies, le Roi donnait des pensions à ceux qui ne pouvaient y être admis. C'est ce que fit Charles V, qui mérita le surnom de Sage.

Avant lui Philippe-Auguste, le premier de nos Rois qui eut à sa solde une armée permanente, conçut le projet de créer des établissements spéciaux pour les vieux soldats, afin de remédier à l'insuffisance des oblats.

Ce projet fut en partie réalisé par son fils saint Louis, qui, à son retour de Palestine, fonda la maison royale des Quinze-Vingts pour trois cents gentilshommes que les Sarrasins, ou plutôt le soleil d'Asie avait aveuglés.

Aujourd'hui ce n'est plus qu'un hospice d'aveugles. L'établissement du saint Roi ne pourrait être d'un grand secours pour les victimes de la guerre, où le nombre des aveugles par suite d'accidents est aux amputés comme 1 est à 1,000.

Charles VII, Louis XII, François Ier, Henri II et Charles IX s'occupèrent d'améliorer le sort des gens de guerre.

Voici l'édit de Charles IX, du 28 octobre 1568 :

« Entendons que, pour quelque cause ou quelque occasion que ce soit, les titulaires des prieurés qui sont en la collation des archevêques, évêques, abbés, chapitres ou communautés de nos royaumes, pays et terres de notre obéissance, soient chargés ni tenus de recevoir aucun soldat ou autre estropié, ès places de religieux lais ou oblats, mais seulement voulons lesdits religieux lais, et par nous mis en abbayes ou prieurés qui sont à notre nomination et sur laquelle notre saint-père le pape a accoutumé de pourvoir. »

Henri III publia aussi plusieurs édits contre ces mêmes abus.

Ils n'en continuèrent pas moins, et les plaintes réciproques des titulaires de bénéfices d'une part, celles des officiers et soldats de l'autre; puis, l'accroissement progressif de l'armée rendant de jour en jour plus évidente l'insuffisance de notre institution des oblats, il fallut aviser au moyen d'assurer dignement l'existence de tous ces hommes vieillis ou mutilés en défendant la patrie.

Ces plaintes éveillèrent l'attention et la sollicitude de Henri IV, qui, d'ailleurs, ne pouvait oublier les braves qui l'avaient aidé à conquérir son royaume. Il conçut l'idée que quelques-uns de ses prédécesseurs avaient eue avant lui, de créer un établissement dans lequel officiers et soldats vivraient en commun : idée qu'il mit à exécution par son édit d'avril 1600 et par lettres patentes de janvier 1605.

La mort vint, hélas! trop tôt pour le peuple et trop tôt pour l'armée, interrompre les généreux projets de Henri IV. Si le poignard de Ravaillac n'eût point arrêté le cours d'une si précieuse vie, peut-être le chef de la maison de Bourbon aurait résolu le problème dont ses devanciers avaient vainement cherché la solution : celui d'assurer aux vieux soldats un asile et une existence dignes de la grande nation au service de laquelle ils auraient épuisé leurs forces.

Loin de continuer l'œuvre de Henri IV, Marie de Médicis, régente avec un ministre d'origine étrangère, supprima en 1611, par un arrêt du conseil d'État, rendu le 1er septembre, les maisons militaires de la charité chrétienne et de l'Ourcine; puis elle ordonna que les officiers et soldats estropiés iraient remplir, comme par le passé, les places d'oblats dans les abbayes ou prieurés qui étaient assujettis à cette charge.

Le vice et l'insuffisance de l'institution des oblats n'avaient point disparu, et les plaintes, les abus et les scandales allaient toujours croissant.

Pour y mettre un terme, Louis XIII, par l'édit du mois de novembre 1633, établit sous le titre de Commanderie de Saint-Louis une communauté où tous les estropiés de l'armée seraient nourris et entretenus pendant le reste de leur existence.

Mais la pénurie d'argent et les préoccupations plus urgentes et plus graves de la politique causèrent l'abandon de cet établissement, et il n'en fut plus question qu'au jour où le jeune roi Louis XIV déclara qu'il gouvernerait lui-même.

Pendant cet intervalle, le nombre des anciens militaires que les blessures ou le grand âge avait rendus incapables de pourvoir à leur subsistance s'accrut prodigieusement.

Les places d'oblats, outre leur insuffisance, donnaient lieu à une foule d'abus plus déplorables encore.

D'une part, les chefs des monastères disposaient de ces places en faveur de gens qui n'avaient jamais servi.

De l'autre, les soldats auxquels on s'efforçait de rendre l'existence désagréable cédaient leur place moyennant finance; bientôt ils en dissipaient le prix et retombaient dans la misère.

Leur situation devenait une honte, même un scandale, un danger.

Le Roi, dans sa toute-puissance, souverain maître dans son royaume, respecté et redouté au dehors, aurait pu réprimer et sévir, mais, ne voulant voir que ce qu'il y avait de juste dans les plaintes, et fermant les yeux sur les fautes, il prit la résolution la meilleure et la plus digne : celle de faire disparaître et de supprimer radicalement la cause du mal.

En 1668 le roi Louis XIV fit mettre à l'étude et étudia lui-même cette question. Il s'enquit des ressources du trésor, et ce ne fut que lorsqu'il put disposer de la somme nécessaire à cette magnifique institution que, par ses ordonnances du 15 avril 1670 et 1674, il en confia les travaux au célèbre architecte Bruant sous la direction du ministre Louvois.

« Le Roi ayant résolu de faire construire une grande maison sous le titre d'*Hôtel Royal des Invalides*, aux environs de sa bonne ville de Paris, pour retirer les officiers et soldats estropiés à son service, ou qui, par leurs blessures ou un âge trop avancé, ne pourront plus servir dans ses troupes; et voulant qu'en attendant que le bâtiment nécessaire pour un si grand dessein soit en état de les recevoir, il soit pourvu à leur logement et leur subsistance ; Sa Majesté a pensé que, pour donner commencement à un si bel établissement, il était à propos de louer une grande maison dans le faubourg Saint-Germain à Paris, pour y retirer lesdits officiers et soldats caducs et estropiés, où ils seront logés, nourris et vêtus, et les malades secourus du spirituel et du temporel, suivant la nécessité, et ce du fonds des deux deniers pour livre qui doivent être retenus par les trésoriers généraux de l'ordinaire et extraordinaire des guerres, chacun en l'année de leur exercice ; ensemble des pensions des religieux lais que Sa Majesté a affectées à cette dépense par sa déclaration du mois de janvier dernier, et l'arrêt du conseil d'État du 24 dudit mois ; et comme l'intention du Roi est que jusqu'à ce que par ses édits il ait plu à Sa Majesté de faire connaître plus précisément ses volontés sur l'établissement dudit hôtel, le sieur marquis de Louvois, conseiller de Sa Majesté en tous ses conseils, secrétaire d'État de ses commandements et finances, prendra le soin et la direction des choses nécessaires pour le logement et subsistance desdits officiers soldats caducs et estropiés, et comme les grands emplois dont il est chargé et la nécessité où il se trouve de suivre Sa Majesté dans les voyages qu'elle fait ou peut faire ci-après, tant dedans qu'au dehors de son royaume, à la prière dudit sieur marquis de Louvois, elle a commis pour cette direction les sieurs Camus Destouches, Camus Duclos et Camus de Beaulieu, pour en rendre compte audit sieur marquis de Louvois, arrêter les registres, tant des réceptions que des dépenses journalières et autres, concernant l'établissement et la subsistance de ladite maison. Ordonne, à cet effet, Sa Majesté, à ceux qui seront chargés des fonds destinés pour l'entretien et subsistance desdits officiers et soldats invalides, de payer toutes les sommes de deniers qui seront ordonnées par lesdits sieurs Destouches, Duclos et de Beaulieu, ou de l'un d'eux en l'absence des autres, dont il sera tenu compte en rapportant leurs ordonnances avec les quittances nécessaires. *Mande*, en outre, Sa Majesté, aux officiers et valets qui seront établis dans ladite maison, de les reconnaître en tout ce qui concernera le bon ordre et la règle qui doivent y être observés.

» *Signé* : Louis.

» Saint-Germain en Laye, le 15 avril 1670. »

« Louis, par la grâce de Dieu roi de France et de Navarre, à tous présents et à venir, salut :

» La paix qu'il plut à Dieu de nous donner vers la fin de l'année 1659 et qui fut conclue aux Pyrénées, entre nous et le Roi Catholique, ayant rétabli pour lors le repos presque dans toute la chrétienté et nous ayant délivré des soins que nous étions obligé de prendre pour la conservation de notre État, et de veiller au dehors à nous opposer aux entreprises que nos ennemis y pouvaient faire, nous n'aurions eu d'autre application, pendant que ladite paix a duré, que de songer à réparer, au dedans d'icelui, les maux que la guerre y avait causés, et de corriger les abus qui s'étaient introduits dans la plupart de tous les ordres, ce qui a eu tout le succès que nous en pouvions espérer, et comme pour accomplir un dessein si utile et si avantageux.

» Nous avions estimé qu'il n'était pas *moins digne de notre piété que de notre justice de tirer hors de la misère et de la mendicité les pauvres officiers et soldats de nos troupes qui, ayant vieilli dans le service, ou qui dans les guerres passées ayant été estropiés*, étaient hors d'état non-seulement de nous en rendre, mais aussi de rien faire pour subsister, et qu'il était bien raisonnable que ceux qui ont exposé librement leur vie et prodigué leur sang pour la défense et le soutien de cette monarchie, et qui ont si utilement contribué au gain des batailles que nous avons remportées sur nos ennemis, aux prises de leurs places et à la défense des nôtres, et qui, par leur vigoureuse résistance et leurs généreux efforts, les ont réduits souvent à nous demander la paix, jouissent du repos qu'ils ont assuré à nos autres sujets et passent le reste de leurs jours en tranquillité. Considérant aussi que rien n'est plus capable de détourner ceux qui auraient la volonté de porter les armes, d'embrasser cette profession, que de voir la méchante condition où se trouvaient réduits la plupart de ceux qui s'y étaient engagés, et n'ayant point de bien y auraient vieilli ou été estropiés, si l'on n'avait soin de leur subsistance et entretènement; nous avons pris la résolution d'y pourvoir. Et quoique nous ayons ci-devant, à l'exemple des Rois nos prédécesseurs, tâché d'adoucir la mission desdits estropiés, soit en leur accordant des places de religieux lais dans les abbayes et prieurés de notre royaume, qui de tous temps leur ont été affectés, soit en les envoyant, comme nous avions déjà fait, dans nos places frontières, pour y subsister et y être entretenus au moyen de la solde que nous leur avions ordonnée, ainsi qu'aux autres soldats de nos troupes; néanmoins, comme il est arrivé que la plupart desdits soldats préférant la liberté de vaguer à tous ces avantages, après avoir les uns composé et traité desdites places des religieux lais dont ils étaient pourvus, les autres quitté ou déserté lesdites places frontières, sont retombés dans leur première misère; nous aurions jugé à propos, pour apporter remède à ce mal, de recourir à d'autres moyens; et après en avoir fait examiner plusieurs qui nous ont été proposés sur ce sujet, nous n'en avons pas trouvé de meilleur que de faire bâtir et construire, en quelque endroit commode et proche de notre bonne ville de Paris, un Hôtel Royal d'une grandeur et espace capables d'y recevoir et loger tous les officiers et soldats, tant estropiés que vieux et caducs de nos troupes, et d'y affecter un fonds suffisant pour leur subsistance et entretènement. A l'effet de quoi et pour suivre un si précieux et louable dessein, et mettre la dernière main à un ouvrage si utile et si important, nous avons donné nos ordres pour faire bâtir et édifier ledit Hôtel Royal au bout du faubourg Saint-Germain de notre bonne ville de Paris, à la construction duquel on travaille incessamment, au moyen des fonds de deux deniers par livre que, par arrêt de notre conseil d'État du 12 mars 1670, nous avons ordonné aux trésoriers, tant de l'ordinaire que de l'extraordinaire de la guerre et cavalerie légère, de retenir par leurs mains, sur toutes les dépenses généralement qu'ils feront du maniement des deniers de leur charges, pour être de ce fonds de deux deniers pour livre employé tant à la construction dudit Hôtel qu'à le meubler convenablement, de sorte que ledit Hôtel étant déjà fort avancé et presque en état de loger lesdits officiers et soldats estropiés, vieux et caducs, il ne reste plus qu'à pourvoir à les y faire subsister commodément, et autres choses concernant le bon ordre et discipline que nous désirons être gardés dans ledit Hôtel. *Savoir faisons* que, pour ces causes, après avoir fait mettre cette affaire en délibération en notre conseil, *Nous*, de l'avis d'icelui et de notre grâce spéciale, pleine puissance et autorité royale, avons, par ce présent édit, perpétuel et irrévocable, fondé, établi et affecté, fondons, établissons et affectons à perpétuité ledit Hôtel Royal, que nous avons qualifié du titre des *Invalides*, lequel nous faisons construire au bout dudit faubourg Saint-Germain de notre dite ville de Paris, pour le logement, subsistance et entretènement de tous les pauvres officiers et soldats de nos troupes qui ont été et seront estropiés, ou qui, ayant vieilli dans le service, ne seront plus capables de nous en rendre; duquel Hôtel comme fondateur nous voulons *être aussi le protecteur et conservateur immédiat, sans qu'il dépende d'aucun de nos officiers, et soit sujet à la visite et juridiction de notre grand aumônier ni autres.* Et afin que ledit Hôtel Royal soit doté d'un revenu suffisant et assuré qu'il ne puisse jamais manquer, pour la subsistance et entretènement dans icelui desdits officiers et soldats invalides, nous y avons affecté et affectons à perpétuité par le présent édit tous les deniers provenant des pensions des places des religieux lais, des abbayes et prieurés de notre royaume, qui en peuvent et doivent porter, selon et ainsi qu'il a été par nous réglé, tant par notre déclaration du mois de janvier 1670, que par les arrêts de notre conseil d'État des 24 janvier audit an 1670 et 27 avril 1672.

» Et d'autant que nous sommes bien informé que le nombre des officiers et soldats estropiés, vieux et caducs, est fort grand, et que ne pouvant manquer (la guerre ouverte comme elle est) qu'il n'augmente considérablement, et que ainsi les fonds provenant des pensions desdits religieux lais ne seraient pas suffisants pour leur subsistance et entretènement, en sorte qu'il est nécessaire d'y pourvoir encore; d'ailleurs, pour soutenir un établissement si utile, et empêcher que, faute de fonds, il ne vienne à manquer, nous y avons, d'abondant et de la même autorité que dessus, affecté et affectons pour toujours celui qui proviendra aussi des deux deniers pour livre de tous les payements qui seront faits par les trésoriers généraux de l'ordinaire et de l'extraordinaire de nos guerres et cavalerie légère, à cause de leurs dites charges et par celui de l'artillerie; après que ce qui sera nécessaire, tant pour achever la construction dudit hôtel des Invalides et le mettre en sa perfection, que pour l'achat des meubles et autres choses qu'il conviendra dans icelui, pour le rendre habitable, aura été employé.

» Voulons et entendons qu'au moyen dudit Hôtel Royal, et des fonds ci-dessus dont nous l'avons doté, tous les officiers et soldats estropiés, vieux et caducs de nos troupes, soient logés, nourris et vêtus leur vie durant dans icelui : que comme ledit Hôtel n'étant destiné que pour le logement, subsistance et entretènement desdits officiers et soldats estropiés et invalides, le fonds ci-dessus mentionné dont nous l'avons doté est suffisant pour y subvenir; nous voulons qu'il ne puisse être reçu ni accepté pour ledit Hôtel aucunes fondations, dons et gratifications qui pourraient lui être faites par quelques personnes et pour quelque cause, et sous quelque prétexte que ce soit. »

Bientôt après la promulgation de ces mémorables édits portant création d'une retraite destinée aux soldats vetérans, on vit surgir un vaste ensemble de constructions monumentales qui reçut le nom d'*Hôtel Royal des Invalides* [1].

La nomination aux divers emplois dans le personnel et l'administration suivit de près la mise à exécution des travaux.

Afin de mettre le comble à sa royale sollicitude, Louis XIV voulut que le commandement de l'Hôtel fût réservé aux généraux dont les services éminents, les actions d'éclat, les nombreuses blessures, avaient marqué leur place à cet insigne honneur.

Le premier gouverneur fut Lemaçon d'Ormoy,

---

[1] Création qui valut à l'habile architecte Bruant le grand cordon de Saint-Michel.

général des bandes à la police du régiment des gardes françaises.

M. de Sennerie eut la place de lieutenant du Roi.

MM. Camus de Beaulieu remplirent les fonctions d'intendant militaire et celles de directeur des services administratifs.

Le conseil fut composé du ministre de la guerre, du gouverneur, des directeurs, du lieutenant du Roi, des trésoriers généraux et du directeur des archives.

L'administration ainsi constituée, Louis XIV vint à l'Hôtel, accompagné des personnages les plus considérables de la cour; il était escorté par un détachement des gardes du corps, qui resta dans la cour d'honneur et fut remplacé par une garde composée d'invalides.

En descendant de voiture, Sa Majesté se rendit à l'église, où elle entendit la messe, à laquelle le cardinal de Noailles officiait.

Après la messe, le Roi passa la revue des invalides, rangés en bataille dans la cour; il y reçut aussi les députations de ceux qui venaient d'être transférés de la rue du Cherche-Midi, et dont l'un d'eux, vieux sergent mutilé, lui témoigna au nom de ses camarades toute la reconnaissance dont ils étaient pénétrés.

Ce jour-là est décédé Lemaçon d'Ormoy, dont la dépouille mortelle repose dans le caveau des gouverneurs. Il appartenait à une noble famille de Picardie. Ses éminentes qualités militaires, et surtout son attitude à la tête des gardes françaises, très-difficiles à manier, avaient attiré l'attention de Louvois; sa vie judiciaire n'était pas sans illustration, et il unissait à un grand courage toutes les qualités qui font aimer les chefs de leurs soldats; ferme, consciencieux, sévère pour lui-même avant de l'être pour les autres, jamais une plainte, jamais une réclamation ne le trouva indifférent.

Blanchard de Saint-Martin, maréchal général de la cavalerie de France, succède à M. d'Ormoy.

Le 16 juillet 1691 mourut Louvois, emportant les regrets sincères des invalides, qui lui devaient en partie le noble asile où s'abritaient leurs derniers jours. On eût dit qu'avant sa mort, qu'il pressentait peut-être, il voulait étudier et contempler son œuvre. « Hâtez-vous, disait-il à Mansart, si vous voulez que je voie votre dôme achevé. »

Le Roi ordonna qu'il fût inhumé dans un des caveaux de l'église; mais, en 1699, sa famille obtint qu'il fût transféré du caveau où il reposait dans l'église des Capucins, rue Saint-Honoré. La cérémonie de l'exhumation fut magnifique. Elle se fit au flambeau dans la soirée du 22 juillet.

Louis-François de Barbezieux, garde des sceaux, succéda à Louvois.

Le gouverneur Blanchard de Saint-Martin mourut le 18 février 1696. Le Roi venait de le nommer commandeur de Saint-Louis; il était âgé de 83 ans et servait depuis 1635. Il fut le père des vieux soldats, défendit leurs priviléges et les fit augmenter.

Desroches-d'Orange, maréchal général de la cavalerie de France, lui succéda le 21 mars 1701. Il servait depuis plus de quarante ans dans les armées du Roi. Le ministre vint lui-même à l'Hôtel recevoir son serment, en présence de tous les fonctionnaires, officiers et soldats. Il poursuivit avec activité l'œuvre de la fondation de l'Hôtel; il mourut en 1705, à l'âge de soixante-dix-neuf ans.

Alexandre de Boyveau le remplaça.

De Boyveau, simple capitaine au régiment de Bourgogne, s'était distingué, sous les yeux même du Roi, au siége de Mons en 1691; emporté par l'ardeur de son courage, il avait été criblé de blessures; l'une d'elles nécessita l'amputation du bras droit.

Quand il fut guéri, le Roi le nomma lieutenant de Roi à l'Hôtel, puis gouverneur, puis enfin grand-croix de Saint-Louis.

En conformité de l'ordonnance d'institution qui défend aux administrateurs de recevoir de tout autre que du Roi les dons et legs qui viendraient à être faits à l'établissement, le conseil, par décision du 10 octobre 1710, refusa la riche succession du chevalier de Beaufort, qui, par testament, avait légué tous ses biens aux Invalides.

A cette époque de revers, d'épuisement et de misère générale, l'Hôtel, qui recevait chaque jour de nouveaux pensionnaires, sans que ses ressources pussent s'accroître, eut aussi sa large part dans les douleurs communes. Peut-être eût-il été permis d'accepter le soulagement offert par le chevalier de Beaufort; mais les invalides, pleins de reconnaissance pour le fondateur, et fidèles aux statuts de leur institution, s'abstinrent de toute sollicitation et attendirent patiemment les secours du Roi.

Enfin vinrent des jours meilleurs. La brillante victoire de Denain, remportée par Villars, et bientôt suivie du traité d'Utrecht, permit à Louis XIV d'achever en paix les dernières années de son règne, et de travailler autant que possible à faire oublier à ses sujets les maux de la guerre. Ses chers invalides, qui pendant plus de quarante ans avaient été constamment l'objet de sa sollicitude toute particulière, ne furent pas oubliés.

En 1714, sentant sa fin prochaine, il voulut encore une fois se faire rendre un compte exact de cette institution, sa création la plus belle, le plus beau joyau de sa couronne. Il s'enquit de tout et dans les plus minutieux détails : administration, discipline, vivres, habillement, rien n'échappa à sa curieuse investigation. Il voulait, autant qu'il était en son pouvoir, améliorer les conditions de cet établissement, afin d'en éterniser la durée.

Son testament, dont nous donnons ici l'extrait, nous en fournit la preuve la plus manifeste :

« Entre tous les établissements que nous avons faits pendant le cours de notre règne, il n'en est pas qui soit plus utile à l'État que celui de l'hôtel des Invalides; toutes sortes de motifs doivent engager le Dauphin et tous les autres Rois nos successeurs à lui accorder une protection particulière; nous les y exhortons autant qu'il est en notre pouvoir. »

Le 1er septembre 1715 Louis XIV mourut. Il fut sincèrement regretté de tous les pensionnaires de l'Hôtel; chacun d'eux savait que c'était à lui seul qu'il était redevable de l'heureuse et paisible existence dont il jouissait.

Bon nombre d'institutions justement célèbres, de grandes victoires, d'illustres guerriers, des poëtes, des artistes, des écrivains de premier ordre dans tous les genres : des Colbert, des Louvois, des Condé, des Turenne et des Villars; des Corneille, des Racine, des Molière; des Mignard, des Lebrun, des Mansart, des Vauban, des Massillon et des Bossuet, ont illustré le règne de Louis XIV et ont fait du dix-septième siècle un des plus grands siècles de l'histoire. Mais toutes ces gloires diverses, qui d'ailleurs n'apparaissent que sous les grands princes, ne sont pas l'œuvre personnelle du Roi. La création de l'hôtel des Invalides lui appartient exclusivement; la splendeur du dôme, la magnificence de tout l'édifice, n'accusent pas seulement le talent des architectes, des sculpteurs et des peintres, elles attestent le génie du grand Roi qui donna son nom à son siècle. L'institution des Invalides est donc tout entière dans l'ordonnance de 1670, et surtout dans l'édit de 1674. Par ces deux ordonnances, Louis XIV a réalisé et établi d'une manière immuable ce que vainement tous ses prédécesseurs avaient médité. Il l'a fait aux grands applaudissements de la France et de l'Europe.

La plupart des souverains étrangers sont venus et viennent encore visiter cet Hôtel. Les plus puissants monarques ont donné à son illustre fondateur un témoignage non équivoque de leur sympathique admiration, en dotant leurs États d'une semblable institution. Tous les autres l'admirent sans pouvoir l'imiter.

CHAPITRE DEUXIÈME.

De 1715 à 1774.

C'est au gouvernement du Régent et à son édit du 17 février 1711 que le corps si savant et si recommandable de l'artillerie dut l'ouverture des portes de l'Hôtel à ses soldats invalides.

A la vérité, cette arme n'avait pas été exclue par Louis XIV, mais elle n'appartenait pas à proprement parler à l'armée; c'était une institution à part, ayant un grand maître, espèce de ministre et vivant de ses propres ressources.

Au commencement de ce règne l'Hôtel recevait fréquemment les visiteurs du plus haut rang.

En 1716 le czar Pierre Ier visita l'Hôtel avec un soin minutieux; il s'enquit de tous les détails de l'administration; il entra dans l'un des réfectoires, où il goûta le vin en portant un toast aux compagnons de gloire de Turenne et de Condé.

La fondation des Invalides de la Néva fut le résultat de cette visite.

A peine monté sur le trône d'Angleterre, qu'il venait d'usurper sur le mari de sa fille, le stathouder de Hollande, Guillaume d'Orange, l'ennemi et rival de Louis XIV, s'empressa de suivre son exemple, en dotant d'une semblable institution la marine de son royaume.

Le 19 juin 1718, dimanche de l'octave de la Fête-Dieu, Louis XV vint assister au salut. Contrairement à leurs priviléges, les invalides ne fournirent pas la garde du jeune roi, qui fut composée de sa maison militaire.

Les invalides murmurèrent hautement des procédés suivis à leur égard par la police du château.

Une gratification accordée aux sergents, caporaux et soldats calma un peu cette effervescence.

Peu de temps après cette visite du Roi, l'Hôtel fut doté de la magnifique esplanade qui complète la grandeur et la beauté de ce monument.

Le 1er juillet 1722 parut l'ordonnance du Roi portant établissement de la charge de secrétaire et garde des archives de l'Hôtel.

Le 10 février mourut le gouverneur, M. de Boyveau. Il servait depuis 1676 et s'était distingué, sous les yeux du Roi, au siége de Mons en 1691. Emporté par l'ardeur de son courage, il avait été criblé de blessures; l'une d'elles nécessita l'amputation du bras droit.

Il fut remplacé par M. de Beaujeu, maréchal de camp, le 22 mars suivant. Il servait également depuis 1676 et avait été blessé aux siéges de Valenciennes, Douai et Bouchain, et avait combattu à Malplaquet et à Denain.

Il mourut à l'Hôtel le 26 mai 1730.

M. le chevalier de Ganges lui succéda et exerça les fonctions de gouverneur pendant huit années.

M. de Saint-André, maréchal de camp des armées, le remplaça le 11 janvier 1738. Sous son gouvernement il fut déjà question de décentraliser les invalides et de les disperser dans les différentes places de guerre, où, suivant l'opinion de M. de Breteuil, ministre de la guerre, leur entretien devrait être moins dispendieux. Ce projet ne fut pas présenté à Louis XV, qui aimait les invalides et qui n'aurait jamais consenti à ce que l'on portât atteinte à la noble création de son aïeul.

M. de Saint-André mourut le 1er octobre 1742.

Il eut pour successeur M. de la Courneufve, qui, lui aussi, prit part à tout ce qui se fit d'avantageux pour l'Hôtel sous le ministère remarquable de Voyer-d'Argenson, successeur de M. de Breteuil.

La reprise des hostilités amena de nouveau un très-grand nombre de pensionnaires. Il fallait donc assurer le sort de tant de braves. La situation des officiers attira tout d'abord l'attention du gouverneur. Confondus avec ceux qu'ils avaient commandés sur les champs de bataille, les officiers de l'armée ne demandaient qu'à la dernière extrémité leur admission à l'Hôtel.

C'est alors que fut décrétée la construction des bâtiments dits Pavillons des officiers.

M. de la Courneufve mourut le 15 mai 1753, et fut remplacé par M. de La Serre. François d'Azemar-Pannat, comte de La Serre, était un héros de Fontenoy. Il avait commencé à servir comme volontaire en 1708, au régiment du Roi; il se conduisit bravement à la bataille de Denain, aux siéges de Quesnoy, de Douai et de Bouchain. De 1712 à 1717, il se trouva aux siéges de Fribourg et de Landau. Le 6 octobre 1733, aide major général de l'infanterie de l'armée d'Italie, il se trouva en cette qualité partout où cette armée se distingua : à la prise de Milan, aux deux batailles de Parme et de Guastalla, et obtint en 1736 une commission de colonel.

Il se distingua surtout à Fontenoy, où il chargea l'un des premiers sur le fameux corps anglais, et fut plusieurs fois blessé; demandé par le maréchal de Saxe et nommé commandeur de Saint-Louis, il se trouva aux deux batailles de Raucour et de Lawefeld; à la suite de celles-ci le Roi lui remit lui-même les insignes de grand-croix de l'ordre.

Enfin il fut le compagnon du maréchal de Saxe et avait pris part à toutes les affaires militaires de son époque.

Il mourut en 1766, et fut remplacé par le baron d'Espagnac, qui joignait aux qualités du général quelques-unes de celles qui font l'écrivain. Sous son administration une ordonnance royale admit indistinctement, comme les catholiques, les protestants, qui jusqu'alors n'étaient pas reçus à l'Hôtel. Cet acte de justice fut généralement approuvé par l'opinion publique.

A la même époque l'Hôtel reçut quelques visites royales : le 2 décembre 1768, celle du roi de Danemark. Christian VII, imitant Pierre le Grand, qui avait voulu voir les compagnons de Turenne, tint à se mêler à ceux de Raucour et de Lawefeld.

Par ordonnance royale du 16 février 1769, le nombre des sœurs de la charité fut porté de douze à trente.

En janvier 1771 le prince héréditaire de Suède, qui devait plus tard vaincre les Suisses sous le nom de Gustave III et tomber sous le poignard d'Ankarstroëm, vint visiter l'Hôtel et en emporta différentes idées qu'il mit à exécution; et si les armées suédo-norvégiennes ont aujourd'hui un lieu de retraite pour leurs vétérans, l'honneur doit en revenir à Gustave III et à Louis XIV.

Le 6 mai 1774 Louis XV mourut. On prit le deuil à l'Hôtel, mais ce ne fut qu'un deuil officiel, et les invalides virent avec indifférence passer le le cercueil du Roi.

Sous ce règne, l'institution de Louis XIV avait été religieusement respectée. Déjà elle comptait cent ans d'existence, et l'on pouvait la croire à l'abri de toute atteinte; mais il n'en fut pas ainsi sous le règne suivant et plus tard sous la Constituante, où les utopistes et les novateurs, qui, prenant le changement pour le progrès, tentèrent de la supprimer. Nous dirons à qui nous devons rendre grâces de la conservation de cet établissement ; mais n'anticipons pas sur les événements.

CHAPITRE TROISIÈME.

De 1774 à 1789.

A l'avénement de Louis XVI, l'institution des Invalides était dans une situation assez prospère. M. d'Espagnac se trouvait encore à la tête de l'Hôtel.

Le 11 février 1775, le prince Maximilien d'Autriche, frère de la reine de France, honora de sa visite l'hôtel des Invalides, sous le nom de comte de Burgo. Il était accompagné du comte de Muy, ministre de la guerre.

Le baron d'Espagnac avait fait relier aux armes de ce prince la *Description de l'Hôtel*, qui lui fut présentée par le ministre.

M. de Saint-Germain, ministre, avait paru d'abord prendre beaucoup d'intérêt aux vétérans de nos armées, lorsque tout à coup il ne vit que des abus dans l'administration qui présidait à leur glorieux asile. Aussi, fortement appuyé par le directeur de l'Hôtel, M. de la Ponce, qui avait toujours été partisan de la décentralisation, ne tarda-t-il pas à faire approuver par le Roi cette organisation dont on parlait tant et qui devait être si funeste au personnel des Invalides.

En effet, le 17 juin 1776 parut cette ordonnance, *exécutoire en quatre jours,* qui devait porter la perturbation parmi les vétérans de nos armées, dont la discipline ne fut plus assez puissante pour empêcher les murmures.

Ce ne fut pas sans beaucoup de peine que M. d'Espagnac put contenir son indignation; mais il était vieux soldat et regardait comme sacré un ordre du Roi. Toutefois, de jour en jour il fut dérogé à la sévérité de cette ordonnance.

Le 20 mars 1777, les plans-reliefs des places fortes de France, qui depuis un temps immémorial étaient au Louvre, furent transportés aux Invalides.

Le 20 avril, l'empereur Joseph II, frère de l'infortunée Marie-Antoinette, voyageant sous le nom de Falkenstein, honora de sa présence l'hôtel des Invalides; il voulait être traité en simple particulier. A l'exemple du czar Pierre Ier, il se fit instruire de tous les détails de l'administration. Il demanda qu'on lui présentât les soldats qui avaient fait la guerre de Bavière, et les entretint pendant longtemps; et, après avoir vidé sa bourse, il dit au comte d'Espagnac : « Ces Français-là ont donné à ma mère bien des ennuis; s'ils eussent été plus heureux, je ne sais ce que je serais; je ne puis trop leur savoir gré de ne pas nous avoir vaincus. »

Quelques jours après il vint visiter la galerie des plans-reliefs.

Cette année-là, le comte de Saint-Germain quitta le ministère de la guerre et y fut remplacé par le prince de Montbarey. En ce qui concernait les abus, il tint la main aux mesures ordonnées par son prédécesseur.

Ce fut lui qui fit acheter les planches en cuivre qui accompagnaient la *Description de l'Hôtel* (par Perrau); le libraire Desprez, quittant le commerce à cette époque, vendit les gravures et cent cinquante exemplaires de l'ouvrage pour la somme de dix mille francs.

Les planches en cuivre sont encore aujourd'hui à l'Hôtel, mais les descriptions furent données dans les visites que firent aux Invalides plusieurs personnages illustres.

En 1780, le prince de Montbarey eut pour successeur le marquis de Ségur.

Dès son arrivée au ministère, M. de Ségur se fit rendre compte de la législation qui régissait les Invalides. Déjà quelques archivistes s'étaient occupés de rassembler tous les documents législatifs et autres concernant l'Hôtel. M. Hecquet, titulaire depuis le 17 juin 1776, avait mis la dernière main à la collection des documents officiels, à partir du mois de janvier 1670 au 20 juin 1780; en 1781, le ministre fit publier, sous le nom de Recueil, les *édits, déclarations, ordonnances, arrêts et règlements concernant l'hôtel des Invalides.* On s'occupait d'un troisième volume quand la révolution de 1789 éclata et dispersa les archives.

En 1782, le grand-duc et la grande-duchesse de Russie, arrivés dans la capitale depuis peu, vinren visiter l'Hôtel. Le baron d'Espagnac fit hommage à la Princesse d'un exemplaire richement relié de la Description de l'établissement, par l'abbé Perrau.

Quelques jours après vint également madame la comtesse d'Artois, belle-sœur du Roi. Elle fut reçue par le gouverneur à la tête de son état-major.

M. d'Espagnac mourut le 8 décembre 1783. Il méritait à tous égards d'être inscrit solennellement parmi les hommes qui ont illustré l'institution des Invalides. Aussi lit-on sur une des colonnes de l'église :

LE BARON D'ESPAGNAC DE SAHUGUET D'ARMUZET,
LIEUTENANT GÉNÉRAL,
GRAND-CROIX DE SAINT-LOUIS,
GOUVERNEUR DE L'HOTEL DES INVALIDES DE 1766 A 1783.
IL FUT LE COMPAGNON D'ARMES,
L'AMI ET L'HISTORIEN
DU MARÉCHAL MAURICE DE SAXE.
LE COMTE DE GUIBERT LUI SUCCÉDA.

Bien que M. de Guibert n'ait fait que passer au gouvernement des Invalides du 1ᵉʳ mars 1783 au 8 décembre 1786, il mérite à juste titre une mention particulière.

Il naquit en 1715 à Montauban, fit ses études

militaires aux Cadets-Gentilshommes de Metz, et parvint de grade en grade, en 1742, à la charge de major dans le régiment d'Auvergne, où il connut d'Assas.

Il fit avec ce régiment les campagnes d'Italie, la guerre de Corse, les campagnes de Bohême et de Flandre.

En 1757, il occupa de hautes fonctions dans l'état-major des armées. Le duc de Broglie, qui l'estimait particulièrement, ne voulut point d'autre major général.

Une circonstance malheureuse devait lui valoir une grande célébrité. Il fut fait prisonnier à la bataille de Rosbach, et resta dix-huit mois en Prusse. Il mit à profit sa captivité; il suivit et étudia les manœuvres des officiers du grand Frédéric.

A sa mort, le 8 décembre 1786, le Roi permit qu'il fût inhumé dans les caveaux de l'église.

Sur un des pilastres de l'église est gravée cette inscription :

A LA MÉMOIRE DE CHARLES BENOIT,
COMTE DE GUIBERT,
LIEUTENANT GÉNÉRAL DES ARMÉES DU ROI,
GRAND ÉCUYER DE L'ORDRE DE SAINT-LOUIS,
GOUVERNEUR DES INVALIDES,
DÉCÉDÉ EN CET HOTEL LE 8 DÉCEMBRE 1786.

Ce monument, simple et pieux, a été consacré

par sa veuve et par ses enfants, avec la permission du Roi, sous le ministère de M. le maréchal de Ségur, son compagnon d'armes.

Le 23 juin 1788, la reine Marie-Antoinette est venue à l'Hôtel. Elle a été reçue par le gouverneur, qui lui a rendu les mêmes honneurs qu'au Roi.

Sa Majesté était accompagnée de Madame, fille du Roi, de Madame Élisabeth et des dames de leur suite.

La Reine est arrivée à dix heures et demie du matin à la hauteur du pont que l'on avait jeté sur le fossé en face du dôme. Le comte de Brienne, secrétaire d'État de la guerre, les membres du conseil de la guerre, et plusieurs autres officiers généraux ont reçu Sa Majesté, qui est entrée par la porte royale du dôme.

Le curé des Invalides, à la tête du clergé, a harangué Sa Majesté, qui lui a répondu :

« Il y a longtemps que je désirais voir cet établissement intéressant; la manière dont le Roi y a été reçu a bien augmenté mon désir. »

De là Sa Majesté est allée aux réfectoires des officiers et les a traversés au bruit de leurs acclamations; MM. les officiers s'étaient levés en voyant paraître Sa Majesté, qui les a invités avec bonté à s'asseoir et à continuer leur dîner.

Pendant tout le temps de cette visite, la Reine a toujours tenu par la main Madame, fille du Roi, et a saisi toutes les occasions d'imprimer dans son cœur des sentiments d'humanité et de bienfaisance; l'attendrissement qu'excitait dans le cœur de cette jeune Princesse un spectacle aussi nouveau pour elle s'était vivement empreint sur son visage, et annonçait l'aurore des vertus les plus touchantes.

Avant de sortir de l'Hôtel, la Reine a fait remettre à l'administration une somme d'argent pour être distribuée aux sous-officiers et soldats, et elle a chargé le ministre de la guerre de demander au Roi une gratification d'un mois de solde pour les officiers. La Reine a en outre donné à la sœur Lamague, supérieure des filles de la Charité, une montre ornée du chiffre de Sa Majesté, et dans laquelle étaient gravés ces mots : *Donné par la Reine à la sœur Lamague,* 1788.

Sa Majesté a fait encore espérer qu'elle donnerait de nouvelles preuves de bienveillance en s'occupant des moyens de procurer des secours durables aux pauvres filles des invalides, auxquelles elle a bien voulu en accorder de momentanés. Sa Majesté a ajouté : « S'il m'était possible de l'oublier, ma fille m'en rappellerait le souvenir. »

Cette mémorable et touchante visite de Marie-Antoinette termine la première période de l'histoire de l'Hôtel et le premier livre de notre ouvrage.

LIVRE DEUXIÈME.

CHAPITRE PREMIER.

De 1789 à 1815.

Depuis la visite de la reine Marie-Antoinette, le 23 juin 1788, jusqu'à la convocation des états généraux et même jusqu'au 13 juillet, aucun fait extraordinaire ne mérite d'être raconté.

Les désastreux projets du comte de Saint-Germain avaient été abandonnés; les glorieux débris de nos armées vivaient en paix dans cet établissement sous le régime qu'y avaient établi Louis XIV et Louis XV, et le gouvernement, entièrement absorbé par les manifestations hostiles de l'opinion publique, par ces émeutes, par ces troubles, par ces violences qui grondaient de toutes parts comme autant de précurseurs du terrible orage qui allait éclater, n'avait pris à leur égard aucune mesure nouvelle.

Résolus de garder la neutralité dans la lutte qui allait s'engager entre le clergé, la noblesse et le tiers état, nul parmi les pensionnaires de l'Hôtel ne songeait à se ranger au nombre des ennemis de la monarchie.

Les assemblées préliminaires de la noblesse, pour le choix des électeurs, devant se réunir dans vingt endroits de Paris, l'une de ces réunions eut lieu le 20 avril 1789, dans la grande salle du conseil de l'Hôtel, qui avait été disposée à cet effet.

L'assemblée se composait de MM. le marquis de Tembrun-Valence, lieutenant général des armées du Roi, grand-croix de l'ordre de Saint-Louis, inspecteur général des écoles militaires; le marquis de Guerchy; le chevalier de Raynaud, maréchal de camp, sous-inspecteur des écoles militaires; le chevalier de Gestas, le baron de Besenval, lieutenant général des armées du Roi, grand-croix de l'ordre de Saint-Louis, colonel du régiment des gardes suisses; le marquis d'Autichamp, maréchal de camp, commandeur de l'ordre de Saint-Louis; le chevalier Virieux, maréchal de camp; le baron de Kendal, maréchal de camp; de Gilibon, major de l'hôtel royal des Invalides; Guillot de Cour, écuyer, lieutenant au bataillon de garnison de Provence; comte de la Touraille, mestre de camp, chevalier de Saint-Louis; un magistrat du Châtelet représentant M. le lieutenant civil. En dehors de la salle, le clerc du commissaire du quartier recevait les billets de MM. de la noblesse et les enregistrait.

Le comité fit beaucoup d'instances auprès de M. de Sombreuil pour le faire entrer dans son sein; mais il déclina cet honneur, en alléguant qu'il ne pouvait se concilier avec ses fonctions.

Ce fut donc ce général que les états généraux trouvèrent à la tête des Invalides.

Il ne nous appartient pas de raconter les événements qui ont précédé ou suivi la prise de la Bastille. Nos recherches dans les archives ont été vaines à ce sujet; elles ne nous ont fourni aucun document sur ce triste épisode; une seule note, sans caractère officiel, est tombée dans nos mains; la voici *in extenso :*

« Le 14 juillet la population envahit l'hôtel des Invalides. Il y avait à la boulangerie des soldats d'artillerie cinq caissons, qu'ils avaient placés, quatre sur le devant et deux sur le derrière du côté du dôme; ces canons et ceux de la batterie furent enlevés.

» M. de Sombreuil se porta à la grille avant qu'elle fût forcée; mais on était déjà entré par les fossés, et on arriva dans l'intérieur avec d'autant plus de facilité que les grilles des petits escaliers se trouvaient ouvertes.

» M. de Sombreuil ayant donné, par signe, l'ordre qu'on ouvrît la grande grille, la foule se précipita dans l'intérieur; un d'entre eux porta la pointe de son épée sur la poitrine de M. de Sombreuil, mais cette démonstration n'eut point de suite, et le gouverneur put rentrer chez lui.

» Ils emportèrent à bras tous les fusils et autres armes qu'ils trouvèrent facilement sans qu'on leur indiquât le lieu du dépôt.

» On dit que plusieurs les vendaient comptant et revenaient à la charge. »

Vers la fin du mois le Roi nomma MM. de Gouvernet, lieutenant général; Fargus et Plantade, maréchaux de camp, pour chercher, de concert avec le secrétaire d'État de la guerre, et proposer les moyens de rétablir le niveau entre les recettes et les dépenses de l'Hôtel.

Dans les premiers jours de juillet 1790, l'établissement dut loger une certaine quantité d'officiers, sous-officiers et soldats de troupes de ligne et de gardes nationaux des provinces, appelés à Paris pour prêter serment au champ de la fédération du 14 juillet.

Peu après, un ordre du jour de M. de Latour-Dupin, ministre de la guerre, enjoignit à tous les officiers, sous-officiers et soldats, et à tous les employés de l'Hôtel, de se rendre par détachements de trois à quatre cents hommes au lieu de l'assemblée du district des Jacobins, pour y prêter le serment civique dans la même forme et sans plus d'appareil que les autres citoyens.

Ainsi se trouvèrent mêlés aux orages politiques les militaires invalides.

Mais en même temps qu'on les entourait d'honneurs et de respect, et qu'on faisait entrevoir l'augmentation de la pension des officiers et qu'enfin on subviendrait à leurs besoins, l'Assemblée nationale chargea son comité militaire, auquel elle adjoignit des commissaires civils, d'examiner la situation de la maison contre laquelle de fâcheuses dispositions semblaient devoir se manifester.

Les réformes du comte de Saint-Germain avaient, à la vérité, rendu pénible le régime de l'Hôtel, quand éclata la révolution.

Alors les invalides étaient partagés en deux camps et marchaient sous deux bannières; sur l'une étaient inscrits ces mots : *Pension et liberté absolue;* sur l'autre : *Conservation de l'asile du vieux soldat.*

Le comité militaire chargé de préparer un rapport élut, comme fondé de pouvoir, Dubois-Crancé; séance tenante ce rapporteur réduisit la question de l'hôtel des Invalides à celle-ci :

Supprimer l'Hôtel, qui serait vendu à la municipalité de Paris pour faire de cet établissement *une grande prison.*

Quant aux invalides, ils seraient dispersés dans les *quatre-vingt-trois hospices de la patrie,* qu'on établirait dans les départements.

Après la lecture de ce rapport, M. l'abbé Maury monte à la tribune et propose :

« 1° La discussion doit s'établir sur des calculs arithmétiques, dont je démontrerai l'inexactitude, et qui sont fort longs.

» 2° Elle aura pour objet des considérations politiques que je suis loin d'adopter.

» 3° Je prouverai que les moyens de remplacement que le comité vous propose sont inadmissibles.

» 4° Il faudra examiner les combinaisons selon lesquelles on propose, pour la plus grande économie, d'établir quatre-vingt-trois hospices au lieu d'un; et je doute que votre sagesse adopte ce projet et cette manière de se dédommager de la suppression de l'hôtel général des Invalides. J'ai surtout remarqué, dans le rapport qui vous a été fait, une invitation très-adroite, que le rapporteur fait à la municipalité, d'acquérir l'hôtel des Invalides pour en faire un hôpital. Mais savez-vous comment la ville de Paris fait des acquisitions, comment elle les paye, quel est l'état florissant de ses finances depuis deux ans? J'en mettrai l'état sous vos yeux. Du reste, je rends moi-même hommage à la sage prévoyance de la ville de Paris, qui veut désormais avoir des hôpitaux très-grands, car cette ville en aura besoin. Je demande non pas un ajournement indéfini, mais un délai de huit jours, afin que votre décision soit plus éclairée. Pour moi, je vous assure qu'en abrégeant beaucoup ce que j'ai à dire sur cet objet, je parlerai pendant plus d'une heure et demie. Lorsque l'hôtel des Invalides fut établi, il y a cent vingt ans, on fit les mêmes objections que l'on fait aujourd'hui, mais on y répondit victorieusement. Cet établissement a servi d'exemple à toute l'Europe; comment justifierez-vous sa suppression; comment légitimerez-vous la barbarie de rejeter de leur asile des militaires invalides, pour leur donner une pension à tant par bras perdu au service de la patrie, comme si un homme qui a un bras de moins pourra vivre avec cent livres de plus quand il sera isolé.... Je demande le renvoi de la décision à mardi prochain. »

L'ajournement est adopté.

M. de Noailles prend la parole contre le rapport du comité de la guerre et s'exprime ainsi qu'il suit :

« M. l'abbé Maury sera sans doute prêt à parler jeudi. Lorsque M. Breteuil proposa de changer l'hôtel des Invalides en un hôpital, M. Bailly, académicien, aujourd'hui maire de Paris, fit un mémoire extrêmement développé; des écrits multipliés furent publiés sur cette matière, et M. l'abbé Maury en a sans doute eu connaissance. A l'époque où M. de Saint-Germain fit un plan militaire extrêmement condamnable, il parut de nouveaux écrits extrêmement instructifs sur cet objet.

» Quant à ce qu'a dit M. l'abbé Maury, que la ville de Paris aurait bientôt besoin d'un grand nombre d'hôpitaux, je crois que c'est la vérité; car on ne permettra certainement plus qu'on mette, comme sous l'ancien régime, six ou huit malades dans un même lit, qui devient pour eux celui de la mort. »

L'ajournement fut prononcé.

Tel était l'état de la question quand la mémorable discussion de 1791 s'ouvrit le 23 mars.

A l'ouverture de cette séance, Dubois-Crancé prit la parole. Rappelant son rapport du 15 février, il insista pour qu'il fût pris en considération; se fondant sur ce que la majorité des officiers, sous-officiers et soldats invalides adhérant d'avance au rapport *juste et bienfaisant* du comité militaire, elle attendait avec une respectueuse et entière confiance que l'Assemblée nationale, sous la sauvegarde de laquelle elle se mettait, voulût bien combler ses vœux.

La cause de l'Hôtel semblait perdue, lorsque le député Guillaume, orateur peu connu jusque-là, se chargea courageusement de répondre le premier : « Votre comité militaire, dit-il, en vous présentant un plan de suppression de l'hôtel des Invalides, s'est proposé trois objets principaux : 1° de rendre à la liberté cette classe d'hommes qui, ayant au dehors protégé la nôtre, a bien acquis le droit de mettre un intervalle entre la dépendance et la mort ; 2° d'économiser les frais excessifs d'une administration trop dispendieuse ; 3° de faire servir cette économie au soulagement de cette multitude de militaires répandus dans le royaume sous la dénomination d'invalides pensionnés. La base de ce projet est l'établissement de quatre-vingt-trois hospices qu'on appellerait hospices de la patrie, et qui ne seraient en effet que quatre-vingt-trois hôpitaux. Pour moi, frappé de respect et d'admiration pour le monument que l'humanité consacra au courage, je ne croyais pas possible d'ériger des trophées plus honorables à la vertu guerrière. C'est dans la capitale, c'est sous les yeux du monarque, c'est au milieu des compagnons de ses travaux, dans un temple dont les ornements lui rappelaient sans cesse ses exploits, que le vieux soldat venait recueillir le prix de ses fatigues. L'envie des nations étrangères, un si grand exemple imité par quelques-unes assez riches pour y pourvoir ; les éloges de cet établissement portés dans toute l'Europe par la renommée ; tout me persuade que je ne me suis point trompé en regardant ce monument comme l'honneur de mon pays, quoique le rapport de votre comité militaire soit venu suspendre un instant mon admiration.

» Comment se persuader que les frais de quatre-vingt-trois hospices soient moins dispendieux que ceux d'un seul? N'est-ce pas une vérité triviale que les dépenses d'une seule administration diminuent proportionnellement en raison de l'augmentation du nombre des administrés?...

» Qu'on me permette une autre observation plus générale et plus étendue. Le citoyen qui a perdu ses membres au service de la patrie doit appartenir à la nation tout entière. Il y a donc de l'inconvenance à isoler ces hospices. Ce devoir sacré de pourvoir à l'entretien de ces guerriers généreux est le plus bel apanage du Corps législatif; l'hôtel des Invalides doit être sous la protection immédiate de l'Assemblée nationale; la dépense doit être acquittée des fonds du trésor public; la plus grande solennité doit présider à l'admission des sujets. Au lieu de dénaturer cette institution sublime, il me semble plus digne de l'Assemblée nationale d'en réformer les abus, d'y ajouter tout l'éclat dont le nouveau régime peut la rendre susceptible, de la décorer de tout ce qui peut honorer ces respectables vieillards et leur rappeler le souvenir de leurs exploits. Je conclus donc à la conservation de l'hôtel des Invalides. »

Custine prit ensuite la parole et soutint que, le projet de supprimer l'Hôtel ayant été proposé par un ministre économe, l'institution des Invalides ne pouvait être défendue.

Ce fut alors que l'abbé Maury, avec l'autorité de son nom et de son talent, se dirigea vers la tribune et dit :

« Vers la fin de l'année dernière, le Roi a nommé deux commissaires pour examiner l'administration des Invalides, et a invité l'Assemblée à en nommer également deux. Nous n'avons pas entendu parler du résultat des recherches de ces commissaires. Le projet de votre comité militaire est un exemple de cet esprit de vertige et de je ne sais quelle fatalité qui menace d'une suppression inévitable tous les établissements dont on dénonce les abus. Le comité a fait précisément le contraire de ce que vous lui demandiez : il a mis à l'écart ce que vous attendiez de son zèle ; il a perdu de vue votre intention et ses devoirs, car jamais vous ne l'aviez chargé de vous proposer une suppression, vous vouliez qu'il vous fît connaître les abus et les moyens de les réformer ; il ne vous en dénonce aucun. Au lieu de la réforme que vous attendiez, vous ne voyez que le résultat de l'esprit de destruction ; vous voyez mettre l'art des systèmes à la place de la science de l'administration. Pour moi, persuadé que votre comité s'est trompé dans ses vues, j'espère démontrer que cette suppression serait désastreuse ; je combattrai ce que le comité a voulu faire et je suppléerai ensuite à ce qu'il n'a pas fait.

» Il est facile de prouver que l'établissement de

l'hôtel des Invalides est non-seulement utile, mais nécessaire dans un grand empire. Saint Louis fut le premier de nos rois qui conçut le grand projet d'acquitter cette dette sacrée de la nation envers ses défenseurs : de retour des croisades, il fonda l'hôpital des Quinze-Vingts. A mesure que les guerres devinrent plus fréquentes, on s'aperçut que des hommes accoutumés au métier des armes et brusquement licenciés devenaient dangereux.

» Duguesclin, ce héros de la chevalerie, passa une partie de sa vie à réprimer les brigands qu'on appelait alors les bandes noires. A peine le bon roi Louis XII voulut-il faire vivre son peuple dans la paix, qu'il sentit le besoin d'établir des asiles pour ses anciens militaires. Henri IV, après avoir chassé les Espagnols de la France, sentit comme Louis XII la nécessité d'enchaîner, pendant la paix, le courage de ses troupes. Louis XIV effectua ce projet et relégua les vétérans aux frontières; mais ils y devinrent encore dangereux, en protégeant le commerce des contrebandiers. Il les distribua ensuite dans les monastères, d'où leur vient le nom de moines lais; mais accoutumés à la vie militaire, ces soldats importunèrent bientôt leurs hôtes, qui s'affranchirent, en payant, de l'obligation de les loger. Alors on les vit, après avoir vendu leur domicile, et dépensé le produit à des excès de débauche, réduits à la mendicité; au lieu de s'avilir en tendant la main dans les cités, aller sur les grands chemins vivre de crime. Louis XIV, au lieu de se servir d'une inutile rigueur, arrêta ces désordres par le seul empire de ses bienfaits: à l'âge de trente-six ans, il posa la première pierre de l'hôtel des Invalides qu'il se plaisait souvent à visiter. On reproche du luxe à cet établissement, surtout à la chapelle; mais ne fallait-il pas s'attendre que ce temple serait magnifique, puisque c'était Louis le Grand qui l'élevait à l'Être suprême? Vous n'avez pas encore fait des lois somptuaires pour les monuments publics, et sans doute vous les ramènerez à ce principe, qu'il faut qu'aucun particulier ne soit riche pour que l'État le soit; principe que le vice des gouvernements avait fait oublier dans les empires modernes; mais si nous portons nos regards sur les gouvernements anciens.... (M. l'abbé Maury présente, au milieu des murmures qui le rappellent à l'état de la question, de nombreux exemples de l'ancienne splendeur des monuments publics....) Voilà le principe et les exemples que j'adresserai en réponse aux détracteurs de Louis XIV, de ce prince qui a établi la gloire de cet empire.

» Si ce glorieux asile de la vieillesse, où trois mille soldats, heureux des libéralités de ce monarque, jouissent en paix des avantages de cette utile fondation; si, dis-je, cet établissement n'existait pas, cent personnes de cette assemblée brigueraient l'honneur de s'immortaliser par la fondation de ce monument, qu'on ne déprécie que parce qu'il existe. S'il était des hommes assez malheureux pour craindre de s'associer à la gloire de son fondateur, s'ils se flattaient d'anéantir la mémoire de ce monarque en supprimant tous les monuments qu'il a créés, comme Lesueur effaçait tous les modèles qu'il ne pouvait imiter, bientôt tous les bons Français s'opposeraient à ces tentatives, et Louis XIV resterait retranché dans son tombeau contre tous les efforts de ses détracteurs.... Je n'aurais besoin que de vous faire entendre les acclamations des contemporains; mais, dira-t-on, ce sont de vains éloges de la flatterie adressés à un roi tout-puissant. Eh bien! C'est soixante ans après, c'est lorsque Louis XIV est descendu au tombeau, qu'un philosophe, que le plus profond politique, que Montesquieu s'avance pour examiner cet établissement; voici le jugement qu'il en porte, au nom du genre humain : « Je fus hier aux Invalides; j'aimerais mieux, si j'étais prince, avoir fait ce monument que d'avoir gagné trois batailles; c'est, à mon avis, le lieu le plus respectable de l'Europe. Là on voit le zèle, l'ardeur et le courage de la jeunesse parmi ces anciens défenseurs de la patrie, qui ne déplorent leur impuissance de ne pouvoir plus rien faire pour elle. Quoi de plus admirable que de les voir observer une discipline aussi exacte que s'ils étaient en présence d'une armée ennemie, partager leurs soins entre Dieu et la patrie, etc.... » Le témoignage des hommes, quelque grand qu'il soit, disparaît devant le suffrage de l'Europe entière qui imite cet établissement. Quand les Anglais se hâtèrent d'imiter et d'égaler, à Chelson, la magnificence de notre hôtel des Invalides, quand leur roi sacrifia son château de Greenwich pour six cents matelots invalides, les Anglais et Guillaume cherchaient-ils à flatter Louis XIV? Quand l'impératrice de Russie imita, sur la Néva, le monument qu'elle avait vu sur la Seine, voulait-elle flatter Louis XIV? Enfin, quand le roi de Prusse, qui connaissait si bien les besoins de ses soldats, fit bâtir un hôtel des Invalides, à Berlin; quand il fonda un superbe Hôtel à Potsdam pour sa maison militaire, voulait-il flatter Louis XIV?

» Aux invalides qui demandent la liberté, qu'on la leur donne; mais qu'on ne force pas les autres à l'accepter; car cette liberté-là, ce serait la mendicité, le malheur : vous avez créé des pensions de retraite, accordez-la à tous les soldats invalides qui voudront sortir de l'Hôtel; je vous invite à ne la refuser à personne; mais je vous somme aussi de ne forcer aucun soldat à l'accepter. »

Dans la séance du lendemain, M. de Clermont Tonnerre prit la parole et s'exprima comme il suit : « Détruira-t-on ou ne détruira-t-on pas l'hôtel des

Invalides? Je m'étonne toujours de la confiance avec laquelle on propose des destructions. J'ai cru longtemps que cette idée ne pouvait occuper un bon esprit qu'après que l'avantage du remplacement aurait été mis en évidence, et que détruire sans une nécessité absolue, c'était l'apanage du despotisme.... De nombreux abus se sont introduits dans l'administration de l'hôtel des Invalides, mais en est-il aucun que la réforme ne puisse atteindre? Des administrateurs se sont emparés des bâtiments destinés aux invalides, il faut les déloger; la nourriture est mauvaise, il faut l'améliorer; par exemple, on a dit que les meilleurs mets sont servis sur la table des officiers, et les moins substantiels sur celle des soldats; il est possible de faire une répartition plus égale des aliments de première nécessité. La différence du pain est encore un abus qu'il faut détruire; car, à quel âge commencerait donc cette égalité tant vantée, si des hommes dont les services sont égaux étaient aussi inégalement traités? C'est du bon, du meilleur pain que la patrie doit donner à ces malheureux soldats, car c'est du bon sang qu'ils ont versé pour elle.... (M. Clermont parcourut successivement les moyens de réformer tous les autres abus de l'administration des Invalides.) J'ajoute que le meilleur moyen de réaliser vos vues de bienfaisance est de faire entrer tous les individus, sans exception, dans le conseil d'administration; c'est, quand ils participeront à la confection des règlements, qu'ils en sentiront la nécessité et qu'ils aimeront la discipline. L'homme libre n'est pas toujours celui qui fait sa volonté de l'instant; l'homme libre suit une volonté antérieure, exprimée d'après la réflexion et non pas appliquée d'après les passions du moment.

» Vous voyez que tous les abus que je viens de détailler peuvent être extirpés sans détruire; mais ce qui serait un abus étrange, ce serait de vouloir argüer contre une administration réformée, du despotisme d'un Louvois. Les invalides se plaignaient un jour à ce ministre du mauvais pain qui leur était fourni; « J'ordonne, répondit cet homme que j'ose appeler exécrable, qu'on en donne du plus mauvais pendant trois semaines, et je ferai pendre ceux qui oseront murmurer. » Ce trait atroce prouve tout contre le despotisme, rien contre l'établissement des Invalides.

» Ces anciens militaires peuvent trouver dans l'Hôtel les secours, les soins, l'aisance, la considération, mille autres avantages que leur pension ne leur procurerait pas. Il est une multitude de circonstances où la gravité des blessures, la nature des infirmités, exigent les soins les plus assidus et des secours qu'on n'aurait pas, ou qu'on aurait à beaucoup de frais dans les départements. Il est dans l'Hôtel des individus dont la vie est pour ainsi dire un miracle, et ce miracle la patrie le leur doit.

» C'est de la plénitude de leur vie qu'ils lui ont fait le sacrifice; c'est de la plénitude de sa puissance qu'elle doit les récompenser. Cet établissement doit devenir l'objet du luxe, de l'orgueil national; sa conservation importe à l'humanité, à la gloire de la nation, à l'exemple des peuples voisins, à toute l'armée dans laquelle la jeunesse vient contracter l'obligation de l'héroïsme, parce qu'elle envisage les récompenses. Cette utile fondation, après avoir résisté à la faux du despotisme, résistera bien aujourd'hui à la faux des novateurs. Je demande cependant que la liberté absolue soit accordée à ceux des invalides qui voudront sortir de l'Hôtel. »

M. Emmery lui succède à la tribune.

« Les abus de l'administration de l'hôtel des Invalides, dit-il, sont si considérables et si nombreux qu'il a paru difficile, pour ne pas dire impossible, d'extirper sans détruire. Les dépenses totales des invalides s'élèvent à 5,400,000 livres, dont 2,100,000 livres sont réparties sur les 2,800 hommes qui sont dans l'Hôtel, tandis que les trois autres millions environ sont répartis sur 24,000 individus; encore le bien-être dont jouissent les 2,800 privilégiés n'est-il pas à beaucoup près proportionné à la somme qui leur est affectée; de manière que, si on répartissait entre eux seulement 900,000 livres, il ne resterait demain à l'Hôtel, comme vous l'a dit M. le rapporteur, que le gouvernement et les *manieros ou moines lais*. Quant à ce gouvernement, quel que soit le parti que vous preniez, vous sentirez la nécessité de réformer tant le nombre des administrateurs que leurs traitements; mais à l'égard de ces moines lais, peut-on douter que le vœu qu'ils manifestent de terminer leurs jours à l'Hôtel ne soit fondé sur les besoins et les habitudes les plus respectables? Peut-on douter que la justice et l'humanité de l'Assemblée nationale ne soient fortement intéressées à conserver en leur faveur la fondation des Invalides? Ne confondons pas les invalides proprement dits avec ceux auxquels cette dénomination ne peut appartenir, auxquels elle n'a été attribuée que sous le prétexte spécieux de quelques blessures guéries, et par une suite des abus qui ont dénaturé cette institution. L'hôtel des Invalides n'a été établi que pour les moines lais, pour les caducs; s'ils ne veulent pas l'abandonner, ce serait une souveraine injustice de les y contraindre, sous le prétexte que les vétérans valides demandent la liberté; ce serait chasser les propriétaires de leur maison, sous le prétexte que des étrangers n'en trouveraient plus le séjour commode.

» Les titres de la fondation des Invalides portent expressément que cet établissement est destiné à mettre à l'abri de la misère et de la caducité les pauvres officiers et soldats qui, *ayant vieilli dans le service, ou reçu des blessures à la guerre, se trouvent non-seulement hors d'état de servir, mais hors d'état de rien faire pour gagner leur subsistance.* Ce n'est donc que pour les vétérans infirmes que l'Hôtel a été établi; et en effet, il est évident que cet édifice serait insuffisant pour 30,000 vétérans, indépendamment qu'il serait inconvenant d'y renfermer des hommes qui peuvent encore être utiles à leur patrie. Désormais tout militaire est assuré d'être récompensé de ses longs services; les honorables blessures qu'il aura reçues, sans en devenir invalide, seront l'objet d'une indemnité; et une pension de retraite lui fournira des secours dans sa caducité.

» Vous n'aurez donc plus à vous occuper que de ceux qui, absolument hors d'état de gagner leur vie, ont, outre leur pension, besoin de secours habituel : vous laisseriez cependant à tous les vétérans actuellement dans l'Hôtel la faculté d'y rester, ou d'en sortir avec une pension de retraite; il serait juste de les considérer comme ayant les années de service nécessaires. Quant aux compagnies détachées, on pourrait les licencier; mais leur conservation présenterait de grands avantages à l'État, pour la garde des forts, des citadelles, ne fût-ce même que pour économiser les troupes de ligne. Les vétérans invalides seraient propres à ce service, qui ne leur donnerait pas une grande fatigue. La plupart n'ont plus de famille, il ne leur reste que des compagnons de travaux, leur corps et leur patrie; ils doivent donc incontestablement préférer la vie commune, qui non-seulement leur offre une existence plus avantageuse sous le rapport de l'économie, mais leur conserve leurs anciennes habitudes et leur retrace sans cesse d'honorables souvenirs. Leur paye croîtrait en proportion de leurs années de service, et lorsqu'ils seraient parvenus à la caducité, ils se retireraient à l'Hôtel…. Quant aux infirmes qui sont actuellement à l'Hôtel, trois mesures se présentent : les renvoyer dans leur famille, les disperser dans des hôpitaux, les laisser dans l'Hôtel. Mais la première de ces mesures ne vous paraît-elle pas une barbarie? Imaginez-vous faire sortir ces 250 estropiés, qui ne présentent, pour ainsi dire, que l'image de bustes ou de lambeaux d'hommes, qui peuvent à peine broyer leurs aliments, dont on vous a dit que la vie est un miracle, et qui périraient incontestablement s'ils étaient privés et des secours de l'art et des soins que leur prodiguent les hospitaliers de l'Hôtel?

» Les disperser dans des hôpitaux, comme l'a proposé le comité militaire? Fort bien!

» L'hôpital! voilà la récompense que vous destinez à vos guerriers; et vous croyez que vous enflammerez ainsi le courage de leurs successeurs?

Mais le voyage seul les ferait périr; et où trouveraient-ils les mêmes soins que dans un asile qui y est expressément consacré? Non, je ne crois pas qu'on les admette dans un hôpital pour treize sous par jour, où on les regarderait comme une surcharge; et quand on doit être un objet de vénération, il est bien dur de devenir un objet d'avilissement : l'économie, la justice, l'humanité commandent donc également de conserver l'Hôtel, mais d'en détruire les abus, d'en réformer le gouvernement : *une seule campagne meurtrière pourra souvent remplir cet asile.* Il ne faudra y recevoir que les vétérans infirmes; laisser la liberté de sortir à tous ceux qui y sont actuellement, et même la leur laisser à l'avenir, en les obligeant de prévenir quelques mois d'avance l'administration, afin qu'elle puisse toujours régler ses approvisionnements. Il faut réunir les vétérans valides en compagnies et renvoyer les détails de cette organisation au comité militaire. »

La discussion fut fermée.

Occupé qu'on était des opérations de la guerre et des insurrections populaires, ce ne fut que le 30 avril suivant que la loi fut promulguée.

Elle commence par déclarer que l'établissement connu sous le nom d'hôtel des Invalides est consacré sous la dénomination d'*Hôtel National des militaires invalides.*

« La Convention nationale, après avoir entendu le

rapport de son comité de salut public, décrète ce qui suit :

» Art. 1ᵉʳ. Le gouvernement provisoire de la France est révolutionnaire jusqu'à la paix.

» Le conseil exécutif provisoire, les ministres, les généraux, les corps constitués, sont placés sous la surveillance du comité de salut public, qui en rendra compte tous les huit jours à la Convention.

» Toute mesure de sûreté doit être prise par le conseil exécutif provisoire, sous l'autorisation du comité qui en rendra compte à la Convention.

» Les lois révolutionnaires doivent être exécutées rapidement; le gouvernement correspondra immédiatement avec les districts dans les mesures de ce salut public.

» Les généraux en chef seront nommés par la Convention nationale, sur la présentation du comité de salut public.

» L'inertie du gouvernement étant la cause des revers, les délais pour l'exécution des lois et des mesures de salut public seront fixés. La violation des délais sera punie comme un attentat à la liberté.

» L'hôtel des Invalides est placé sous la surveillance spéciale du Corps législatif, pour le nombre des places et pour la question financière.

» L'administration en est confiée à la surveillance d'un conseil électif du département de Paris, divisé en deux sections : l'une sous le titre de conseil général, l'autre sous celui de bureau administratif.

» Les compagnies détachées sont abolies et remplacées par le corps des vétérans nationaux, composé de cinq mille hommes, et se divisant en cent compagnies de cinquante hommes chacune.

» Les militaires compris dans le corps des vétérans sont considérés comme en activité de service.

» Les militaires de tous grades, résidant à l'Hôtel, qui seront appelés à faire partie du conseil général, seront élus par tous les invalides, au scrutin individuel et à la pluralité absolue des suffrages, etc. »

Tels furent les principaux changements apportés à l'institution des Invalides, dont le maintien paraissait assuré.

Mais ce remarquable travail ne tarda pas à être mal appliqué. Le principe de l'élection apporta bientôt à l'Hôtel une anarchie telle que le comité de salut public crut devoir nommer une commission spéciale pour recevoir les plaintes des pensionnaires qui, d'un autre côté, se virent envahis par suite du décret qui autorisa le ministre de la guerre à admettre provisoirement aux Invalides les volontaires nationaux et les soldats des troupes de ligne qui revenaient des armées avec des blessures et des infirmités. Rien n'était plus juste, en effet, que d'ouvrir les portes de cet asile national à ces nouvelles victimes de leur dévouement à la patrie. Les vieux soldats eurent donc à subir de nombreuses et dures privations; aussi crurent-ils devoir en appeler à l'Assemblée nationale, qui les accueillit avec bienveillance, sans pouvoir remédier à cette fâcheuse position, tant l'attention des législateurs et celle de la nation étaient fixées sur des objets d'une bien autre importance.

Le 20 avril, la France déclare la guerre au roi de Hongrie et de Bohême.

Le 28, commencement des hostilités en Flandre.

Au reçu du manifeste du duc de Brunswick, le peuple de Paris s'exalte ; des comités d'insurrection s'organisent. A l'Hôtel, loin que pendant ces jours de trouble et d'anarchie l'ordre ait été troublé, grâce à la sagesse et à la fermeté de l'infortuné général Sombreuil, la discipline ne cessa de régner : on y attendait l'orage avec calme et résignation.

Le 11 juillet, décret qui déclare que *la patrie est en danger*.

Le 23 juillet, une députation de fédérés vient demander à l'Assemblée législative la suspension du malheureux Louis XVI et la convocation d'une convention nationale.

Le 26, on discute dans cette assemblée sur la déchéance du Roi. Cette question est rejetée comme inconstitutionnelle par la portion qui regarde la constitution comme un pacte qu'elle a juré le 14 juillet.

Le 3 août, le maire de Paris, Pétion, paraît à la barre de l'Assemblée et lui demande, au nom des sections de la capitale, qu'elle veuille bien s'occuper sérieusement de la déchéance du Roi.

L'orage préparé depuis deux mois éclate enfin dans la nuit du 9 au 10 août : le tocsin sonne; les invalides attristés prennent les armes; le canon d'alarme se fait entendre, la générale bat; on annonce au brave Sombreuil que les Marseillais, le peuple des faubourgs Saint-Marceau et Saint-Antoine, une foule de sections marchent sur le château des Tuileries et se disposent à l'attaquer; que le Roi est protégé au dehors par quelques sections de la garde nationale résolues de le défendre, mais remplies de défiance et d'incertitude, et par quelques compagnies de suisses que Louis XVI a appelées à son secours; que dans l'intérieur sont des nobles et des courtisans armés de toutes pièces, que leur ardeur indiscrète, leur zèle imprudent, leurs propos inconsidérés n'avaient pas peu aidé à provoquer cette journée ou en étaient le prétexte.

A cinq heures du matin, on annonce que le Roi passe en revue les suisses et la garde nationale; qu'il assigne à chacun son poste. Puis un peu après on fait savoir au gouverneur qu'on était parvenu à lui faire entrevoir un danger immense pour sa personne, sa femme, ses enfants et tout ce qui lui était attaché, et qu'il venait de se décider à se réfugier dans le sein de l'Assemblée législative, alors en permanence. Cette retraite du Roi avait donc ôté tout espoir à ceux qui voulaient le défendre, et toute crainte à ceux qui voulaient investir le château. Ces derniers, d'abord repoussés par les suisses, les accablent par leur nombre; ces militaires sont pour la plupart égorgés, le château est forcé, et cette journée est la dernière du règne de Louis XVI! Quelques jours après M. de Sombreuil était traîné à l'échafaud. Le tumulte continue le 11, le peuple, c'est-à-dire cette classe qui n'a rien et s'alimente du trouble, abat les statues des rois érigées dans les différentes places de la capitale; celle du bon Henri IV n'est point épargnée; la plupart étaient des chefs-d'œuvre.

Le 12, le Roi et sa famille sont transférés au Temple, sous la garde et la responsabilité de la commune.

Ce jour-là les ambassadeurs des cours étrangères quittent Paris.

Le 19, vers trois heures de l'après-midi, s'est présenté à l'Hôtel une cohorte d'hommes armés de piques et quelques gardes nationaux armés de fusils, ayant à leur tête un officier municipal décoré de son écharpe. Ils se sont transportés aux archives générales, dans la grande salle du conseil, à l'église et au dôme; là ils ont enlevé les timbales et les drapeaux pris sur les ennemis de l'État; les tableaux des rois Louis XIV, Louis XV, Louis XVI, ceux des ministres, de quelques généraux, et les ont brûlés dans la cour d'honneur; puis ont ensuite détruit un buste de marbre de Louis XIV, ainsi que la statue équestre en bas-relief de ce grand Roi, placée sur le frontispice de la porte royale.

Les rois coalisés marchant contre la France, les invalides se réunirent pour voter l'adresse qui suit à l'armée française :

« Camarades et amis, du sein de la plus paisible et de la plus honorable retraite, nous avons toujours appris avec plaisir les actes d'héroïsme qui ont distingué la plupart de nos braves successeurs à la défense de la patrie. Nous vous félicitons tous de votre dévouement à la cause publique, et de votre courage à repousser les ennemis de la liberté.

» Puissions-nous être assez heureux pour vous convaincre, par l'expérience que nous en avons acquise dans de longues années de service, que la subordination d'une armée est sa principale force, que sans elle il n'existe point d'armée proprement dite, mais seulement des rassemblements de factieux qui se détruiraient eux-mêmes en détail.

» Saxe et Lowendal ne sont plus, mais vous êtes commandés par des généraux qui, comme eux, sont de vrais héros. A coup sûr, ils ne respirent que la gloire et l'honneur. Marchez sous leurs ordres avec fermeté, vous ne pourrez manquer de cueillir la palme; vous vous couvrirez de lauriers. »

Cette adresse fut accueillie avec la plus grande faveur par l'Assemblée nationale, qui vota qu'elle serait envoyée à tous les corps de l'armée française, puis le président y répondit ainsi :

« Victimes infortunées des malheurs de la guerre, citoyens vénérables, enfin la liberté vient étendre ses bienfaits jusque dans le monument fruit de l'orgueil plutôt que de l'humanité des rois.

» L'égalité va donc établir ici ses droits; l'humanité, cette vertu consolatrice des maux de la terre, va suspendre ses douleurs, ranimer vos forces.

» Citoyens, cet asile soumis trop longtemps au joug de l'arbitraire sera désormais régi par des lois justes et invariables.

» Les représentants du peuple français ont senti que ce grand établissement exigeait des lois particulières pour son régime intérieur. Ces lois ont été faites, elles ont pour base la justice et l'égalité; elles doivent assurer votre bonheur. Tant que la France eut un roi, vous ne pûtes jouir de l'effet de ces lois salutaires; depuis la chute de la tyrannie, depuis le 10 août, les magistrats du peuple se sont occupés constamment de les mettre à exécution; ils ont, vous le savez, rencontré dans leur marche des obstacles de tout genre, ils ont tout surmonté; ils jouissent en ce moment du prix de leurs efforts.

» Citoyens, vous que la confiance des militaires invalides a appelés dans la formation du conseil d'administration, c'est en vos mains que nous remettons le dépôt sacré de ces lois qui nous avaient été confiées par les représentants du peuple; c'est à vous maintenant à les faire exécuter.

» Vous enfin, braves guerriers, vous tous, objet de la reconnaissance nationale, jouissez en paix du fruit de vos travaux; coulez dans le repos des jours que vous avez abrégés en combattant pour votre pays; ne pouvant plus le servir de vos bras, faites des vœux pour sa prospérité et le succès de la liberté. Si dans les lois nouvelles destinées à votre bonheur, si dans leur exécution vous aviez des réclamations à porter, adressez-les aux magistrats du peuple, ils auront toujours les yeux ouverts sur vos besoins et vos désirs.

» Cet établissement, régénéré par elle, va devenir désormais le digne asile des soldats de la patrie; un repos honorable, les soins d'une véritable humanité les y consoleront de leur vieillesse et de leurs blessures.

» Monument de l'orgueil d'un despote, il fallait que l'ancien hôtel des Invalides se ressentît de la source corrompue de son origine; autrefois le faste d'un gouverneur et d'un état-major tyrannique absorbait la substance du soldat valeureux qui n'avait pour lui que son obscurité et ses services. »

A la même époque, M. de Sombreuil avait offert sa démission au ministre de la guerre La Jard, qui lui répondit aussitôt : « Le Roi, monsieur, ayant reçu la démission que vous avez donnée du gouvernement des Invalides qu'il vous avait confié, me charge de vous témoigner ses regrets, et il m'ordonne de vous engager à continuer à l'Hôtel des Invalides et pour les compagnies détachées, jusqu'à parfaite exécution de la loi du 16 mai dernier, les fonctions que vous avez remplies avec tant de prudence et de sagesse. Sa Majesté attend de votre zèle cet acte de déférence à sa volonté. »

Écroué à la Conciergerie le 16 août, en vertu d'un ordre de la municipalité de Paris, le 4 septembre il fut remis en liberté.

Bientôt après il fut impitoyablement envoyé à l'échafaud, lui et son fils aîné, par les juges du tribunal révolutionnaire.

Mademoiselle de Sombreuil avait été assez heureuse, une première fois, pour attendrir les assassins prêts à égorger son père. Son héroïque dévouement excita l'admiration de ces hommes féroces, et quatre d'entre eux la reconduisirent à l'hôtel des Invalides, à côté de son père. Mise en arrestation, quelques mois après, avec ce père chéri et son frère aîné, elle eut la douleur de les voir conduire à l'échafaud, sans pouvoir toucher les juges du tribunal révolutionnaire, plus cruels que les assassins de septembre.

La révolution, qui fermait les temples de la religion, fit disparaître du dôme l'autel réservé au culte et transforma cette église en temple de Mars, où tous les trophées pris sur l'ennemi seraient déposés désormais sous la sauvegarde des invalides.

Au milieu de l'enthousiasme général, des dons étaient faits chaque jour à la patrie par des personnes de tout sexe et de tout âge.

Aussi le bureau administratif de la maison nationale des Invalides décida-t-il, sur la demande du syndic de l'échevinage, que l'argenterie et les ornements précieux de l'église et des infirmeries seraient, sans plus tarder, offerts en don à la République. Ces objets, réunis aussitôt dans la salle du conseil et représentés par cent soixante marcs d'argenterie, calice, ciboire, croix, burette, etc.; et en ornements riches et précieux, tels que dais, chasubles, devant d'autel, étoiles, bourses, furent portés à la Convention le 18 brumaire an II (8 novembre 1793).

Les militaires invalides de leur côté ne restèrent pas étrangers à ces manifestations. Un grand nombre portaient à la Convention leur don patriotique, fruit de leurs modiques épargnes.

Le 15 novembre 1793, le conseil général de l'Hôtel national, le syndic entendu :

« Considérant qu'il est digne d'une administration républicaine de s'occuper de tout ce qui peut tendre à propager le véritable esprit public et à élever les âmes vers la liberté, et considérant qu'il ne suffit pas de donner aux militaires invalides actuellement existants à la maison nationale l'exemple des vertus patriotiques, mais qu'il faut encore laisser à ceux qui les suivent l'image et la leçon du républicanisme, arrêta à l'unanimité :

» Que dans le plus court délai toutes les empreintes de la superstition et du fanatisme seront effacées, et qu'aux noms des saints qui défigurent tel ou tel corridor ou galerie, il sera substitué des noms plus propres à élever l'âme de ceux qui tiennent aux idées de la liberté et de la révolution;

» Et enfin que le département serait invité à donner sa prompte autorisation pour l'acquisition des bustes des martyrs de la liberté. »

Le 25 floréal an II (15 mai 1794), le comité de salut public arrêta ce qui suit :

Art. 1er. L'administration actuelle de la maison nationale des Invalides est supprimée; au 1er prairial les membres qui la composent cesseront leurs fonctions et seront tenus de présenter les pièces justificatives de dépenses à la trésorerie nationale, dans le délai d'un mois.

Art. 2. Cette administration sera remplacée par une *agence* composée de trois membres qui seront présentés au comité par la commission des secours publics.

Art. 3. Les fonctions de surveillance intermédiaire déléguées au département de Paris, par l'article 2 du titre III de la loi du 16 mai 1792, seront désormais exercées par la commission des secours publics.

Art. 4. La commission des secours publics pourvoira de suite aux besoins de l'hospice, sur les fonds mis à sa disposition par les décrets de la Convention nationale.

Art. 5. Il y aura sous les ordres de l'agence quatre surveillants d'exécution, un économe, et un caissier nommé par la commission des secours, sous l'autorisation du comité de salut public.

Art. 6. La commission des secours présentera au comité, dans le plus bref délai, un nouveau règlement pour le régime, la police et la discipline intérieure de l'hospice des Invalides; en attendant, l'agence sera tenue de se conformer aux dispositions de la loi du 16 mai, en tout ce qui n'est pas changé par le présent arrêté.

Art. 7. Tous les revenus particuliers qui pourraient exister, appartenant à la maison des Invalides, seront administrés comme des revenus nationaux et versés dans la trésorerie nationale.

Signé au registre :

B. Barrère, Robespierre, Carnot, Billaud-Varenne, Collot-d'Herbois, C. A. Prieur, Couthon et R. Lindet.

Le lendemain 26, ce même comité, sur la présentation de la commission des secours, nomma les citoyens Dunoyer, du département du Jura, et Herbaut, du département de l'Oise, membres de l'agence de la maison nationale des Invalides, établie par arrêté du 25 courant en remplacement de l'administration créée par la loi du 16 mai 1792.

Signés :

Robespierre, C. A. Prieur, Collot-d'Herbois, B. Barrère, Billaud-Varenne.

Le 4 fructidor an II (21 août 1794), la Convention nationale décréta que les militaires qui ne s'étaient pas retirés à l'Hôtel ou qui en sortiraient pour jouir de la pension toucheraient 300 fr. par an à compter du 23 septembre.

D'autres décrets succédèrent à celui-ci et apportèrent les nouvelles améliorations que l'on pouvait réaliser.

L'un d'eux créa dans l'Hôtel une école pour enseigner à lire, à écrire, à compter. Des secours annuels furent accordés aux veuves âgées de cinquante ans au moins, ainsi qu'aux enfants des invalides et des militaires retirés avec pension. On chercha, en outre, le moyen de faciliter aux vieux soldats privés d'un membre et qui connaissaient quelque métier la possibilité d'exercer une industrie.

L'administration de l'Hôtel, comme nous l'avons vu, était du domaine du ministère de l'intérieur et sous la surveillance de la commission des secours publics. Mais c'était dans la salle des jacobins que les affaires se traitaient....

Selon ces hommes, tristement célèbres, la réforme de l'Hôtel n'était pas complète, surtout sous le rapport de l'égalité. Il ne leur suffisait pas que la nourriture des officiers fût la même que celle des soldats, ils entendaient que l'égalité des traitements fût la même pour tous.

Enfin, par suite de la dissidence entre les gouverneurs et le désaccord prononcé entre ceux que l'on appelait les vieux et les jeunes invalides, l'Hôtel était à peu près dans une anarchie complète.

Le 22 brumaire an V, le Directoire exécutif, sur le rapport du ministre de la guerre, fit paraître un arrêté portant règlement de la nouvelle administration de l'Hôtel.

A cette époque un lieutenant de l'établissement, nommé Gilbert, fit paraître, sous le titre de *Pétition des invalides,* un pamphlet contenant des insultes très-graves contre le Corps législatif; pamphlet capable d'indisposer l'armée et les vieux soldats contre le gouvernement. Le Directoire fit décréter d'accusation l'auteur de ce libelle. Traduit devant ses juges, il répondit avec fierté en montrant les blessures qu'il avait reçues :

« Citoyens, je n'ai pas besoin de vous dire ce que j'ai fait pour la République; ces honorables cicatrices parlent assez haut pour moi. On m'accuse d'avoir voulu déconsidérer le pouvoir législatif et d'avoir cherché à égarer l'armée. A ces accusations je n'ai qu'une chose à répondre : mon sang a coulé pour l'indépendance nationale. Quant à la pétition des invalides, elle n'est que l'exposé de griefs trop réels. »

Malgré la fermeté de son attitude et de son langage, ses juges, un moment émus, ne purent s'empêcher de le condamner, tant étaient violents les termes de cet écrit. Il dut se rendre en prison, d'où il ne sortit qu'à l'avénement du Premier Consul.

Le général Adrien Brice de Montigny était alors commandant de l'Hôtel, sa nomination datait du 30 brumaire an V.

Ce général ne fit que passer à l'Hôtel; appelé à commander la 6ᵉ division militaire, il quitta les Invalides sans avoir eu le temps de s'occuper de leur nouvelle organisation.

Il fut remplacé par le général de division Berruyer, qui, couvert de blessures, portait un nom honorable et respecté. Comme Brice de Montigny, il avait débuté dans la carrière en qualité de simple soldat.

Il fut installé dans son nouveau poste le 11 septembre 1797.

Sous le général Berruyer, l'Hôtel ne tarda pas à sortir de l'anarchie. Aussi les directeurs de la République jugèrent-ils à propos de donner aux invalides la plus haute marque de distinction.

Le 1er vendémiaire an VI (22 septembre 1797), pour la célébration de la fondation de la République, le Directoire se rendit à l'Hôtel national.

L'église et la chapelle du dôme n'avaient plus l'aspect de temple de la prière; tout ce qui pouvait rappeler Dieu et le Roi, étant des objets d'horreur pour les démolisseurs de 93, avait été renversé.

Peintures, sculptures, tout avait été détruit.

Des invocations à la patrie remplaçaient les chants religieux qui naguère faisaient retentir ces voûtes dédiées à l'Éternel.

Le président, la Réveillère-Lepaux, prit ensuite la parole :

« Militaires invalides et anciens de l'armée, dit-il, les premiers représentants de la République vous ont donné rendez-vous dans ce temple de Mars, pour honorer en vos personnes le courage guerrier, le patriotisme et toutes les vertus civiques. Qu'y a-t-il de plus propre, en effet, à entretenir le feu sacré du patriotisme, que le souvenir des victoires? c'est d'attirer la vénération publique sur des infirmités et des blessures dues au dévouement le plus généreux, au plus noble amour de la patrie. Maintenant citoyens invalides, réunissez-vous en assemblée d'élection, et choisissez trois de vos camarades qui, par leurs actions d'éclat dans nos grandes batailles, par leur patriotisme et leur bonne conduite au milieu de vous, ont mérité de recevoir des témoignages particuliers de la reconnaissance nationale. »

Les trois élus furent présentés par le commandant des Invalides au Directoire. Son président leur donna l'accolade et leur présenta ensuite, au nom de la République, une couronne de laurier et une médaille d'argent sur laquelle on lisait :

LA RÉPUBLIQUE A SES DÉFENSEURS.

Ces trois braves venaient de recevoir la plus belle récompense qui pût leur être décernée.

A la cérémonie qui eut lieu peu d'instants après et ensuite au Champ de Mars, on leur réserva la place d'honneur.

Là, les représentants de la nation proclamèrent à haute voix leur dévouement à la patrie.

Les invalides parurent également avec éclat à l'occasion de l'anniversaire de la fondation de la République et du traité de Campo-Formio.

Le général Berruyer, que Bonaparte avait fait nommer en 1797 commandant en chef de l'Hôtel, ne tarda pas à rétablir l'ordre et la discipline dans l'établissement, et cependant de nouvelles plaintes étant parvenues au gouvernement, le conseil des Cinq-Cents demanda un rapport que Jourdan fit en ces termes, et par suite duquel une somme suffisante fut allouée aux besoins de l'Hôtel :

« Les soldats invalides chez les despotes mendient ignominieusement leur pain ; c'est l'apanage de ceux qui ne servent que l'orgueil et l'ambition d'un homme. Les tyrans comptent pour rien tout ce qui n'est plus utile, et les services de leurs subordonnés sont regardés par eux comme des actes obligatoires qui ne méritent ni récompense ni reconnaissance.

» La République française se fait, au contraire, une loi sacrée d'assurer et d'adoucir le sort des braves qui l'ont servie avec tant de dévouement; elle satisfait à la justice et à l'humanité, en obéissant au bien public qui le commande.

» S'il est glorieux pour la nation d'avoir à compter tant de héros parmi ses enfants, il ne l'est pas moins pour elle de leur préparer un asile doux et paisible quand l'âge et les infirmités sont venus rendre leur courage inutile; et, s'ils ont combattu pour la République tout entière, elle doit les récompenser en assurant d'une manière fixe, invariable et permanente, les sommes nécessaires au soutien d'un établissement aussi honorable pour ceux qui l'habitent que pour la nation qui le fera prospérer. »

Le 8 mai 1798, sur la proposition du représentant Lacuée, le Directoire arrêta qu'une première succursale des Invalides serait établie à Versailles et une seconde à Saint-Cyr.

Au *18 brumaire* (9 novembre 1799), le général Berruyer rassembla ceux des invalides sur le dévouement desquels il pouvait compter, et leur dit :

« Rendez-vous à Saint-Cloud ; si on a besoin de vous, mes amis, payez de vos personnes. »

Les invalides promirent de ne pas rester au-dessous de la confiance que leur témoignait leur commandant ; en effet, ils se rendirent en assez grand nombre à Saint-Cloud, dans la matinée du 18 brumaire. Si l'on n'eut pas besoin de leur concours, on ne leur sut pas moins gré de cette preuve de dévouement.

Aussi cette journée fut-elle saluée avec acclamation à l'hôtel des Invalides, qui devenait, sous l'inspiration de Berruyer, le foyer du bonapartisme naissant.

Le 20 pluviôse an VIII (7 février 1800), les drapeaux pris sur l'ennemi par l'armée d'Orient furent présentés par le général Lannes au ministre de la guerre Carnot et déposés dans la chapelle du dôme, alors appelée *le Temple de Mars*.

Ces drapeaux, au nombre de soixante-douze, non compris trois queues de pacha, étaient portés par des cavaliers des différents corps de la garnison de Paris.

Les ministres, le conseil d'État, les officiers généraux, se réunirent dans la salle du conseil de l'Hôtel, et de là se rendirent au temple, où, les tambours ayant battu aux champs, les drapeaux furent présentés par le général Lannes, qui fit un discours auquel le ministre répondit; puis on attacha un crêpe à chacun de ces drapeaux, et M. de Fontanes prononça l'oraison funèbre de Washington.

En présentant au ministre les drapeaux pris à Aboukir, le général Lannes s'exprima en ces termes :

« Citoyen ministre,

» Voici tous les drapeaux de l'armée ottomane détruite sous vos yeux à Aboukir.

» L'armée d'Égypte, après avoir traversé les déserts brûlants, triomphé de la faim et de la soif, se trouve devant un ennemi fier de son nombre et qui croit voir une proie facile dans nos soldats exténués par la fatigue et par des combats sans cesse renaissants : ignorait-il que le soldat français est plus grand parce qu'il sait souffrir que parce qu'il sait vaincre, et que son courage s'irrite et s'accroît avec le danger? Trois mille Français, vous le savez, fondent sur dix-huit mille barbares, les enfoncent, les renversent et les serrent entre leurs rangs et la mer; la terreur de nos baïonnettes est telle que les musulmans, forcés de choisir leur mort, se précipitent dans les abîmes de la Méditerranée.

» Dans cette journée mémorable furent pesées les destinées de l'Égypte, de la France et de l'Europe, sauvées par notre courage.

» Puissances coalisées, si vous osiez violer le territoire sacré de la République, et que celui qui nous fut rendu par la victoire d'Aboukir fît un appel à la nation, puissances coalisées, vos succès vous seraient plus funestes que des revers! Quel Français ne voudrait encore vaincre sous les drapeaux du Premier Consul, ou faire sous lui l'apprentissage de la gloire? Et vous braves vétérans, honorables victimes du sort des combats, vous ne seriez point les derniers à voler sous les ordres de celui qui console vos malheurs par la gloire et qui place au milieu de vous ces trophées conquis par votre valeur! Ah! je le sais, vous brûlez de sacrifier la moitié de la vie qui vous reste pour votre patrie et pour la liberté. »

Le ministre de la guerre a répondu :

« Élever aux bords de la Seine des trophées conquis sur les rives du Nil; suspendre aux voûtes de nos temples, à côté des drapeaux de Vienne, de Pétersbourg et de Londres, les drapeaux bénits dans les mosquées de Bizance et du Caire; les voir ici présentés à la patrie par les mêmes guerriers, jeunes d'années, vieux de gloire, que la victoire a tant de fois couronnés, c'est ce qui n'appartient qu'à la France républicaine.

» Ce n'est là qu'une partie de ce qu'a fait, à la fleur de son âge, ce héros qui, couvert des lauriers d'Europe, se montra vainqueur devant les Pyramides d'où quarante siècles le contemplaient, affranchissant par la victoire la terre natale des arts, et venant y reporter, entouré de savants et de guerriers, les lumières et la civilisation.

» Soldats! déposez dans ce temple des vertus guerrières ces enseignes du croissant enlevées sur les rochers de Canope par trois mille Français à dix-huit mille guerriers aussi braves que barbares. Qu'elles y conservent le souvenir de cette expédition célèbre, dont le but et le succès semblent absoudre la guerre des maux qu'elle cause.

» Qu'elles y attestent, non la bravoure du soldat français, l'univers entier en retentit, mais son inaltérable constance, mais son dévouement sublime.

» Que la vue de ces drapeaux vous réjouisse et vous console, vous guerriers, dont les corps, glorieusement mutilés dans les champs de l'honneur, ne permettent plus à votre courage que des vœux et des souvenirs.

» Que du haut de ces voûtes ces enseignes proclament aux ennemis du peuple français l'influence du génie, la valeur des héros qui les conquirent, et leur présagent aussi tous les malheurs de la guerre s'ils restent sourds à la voix qui leur parle de paix ; oui, s'ils veulent la guerre, nous la ferons, et nous la ferons terrible.

» La patrie satisfaite contemple l'armée d'Orient avec un sentiment d'orgueil.

» Cette invincible armée apprendra avec joie que les braves qui vainquirent avec elle aient été son organe : elle est certaine que le Premier Consul veille sur les enfants de la gloire ; elle saura qu'elle est l'objet des plus vives sollicitudes de la République ; elle saura que nous l'avons honorée dans nos temples, en attendant que nous imitions, s'il le faut, dans les champs de l'Europe, l'exemple de tant de vertus guerrières que nous lui avons vu déployer dans les déserts brûlants de l'Afrique et de l'Asie.

» Venez en son nom, intrépide général, venez au nom de tous ces héros au milieu desquels vous vous montrez, recevoir dans cet embrassement le gage de la reconnaissance nationale.

» Mais, au moment de ressaisir les armes protectrices de notre indépendance, si l'aveugle fureur des rois refuse au monde la paix que nous lui offrons, jetons, mes camarades, un rameau de laurier sur les cendres de Washington, de ce héros qui affranchit l'Amérique du joug des ennemis les plus implacables de notre liberté, et que son ombre illustre nous montre au delà du tombeau la gloire qui accompagne la mémoire des libérateurs de la patrie. »

Un ciel pur et serein avait attiré une foule immense autour du nouveau temple de Mars. On eût dit que la nature voulait concourir à l'éclat de la fête.

Ce fut une idée vraiment grande que celle d'assurer une retraite honorable aux généreux guerriers que l'âge ou de glorieuses blessures condamnent au repos; mais faire de leur asile le temple de la gloire, y déposer les monuments de leur valeur, c'est une pensée sublime qu'un héros seul peut concevoir. Quels dangers arrêteront le brave assuré de voir le drapeau qu'il veut enlever à l'ennemi parer un jour son dernier asile? Quelle jouissance pour de vieux guerriers de pouvoir contempler à chaque instant les gages de leur bravoure! Ils les montreront avec orgueil à une jeunesse avide de gloire, et ces trophées l'enflammeront de cette noble ardeur dont le jeune Thémistocle se sentait embrasé quand il s'écriait que les lauriers de Miltiade l'empêchaient de dormir.

Il devait donc flatter doublement tous les Français, le spectacle majestueux qu'offrit décadi dernier le ci-devant hôtel des Invalides. Dans l'intérieur du temple on voyait la statue de Mars en repos; aux colonnes et aux voûtes étaient suspendus des milliers de drapeaux ennemis; deux invalides plus que centenaires, placés aux côtés du ministre Berthier, oubliaient, à la vue d'Arcole et d'Aboukir, les champs de Denain et de Fontenoy. Le son d'une musique guerrière, la présence de ces héros dont le retour imprévu a tout à coup fixé les destinées de la France; l'aspect de ces vieux guerriers dont l'âge a glacé les forces, mais dont le cœur bat encore pour la gloire; tout contribuait à remplir cette enceinte d'un charme secret, d'un certain respect religieux.

Le général Lannes a présenté les quatre-vingt-seize drapeaux conquis sur les Turcs. Quel autre était plus digne d'être l'interprète de l'armée d'Orient que ce brave guerrier qui a reçu de si glorieuses blessures en la conduisant à la victoire? La réponse du ministre, que l'Assemblée voyait avec tant d'intérêt présider à cette fête, a été applaudie avec enthousiasme.

Cette journée devait être féconde en souvenirs touchants, en rapprochements remarquables. Fontanes, naguère fugitif et proscrit, a prononcé l'oraison funèbre de Washington. Les drapeaux conquis sur l'Europe, l'Afrique et l'Asie ombrageaient le buste du libérateur de l'Amérique et semblaient présager à son ombre le triomphe de la liberté de toutes les parties du monde.

L'oraison funèbre prononcée, un crêpe a été attaché à tous les drapeaux; jamais cérémonie ne produisit une émotion plus touchante. Ce mélange de lauriers et de cyprès semblait un contraste ménagé par la philosophie pour offrir une leçon à la victoire, en lui montrant les regrets sincères qu'emporte avec lui au tombeau l'homme qui à l'honneur de vaincre sait joindre l'honneur plus grand de pacifier et de rendre plus heureux ses concitoyens.

Le 14 juillet 1800, les grands dignitaires de l'Empire, réunis dans le temple de Mars, attendaient le Premier Consul. Dès qu'il eut pris place au milieu d'eux, Lucien Bonaparte, ministre de l'intérieur, prononça un discours; puis un chœur de trois cent vingt musiciens entonna une cantate composée par M. de Fontanes : *Chants de triomphe sur la délivrance de l'Italie.*

CHANT.

O Condé, Dugommier, Turenne,
C'est vous que j'entends, que je vois;
Vous cherchez le grand capitaine
Qui surpassa tous vos exploits.
Les fils sont plus grands que les pères,
Et vos cœurs n'en sont pas jaloux;
La France après tant de misères
Renaît plus digne encor de vous.

STROPHE FINALE.

Être immortel, qu'à ta lumière
La France marche désormais,
Et joigne à la vertu guerrière
Toutes les vertus de la paix !

LIVRE DEUXIÈME. 83

Analysons les impressions que fit naître cette fête nationale.

Jamais, disait la feuille officielle, le patriotisme ne se montra plus ardent et plus pur que dans cette journée. Chacun semblait se dire : « Nous voilà enfin arrivés, après cette traversée si orageuse, après tant d'incertitudes et de chances diverses, nous voilà au port, nous n'avons plus à craindre ni pour cette liberté qui nous est si chère, ni pour cet ordre public sans lequel il n'est point de liberté. »

Cette première partie de la cérémonie terminée, le Premier Consul, suivi de presque tous les invalides, se rendit au Champ de Mars, où, au milieu d'une foule immense, il reçut les drapeaux pris sur l'ennemi dans la campagne d'Italie [1].

Bonaparte, prenant alors la parole, remercia l'armée en ces termes :

« Officiers et soldats, les drapeaux présentés au gouvernement devant le peuple de cette immense capitale attestent le génie des généraux en chef Masséna et Berthier, les talents militaires des généraux leurs lieutenants, et la bravoure du soldat français.

» De retour dans les camps, vous que l'armée

---

[1] Ces glorieux trophées furent immédiatement portés aux Invalides et déposés sous le dôme, où leur garde précieuse fut confiée aux braves vétérans de nos armées.

chargea de présenter ces trophées, dites aux soldats que pour l'époque du 1er vendémiaire, où nous célébrerons l'anniversaire de la République, le peuple français attend la publication de la paix, ou, si l'ennemi y mettait des obstacles invincibles, de nouveaux drapeaux seraient les fruits de nouvelles victoires. »

A l'époque où les tombes royales des caveaux de Saint-Denis avaient été profanées par la fureur du peuple, le botaniste Desfontaines avait pu sauver les restes de Turenne et les faire transporter au muséum du Jardin des plantes, en les faisant passer pour une momie française; mais un arrêté des consuls, du 18 fructidor an VIII, décida que le corps de ce héros serait déposé dans le temple de Mars, sous le dôme qui abritait déjà de si grands capitaines. Pour donner le plus d'éclat possible à cette imposante cérémonie, ils voulurent qu'elle fût célébrée la veille du 1er vendémiaire an IX, jour anniversaire de la fondation de la République.

Le ministre de la guerre et le ministre de l'intérieur présidèrent à la levée du corps, qui fut placé sur un char funèbre et conduit aux Invalides. Tout ce qui pouvait rappeler Turenne avait été recueilli avec le plus grand soin. Un arrière-neveu du grand capitaine, héritier de son armure, l'avait prêtée pour la cérémonie.

Les invalides reçurent avec une vive émotion le

précieux dépôt, dont l'entrée dans le temple fut saluée par une musique militaire grave et triste.

Quand les symphonies eurent cessé, le ministre de la guerre, Carnot, prononça le discours suivant:

« Citoyens,

» Vos yeux sont fixés sur les restes du grand Turenne; voilà le corps de ce guerrier si cher aux Français, à tout ami de la gloire et de l'humanité. Voilà celui dont le nom ne manqua jamais de reproduire la plus vive émotion sur tout cœur enclin à la vertu, que la renommée proclama chez tous les peuples, et qu'elle doit proposer à toutes les générations comme modèle des héros.

» Demain nous célébrerons la fondation de la République; préparons cette fête par l'apothéose de ce que nous laissèrent de louable et de justement illustre les siècles antérieurs. Ce temple n'est pas réservé à ceux que le hasard fit ou doit faire exister sous l'ère républicaine, mais à ceux qui, dans tous les temps, montrèrent des vertus dignes d'elle. Désormais, ô Turenne! tes mânes habiteront cette enceinte; ils demeureront naturalisés parmi les fondateurs de la République, ils embelliront leurs triomphes et participeront à leurs fêtes nationales.

» Elle est sublime, sans doute, l'idée de placer les dépouilles mortelles d'un héros qui n'est plus au milieu des guerriers qui le suivirent dans la carrière et que forma son exemple. C'est l'urne d'un père rendue à ses enfants, comme leur légitime, comme la portion la plus précieuse de son héritage.

» Aux braves appartient la cendre du brave; ils en seront les gardiens naturels; ils doivent en être les dépositaires jaloux. Un droit reste, après la mort, au guerrier qui fut moissonné sur le champ des combats : celui de demeurer sous la sauvegarde des guerriers qui lui survivent, de partager avec eux l'asile consacré à la gloire, propriété que la mort n'enlève pas.

» Honneur au gouvernement qui se fait une étude d'acquitter la nation envers ses anciens bienfaiteurs, qui ne redoute point les lumières que répandit leur génie, qui n'a point d'intérêt à étouffer leur souvenir! Honneur aux chefs d'une nation guerrière qui ne craignent point d'évoquer l'ombre de Turenne! La grandeur de tout héros est attestée par la grandeur des héros qu'il a surpassés; il rehausse sa propre gloire en faisant briller de tout son éclat celle des plus grands hommes, sans craindre d'être effacé par eux.

» Turenne vécut dans un temps où le préjugé plaçait des distinctions imaginaires au-dessus des services les plus signalés. Il sut faire disparaître l'éclat de son rang par celui de ses victoires, et l'on ne vit plus en lui que le grand homme. La France, l'Italie, l'Allemagne, retentirent de ses seuls triomphes, et ce n'est qu'à ses vertus qu'il dut, après sa mort, cet éloge si sublime dans la bouche d'un rival généreux, grand homme lui-même, de Montécuculli : « *Il est mort un homme qui faisait honneur* » *à l'homme.* »

» Je ne répéterai point ce que l'histoire apprit à chacun de nous dès son enfance; les actions de Turenne, les détails de sa vie militaire, ni les détails plus intéressants peut-être encore de sa vie privée; il est des hommes dont l'éloge doit se réduire à prononcer leur nom. Le nom des héros est comme le foyer qui réunit en un seul point toutes les circonstances de leur vie; il imprime aux sens une commotion plus forte, à l'enthousiasme un élan plus rapide, au cœur un amour plus touchant pour la vertu que le récit même des faits qui leur méritèrent la palme immortelle.

» Eh! quel titre plus glorieux pourrais-je unir au titre de père que les soldats décernèrent à Turenne pendant sa vie? quel trait pourrais-je ajouter à celui de ces mêmes soldats, après sa mort, en voyant l'embarras où elle laissait les chefs de l'armée sur le parti à prendre? « Lâchez la Pie, dirent-» ils, elle nous conduira [1]. » Que mettrais-je à côté des paroles de Saint-Hilaire? Le même boulet qui

---

[1] La Pie était le cheval que montait Turenne.

renverse Turenne lui emporte un bras; son fils jette un cri de douleur. « *Ce n'est pas moi, mon fils,* » *qu'il faut pleurer,* dit Saint-Hilaire, *c'est ce grand* » *homme.* »

» Turenne est aux plaines de Saltzbach, commandant à des Français, sûr de ses dispositions, sûr de la victoire; il est frappé, Turenne est mort. La confiance et l'espoir ont disparu : la France est en deuil, l'ennemi s'honore lui-même en pleurant ce grand homme.

» Les Allemands, pendant plusieurs années, laissèrent en friche l'endroit où il fut tué, et les habitants le montraient comme un lieu sacré. Ils respectèrent le vieux arbre sous lequel il reposa peu de temps avant sa mort, et ne voulurent point le laisser couper. L'arbre n'a péri que parce que les soldats de toutes les nations en détachèrent des morceaux, par respect pour sa mémoire.

» Les restes de Turenne furent conservés jusqu'à nos jours dans le tombeau des Rois. Les républicains l'ont tiré de ce fastueux oubli. Ils lui décernent aujourd'hui une place dans le temple de Mars, où chaque jour le récit de ses victoires sera répété par les vieux guerriers qui habitent cette enceinte.

» Qu'importent des trophées sans mouvement et sans vie? Ici la gloire est toujours en action. Le marbre et l'airain disparaissent par le temps; cet asile des guerriers français que la vieillesse et les blessures privent de combattre encore se maintiendra d'âge en âge, et nos derniers neveux viendront avec respect s'y entretenir de ceux qui auront terminé leur carrière au champ de l'honneur.

» C'est sur la tombe de Turenne que le vieillard versera chaque jour des larmes d'admiration, et que le jeune homme viendra éprouver sa vocation pour le métier des armes. Si après avoir embrassé son monument, si après avoir invoqué les mânes de Turenne, il ne se sent rempli d'un saint enthousiasme; si son cœur ne s'agrandit et ne s'épure, s'il ne se passionne pour toutes les vertus héroïques, il devra se dire à lui-même qu'il n'est pas né pour la gloire.

» De nos jours, Turenne eût été le premier à s'élancer dans la carrière qu'ont parcourue nos phalanges républicaines. Ce ne fut point au maintien du système politique alors dominant qu'il consacra ses travaux, qu'il sacrifia sa vie, mais à la défense de son pays, indépendant de tout système. L'amour de la patrie fut son mobile, comme il fut de nos jours celui des Dampierre, des Dugommier, des Marceau, des Joubert, des Desaix, des la Tour d'Auvergne; sa gloire ne doit point être séparée de celle de ces héros républicains, et c'est au nom de la République que ma main doit déposer ces lauriers dans sa tombe. Puisse l'ombre du grand Turenne être sensible à cet acte de la reconnaissance nationale, commandé par un gouvernement qui sait apprécier les vertus!

» Citoyens, n'affaiblissons point l'émotion que vos cœurs éprouvent à l'aspect de cet apprêt funèbre. Des paroles ne sauraient décrire ce qui tombe ici sous vos sens. Qu'aurais-je à dire de Turenne? le voilà lui-même; de ses triomphes? voilà l'épée qui armait son bras victorieux; de sa mort? voilà le fatal boulet qui le ravit à la France, à l'humanité entière. »

Copie du procès verbal de la translation du corps de Turenne au temple de Mars, envoyé au général Berruyer par le ministre de l'intérieur :

Aujourd'hui, cinquième jour complémentaire de l'an VIII de la République (22 septembre 1800), en exécution de l'article 3 de l'arrêté des consuls du 18 fructidor an VIII (5 septembre 1800),

Les citoyens Lucien Bonaparte, ministre de l'intérieur, et Carnot, ministre de la guerre, accompagnés des officiers composant l'état-major de la dix-septième division militaire, de l'état-major de la place, et d'un grand nombre d'officiers de tout grade, escortés par un détachement de cavalerie, se sont transportés au Musée des monuments français, rue des Petits-Augustins, où ils ont été reçus par le citoyen **Lenoir**, administrateur de cet établissement, qui les a conduits dans la salle où sont réunis les monuments du dix-septième siècle; ils y ont trouvé le corps de Turenne, placé sur une estrade et recouvert d'une draperie : devant lui étaient, sur un brancard, son épée et le boulet qui l'a frappé.

Le citoyen Desfontaines, nommé, d'après l'invitation du ministre de l'intérieur, par l'administration du Musée d'histoire naturelle, pour assister à cette cérémonie, s'est placé avec le citoyen Lenoir près l'estrade, et ce dernier, en présentant le corps de Turenne, leur a exprimé les regrets qu'il éprouvait d'être privé de la garde d'un si honorable dépôt; mais en même temps il a assuré qu'il trouverait sa consolation et son dédommagement dans les honneurs rendus à la mémoire de ce grand homme.

Le ministre de l'intérieur lui a témoigné la satisfaction du gouvernement et l'a remercié du soin religieux avec lequel il a conservé ces précieux restes.

Le corps a été transporté par quatre vieux guerriers sur un char pompeusement décoré; il était escorté par les généraux de division Berruyer, Aboville et Estourmel, et par le général de brigade Vital.

Le cortége s'est mis en marche dans l'ordre suivant :

Un détachement de cavalerie, précédé de trompettes, ouvrait la marche; il était suivi par une musique militaire.

Le brancard sur lequel étaient placés l'épée de Turenne et le boulet qui l'a frappé.

Un cheval pie, harnaché comme celui que montait Turenne, et conduit par un nègre vêtu de même que celui qui l'avait servi.

Le char qui portait son corps, sur l'un des côtés duquel on lisait : *La gloire de Turenne appartient au peuple français.* De l'autre côté, le mot de Saint-Hilaire : *Ce n'est pas sur moi qu'il faut pleurer, c'est sur ce grand homme que la France vient de perdre.* Sur l'avant : *Bataille de Turkein.*

Des hérauts d'armes marchaient autour du char, qu'escortaient les généraux, accompagnés des états-majors de la dix-septième division et de la place, et d'un groupe de vieux soldats.

Les voitures des ministres et celle des citoyens Lenoir et Desfontaines terminaient la marche.

Le cortége s'est rendu dans cet ordre au temple de Mars; il est entré par la porte du sud dans le dôme, où le corps a été déposé au bruit d'une musique militaire et aux applaudissements unanimes des nombreux spectateurs qui remplissaient l'enceinte.

Ensuite les deux ministres se sont rendus près du monument élevé à Turenne dans une des chapelles du dôme, et le corps y a été placé par les quatre soldats qui l'avaient transporté, au bruit d'une musique guerrière.

Le citoyen Peyre, architecte, a présenté aux ministres une boîte en acajou dans laquelle il avait fait placer :

1° L'inscription trouvée dans le tombeau de Saint-Denis, gravée sur une planche de cuivre, en ces termes :

> ICI EST LE CORPS
> DE SÉRÉNISSIME PRINCE
> HENRY DE LA TOUR D'AUVERGNE,
> VICOMTE DE TURENNE,
> MARÉCHAL GÉNÉRAL
> DES CAMPS ET ARMÉES DU ROI,
> COLONEL GÉNÉRAL
> DE LA CAVALERIE LÉGÈRE DE FRANCE,
> GOUVERNEUR DU HAUT ET BAS LIMOUSIN,
> LEQUEL FUT TUÉ D'UN COUP DE CANON,
> LE XXVII DE JUILLET
> L'AN MDCLXXV.

2° Une autre planche de cuivre sur laquelle est gravée l'inscription suivante :

> HENRY DE LA TOUR D'AUVERGNE
> PRINCE VICOMTE DE TURENNE

et au revers un chêne dont les branches sont chargées de couronnes de laurier et de couronnes murales, lequel est frappé de la foudre.

> Légende : NON MILLE LAURI TUENTUR.
> 1683.

Cette médaille a été présentée aux ministres par le citoyen Decotte, directeur de la monnaie, aux soins duquel est due la conservation des coins.

3° Trois médailles, aussi en bronze, représentant d'un côté le buste de Turenne, avec cette légende :

HONNEURS RENDUS A TURENNE PAR LE GOUVERNEMENT FRANÇAIS.

Exergue : *La gloire appartient au peuple français.*

Au revers : *Translation du corps de Turenne au temple de Mars, par les ordres du Premier Consul Bonaparte, le 5ᵉ jour complémentaire an VIII. 1ʳᵉ année du consulat (22 7ᵇʳᵉ 1800). Signé :* Lucien Bonaparte, *Ministre de l'intérieur.*

Cette médaille a été frappée par les soins du citoyen Auguste, qui l'a présentée aux ministres.

Le ministre de la guerre, ayant reçu des mains de l'ordonnateur de la cérémonie une couronne de laurier, l'a placée sur le cercueil, et le ministre de l'intérieur y a déposé la boîte ci-dessus décrite.

Ces cérémonies terminées, la tombe a été fermée par les soins du citoyen Peyre, en présence des ministres, des généraux et de tout le public, par une plaque de marbre fixée avec des vis à tête de bronze.

Les ministres se sont ensuite retirés avec leur cortége, et ils ont dressé le présent procès-verbal, qu'ils ont signé et fait contre-signer par leurs secrétaires généraux.

Fait en quadruple original, dont un restera déposé aux archives du gouvernement, un aux archives des Invalides, les deux autres aux secrétariats de la guerre et de l'intérieur.

Lesdits jour et an que dessus.

Signés : L. Bonaparte et Carnot.

Le lendemain, 1ᵉʳ vendémiaire an IX, anniversaire de la fondation de la République, le Premier Consul arriva à l'église de l'Hôtel. Le ministre de l'intérieur, Lucien Bonaparte, prononça le discours suivant :

« La France monarchique n'est plus, et tous les trônes se liguent pour lui enlever ses provinces. A peine née, la France républicaine, plus forte que tous les trônes, s'élance à pas de géant, parcourt et reprend les limites des anciennes Gaules. Le sceptre de Henri IV et de Louis XIV, brisé, roule dans la poussière, mais à l'instant le gouvernement du peuple-roi se trouve en son nom et ressaisit le sceptre de Charlemagne.

» Le 18 brumaire a lui ; les divisions ont disparu. Tout ce qui est factieux se cache, tout ce qui est Français se montre, tout ce qui ne veut que l'intérêt d'un parti est écarté ou contenu ; ce qui aime la gloire et la patrie est accueilli et protégé. L'ordre est rétabli à l'intérieur ; la liberté des cultes n'est plus un vain mot, et la victoire, un moment infidèle, est ramenée aux pieds de la liberté….

» Le siècle qui commence sera le grand siècle, j'en jure pour le peuple, dont je suis aujourd'hui l'organe; par la sagesse de ses premiers magistrats, par l'union des citoyens, les grandes destinées de la France républicaine seront accomplies. »

L'assemblée tout entière accueillit avec le plus vif enthousiasme ces éloquentes paroles. Elles émurent profondément les vieux soldats invalides.

A la première nouvelle de l'attentat du 3 nivôse, les invalides adressèrent au Premier Consul cette adresse, qui fut mise à l'ordre du jour [1] :

« Citoyen Premier Consul, nous venons vous exprimer les sentiments que les invalides se font gloire de partager avec le peuple français.

» S'ils eussent pu se livrer à leur premier mouvement, vous les eussiez vus se presser autour de leur général et de leur père à la nouvelle de la conspiration tramée contre vos jours.

» La Providence, qui vous a choisi pour de plus hautes destinées, a su vous soustraire, encore une fois, au complot d'un ennemi implacable. Puisse cette même Providence veiller à jamais à votre

---

[1] Le Premier Consul ordonne que les quatre figures colossales en bronze qui faisaient partie du monument de la place des Victoires (statue équestre de Louis XIV) soient élevées dans l'avant-cour de l'hôtel des Invalides, sur des piédestaux que l'on construira à cet effet (6 mars 1804).

On voit ces chefs-d'œuvre aux extrémités de la façade nord de l'Hôtel.

conservation et prolonger vos jours pour le bonheur de tous..

» Ce vœu est celui que forment les invalides dans leur paisible retraite; ils sauront tous y renoncer pour vous servir de bouclier contre vos ennemis. »

En l'an IX, deux nouvelles succursales furent établies, l'une à Avignon, l'autre à Nice, destinées principalement aux soldats des pays méridionaux.

Le 17 mars 1802, à cinq heures du soir, le Premier Consul vint de nouveau à l'hôtel des Invalides. Il y visita l'établissement dans le plus grand détail, se fit rendre compte des améliorations dont le régime actuel des Invalides est susceptible. Il accueillit ses vieux braves avec beaucoup d'intérêt et de bonté, et reçut de leur part les témoignages les plus vifs de reconnaissance et d'admiration. En général, il parut très-content des différentes parties du service. La tranquillité, le bon ordre et la discipline qui règnent dans la maison, ainsi que la bonne tenue de l'infirmerie, fixèrent particulièrement son attention. Il témoigna la satisfaction qu'il en éprouvait au général Berruyer, commandant en chef, aux administrateurs et aux officiers de santé; il accorda à titre de gratification un mois de solde de menus besoins.

Le général Berruyer mourut le 17 avril 1804, avant d'avoir, autant qu'il en avait le désir, adouci le sort des invalides, dont le nombre augmentait

dans de telles proportions, qu'il s'était élevé au chiffre de *soixante mille*, répartis soit à l'Hôtel national, soit aux succursales et aux compagnies détachées, soit retirés chez eux avec pension d'invalide.

Berruyer, Jean-François, né à Lyon le 17 janvier 1737, d'une famille de négociants estimés, s'enrôla dès 1753 dans le régiment d'Aumont, infanterie, et se trouva au siége de Mahon. Pendant la guerre de sept ans, nommé sous-officier, bientôt lieutenant, puis capitaine, il dut ces différents grades à plusieurs traits de bravoure dont nous ne citerons que le plus remarquable. A la retraite de Zigenheim, il fit prisonnier, de sa propre main, le général Benevel, commandant de l'avant-garde prussienne, après un combat corps à corps dans lequel il reçut quatre blessures. Berruyer se distingua ensuite dans les campagnes de Corse, où il eut quelques relations avec la famille Bonaparte. Lorsque la révolution commença, il était colonel général des carabiniers. En 1793, il reçut le commandement des troupes rassemblées autour de Paris, puis de celles qui furent dirigées contre la Vendée, où il remporta d'abord quelques avantages et s'empara même de Chemillé. Blessé à l'affaire de Saumur, il revint à Paris et fut peu après nommé inspecteur général des armées des Alpes et des Pyrénées.

Le 13 vendémiaire an IV (18 octobre 1795), Berruyer se mit à la tête d'un corps formé spontanément pour la défense de la Convention nationale; le dévouement dont il fit preuve en cette circonstance lui mérita les éloges de l'Assemblée. Le Directoire le nomma en 1796 gouverneur des Invalides.

Ce général fut remplacé par le maréchal Serrurier.

En portant à la connaissance du Sénat la nomination du général sénateur, le Premier Consul s'exprime ainsi :

« Sénateurs,

» J'ai nommé le sénateur Serrurier gouverneur des Invalides. Je désire que vous pensiez que les fonctions de cette place ne sont pas incompatibles avec celles de sénateur.

» Rien n'intéresse aussi vivement la patrie que le bonheur de ces huit mille braves couverts de tant d'honorables blessures et échappés à tant de dangers. Eh! à qui pouvait-il être mieux confié qu'à un vieux soldat qui, dans les temps les plus difficiles et en les conduisant à la victoire, leur donna toujours l'exemple d'une sévère discipline et de cette froide intrépidité, première qualité du général? En voyant leur gouverneur assis parmi les membres d'un corps qui veille à la conservation de cette patrie, à la prospérité de laquelle ils ont tant contribué, ils auront une nouvelle preuve de ma sollicitude pour tout ce qui peut rendre plus honorable et plus douce la fin de leur glorieuse carrière. »

Le 18 mai 1804, une décision du Sénat décerna solennellement au Premier Consul le titre d'empereur des Français, avec hérédité dans la personne de ses frères Joseph et Louis.

Le dimanche 26 messidor, anniversaire du 14 juillet, Napoléon voulut recevoir dans le temple de Mars, redevenu l'église du Christ, le serment des membres de la Légion d'honneur présents à Paris.

A midi, S. M. l'Empereur, au bruit d'une salve d'artillerie, est parti à cheval du palais, précédé par les maréchaux de l'Empire, par le prince connétable, et suivi des colonels généraux de sa garde et des grands officiers de la couronne, de ses aides de camp et de l'état-major du palais.

La marche était ouverte par les chasseurs et fermée par les grenadiers à cheval de la garde impériale.

De nombreuses décharges du canon des Invalides ont annoncé l'arrivée de Sa Majesté à l'Hôtel.

Le gouverneur est allé en dehors de la grille recevoir l'Empereur et lui présenter les clefs de l'Hôtel.

L'Impératrice avait été conduite dans une tribune préparée à l'avance.

Les grands dignitaires, les ministres et les grands officiers de l'Empire qui n'étaient pas venus à cheval, ainsi que les membres du grand conseil, le grand chancelier et le grand trésorier de la Légion d'honneur, se sont réunis au même lieu et ont pris leur rang dans le cortége.

Le cardinal archevêque de Paris, avec son clergé, a reçu Sa Majesté à la porte de l'église et lui a présenté l'encens et l'eau bénite. Le clergé a conduit processionnellement Sa Majesté sous le dais jusqu'au trône impérial, au bruit d'une marche militaire et des plus vives acclamations.

Sa Majesté s'est placée sur le trône, ayant derrière Elle les colonels généraux de la garde, le gouverneur des Invalides et les grands officiers de la couronne.

Aux deux côtés et à la seconde marche du trône se sont placés les grands dignitaires; plus bas et à droite, les ministres; à gauche, les maréchaux de l'Empire; sur les marches du trône, le grand maître des cérémonies; en face du grand maître, le grand chancelier et le grand trésorier de la Légion d'honneur. Les aides de camp de l'Empereur étaient debout sur les degrés du trône.

A droite de l'autel, le cardinal légat s'est placé sous un dais et sur un fauteuil qui lui avaient été préparés.

A gauche de l'autel, le cardinal archevêque de

Paris avec son clergé. Derrière l'autel, sur un immense amphithéâtre, étaient rangés sept cents invalides, et deux cents jeunes élèves de l'École polytechnique.

Toute la nef était occupée par les grands officiers commandeurs, officiers et membres de la Légion d'honneur.

Le grand maître des cérémonies, ayant pris l'ordre de Sa Majesté, a invité le cardinal légat à officier, et Son Excellence a commencé la célébration de la messe.

Après l'Évangile, le grand maître des cérémonies, ayant pris de nouveau les ordres de Sa Majesté, a conduit sur les degrés du trône le grand chancelier de la Légion d'honneur.

Le grand chancelier a prononcé un discours éloquent sur les souvenirs que rappelait cette grande journée, sur le malheur des troubles politiques et sur la reconnaissance due au héros dont le génie a su conserver les principes qui ont commencé la révolution, et terminer les maux qui l'ont suivie. Son Excellence a noblement tracé les devoirs qu'imposait l'institution de la Légion d'honneur à tous ses membres; il a développé avec force les nombreux avantages qui devaient résulter de cette réunion des plus illustres soutiens du gouvernement et de la patrie.

Après ce discours, les grands officiers de la

Légion, appelés successivement par le grand chancelier, se sont approchés du trône et ont prêté individuellement le serment prescrit.

L'appel des grands officiers étant terminé, l'Empereur s'est couvert et, s'adressant aux commandeurs, officiers et légionnaires, a prononcé d'une voix forte et animée ces mots :

> « Commandeurs, officiers, légionnaires, citoyens
> » et soldats, vous jurez sur votre honneur de vous
> » dévouer au service de l'Empire et à la conser-
> » vation de son territoire dans son intégrité; à la
> » défense de l'Empereur, de lois de la République
> » et des propriétés qu'elles ont consacrées; de
> » combattre, par tous les moyens que la justice,
> » la raison et les lois autorisent, toute entreprise
> » qui tendrait à rétablir le régime féodal; enfin,
> » vous jurez de concourir de tout votre pouvoir
> » au maintien de la liberté et de l'égalité, bases
> » premières de nos constitutions. Vous le jurez. »

Tous les membres de la Légion, debout, la main levée, ont répété à la fois : *Je le jure*. Les cris de Vive l'Empereur! se sont renouvelés de toutes parts.

Ces derniers mots, prononcés avec l'accent d'une énergie profonde, ont porté dans toutes les âmes une vive émotion dont elles ont longtemps été pénétrées.

Il est difficile de décrire la sensation que ce moment a produite. Les monuments de la gloire française suspendus aux voûtes de la nef dans laquelle étaient réunis les plus braves guerriers; ces rangs nombreux de vieux soldats blessés et ces jeunes gens offrant, par leur réunion, la gloire et l'espérance de la patrie; enfin l'appareil religieux des autels, concouraient à exalter puissamment l'imagination et à faire présager la durée la plus glorieuse à une institution formée sous de tels auspices.

La messe étant terminée, les décorations de tous grades de la Légion ont été déposées au pied du trône dans des bassins d'or.

M. de Ségur, grand maître des cérémonies, a pris les deux décorations de l'ordre et les a remises à M. de Talleyrand, grand chambellan; celui-ci les a présentées à S. A. I. monseigneur le prince Louis, qui les a attachées à l'habit de Sa Majesté.

De nouveaux cris de Vive l'Empereur! se sont fait entendre à plusieurs reprises.

Le grand chancelier de la Légion a invité les grands officiers à s'approcher du trône pour recevoir successivement des mains de Sa Majesté la décoration que lui présentait, sur un plat d'or, le grand maître des cérémonies.

Ensuite, le grand chancelier a appelé d'abord les commandeurs, puis les officiers, et enfin les légionnaires, qui sont tous venus au pied du trône recevoir individuellement la décoration des mains de l'Empereur.

Sa Majesté a fixé particulièrement son attention sur les braves vétérans dont les glorieux services étaient attestés par leurs mutilations; Elle a interrogé plusieurs d'entre eux sur les lieux et les actions dans lequels ils avaient reçu ces nobles blessures.

Ce mélange des citoyens les plus distingués de toutes les classes et de tous les âges offrait un spectacle noble et attendrissant. Le soldat, le général, le pontife, le magistrat, l'administrateur, l'homme de lettres, l'artiste célèbre, recevant chacun la récompense de leurs talents et de leurs travaux, ne semblaient composer qu'une seule famille qui se pressait autour du trône d'un héros pour le décorer et l'affermir. Une vive et profonde émotion était peinte sur tous les visages, et cette cérémonie auguste et brillante frappait les esprits d'un respect à la fois religieux et guerrier.

La fête a été terminée par un *Te Deum* qui était, ainsi que la messe, de la composition de Lesueur.

A trois heures, Sa Majesté Impériale, au bruit d'une salve de cent un coups de canon, quitta ce dôme sous lequel elle venait de donner le plus beau spectacle qui fut jamais.

Le 27 thermidor an XII, correspondant au 15 août 1804, l'état-major de la 1re division militaire, l'état-major et les officiers des corps stationnés dans cette division firent chanter à l'hôtel impérial des Invalides un *Te Deum* exécuté par les musiciens du Conservatoire de musique, en actions de grâces de l'avénement au trône de l'Empire français du Premier Consul de la République, Bonaparte.

L'Impératrice, accompagnée des personnes de sa maison, honora de sa présence cette cérémonie, à laquelle assistèrent les députations de chaque grand corps de l'État et de l'armée.

L'Impératrice fut reçue, au bruit du canon, par M. le maréchal Serrurier, gouverneur, qui, à son départ, l'accompagna jusqu'à sa voiture.

Comme s'il était réservé à l'hôtel des Invalides de voir tous les grands de la terre venir tour à tour s'incliner sous la croix de son dôme splendide, l'année suivante il eut l'insigne honneur d'être visité par le vénérable Pie VII.

On connaît le triste épisode de la vie de l'auguste pontife.

Conduit dans des voitures de la cour, il se dirigea vers la chapelle, dans laquelle il resta longtemps agenouillé.

Sans doute il priait le Dieu des armées de conjurer la foudre dont il était lui-même une des victimes innocentes.

Admirant ensuite la magnificence de l'édifice, il témoigna sa joie de le voir rendu au culte catholique dont il était le chef.

Le saint-père visita les infirmeries et donna sa bénédiction aux soldats malades, qui la reçurent dans un silence respectueux et recueilli.

Le 24 février 1806, S. A. R. le prince de Bavière est venu à l'hôtel impérial des Invalides. Il était accompagné d'un général et de plusieurs officiers au service du roi son père, de M. de Ségur, grand maître des cérémonies de l'Empereur, et de M. de Bondy, l'un de ses chambellans.

Son Altesse, accompagnée de M. le gouverneur, vit l'Hôtel et tous ses établissements et finit par la galerie des plans-reliefs des places fortes.

Le 10 mars suivant y vint également S. A. E. le prince de Bade, ainsi que le prince Louis Bonaparte, accompagné de M. d'Hédouville, son premier chambellan.

A cette époque, c'est-à-dire après les mémorables campagnes de 1805 et 1806, tous les regards de l'Europe se fixaient sur l'empereur des Français qui dans sa main tenait le repos du monde.

Il méditait alors la construction d'un monument à élever à la gloire de ses armées et pour y déposer, comme dans un sanctuaire, les trophées pris sur les ennemis de la France.

Cette grande pensée ne fut pas mise à exécution, car bientôt il décida que les trophées conquis en Prusse, et au nombre desquels était l'épée du grand Frédéric, seraient déposés dans le dôme des Invalides.

Cette translation, qui eut lieu le 17 mai 1807, présenta un spectacle plein d'intérêt.

Jamais les sentiments de reconnaissance et d'admiration pour nos armées et pour l'auguste chef qui les conduisait à la victoire ne s'étaient manifestés avec plus d'énergie et d'enthousiasme.

Dès le matin, la place du Carrousel et toutes les avenues des Tuileries étaient couvertes d'un peuple innombrable.

A l'heure indiquée par le programme, on vit sortir du palais impérial des Tuileries, au bruit de plusieurs salves d'artillerie, les voitures des grands officiers de la Légion d'honneur, des grands officiers de l'Empire, du ministre et prince architrésorier.

Venait à leur suite un char triomphal magnifiquement orné, et sur lequel étaient placés deux cent quatre-vingts drapeaux pris sur l'ennemi dans les dernières campagnes.

Accompagné de son état-major, le maréchal Moncey paraissait ensuite à cheval, tenant dans sa main l'épée et les décorations du grand Frédéric.

La voiture de S. A. I. le prince archichancelier, suivie de l'état-major du gouvernement de Paris.

Partout où ce brillant cortége passait, les cris unanimes de Vive l'Empereur! Vivent les armées! se faisaient entendre et se mêlaient aux fanfares de la musique militaire, et au bruit du tambour et du canon.

L'église des Invalides avait été décorée avec beaucoup de soin et de goût.

Dans le lieu le plus élevé, à l'entrée du dôme, était placé le trône, couvert de riches draperies.

L'enceinte, pour les cérémonies, s'étendait jusque vers le milieu de la nef de l'église. Elle contenait des siéges et des gradins pour toutes les personnes que leurs charges appelaient à prendre rang dans la cérémonie.

Les tribunes étaient remplies par les dames invitées.

Les travées supérieures de l'église, ornées de draperies splendides, avaient été réservées aux membres du Sénat, du conseil d'État, du Corps légistatif, du Tribunat, les membres du tribunal de cassation, et aux officiers des maisons de Leurs Majestés, des Princes et des Princesses de la famille impériale.

A l'arrivée du cortége, le maréchal Serrurier, gouverneur, vint à la grille de l'avant-cour recevoir le prince archichancelier.

Là, de vieux invalides reçurent les drapeaux et les portèrent jusque dans l'enceinte de l'église.

Les princes archichancelier et architrésorier de l'Empire se sont placés près du trône, sur des siéges, et les ministres, et les grands officiers de la couronne se sont assis sur des gradins inférieurs.

Des deux côtés, et plus bas, étaient les grands

officiers de la Légion d'honneur; au centre de la nef, le maréchal Moncey entouré des drapeaux. Derrière le trône, le maréchal Serrurier et le grand maître des cérémonies.

M. de Fontanes, président du Corps législatif, est monté à la tribune et a prononcé le discours suivant :

« Jamais une plus noble fête ne fut donnée par la victoire, et jamais la fortune n'offrit en même temps un plus mémorable exemple de ses catastrophes et de ses jeux. O vanité des jugements humains! ô courtes et fausses prospérités! Toutes les voix de la renommée célébrèrent cinquante ans la gloire de la monarchie prussienne. On donnait pour modèle à tous les États et les tactiques de son armée, et les épargnes de son trésor, et les lumières de son gouvernement. Le dix-huitième siècle était fier de compter le plus illustre des Rois parmi les élèves de sa philosophie! Vingt ans se sont écoulés à peine, et dès le premier choc ce gouvernement, où l'on trouve plutôt une armée qu'un peuple, a laissé voir sa faiblesse véritable. Une seule bataille a fait succomber ces phalanges tant de fois victorieuses, qui, dans la guerre de sept ans, avaient surmonté les efforts de l'Autriche, de la Russie et de la France conjurées. Est-ce donc là ce qu'avaient promis ces talents éprouvés, cette longue expérience des plus vieux généraux de l'Europe, ces camps annuels où toutes les théories militaires étaient développées, ces revues si fameuses, ces manœuvres si savantes, que d'un bout de l'Europe à l'autre les capitaines les plus instruits venaient étudier sur les rives de la Sprée? Ce nouvel art de la guerre, dont on allait à grand bruit chercher tous les secrets à Potsdam, vient de céder aux combinaisons d'un art plus vaste et plus hardi. Jouissons d'un si grand triomphe; mais honorons, après les avoir conquis, ces restes de la grandeur prussienne, où sont empreints tant de souvenirs héroïques, et sur lesquels semble gémir l'ombre de Frédéric le Grand.

» Lorsque autrefois, dans cette ville maîtresse du monde, un illustre Romain venait suspendre aux murs du Capitole les dépouilles du royaume de Macédoine, il ne put se défendre d'une profonde émotion en songeant aux exploits d'Alexandre, et en contemplant les calamités répandues sur sa maison. Le héros de la France n'a pas été moins attendri quand il est entré dans ces palais tristes et déserts que remplissait autrefois de tant d'éclat le héros de la Prusse. On l'a vu saisir avec un religieux enthousiasme cette épée dont il fait un si noble don à ses vétérans; mais il a défendu que ses armes et les aigles prussiennes, que tout cet amas de trophées conquis sur les descendants d'un grand Roi, traversât les lieux où sa cendre repose, de peur d'affliger ses mânes et d'insulter son tombeau [1].

» Je crois donc entrer dans la pensée du vainqueur en rendant hommage aux vaincus, devant ces drapeaux mêmes qu'ils n'ont pu défendre, mais qu'ils ont teints d'un sang glorieux. Si, des régions élevées qu'ils habitent, les grands hommes que la terre a perdus s'intéressent encore aux choses humaines, Frédéric a pu reconnaître, jusque dans leurs derniers soupirs, les vieux compagnons formés à son école et morts dignement sur les ruines de sa monarchie. Il n'a point vu tomber sans gloire ces jeunes princes de sa maison qui ont mordu la poussière aux champs d'Iéna, ou qui, après d'illustres faits d'armes, ont signé des capitulations et reçu des fers honorables. Oh! comme il est juste de plaindre la valeur malheureuse! oh! comme il est doux de pouvoir estimer les ennemis qu'on a défaits! Oui, et j'aime à le dire au milieu de tous ces juges de la vraie gloire dont je suis environné, oui, le monarque prussien lui-même, aujourd'hui sans capitale et presque sans armée, a pourtant soutenu sa dignité dans la bataille qui lu fut si funeste, et n'a manqué ni aux devoirs d'un chef ni à ceux d'un soldat.

» Mais ces dernières étincelles du génie de

[1] L'Empereur a défendu qu'on fît passer par la ville de Potsdam, lieu où est mort Frédéric, les drapeaux conquis sur les Prussiens.

Frédéric n'avaient point assez de force et d'activité pour ranimer une monarchie dont la puissance artificielle manquait peut-être de ces institutions politiques et de ces principes conservateurs qui maintiennent les sociétés. Des sages, je ne peux le dissimuler, ont fait quelques reproches à Frédéric. S'ils admirent en lui l'administrateur infatigable et le grand capitaine, ils n'ont pas la même estime pour quelques opinions du philosophe-roi. Ils auraient voulu qu'il connût mieux les droits des peuples et la dignité de l'homme. Aux écrits du philosophe de Sans-Souci ils opposent avec avantage ce livre où Marc-Aurèle, qui fut guerrier et philosophe, rend grâces au ciel, en commençant, de lui avoir donné une mère pieuse et de bons maîtres qui lui ont inspiré la crainte et l'amour de la Divinité. Au lieu de cette philosophie dédaigneuse et funeste qui livre au ridicule les traditions les plus respectées, les sages dont je parle aiment à voir cette philosophie grave et bienfaisante qui s'appuie sur la doctrine des âges, qui enfante les beaux sentiments, qui donne un prix aux belles actions, et qui fit plus d'une fois, en montant sur le trône, les délices et l'honneur du genre humain. Ils pensent, en un mot, qu'un roi ne peut impunément professer le mépris de ces maximes salutaires qui garantissent l'autorité des rois.

» Je m'arrête : il me siérait mal, en ce moment,

d'accuser avec trop d'amertume la mémoire d'un grand monarque dont la postérité vient de subir tant d'infortunes. Son image n'est déjà que trop attristée du spectacle de notre gloire et de ces pompes triomphales que nous formons des débris de son diadème. Mais, s'il ne faut pas se montrer trop sévère envers lui, il faut être juste envers un autre grand homme qui le surpasse; et, quand Frédéric eut l'imprudence de proclamer dans sa cour ces flétrissantes doctrines qui détruisent tôt ou tard l'ordre social, dois-je oublier que Napoléon a remis en honneur ces nobles doctrines qui réparent tous les maux de l'athéisme et de l'anarchie?

» Ainsi, dans cette partie de son histoire comme dans toutes les autres, notre monarque n'a plus de rivaux; et, pour ne point sortir de l'art de la guerre, dont cette cérémonie auguste rappelle tous les prodiges, combien tout ce qui fut grand disparaît à côté des entreprises extraordinaires dont nous sommes témoins! On combattait, on négociait jadis, pendant des années, pour la prise de quelques villes, et maintenant quelques jours décident le sort des royaumes. Quel nom militaire, quel talent politique, quelle gloire ancienne et moderne ne s'abaisse désormais devant celui qui, des mers de Naples jusqu'aux bords de la Vistule, tient en repos tant de peuples soumis; qui, campé dans un village sarmate, y reçoit, comme à sa cour, les ambassadeurs d'Ispahan et de Constantinople, étonnés de se trouver ensemble; qui réunit dans le même intérêt les sectateurs d'Omar et d'Ali; qui joint d'un lien commun et l'Espagnol et le Batave, et le Bavarois et le Saxon; qui, pour de plus vastes desseins encore, fait concourir les mouvements de l'Asie avec ceux de l'Europe, et qui montre une seconde fois, comme sous l'empire romain, le génie guerrier s'armant de toutes les forces de la civilisation, s'avançant contre les barbares et les forçant de reculer vers les bornes du monde.

» Ce n'est point à moi de lever le voile qui couvre le but de ses expéditions lointaines; il me suffit de savoir que le grand homme par qui elles sont dirigées n'est pas moins admirable dans ce qu'il cache que dans ce qu'il laisse voir, et dans ce qu'il médite que dans ce qu'il exécute. Veut-il relever ces antiques barrières qui retenaient aux confins de l'univers policé toutes ces hordes de barbares dont le Nord menaça toujours le Midi? La politique n'a point encore parlé; attendons qu'il s'explique, et remarquons surtout que ce silence est le plus sûr garant de ses intentions pacifiques.

» Il a voulu, il veut encore la paix : il la demanda au moment de vaincre, il la redemanda après avoir vaincu. Quoique tous les champs de bataille qu'il a parcourus dans trois parties du monde aient été les théâtres constants de sa gloire, il a toujours gémi des désastres de la guerre. C'est parce qu'il en connaît tous les fléaux qu'il a soin de les porter loin de nous. Cette grande vue de son génie militaire est un grand bienfait. Il faut payer la guerre avec les subsides étrangers, pour ne pas trop aggraver les charges nationales; il faut vivre chez l'ennemi pour ne point affamer le peuple qu'on gouverne. La sécurité intérieure est alors le prix de ces fatigues inouïes, de ces privations sans nombre, de ces dangers de tous genres auxquels se dévoue l'héroïsme.

» Comparez à notre situation présente celle des sujets de Frédéric quand, chassé deux fois de sa capitale, malgré ses exploits, il ne pouvait, même après la victoire, défendre l'industrie de ses villes et les moissons de ses campagnes. Telle n'est point notre destinée. Paris, l'Empire entier, reposent dans un calme profond, sous l'autorité de cette même main qui répand la terreur à trois cents lieues de nos frontières. Les lois du chef de l'État nous sont transmises avec sagesse par un représentant digne de les interpréter, habile dans toutes les carrières administratives, orné de toutes les vertus civiles, et qui possède pour nous la première de toutes les qualités; celle de bien connaître l'esprit français, qu'il faut suivre quelquefois pour le mieux conduire. La confiance du souverain ne pouvait être mieux placée que dans un homme d'État dont la parole fut toujours fidèle, et dont l'accueil satisfait tous les cœurs. A ces traits, qui sont faciles à reconnaître, les yeux de cette assemblée se tournent vers vous, Monseigneur, et ses éloges confirment le mien.

» Mais en jouissant de l'intégrité de notre territoire et des bienfaits d'une administration paisible et régulière, songeons par quels travaux ces avantages sont achetés : combien de reconnaissance et d'admiration doit accompagner cette brave armée qui, dans les solitudes de la Pologne, combattit tous les besoins et tous les périls, et qui triompha des saisons comme des hommes! Quel orateur pourra louer dignement cette garde impériale, dont chaque compagnie vaut un grand corps d'armée, et tous ces soldats enfin dont chacun mérite d'entrer dans cette garde invincible! Quels honneurs décernerons-nous à ces lieutenants du chef suprême, à ces guerriers qui dans toute autre armée auraient le premier rang, et qui dans celle-ci sont plus contents et plus fiers d'occuper à une longue distance la seconde place? Ce n'est point assez de vaincre pour ces invincibles légions, elles veulent encore, avec une magnanimité vraiment française, effacer jusqu'au souvenir des défaites de leurs ancêtres. Après avoir repris dans les arsenaux de l'Autriche l'armure de François Ier, captif à Pavie, elles ramènent à Paris cette colonne injurieuse qui s'élevait dans les champs de Rosbach, et font ainsi du monument de nos revers un nouveau monument de nos triomphes.

» Quelques-uns des braves vétérans qui m'écoutent ont peut-être vu cette fatale journée où le talent des généraux n'a pas secondé la valeur des soldats. Ils se consoleront de leur défaite en attachant l'épée de leur vainqueur aux voûtes de ce temple. Cette épée reposera sous leur garde à côté du tombeau de Turenne, et quelquefois, la contemplant avec une joie mêlée de respect, ils se diront : « Si elle a vaincu les pères, elle fut conquise par les enfants. » L'aspect de ce trophée fera naître encore de plus graves réflexions sur les causes qui élèvent les trônes ou qui précipitent leur chute. Il redira sans cesse combien la mort ou la vie d'un seul homme peut ôter ou mettre du poids dans les destinées.

» En effet, rappelons-nous cette époque où le monde étonné voit paraître, à côté des grandes puissances, ces princes de la maison de Brandebourg qui n'étaient pas même inscrits au premier rang des électeurs! Reportons-nous à leur berceau, suivons les progrès de leur fortune, voyons leur monarchie s'accroître et s'affermir sans relâche, et par les armes et par les négociations, et par la violence et par la ruse, et par ce génie audacieux et circonspect, suivant les conjonctures, qui menace ou qui cède à propos, et qui, toujours soumis au calcul de l'intérêt, change, avec le temps, d'alliés, d'ennemis et de desseins. Quel événement a suspendu le cours de tant de prospérités? La Prusse avait-elle affaibli le nombre de ses armées? Non, ces armées étaient complètes, et nous entendions encore citer leur bravoure et leur discipline. Avait-elle dissipé son trésor? Non, le désordre introduit dans ses finances par des prodigalités passagères était réparé par une sage économie. Elle ne manquait ni de bras, ni de richesses; elle possédait encore tout ce qui fait en apparence la force et la sécurité des empires, de l'or, du fer et du courage. Comment ces jours de deuil et d'abaissement furent-ils donc amenés si vite? L'homme qui créa, qui fit mouvoir, qui soutint longtemps ce grand corps, a fini sa carrière, et tout a succombé peu à peu avec la colonne qui portait tout, et dans le mausolée de Frédéric s'est enfermé, pour ne plus reparaître, cet esprit à la fois belliqueux et politique dont il animait ses soldats, ses généraux, ses ministres, son peuple, et le système entier d'une immense administration. Voilà comme la mort d'un seul homme est la perte de tous.

» Au contraire, quel autre spectacle s'offre à nos yeux! Une grande monarchie avait vu tous les fléaux fondre sur elle, et, n'ayant plus de roi et plus d'autels, plus de guides et plus de sauvegarde, elle tombait de précipice en précipice entre ses anciennes et ses nouvelles constitutions également violées. L'espoir était même perdu ; car, malgré dix ans de calamités et de crimes, la patrie était encore livrée aux cruelles expériences de cet esprit novateur qui, toujours trompé, se croit toujours infaillible, et qui, au risque de perdre toute une nation et lui-même, accumule les fautes et les excès de tout genre, plutôt que de faire l'aveu d'une seule erreur.

» Cependant, du fond de l'Égypte, un homme revient seul avec sa fortune et son génie : il débarque, et tout est changé. Dès que son nom est à la tête des conseils et des armées, cette monarchie couverte de ses ruines en sort plus glorieuse et plus redoutable que jamais, et voilà comme la vie d'un seul homme est le salut de tous !

» Ah! que ce double tableau et des destins de la Prusse et de ceux de la France nous donne encore plus d'attachement, s'il est possible, pour celui qui fait notre repos et notre gloire! Que ce grand homme, qui nous est si nécessaire, vive longtemps pour affermir son ouvrage! Que ses frères également chéris dans son Sénat ou dans ses camps, au milieu de la France ou sur les trônes étrangers qu'il leur partage, que des enfants, *que des neveux, dignes de lui, transmettent aux nôtres le fruit de ses institutions et le souvenir de ses exemples!* Mais, hélas! quand je forme, bien moins pour lui que pour nous, ces vœux accueillis par tous les cœurs français, un enfant royal vient d'entrer dans la tombe, et les regrets de son auguste famille se mêlent à nos chants de victoire.

» Peut-être en ce moment le héros qui nous sauva pleure dans sa tente, à la tête de trois cent mille Français victorieux, et de tant de princes et de rois confédérés qui marchent sous ses enseignes. Il pleure, et ni les trophées accumulés autour de lui, ni l'éclat de vingt sceptres qu'il tient d'un bras si ferme, et que n'a point réunis Charlemagne lui-même, ne peuvent détourner ses pensées du cercueil de cet enfant dont les mains triomphantes ont aidé les premiers pas, et devaient cultiver un jour l'intelligence prématurée. Ah! qu'il n'ignore pas au moins que ses malheurs domestiques ont été sentis comme un malheur public, et qu'un si doux témoignage de l'intérêt national lui porte quelques consolations. Toutes nos alarmes pour l'avenir sont des hommages de plus que nous lui rendons. Puisse surtout la fortune se contenter de cette jeune victime qu'elle a frappée, et qu'en secondant toujours les projets du plus grand des souverains, elle ne lui fasse plus payer sa gloire par de semblables malheurs! »

S. A. S. le prince archichancelier est descendu

ensuite pour remettre entre les mains de M. le gouverneur des Invalides l'épée de Frédéric : S. Exc. le maréchal Moncey s'est empressé d'aller à sa rencontre. Son Altesse Sérénissime, en la donnant à M. le gouverneur, ainsi que les décorations du monarque prussien, a prononcé les paroles suivantes :

« Au nom et par les ordres de S. M. l'Empereur et Roi, notre très-gracieux souverain, je vous remets, monsieur le maréchal, les décorations et les armes qui ont appartenu à un monarque dont la Prusse et l'Europe conserveront toujours un grand souvenir.

» Cette conquête faite par le héros de la France est pour elle une dépouille opime et un digne ornement pour l'asile des défenseurs de l'État.

» Je vous remets aussi les drapeaux enlevés aux ennemis pendant cette dernière et brillante campagne.

» L'intention de Sa Majesté est qu'ils demeurent sous la garde des braves que vous commandez, jusqu'à ce qu'ils puissent être placés dans le monument que Sa Majesté veut élever à la gloire immortelle des armées.

» C'est ici, monsieur le maréchal, que de toutes parts l'intérêt et l'admiration viennent chercher les trophées de la valeur française; ceux qui désormais visiteront cette enceinte reconnaîtront dans la double disposition faite par les ordres de Sa Majesté

Impériale et Royale une nouvelle preuve de sa bienveillance pour ses vieux soldats, et de son estime particulière pour leur digne chef. »

S. Exc. M. le maréchal Serrurier, gouverneur des Invalides, a répondu :

« Monseigneur,

» Nous sommes encore ici plus de neuf cents hommes qui avons combattu le grand roi dont nos enfants viennent de conquérir les dépouilles guerrières. La fortune alors ne seconda pas toujours notre courage. Les pères n'étaient pas moins braves que les enfants; mais ils n'ont pas eu le même chef. Cependant, nous ne nous rappelons pas sans orgueil les paroles de ce grand homme : *Si j'étais à la tête de ce peuple français, il ne se tirerait pas un coup de canon en Europe sans ma permission :* témoignage honorable de son estime pour les soldats qui le combattaient. Mais c'était sous le règne d'un souverain bien plus grand encore par son génie, par ses hauts faits et par sa modération, que le peuple français devait parvenir à ce haut degré de gloire et de puissance.

» Nous jurons de garder fidèlement le trésor que Sa Majesté Impériale et Royale nous confie; et après l'honneur d'en être dépositaires, rien ne pouvait être plus précieux pour nous que de le recevoir des mains de Votre Altesse. »

Les mots *Nous le jurons*, répétés par les invalides, ont retenti dans toute l'église.

Le chœur du chant triomphal a recommencé. Son Altesse Sérénissime, remontée auprès du trône, a signé sur les registres de l'hôtel des Invalides le procès-verbal de la remise de l'épée et des décorations du grand Frédéric et des drapeaux conquis dans la dernière campagne. S. Exc. M. le gouverneur a signé après le prince archichancelier.

Les princes archichancelier et architrésorier de l'Empire se sont levés, et au bruit d'une symphonie militaire ont descendu les degrés du trône et se sont avancés vers la porte de l'église à la tête des ministres et des grands officiers de l'Empire et de la Légion d'honneur. En sortant de l'hôtel des Invalides, le prince archichancelier a invité le cortége à se séparer, l'objet de sa réunion étant rempli.

Une salve d'artillerie a annoncé la fin de la cérémonie.

De retour des campagnes d'Allemagne, l'Empereur, accompagné du grand-duc de Berg et du prince de Neufchâtel, vint le 11 février 1808 faire la visite de l'Hôtel. Son arrivée fut annoncée par plusieurs salves d'artillerie.

Après avoir été chaleureusement acclamée par les invalides, Sa Majesté se rendit à l'église, où elle fit une allocution dans laquelle, entre autres choses, elle dit ce mot remarquable : « Qu'aux yeux des vieux soldats, la religion, cette ressource des derniers jours, ne pouvait être trop honorée. »

L'Empereur y ordonna aussi le rétablissement du maître-autel.

Il visita ensuite la grande cuisine, il goûta les aliments et les trouva convenables.

Puis il parcourut les infirmeries en encourageant les blessés par des promesses d'un sort meilleur.

Il visita la bibliothèque et ordonna l'acquisition de plusieurs ouvrages.

Arrivé à la salle du conseil, il s'y reposa pendant quelques instants, en recevant du gouverneur quelques renseignements qu'il avait demandés.

L'Empereur sortit enfin de l'Hôtel, en laissant les pensionnaires sous le charme de l'intérêt qu'il venait de leur prodiguer.

Le 26 mai 1808, jour anniversaire de la prise de Dantzig, conformément aux décrets de l'Empereur et Roi, le cœur de Vauban fut transféré dans le mausolée qui lui avait été érigé vis-à-vis de celui de Turenne, sous le dôme de l'hôtel impérial des Invalides.

Ce précieux dépôt était placé dans la salle d'audience de l'hôtel du ministère de la guerre, sous un buste du maréchal, au milieu d'armes et de drapeaux pris à Dantzig et dans d'autres places conquises par nos armes.

A midi une salve d'artillerie a annoncé à la capitale le départ du cortége. Le cœur, porté par M. le Pelletier d'Aulnay, arrière-petit-fils de Vauban, a été déposé dans un char orné d'armes et de drapeaux.

Le cortége s'est ensuite mis en marche de l'hôtel de la guerre dans l'ordre suivant :

Un corps de cavalerie ouvrant la marche;

Le général commandant la division et la place, à cheval à la tête des deux états-majors;

Un bataillon des élèves de l'École polytechnique;

Quatre corps d'infanterie, de cavalerie, d'artillerie et du génie, avec les armes, les bouches à feu et autres machines de guerre, ouvraient la marche du cortége.

Des régiments d'infanterie formaient la haie, depuis l'hôtel du ministre de la guerre jusqu'à celui des Invalides.

Apparaissaient d'abord quatre pièces de canon représentant celles qui furent données au maréchal après la prise de Philisbourg.

Puis venaient :

Le char portant le cœur de Vauban;

Les voitures des ministres, dans l'une desquelles était M. le Pelletier d'Aulnay, arrière-petit-fils du maréchal;

Celles des maréchaux;

Des premiers inspecteurs généraux;

Des colonels généraux;

Du directeur de l'administration de la guerre;

Des présidents et secrétaires perpétuels de l'Institut;

Des membres du comité central des fortifications;

De la famille Vauban.

Un corps de cavalerie fermait la marche.

Une salve d'artillerie annonça le cortége, et le cœur du maréchal fut enlevé du char et placé sur une estrade, au milieu du dôme, par M. le Pelletier d'Aulnay, assisté des ministres, du maréchal Serrurier et de son état-major, et de beaucoup d'autres généraux.

Le dôme était rempli de militaires de toutes armes, au milieu desquels on voyait, à côté d'un groupe d'invalides, un groupe d'élèves des Écoles militaire et polytechnique, des membres de l'Institut national et des ingénieurs de tous les services publics.

Les tribunes et les galeries étaient remplies de dames des familles des militaires et autres, munies de billets d'invitation.

Quand les membres du cortége furent assis dans l'enceinte de l'église, sur l'ordre du général Marescot, premier inspecteur général du génie, M. Allent, officier de cette arme, lut le discours suivant:

« L'Empereur et Roi a voulu réunir sous ce dôme, aux cendres du maréchal de Turenne, le cœur du maréchal de Vauban : association touchante de deux héros contemporains, dont les caractères eurent tant de ressemblance. Le jour qu'a choisi Sa Majesté est anniversaire de celui où la prise de Dantzig préludait à la victoire de Friedland et à la paix de Tilsitt : rapprochement ingénieux et délicat du guerrier qui créa l'art des siéges, et des guerriers qui viennent de s'illustrer dans un siége glorieux.

» Il ne restait du maréchal de Vauban que son cœur. Le prince, que l'Empereur a nommé son digne compagnon d'armes, avec ce zèle que le mérite seul met à honorer le mérite, a, sur ces derniers restes d'un homme illustre, appelé l'attention d'un monarque qui se plaît à répandre sur les grands hommes tout l'éclat de sa gloire.

» Ici cet éclat rejaillit sur l'armée dont tous les corps participent dans les siéges au succès de l'attaque ou à l'honneur de la défense. Il rejaillit sur les maréchaux d'empire, gouverneurs des places, généraux des armées de siége, revêtus de la même dignité que Vauban et désignés comme dignes des mêmes honneurs par la reconnaissance publique. Ces aigles, emblèmes du dévouement à l'honneur, à la patrie et au monarque, rappellent les ordres dont Vauban fut décoré, et son ardeur à servir son prince et son pays. A leur tête, collègue de l'élève et successeur de Buffon, un élève de Vauban, général et ministre, unissant dans les siéges l'audace

LIVRE DEUXIÈME. 129

et la sagesse; dans l'administration de la guerre, le talent et la probité, retrace le caractère et les vertus de ce grand homme. Les successeurs des Fontenelle, les collègues des Borda, des Coulomb et des Meunier, représentent ici l'Académie des sciences, qui honora dans Vauban les sciences appliquées au service de l'État. Vauban enfin est dans cette enceinte représenté lui-même par son propre sang. Son arrière-petit-fils, qui dans la carrière des armes s'est montré l'héritier de ses vertus guerrières, est ici au milieu de sa famille. Il vient de déposer son cœur dans ce temple, et le confie au chef illustre de ces guerriers dont les cheveux blancs et les blessures attestent les longs et brillants services. Sous leur garde reposeront désormais les restes de Vauban et de Turenne; et si les ombres de ces héros errent quelquefois sous ces voûtes, elles se croiront au milieu des compagnons de leur gloire.

» Tout est ici une image, un souvenir de Vauban. Qu'ajouter à ces témoignages glorieux? L'éloge de Vauban, écrit par d'éloquents orateurs, a été prononcé dans le sein de trois académies. Chef du corps dont Vauban a créé l'art, s'il m'est doux et permis, en retraçant ses services, de lui rendre hommage comme à l'un de ces hommes à qui l'on succède et qu'on ne remplace jamais; devant des militaires, militaire comme eux, étranger à une éloquence peu connue dans les camps, la seule louange de Vauban sera, dans ma bouche, le tableau simple et rapide de sa vie.

» Le maréchal de Vauban comptait une longue suite d'aïeux, presque tous militaires. Mais dans leur rang, l'honneur était de sacrifier sa fortune comme sa vie au service du souverain. Vauban naquit sans biens, et dès sa tendre enfance il resta orphelin. A dix-sept ans il cède à son génie, voit les places, et devient ingénieur. Dans ses premiers siéges, il fait l'essai de son talent et donne des preuves de son courage. Au siége de Sainte-Menehould, pendant l'assaut, sous le feu de la place, il traverse la rivière à la nage. A Stenay, à Montmédy, à Valenciennes, il est couvert de blessures; sous Gravelines, à vingt-cinq ans, il conduit en chef les attaques, prend et ne quitte plus le seul rang digne de son mérite. Dans les guerres suivantes, il crée un nouvel art de siége. A Maëstricht, il emploie la première fois les trois parallèles, et le reste du dispositif ingénieux des approches régulières. A Luxembourg, il applique les couronnements à la sape et les cavaliers de tranchée; invention que la rapidité donnée aux siéges par lui-même a permis de négliger. En 1668, il ouvre les portes de Philisbourg, de Manheim et de Franckenthal, à l'héritier du trône, qui pour prix de ce service lui donne, au nom du Roi, quatre pièces de canon. C'est devant

Philisbourg qu'il invente le ricochet, manière aussi ingénieuse que redoutable de tirer le boulet et l'obus, et qui ne laisse dans l'intérieur d'une place assiégée que peu d'asile contre ses ravages. Au siége de Namur, en 1692, il se trouve en présence de Coehorn. Cet ingénieur célèbre venait de créer le fort Guillaume; il y attachait le sort de la place. Vauban d'un coup d'œil aperçoit le défaut de cet ouvrage, il se porte rapidement entre le fort Guillaume et le château, les sépare par une tranchée, enlève le fort, et triomphe d'un rival que l'histoire n'a cru pouvoir mieux louer qu'en le nommant le Vauban hollandais.

» Les forteresses de la France étaient pour la plupart faibles et placées au hasard; Vauban est chargé de fortifier toutes les frontières; des Pyrénées au bord de l'Escaut, sa fortification varie comme les sites; partout, sur les montagnes, au bord de la mer et des fleuves, c'est en pliant les ouvrages au terrain qu'il subjugue la nature. Sa pensée dans chaque place embrasse l'universalité des frontières. Il considère la France comme une vaste place d'armes, dont chaque forteresse n'est qu'un ouvrage particulier; il les coordonne et en détermine les rapports, suivant les positions; elles sont entretenues, réparées ou perfectionnées. Il crée celle qui manque, il donne à chacune son caractère et sa destination. Le même homme qui dans les siéges contribue à reculer les limites de l'empire, jouit de la gloire d'en poser les barrières. Les places du Nord ont arrêté deux fois les ennemis de la France. Dans la guerre de succession et en 1793, elles ont été pour nous, suivant l'expression de Montecuculli, les ancres sacrées qui sauvent les États.

» Vauban, au milieu de ces travaux, trouva le moyen de composer un grand nombre d'ouvrages sur son art et sur l'économie publique : ses traités de l'attaque et de la défense sont encore l'oracle des militaires dans les siéges. Dans ses mémoires et ses projets sur toutes les places, tout est discuté, tout est prévu, jusqu'aux détails d'exécution; et lorsqu'on veut reprendre ce qu'il n'a pu exécuter, en vain essaye-t-on de le perfectionner. Ce que Vauban a déterminé se trouve, un siècle après, être encore ce qu'il y a de plus économique, de plus ingénieux. La vérité est immuable, et le génie ne s'attache qu'à la vérité. A cette collection précieuse se joignent sa dîme royale, et les manuscrits auxquels il avait donné le titre modeste d'*Oisivetés*. « Si ce qu'il y propose, dit Fontenelle, pouvait s'exécuter, ses oisivetés ne seraient pas moins utiles que ses travaux. »

» De grandes récompenses, la charge de commissaire général des fortifications, les gouvernements de Douai et de la citadelle de Lille, les ordres du Roi, le bâton de maréchal de France, furent le prix de ses services. Il refusa longtemps ce dernier grade, craignant qu'il ne l'empêchât de conduire les siéges. Pendant un siége malheureux, fait par un général d'un grade moins élevé, il offrit de servir sous ses ordres; et le Roi lui objectant sa dignité : « Sire, dit-il, ma dignité est de servir l'État; je laisserai le bâton de maréchal à la porte, et j'aiderai peut-être à entrer dans la place. » Il ne put l'obtenir. Oublions un désastre qui ravit à la France l'Italie, et ne songeons qu'aux victoires qui de nos jours l'ont deux fois reconquise.

» Cinquante sept années de service, vingt-cinq campagnes, dix blessures, cent quarante actions de guerre, cinquante-trois siéges, trente-trois places neuves, toutes celles de la France restaurées : telle est la vie du maréchal de Vauban. Il n'est plus, mais avant que son nom s'oublie les Français cesseront d'aimer leur pays et la gloire.

» Et vous guerriers sous qui Dantzig a succombé, vous chef illustre qui les avez dirigés, couvrez le cœur de Vauban d'un rameau de vos lauriers; mêlez à l'éclat de ses honneurs celui de votre gloire, comme nous mêlons aux souvenirs que Vauban a laissés les images de vos services. Dans ces honneurs décernés au héros devant qui tombaient les forteresses, c'est vous aussi, c'est son armée qui a voulu honorer le monarque invincible devant qui tombent les armées et les places de tous ses ennemis. »

Ce discours étant terminé, M. le Pelletier d'Aulnay prit l'urne qui renfermait le cœur de Vauban et la remit au ministre de la guerre en lui adressant ces paroles :

« Monseigneur,

» Chargé par S. M. l'Empereur et Roi de déposer entre vos mains le cœur du maréchal de Vauban mon aïeul, j'ai l'honneur de vous remettre ce dépôt précieux. Cette fête solennelle, consacrée à la mémoire de Vauban, fait l'éloge de notre illustre souverain, dont la bienfaisance se porte avec autant de grandeur à honorer la mémoire des anciens guerriers, qu'à illustrer les hauts faits des héros de son siècle, dont il est le premier modèle. »

Le ministre de la guerre a répondu :

« Monsieur,

» En recevant de vous et de la famille de Vauban le cœur de ce grand homme, je m'estime heureux d'être chargé, par le héros qui vient de lui élever ce monument, de confier un si précieux dépôt aux braves défenseurs de l'État que renferme cette enceinte, et à leur digne gouverneur entre les mains duquel Mantoue jadis capitula.

» Le cœur de Vauban, qui brûla d'un amour si vrai pour sa patrie et pour la gloire, reçoit aujourd'hui un nouvel hommage des mains de la victoire; puisqu'il va être couronné par celui qui, à pareil jour, il y a un an, rappela tous les souvenirs de Vauban, en s'emparant, à l'aide de l'art qu'il a créé et après des actions où ont brillé simultanément le talent, l'audace et l'intrépidité les plus remarquables, de l'un des premiers boulevards du Nord; par celui qui mérita comme récompense et obtint, après l'importante prise de Dantzig, d'en porter le nom et de le transmettre à ses descendants pour en consacrer la mémoire. »

Après ce discours, M. le colonel du génie Sabatier, un des officiers qui se sont distingués, sous les ordres du maréchal duc de Dantzig, au siège de cette forteresse, lui a remis, au nom des braves qui ont servi sous lui, une couronne de laurier et une médaille sur laquelle était, d'un côté, le portrait de Sa Majesté, de l'autre, une inscription rappelant l'ordre de Sa Majesté pour la translation du cœur de Vauban.

Alors M. le maréchal duc de Dantzig a déposé la couronne de laurier et la médaille sur le cœur de Vauban, et a prononcé le discours suivant :

« Ombre illustre d'un héros qui fut longtemps le boulevard de la France et la terreur des ennemis, intrépide guerrier, profond géomètre, habile homme d'État, sois sensible au tribut d'amour et de reconnaissance que nous t'offrons dans cette enceinte auguste, sous ces voûtes sacrées où pendent les trophées de nos innombrables victoires.

» Que je ceigne de cette couronne ton front ombragé de lauriers.

» C'est le plus puissant des monarques, le brave des braves, c'est le grand Napoléon qui te la donne.

» Que peut-il manquer à ta gloire et que manque-t-il à mon bonheur, puisqu'il a daigné me choisir pour te rendre cet hommage. »

Après ce discours du maréchal duc de Dantzig, le cœur de Vauban, la couronne et la médaille ont été placés dans l'urne d'albâtre qui termine la colonne cinéraire, et l'urne a été scellée sur-le-champ. Des symphonies guerrières et une salve d'artillerie ont annoncé la fin de cette mémorable et imposante cérémonie.

Par décret impérial du 9 février 1810, le cœur du maréchal Lannes, duc de Montebello, tué le 22 avril 1809 à la bataille d'Esling, est confié à la garde des militaires invalides.

Ce fut le célèbre Larrey qui eut la mission de remettre au maréchal Serrurier le vase contenant le cœur de l'illustre défunt, dont les obsèques ne devaient être célébrées que quatre mois après.

Ouverture faite de ce vase, il a été reconnu qu'effectivement ce cœur y était renfermé.

Immédiatement après cette reconnaissance, le vase a été remis dans la boîte, qui a été refermée et scellée du sceau du maréchal Serrurier et de celui du commissaire ordonnateur; Larrey avait oublié le sien.

Cette formalité remplie, le maréchal Serrurier s'est reconnu dépositaire de ce dépôt, jusqu'à ce qu'il en soit autrement ordonné; et ce, conformément à la décision du duc de Feltre, ministre de la guerre.

Le baron Larrey étant l'un des hommes de l'époque qui ont été le plus aimés des soldats, les invalides saisissaient toutes les occasions de lui en donner des preuves.

Ils pleurèrent avec lui l'éminent homme de guerre que venait de perdre la France, et qu'il aurait sauvé si la science n'était impuissante contre la mort.

Puis en vertu d'un décret de Sa Majesté et conformément au programme publié par ses ordres, le corps de l'illustre maréchal a été déposé dans le dôme de l'Hôtel, le 2 juillet 1810, sous le sarcophage provisoire destiné à le recevoir, et où, pendant quatre jours, le public a pu venir prier et admirer les honneurs rendus à ce célèbre guerrier.

Le 6 juillet il a été fait un service funèbre pour le repos de son âme : le corps avait été porté sous le catafalque préparé pour cette cérémonie; l'église, ainsi que le dôme, les deux façades extérieures de l'Hôtel et celle de la cour d'honneur du côté de l'église, avait été tendue en drap noir avec des ornements analogues et les inscriptions mentionnées dans le programme. Dans l'endroit le plus apparent de ces tentures, étaient tracées, en gros caractères, ces paroles mémorables : *Napoléon à la mémoire du duc de Montebello*.

La cérémonie était présidée par le prince archichancelier de l'Empire, qui, des appartements de M. le maréchal gouverneur, s'était acheminé à midi vers l'église, accompagné du prince Borghèse et du prince architrésorier de l'Empire; du prince de Bénévent, vice-grand électeur; du prince de Neufchâtel et Wagram, vice-connétable, ainsi que des ministres, des maréchaux et grands officiers de l'Empire, des autorités civiles et militaires de Paris et autres personnages distingués.

L'évêque de Gand, aumônier de Sa Majesté, a officié. Plusieurs cardinaux-archevêques et évêques l'assistaient. La messe a été chantée à grand orchestre par les sujets du Conservatoire et les premiers sujets de l'Académie impériale du musique.

L'office étant terminé, le corps a été transporté par des grenadiers jusqu'au corbillard préparé pour le recevoir.

Le clergé de la chapelle de Sa Majesté et celui des paroisses de Paris avaient envoyé chacun une députation pour assister à l'office. Ces députations ont ensuite accompagné le convoi jusqu'au Panthéon.

Des détachements de toutes armes commandés par des officiers généraux attendaient le corbillard en dehors de la grande grille de l'Hôtel; de nombreuses salves d'artillerie ont annoncé le départ du convoi.

Seul, l'Empereur avait voulu en faire les frais, afin d'honorer plus particulièrement la mémoire du maréchal. L'oraison funèbre fut prononcée par l'abbé Raillon, qui fit avec talent ressortir les vertus du maréchal, l'homme de bien, l'ami sincère du monarque.

L'Empereur, voulant perpétuer la munificence de l'œuvre de Louis XIV, en la dotant magnifiquement et en lui donnant les bases d'une organisation plus solide encore, rendit, le 25 mars 1811, le décret organique dont voici la substance :

Une dotation spéciale est affectée au service de l'Hôtel;

Les dépenses ne figureront plus au budget de la guerre;

Le conseil d'administration est composé :

Du maréchal gouverneur, de quatre sénateurs désignés par l'Empereur, du général commandant, de l'intendant, d'un inspecteur aux revues et du trésorier.

Indépendamment de ce conseil, il en institua un

autre, dit *grand conseil, pour vérifier les comptes de l'administration et régler le budget de l'année; il fut ainsi composé : du ministre de la guerre, président; du maréchal gouverneur; de quatre sénateurs; du général commandant de Paris; du général commandant de l'Hôtel; du général commandant le génie de Paris; de l'inspecteur aux revues de l'Hôtel; de deux officiers généraux désignés par le ministre; de deux intendants généraux; de l'intendant de l'Hôtel, sans voix délibérative; du secrétaire général archiviste.*

Enfin tous les services subirent des modifications, et l'avenir des invalides fut encore plus assuré.

Nous nous bornons à donner le discours prononcé par le ministre de la guerre, duc de Feltre, président, dans la séance d'ouverture du 1er juillet 1811 :

« Messieurs,

» Le plus bel établissement d'un règne qui occupait encore il y a peu d'années le premier rang dans l'histoire de la monarchie française avait souffert des atteintes du temps et surtout de celles des faux systèmes politiques. Sa Majesté Impériale et Royale vient, par son décret du 25 mars, de lui rendre toute l'utilité de sa fondation, tous les avantages de ces améliorations successives, toute la splendeur de sa destination.

» Ce fut seulement en 1670 qu'un monarque triomphant conçut le projet, qui ne reçut d'exécution que quatre ans après, de ne plus répartir les guerriers invalides dans les abbayes ou prieurés, de cesser d'imposer aux enfants de la gloire la nécessité de vivre avec des moines, et aux cénobites le désagrément de supporter des infractions aux règles de leur profession. C'est surtout dans le repos acquis par les exploits militaires qu'on a besoin de s'en retracer l'image, d'être entouré des compagnons qui les ont partagés, de sentir encore légèrement le joug de la discipline.

» Tels furent les motifs de la fondation de l'hôtel des Invalides; ils ont aussi été ceux de sa conservation, et l'ont sauvé de la faiblesse des règnes suivants et des plans destructeurs dont les traces, moins profondes qu'on n'aurait dû le craindre, vont entièrement disparaître.

» La loi du 16 mai 1792 porta aux principes de cet établissement l'attaque la plus forte qu'ils pussent recevoir, en plaçant l'hôtel des Invalides dans les attributions du ministère de l'intérieur. *Elle fit craindre qu'on ne voulût insensiblement l'assimiler aux hospices civils, avec lesquels il ne doit avoir rien de commun.* Ce système subversif du bon ordre ne fut pas de longue durée, et bientôt après, un des premiers soins de Sa Majesté en prenant les rênes du gouvernement fut de ramener, autant que les circonstances le permirent, le régime de l'Hôtel à ce qu'il était lorsque les étrangers nous l'enviaient et que les princes sages l'étudiaient pour l'introduire dans leurs États.

» Ce grand ouvrage, que plusieurs lois et arrêtés avaient depuis dix ans commencé, vient d'être terminé par le décret de Sa Majesté. L'entier retour à l'ordre est assuré; les vœux de tous les militaires sont comblés; les travaux de l'ancien gouverneur, qui jouit de l'avantage d'avoir justifié à l'avance sa nouvelle nomination, sont couronnés. Tous les moyens de faire le bien sont mis à sa disposition et à celle du conseil. Vous saurez, messieurs, les employer et justifier la confiance du gouvernement par une administration sage et paternelle.

» Jamais époque ne fut aussi favorable pour faire disparaître ce qu'il peut y avoir de vieux et d'abusif dans les règlements de la discipline, de police et d'administration de l'Hôtel. Leur révision sera peut-être nécessaire pour les mettre en harmonie avec le nouveau système; j'ai désiré qu'on s'occupât de cet objet avec le plus grand soin. C'est pour atteindre ce but que j'en ai fait préparer les bases, sans les déterminer encore d'une manière absolument positive. J'ai pensé que je devais attendre d'utiles renseignements de l'expérience de la plupart d'entre vous, du zèle et des lumières de tous. J'ai voulu que les fonctionnaires appelés à maintenir l'exécution des règlements concourussent à leur formation, et pussent les regarder comme leur propre ouvrage. Vous ferez de ce travail, messieurs, l'objet de vos méditations particulières et de vos discussions au conseil, et vous me mettrez bientôt à portée de convertir en règlement général les questions qui sont plutôt indiquées que résolues dans le projet que je laisse sur le bureau.

» En reportant au pied du trône les témoignages de la gratitude et du dévouement des militaires invalides, je donnerai, messieurs, à Sa Majesté Impériale et Royale l'assurance qu'elle ne vous aura pas en vain confié le bonheur de ces vieux soldats et l'espérance de ceux qui marchent aujourd'hui sur leurs traces. »

A l'apogée de sa puissance, Napoléon Ier voyait ses vœux réalisés. L'Impératrice venait de lui donner un fils. Cent et un coups de canon de la batterie de l'Hôtel annoncèrent à la capitale cet heureux événement. Grande fut la joie des vieux compagnons du nouveau César.

Mais ils étaient à peine écoulés ces jours d'allégresse qui avaient suivi le baptême de l'enfant qui devait perpétuer la race de l'illustre soldat couronné, que déjà les cœurs se sentaient saisis de tristes présages, et que l'atmosphère politique était chargée de bruits de guerre.

L'année 1812 s'ouvrit, en effet, par la déclaration de guerre à la Russie; et le héros qui avait porté ses étendards victorieux de l'Adriatique aux bords de la Vistule allait passer le Niémen et trouver devant lui deux ennemis invincibles : les éléments et la fortune, dont jusque-là il avait été le favori.

En effet, le 24 juin 1812, l'Empereur franchit ce fleuve à la tête de son armée, dont les colonnes qui avaient vaincu à Smolensk et à la Moskowa arrivèrent rapidement sous les murs de Moscou, qu'elles durent abandonner presque aussitôt.

Arrêtons-nous; le vingt-neuvième bulletin, à jamais célèbre, n'a que trop fait connaître à la France consternée les résultats de cette épouvantable catastrophe.

A dater de ce jour, le canon de l'hôtel des Invalides, qui avait annoncé tant de victoires, dut garder un long et lugubre silence.

Bientôt on vit arriver à l'Hôtel les restes mortels de plusieurs généraux, victimes illustres des désastres que notre armée venait d'éprouver dans les plaines glacées de la Pologne.

Le 13 février et les jours suivants, furent déposés dans les caveaux du dôme le cœur du général de division Baraguey-d'Hilliers, grand-aigle de la Légion d'honneur; celui de l'illustre général d'artillerie Éblé, atteint d'une maladie mortelle à la Bérézina, *où périrent les quatre cents pontonniers qui à sa voix s'étaient plongés dans ce fleuve,* afin de construire les ponts qui devaient conduire nos malheureux soldats sur l'autre rive de la Bérézina, les cinq sixièmes.

Enfin celui du général de division comte de Lariboissière, commandant en chef l'artillerie de la garde impériale, accablé par la fatigue, mais encore inconsolable de la mort d'un fils tué sous ses yeux à la bataille de la Moskowa.

Baraguey-d'Hilliers (Louis), né le 13 août 1764, à Paris, d'une famille noble, fit dans cette ville des études qui, sans être profondes, lui furent très-utiles, parce qu'il les dirigea entièrement vers la carrière des armes, à laquelle dès lors on l'avait destiné. Il entra comme sous-lieutenant dans le régiment d'Alsace, en 1784. Capitaine dans un bataillon d'infanterie légère le 20 janvier 1792, et, le mois suivant, aide de camp du général Crillon. Trois mois après il obtint le même emploi auprès de Labourdonnaye, puis auprès de Custine, qui le fit sous-chef d'état-major, en lui donnant le grade de général de brigade. Baraguey-d'Hilliers prit part à l'invasion du Palatinat et à la prise de Mayence. Un an après, traduit au sanglant tribunal révolutionnaire avec cinquante victimes, qui ce jour-là même périrent sur l'échafaud, accusées d'avoir conspiré toutes dans la prison où elles étaient détenues, Baraguey-d'Hilliers fut absous avec deux autres accusés. Malgré cette absolution, il fut envoyé de nouveau à la prison du Luxembourg comme noble suspect, et il n'en sortit qu'après la chute de Robespierre. Remis en activité le 5 prairial an III (1795), il fut employé dans l'Ouest sous les ordres de Hoche; puis à l'armée d'Italie, où il arriva vers la fin de la belle campagne de 1796. Le général en chef, Bonaparte, lui donna un commandement dans la Lombardie, et le chargea ensuite de s'emparer de Bergame, place de l'État vénitien qu'il lui importait d'occuper, mais que la neutralité semblait mettre à l'abri d'une pareille entreprise. Baraguey-d'Hilliers usa dans cette occasion de beaucoup d'adresse, et voici comment Bonaparte rendit compte de cette expédition au Directoire : « Quoique l'occupation de Bergame ne soit pas une opération militaire, il n'en a pas moins fallu des talents et de la fermeté pour l'obtenir. Le général Baraguey-d'Hilliers, que j'en avais chargé, s'est parfaitement conduit; je vais lui donner le commandement d'une brigade, et j'espère qu'aux premières affaires il méritera sur le champ de bataille le grade de général de division. » Chargé, en effet, de conduire bientôt après un corps d'armée dans le Tyrol, Baraguey-d'Hilliers pénétra dans la vallée de l'Adige, jusqu'aux gorges de la Brenta, où il se réunit à l'armée principale, après avoir fait quatre mille prisonniers; et le grade de général de division lui fut donné (mars 1797). Peu de temps après et sous son commandement, Venise tomba au pouvoir des Français, et la plus ancienne des républiques avait cessé d'être.... Bonaparte ne fut pas moins satisfait dans cette occasion qu'il ne l'avait été à la prise de Bergame.

Après la paix de Lunéville, le gouvernement consulaire le fit inspecteur général d'infanterie; et Napoléon, devenu empereur, le nomma grand officier de la Légion d'honneur et colonel général des dragons.

Napoléon lui donna le gouvernement de Venise en 1808; et ce fut en Italie, puis en Hongrie, sous le vice-roi Eugène, que Baraguey fit la campagne de 1809. Après la paix de Vienne, il fut chargé de réduire les insurgés du Tyrol, qui refusaient de se soumettre et qui combattirent avec tant de courage sous les ordres du fameux Hofer. Baraguey passa ensuite à l'armée d'Espagne, et, le 3 mai 1811, il battit sous les murs de Figuières un corps espagnol commandé par Campo-Verde. Appelé à la grande armée l'année suivante, il fut mis à la tête d'une division qui partit de Smolensk dans les premiers jours de novembre 1812, pour se diriger vers Kalouga, au-devant de l'Empereur, lequel avait d'abord dû faire sa retraite dans cette direction, puis en avait changé par suite de la bataille de Malojaroslawitz. Ignorant tout à fait ce changement, Baraguey se trouva bientôt au milieu de plusieurs corps russes, et une partie de sa division fut obligée de capituler. Napoléon, informé de cet événement au milieu des désastres de la retraite, en fut vivement courroucé, et il traita Baraguey-d'Hilliers avec une extrême rigueur. Le malheureux général conçut de ce dernier malheur un tel chagrin, qu'il tomba malade en route, et que, forcé de s'arrêter à Berlin, il mourut dans cette ville vers la fin de décembre 1812. — Une de ses filles avait épousé le général Foy.

Éblé (Jean-Baptiste), général d'artillerie, l'un des plus célèbres de l'armée française, naquit en 1758 à Saint-Jean de Rorbach en Lorraine. Fils d'un officier du régiment d'Auxonne, du nombre de ceux que l'on appelait alors officiers de fortune, parce qu'ils n'étaient pas nobles, il fut inscrit dès l'âge de neuf ans, comme canonnier, sur le contrôle du même corps. Élevé avec beaucoup de soin et destiné dès l'enfance à la carrière de son père, il fut bientôt l'un des meilleurs sous-officiers de cette arme. Devenu lieutenant en 1785, il fut envoyé à Naples sous les ordres de Pommereul, pour y former l'artillerie de ce royaume sur le modèle de celle de France. Il était parvenu dans ce pays au grade de capitaine, et il devait y obtenir plus d'avantages encore; mais la révolution de France, dont il adopta les principes avec beaucoup de chaleur, le ramena dans sa patrie en 1792, et il fut confirmé dans son grade de capitaine. Employé dès le commencement à l'armée du Nord, il fut mis à la tête d'une compagnie d'artillerie à cheval, fit toutes les campagnes de cette époque sous Dumouriez, sous Pichegru et sous Jourdan, et se distingua particulièrement à Hondschoote et Wattignies. Devenu général de brigade à la fin de 1793, il commanda l'artillerie de l'armée du Nord, et, par son activité et son savoir, il contribua beaucoup à introduire dans cette partie si importante de nos forces militaires un ordre et une méthode jusqu'alors inconnus. Il distribua également les munitions et les pièces dans chaque division, et prépara ainsi la suppression nécessaire des pièces de bataillon, qui fut adoptée plus tard. Éblé dirigea ensuite les siéges d'Ypres, de Nieuport, de Bois-le-Duc, de Nimègue, de Graves, et il eut une grande part à la conquête de la Hollande, où son artillerie traversa si miraculeusement sur la glace les plus larges fleuves. Appelé en 1795 à l'armée du Rhin par Moreau, qui avait su l'apprécier, il fit sous ce général cette campagne du Palatinat, si remarquable par son début, et plus remarquable encore par la retraite qui la termina. Au commencement de l'année 1797, il soutint pendant deux mois, dans le fort de Kehl, les efforts de toute l'armée autrichienne, commandée par l'archiduc Charles. Il se rendit ensuite en Italie, et il commanda, sous Championnet, l'artillerie de l'armée qui devait envahir un royaume dont il avait lui-même autrefois préparé les moyens de défense. Cette facile conquête était à peine achevée, qu'Éblé revint en Allemagne, où la confiance de Moreau le plaça encore une fois à la tête de son artillerie, et où il eut part à la brillante campagne qui termina la victoire de Hohenlinden. A la paix de Lunéville, il fit rentrer dans les arsenaux de France la plus belle artillerie qu'on eût jamais conquise sur nos ennemis; et, ce qui est plus rare encore, il remit au trésor public des sommes considérables, provenant de la vente des objets d'artillerie pris aux Autrichiens. En 1803 il passa à l'armée de Hollande, puis à celle de Hanovre, et devint gouverneur de Magdebourg après la bataille d'Iéna. De là il se rendit à Cassel, où le nouveau roi, Jérôme, le nomma son ministre de la guerre et colonel général de ses gardes du corps. Cette position ne pouvait pas lui convenir long-temps; il la quitta pour rentrer au service de France, et fut aussitôt employé sous Masséna en Portugal, où il dirigea le siége de Ciudad-Rodrigo et la construction très-difficile d'un pont de bateaux à Santarem. Appelé en 1812 à la grande armée de Russie, il fut nommé commandant en chef des équipages de pont, et il rendit de très-grands services au passage du Dniester, et surtout dans la retraite à celui de la Bérézina, où Napoléon fut sauvé par l'habileté et la présence d'esprit qu'Éblé mit à dresser un pont de bois dans une seule nuit, au milieu des glaces et sous le canon de l'ennemi. Obligé de rester pendant trois jours auprès de ce frêle édifice que les glaçons et la foule des fuyards brisaient à chaque instant, Éblé répara plusieurs fois les accidents qui survenaient sans cesse. Ayant reçu l'ordre d'y mettre le feu dès que l'armée serait passée, il retarda autant qu'il put l'exécution de cet ordre, et sauva par là un grand nombre de malheureux qui auraient péri sur l'autre rive. Mais la fatigue qu'il éprouva et l'excès du froid l'avaient frappé si vivement qu'il mourut peu de jours après à Kœnigsberg, au moment où Napoléon le nommait inspecteur général et commandant en chef de l'artillerie de la grande armée.

Lariboissière (Jean-Ambroise-Baston de), général d'artillerie, né à Fougères en 1759, d'une famille noble, fut destiné dès l'enfance à la carrière des armes, et, après avoir fait des études convenables, entra à l'âge de vingt-deux ans comme lieutenant dans un régiment d'artillerie. L'avancement dans ce temps de paix n'était pas aussi facile qu'il le devint plus tard, et Lariboissière servait encore dans le même grade quand arriva la révolution. Il s'en déclara partisan, et fut nommé capitaine en 1791. Employé dès l'année suivante à l'armée du Rhin, sous Custine, il concourut à l'invasion du Palatinat et à la prise de Mayence. Resté dans cette place en 1793, lorsqu'elle fut assiégée par les Prussiens, il eut une part importante à sa défense, et, lors de la capitulation, fut laissé aux ennemis pour otage. Revenu bientôt en France, il fit encore dans les armées du Rhin, du Danube, les campagnes de 1794 et 1795, parvint au grade de colonel et fut nommé directeur du parc d'artillerie. Devenu général de brigade, il commanda en 1805 l'artillerie du quatrième corps de la grande armée, et concourut efficacement à la victoire d'Austerlitz par l'heureux emploi qu'il fit de ses batteries, dirigées contre l'étang de Ménitz, sur lequel l'infanterie russe avait eu l'imprudence de s'établir. Après la journée d'Iéna, Lariboissière contribua beaucoup à la défaite du corps de Blücher, qu'il poursuivit jusqu'à Lubeck, où il fut blessé. Ayant ensuite suivi la grande armée en Pologne, il partagea tous ses succès, fit construire un très-beau pont sur la Vistule, et fut remarqué par Napoléon, qui lui donna le commandement de l'artillerie de sa garde, et le fit général de division. A la bataille si meurtrière d'Eylau, Lariboissière, par ses habiles dispositions, soutint pendant toute la journée le centre de l'armée française, sur lequel était dirigé tout le feu de l'artillerie des Russes. Chargé aussitôt après de diriger, sous le maréchal Lefebvre, le siége de Dantzig, défendu par une garnison de vingt mille hommes que commandait un des lieutenants du grand

Frédéric (le feld maréchal Kalkreut), il déploya dans ce siége mémorable autant d'activité que de talent; et, malgré une blessure grave qu'il reçut à la cuisse, il ne quitta pas un instant les travaux jusqu'à la reddition de la place. Napoléon le nomma pour ce fait grand officier de la Légion d'honneur. Lariboissière prit ensuite une part non moins glorieuse aux batailles d'Heilsberg, de Friedland; et lors de l'entrevue des deux Empereurs, ce fut lui qui établit au milieu du Niémen le radeau sur lequel eurent lieu les premières conférences. Il passa ensuite en Espagne, où il dirigea l'artillerie à l'attaque de Madrid et à la bataille de Somo-Sierra. Revenu en Allemagne avec Napoléon en 1809, il concourut à l'invasion de l'Autriche, et fit construire après la bataille d'Essling les ponts sur le Danube qui sauvèrent l'armée française et préparèrent la victoire de Wagram, à laquelle sa formidable artillerie contribua encore puissamment. Le peu de temps qui sépara ces grands événements de l'invasion de la Russie fut employé par Lariboissière à une inspection du port de Toulon et des côtes de la Méditerranée, que semblaient alors menacer les Anglais. Rappelé à la grande armée dès le commencement de 1812, et chargé de disposer les moyens de transport pour les vivres et le matériel de l'artillerie dans la grande expédition de Russie, marchant à la tête de l'artillerie de la garde impériale, ce fut encore Lariboissière qui dirigea les principales attaques à Smolensk, et surtout à la Moskowa, la plus sanglante des batailles que l'on connaisse, et celle où l'on a vu les plus terribles effets de l'art de la guerre chez les modernes. Lariboissière y prit une part glorieuse; mais il eut la douleur d'y perdre un de ses fils, qui fut tué en chargeant à la tête d'une colonne. A Moscou, ce fut encore lui qui arma le Kremlin et qui prépara les moyens de le faire sauter. Dans la désastreuse retraite, il ne déploya pas moins d'activité; mais toute la division de son artillerie ayant été dévorée par le froid ou la faim des soldats et des chevaux, il ne put sauver qu'une vingtaine de ses canons, et conçut de tant de calamités un tel chagrin, qu'il tomba malade à Wilna et ne put qu'avec beaucoup de peine atteindre Kœnigsberg, où il était allé mourir.

Le 19 décembre au matin, la capitale apprit, à son grand étonnement, que l'Empereur était arrivé aux Tuileries dans la nuit.

Le lendemain les grands corps de l'État lui furent présentés, et dans sa harangue, M. Lacépède, président du Sénat, lui dit, à l'occasion de la conspiration de Malet, ces mots remarquables :

« Dans les commencements de nos anciennes dynasties, on vit, plus d'une fois, le monarque ordonner qu'un serment solennel liât d'avance les Français de tous les rangs à l'héritier du trône, et quelquefois, lorsque l'âge du jeune prince le permit, une couronne fut placée sur sa tête, comme le gage de son autorité future, et le symbole de la prospérité du gouvernement. »

Enfin, le 5 mars, Napoléon vint à l'Hôtel comme pour montrer à ses vieux compagnons qu'il existait encore. Aussi, grande fut la joie qu'éprouvèrent les invalides à la vue de l'Empereur.

Après les avoir passés en revue, il fit approcher ceux qui lui avaient été désignés comme ayant fait quelque action d'éclat, et leur en distribua la récompense. Vingt-deux d'entre eux, qui étaient privés de deux membres, reçurent la dotation de sixième classe.

L'Empereur se dirigea ensuite vers l'église, dans laquelle un *Te Deum* fut chanté ; puis il parcourut les cuisines, la boulangerie et l'infirmerie.

Au général Simon, qui avait emporté les regrets de tous ses administrés, avait succédé le baron d'Arnaud.

L'Empereur lui donna une marque de sa munificence, en augmentant de 4,000 fr. sa dotation. Il accorda aussi au colonel major Cazaux le titre de baron.

Ces preuves de sympathie de la part du monarque n'eurent pas le pouvoir de chasser du cœur des anciens compagnons de sa gloire la mélancolie que leur inspiraient les appréhensions de l'avenir. Ces craintes n'étaient, hélas! que trop fondées! Car bientôt on vit éclater le terrible orage qui, depuis dix années, s'était amoncelé sur la tête altière du géant des batailles, et pourtant pour le faire courber, il ne fallut rien moins que tout l'or de l'Angleterre, toutes les armées de l'Europe coalisée et la trahison.

Après avoir fait le siége de Paris, qu'avait en vain défendu le brave maréchal Moncey, commandant la garde nationale, à laquelle s'étaient joints tous les invalides dont le bras pouvait encore porter une arme, les coalisés vinrent camper aux portes du palais des braves, dont les aigles victorieuses avaient naguère plané sur les édifices de toutes leurs capitales. Leurs escadrons vinrent aussi camper autour de l'hôtel des Invalides, dont les pensionnaires furent saisis d'une religieuse frayeur.

Leurs bataillons allaient-ils franchir l'enceinte de leur asile respectable, et leur redemander les trophées qu'ils leur avaient enlevés? En proie à cette crainte salutaire, le maréchal Serrurier fit dresser un bûcher, et ses flammes réduisirent en cendres le prix de cent victoires!

Pourquoi faut-il que, contrairement à l'exemple de son devancier, le moderne Charlemagne ait eu le malheur d'arracher, pour le poser sur la tête d'un enfant qui devait ne le porter qu'un jour, le diadème qui ceignait le front de l'auguste représentant de celui qui, selon l'expression de Bossuet, *tient tous les sceptres dans sa main?* Le sien n'eût pas été brisé, et son bras, naguère tout-puissant, n'eût pas été forcé de déposer la couronne dans le lieu même qui avait servi de captivité au pontife découronné...; il n'eût pas vu le roi de Rome prendre le chemin de l'exil, et lui-même ne serait pas devenu le captif des rois qu'il avait vaincus.

Notre plume est impuissante à retracer l'affliction que cette illustre infortune apporta aux vieux débris de son armée, à ceux-là qu'il avait tant de fois conduits à la victoire.

Quelques jours après l'élévation au trône de Sa Majesté Louis XVIII, monseigneur le comte d'Artois, les ducs d'Angoulême et de Berry, honorèrent l'Hôtel de leur auguste visite.

Le maréchal Serrurier fut recevoir les princes, qui parcoururent l'établissement dans toute son étendue, et en firent le plus grand éloge. Avant de sortir de l'Hôtel, Leurs Altesses Royales exprimèrent au gouverneur leur vive satisfaction.

Dans les premiers jours de mai, les empereurs de Russie, d'Autriche et le roi de Prusse vinrent également visiter l'Hôtel. Le gouverneur leur en fit les honneurs.

Après avoir parcouru l'établissement et s'être enquis de tous les détails de l'administration, dont ils firent les plus grands éloges, Leurs Majestés se retirèrent en exprimant au gouverneur leur admiration et leur extrême contentement.

Par ordonnance de Louis XVIII relative à l'administration de l'Hôtel et à la suppression des succursales, afin de diminuer le mécontentement qu'avait causé le changement de gouvernement, il est accordé un délai de trois mois, pendant lequel ils pourront choisir entre leur position actuelle et une retraite dans leurs foyers; retraite plus forte que celle accordée jusqu'alors, et qui décide en même temps la suppression des succursales, moins celle d'Avignon.

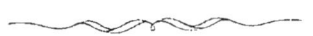

LIVRE TROISIÈME.

CHAPITRE PREMIER.

De 1815 à 1830.

Nous venons de faire connaître les mesures législatives prises à l'égard de l'Hôtel par la première Restauration. Ainsi qu'il arrive dans tous les changements de dynasties, le gouvernement des Bourbons ne vit dans les soldats du pouvoir tombé que des ennemis du pouvoir nouveau. Cette réaction plus ou moins fondée s'étendit jusqu'aux invalides. Tout en sauvegardant l'œuvre de Louis XIV, l'ordonnance du 2 septembre 1814, comme on vient de le voir, après avoir supprimé les succursales de l'Hôtel, moins celle d'Avignon, accorda aux estropiés français une pension d'un chiffre plus élevé que par le passé, afin de les déterminer à rejoindre *leurs foyers absents;* quant aux invalides d'origine étrangère, ils furent contraints d'aller tendre la main dans leur patrie.

La fuite de Louis XVIII et le retour de Napoléon causèrent donc une allégresse extrême à la plupart des pensionnaires. En effet, les invalides, dans le cœur desquels l'amour pour l'empereur Napoléon n'avait subi aucune altération, apprirent avec joie son retour de l'île d'Elbe, et s'empressèrent de lui en transmettre l'expression par l'organe de leur gouverneur, qui la traduisit en ces termes :

« Sire,

» Depuis le funeste événement qui avait privé la France de votre appui, les militaires invalides que Votre Majesté avait comblés de bienfaits, profondément affligés de votre absence, ne passaient leur vie qu'à vous regretter et à s'entretenir de vos grandes actions. Au bruit de votre débarquement, leurs âmes tressaillirent de joie : ils savaient que dans le libérateur de la France ils allaient retrouver un père, et, regrettant de ne pouvoir voler à votre rencontre pour vous faire comme autrefois un rempart de leurs corps, ils ont accompagné vos pas de leurs vœux et salué de leurs acclamations la rentrée de Votre Majesté dans la capitale de son Empire.

» Daignez, Sire, agréer l'hommage de nos félicitations et de notre respectueux attachement, en attendant que, plus heureux encore, nous puissions exprimer notre bonheur en votre présence : lorsque Votre Majesté nous fera l'honneur de visiter notre établissement, dont elle a relevé la splendeur. Elle est sûre de n'y voir que des hommes qui s'estimeraient heureux de pouvoir encore verser leur sang pour sa gloire, et de trouver dans les témoins de ses nombreuses victoires les sujets les plus fidèles et les plus dévoués. »

Peu de jours après le ministre de la guerre, maréchal Davout, fut autorisé par Sa Majesté Impériale à faire réadmettre à l'Hôtel, ou dans les succursales, les militaires invalides sortis par ordonnance du 12 septembre 1814.

Dans son touchant empressement de revoir les vieux compagnons de sa gloire, l'Empereur vint à l'Hôtel le 11 mai.

Rangés en bataille, les invalides l'attendirent dans la cour d'honneur.

Après avoir daigné entretenir quelques-uns d'entre eux, Sa Majesté fut visiter l'infirmerie.

Là, après avoir adressé quelques mots bienveillants à plusieurs malades, Sa Majesté écouta avec bonté les réclamations qui lui furent soumises, y fit droit et accorda en même temps des récompenses à quelques-uns d'entre eux.

Il serait difficile de peindre la joie que ces braves vétérans manifestèrent à la vue de l'Empereur, et la satisfaction que Sa Majesté éprouvait en interrogeant ses vieux compagnons d'armes, dont les réponses lui rappelaient à chaque mot des batailles mémorables.

L'Empereur se fit rendre compte de la situation financière de l'Hôtel, et il apprit avec peine que la dotation de six millions qu'il lui avait accordée avait été enlevée par une ordonnance royale, et que l'administration était en souffrance. Sa Majesté ordonna ensuite au ministre de lui présenter un décret qui annulât le précédent.

La revue étant terminée, l'Empereur monta à cheval et se dirigea vers le Champ de Mars, qu'il parcourut au milieu d'une foule nombreuse qui faisait entendre de continuelles acclamations.

Ce fut la dernière rencontre de l'Empereur avec les vieux soldats de Wagram et d'Austerlitz, rencontre pleine de sympathie et de tristesse, comme celle du 5 mars 1813.

Napoléon allait en effet de nouveau tirer sa vaillante épée contre l'Europe coalisée. Hélas! le Dieu des armées avait décidé que son immense génie ne suppléerait plus, comme autrefois, à l'infériorité du nombre de ses vaillants soldats.

SECONDE RESTAURATION.

Plus heureusement inspiré que son devancier, le gouvernement de la seconde Restauration ouvrit les portes de l'Hôtel aux blessés de Waterloo.

Cette fois, dans les guerriers mutilés, Louis XVIII ne vit point les compagnons de celui qui l'avait contraint d'abandonner son palais; mais en leur donnant l'entrée de l'établissement bâti par Louis XIV pour la vieillesse de ses soldats, il ne considéra que la situation du soldat français.

Les Bourbons se rappelèrent qu'un de leurs aïeux avait fondé l'Hôtel pour les défenseurs de la patrie, et, comme par le passé, l'administration fut toute paternelle.

Le Roi sut résister aux conseils des ultra-royalistes qui voulaient expulser de l'Hôtel les braves qui, en servant la République et l'Empire, avaient versé leur sang pour la France comme les soldats de l'ancienne monarchie.

Toutefois le maréchal Serrurier fut sacrifié à leur ressentiment et remplacé par le duc de Coigny, ancien lieutenant général des armées du Roi, et qui, l'année suivante, fut élevé à la dignité de maréchal de France.

Le maréchal Serrurier, qui depuis 1804 avait veillé sur le sort des invalides avec un zèle, une activité et un dévouement sans bornes, leur donna une dernière preuve de sa sollicitude en se dérobant au témoignage de leur reconnaissance et à leurs adieux.

Serrurier (le comte Jean-Matthieu-Philibert) naquit le 8 décembre 1742, à Laon, département de l'Aisne, d'une famille noble divisée en deux branches, dont l'une était vouée à la magistrature, et l'autre à l'état militaire. Le jeune Serrurier, qui appartenait à cette dernière, entra de bonne heure au service, et avait obtenu dès 1755 le grade de lieutenant. En 1760, il eut la mâchoire fracassée d'un coup de feu à l'affaire de Wurbourg. L'émigration d'un grand nombre d'officiers nobles, son courage et ses connaissances militaires favorisèrent son avancement. Chef de bataillon en 1793, il obtint dans cette campagne le grade de général de brigade, auquel il fut élevé le 22 août. Le 13 juin 1795, il fut nommé général de division et fit en cette qualité, sous les ordres de Bonaparte, la campagne d'Italie : le 15 juillet il s'empara du col de Berno, et dix jours après il reprit aux Austro-Sardes le poste de l'Inferno, dont ils venaient de se rendre maîtres après avoir repoussé le 5ᵉ bataillon de grenadiers, qui était chargé de le défendre.

Au combat de Dego, le général Serrurier commandait l'aile gauche de l'armée, et il n'eut qu'à se présenter pour s'emparer des hauteurs de Balisano, de Bagnasco et de Pontenuceto; le 19 avril, il chassa les Autrichiens de leur position de Saint-Michel sur la Corsaglia, et, à la bataille de Mondovi, il fut chargé d'une attaque de front sur l'ennemi. Deux jours après, poursuivant les Piémontais sur Cherasco, il s'empara de la ville de Bène; et deux jours étaient à peine écoulés qu'il était sous les murs de Fossano, quartier général du général piémontais Kolli. Le 12 mai 1796, il contribua à la reddition de Crémone, et le 7 août suivant il se porta sur Vérone, où il sut guider et contenir la fureur des soldats. Chargé ensuite par Bonaparte du blocus de Mantoue, il y montra la plus grande activité et signa la capitulation du 2 février 1797. Le 12 mars suivant, sa division passa la Piave, et le 16 du même mois elle franchit le Tagliamento. Il reçut ensuite la mission de porter au Directoire exécutif les drapeaux pris à l'ennemi. On remarqua vers cette époque l'énergique adresse que la division Serrurier fit contre la faction dite de Clichy. Nommé commandant de Venise, il déploya dans ce poste, que les circonstances rendaient très-difficile, une grande fermeté et une rare prudence. En 1798, il fut appelé à une inspection générale d'infanterie, et reçut l'année suivante le commandement de la place de Lucques. Cette république lui dut alors un plan de gouvernement dont on admira avec raison la sagesse. Employé la même année, sous les ordres de Schérer, à l'armée d'Italie, sa division fut l'une de celles que ce général en chef destina à tourner la droite des Autrichiens ; et, le 26 mars 1799, à la pointe du jour, elle balaya les bords du lac et prit position sur le plateau de Rivoli, si célèbre par la victoire que le général Bonaparte avait remportée en 1797. Schérer, qui n'avait pas su tirer parti de l'avantage qu'avaient remporté ce jour-là les divisions Delmas, Grenier, Hatry et Victor, ne songea qu'à se retirer sur le Mincio, pour masquer son mouvement rétrograde. Il chargea le général Serrurier d'une fausse attaque sur Vérone; mais, emportée par trop d'ardeur, cette division se laissa aller à une trop vive poursuite du corps ennemi qu'elle avait d'abord repoussé; attaquée à l'improviste par des troupes fraîches sorties de Vérone, elle fut à son tour ramenée dans le plus grand désordre, et la moitié des troupes qui la composaient, se trouvant acculée à la rivière et cernée de toutes parts, fut contrainte de mettre bas les armes, après avoir vainement tenté de se défendre ou de se jeter dans les montagnes. Le 27 avril 1799, à la bataille de Cassano et au passage de l'Adda, il avait été chargé par Moreau du commandement de l'aile gauche de l'armée d'Italie. Cette partie de l'armée, qui avait été séparée du centre, fut attaquée en tête et en queue par les Austro-Russes, qui avaient passé la rivière sur deux points. Dans cette position désespérée, le général Serrurier se défendit vigoureusement et tenta de se faire jour l'épée à la main; mais trop d'ennemis l'entouraient, et il fut enfin obligé de se rendre. Il fut bien accueilli par Souwaroff, qui lui témoigna sa surprise de le voir dans les rangs des républicains; Serrurier lui répondit avec dignité que son père, en lui remettant son épée, lui avait expressément ordonné de ne s'en servir que pour la défense de son pays. La capitulation portait que les officiers auraient la liberté de se retirer en France, et que les soldats seraient échangés les premiers contre autant de prisonniers alliés qui auraient été faits dans cette journée.

Libre sur parole, il revint en France et se trouvait à Paris lorsque le général en chef Bonaparte, qui, de retour de son expédition d'Égypte, préparait déjà les événements du 18 brumaire, l'appela auprès de lui, ainsi que d'autres généraux, pour seconder ses projets. Nommé membre du Sénat conservateur, il en devint successivement vice-président en 1802, et préteur en 1803 ; le 25 avril 1804, il fut nommé gouverneur des Invalides. Lorsque le gouvernement consulaire eut fait place au trône impérial, le général Serrurier fut fait comte, reçut le bâton de maréchal d'Empire, le grand aigle de la Légion d'honneur et la grande croix de la Couronne de fer. A l'époque de l'expédition des Anglais contre l'île de Walcheren, en 1809, le maréchal Serrurier devint commandant général de la garde nationale parisienne ; il prit part à tous les actes du Sénat jusqu'à la fin de 1814, vota alors la création d'un gouvernement provisoire, et, après la déchéance de Napoléon, il fut nommé par le Roi pair de France et grand-croix de l'ordre de Saint-Louis. Pendant les Cent Jours, Serrurier assista au Champ de Mai, perdit son gouvernement peu de temps après la seconde Restauration, et fut remplacé par le duc de Coigny. Le maréchal Serrurier mourut le 21 décembre 1819. Sur la demande d'un des plus honorables habitants de Laon, M. Devisme, membre de plusieurs assemblées législatives, le conseil municipal de Laon a arrêté que la rue dans laquelle Serrurier était né prendrait le nom de rue Serrurier. Le conseil municipal a supplié aussi le Roi d'accorder à la ville de Laon une copie de son portrait qui est exposé dans la salle des Maréchaux.

Le personnel des succursales de Louvain et d'Arras avait été évacué sur Paris, et cependant, malgré cette concentration, l'établissement ne fut pas aussi encombré qu'on pourrait le croire; car, dans l'incertitude du sort qui les attendait, un grand nombre de blessés regagnaient péniblement leurs foyers.

Par ordonnance du 10 février 1846, furent nommés membres du grand conseil :

MM. Comte de Villamanzy, pair de France;
Marquis d'Avaray, lieutenant général;
Baron Millet de Mureau, lieutenant général;
Comte Édouard de Bellon, lieutenant général;
De Vieusseux, maréchal de camp.

Le 3 juillet 1816, M. le gouverneur duc de Coigny est nommé maréchal de France.

Dans les premiers jours du mois de mars 1817, monseigneur le comte d'Artois, accompagné de Monsieur, Dauphin, honora l'Hôtel de son auguste visite.

Cette démarche, qui avait pour but de rallier les soldats de l'Empire, eut le succès que l'on pouvait en attendre. Les paroles bienveillantes du prince, l'intérêt qu'il témoigna aux militaires invalides, dissipèrent leurs préventions. Ses formes courtoises, ses manières chevaleresques, rendaient le comte d'Artois, plus que tout autre prince de la famille, capable de remplir cette mission, à laquelle Louis XVIII, en ce qui le concernait, était peu disposé.

Le 31 mai de la même année, l'infant d'Espagne voulut voir les soldats qui avaient arraché la couronne aux descendants de Philippe V. Il fut reçu par le duc de Coigny, qu'il connaissait d'une manière toute particulière.

Le 4 mai 1820 parut une ordonnance royale qui mit l'administration des Invalides en rapport avec l'institution du corps de l'intendance militaire. L'administrateur comptable fut remplacé par un intendant.

A la mort de monseigneur le duc de Berry,

arrivée le 13 février 1821, un service funèbre a été célébré avec grande pompe à l'Hôtel.

S. M. Louis XVIII, par ordonnance du 17 mars, a nommé à l'emploi de commandant de l'Hôtel M. le maréchal de camp comte de Lussac, en remplacement de M. le lieutenant général baron Darnaud.

Par une ordonnance du 26 mars 1821, le Roi décida que les portraits des maréchaux de France décédés seraient transférés à l'hôtel des Invalides pour y être placés dans la salle du conseil.

Cette disposition avait tout à la fois pour objet de placer aux Tuileries, dans la salle des Maréchaux, les portraits de tous les maréchaux de France vivants, et d'honorer la mémoire de ceux qui étaient décédés en confiant la garde des leurs aux vétérans de l'armée.

Peu de temps après, le 19 mai 1821, mourut le maréchal duc de Coigny, gouverneur de l'Hôtel. Il fut sincèrement regretté de tous les invalides, dont il avait su se faire apprécier, malgré l'apparence de dispositions contraires.

Le comte de Rosambo, chargé de faire son éloge à la Chambre des pairs, ne fit que lui rendre justice en disant que le dernier gouverneur de l'Hôtel «,avait été noble sans orgueil, affable avec dignité, indulgent par caractère, sévère quand le devoir l'exigeait ».

Le conseil d'administration lui fit élever un mausolée semblable à celui du comte de Guibert, un monument militaire de marbre blanc, avec cette simple inscription :

LE GRAND CONSEIL DE L'HOTEL,
DE L'ASSENTIMENT DE S. EXC. LE MINISTRE
DE LA GUERRE,
A VOTÉ CE MONUMENT A LA MÉMOIRE DE SON EXCELLENCE
M. LE MARÉCHAL DUC DE COIGNY,
GOUVERNEUR DE L'HOTEL, Y DÉCÉDÉ LE 19 MAI 1821.

Coigny (Marie-François-Henri de Franquetot, duc de), pair et maréchal de France, naquit à Paris en 1737. Nommé en 1748 au gouvernement de Choisy, après la mort du marquis auquel il devait le jour, le jeune Coigny entra aux mousquetaires en 1752, et fut mestre de camp général de dragons en 1754. Il devint gouverneur et grand bailli d'épée en 1755, à la place du maréchal son aïeul, qui l'année suivante se démit aussi en sa faveur du titre de duc de Coigny. Brigadier de cavalerie dans la même année 1755, il fut employé à l'armée d'Allemagne sous le maréchal d'Estrées, 1757; combattit à Hastembeck, se trouva à la prise de Minden, à la conquête de l'électorat de Hanovre, sous le maréchal de Richelieu; aux batailles de Crevelt, Corbach et Wartbourg. Maréchal de camp en 1761, le duc de Coigny commanda plusieurs corps séparés en Allemagne pendant la campagne de cette année. Il se distingua surtout à l'affaire d'Obereus, une des plus remarquables de l'époque, et où périt le prince Henri de Brunswick. Il fut nommé gouverneur de la ville et citadelle de Cambrai en 1773, puis chevalier commandeur de l'ordre du Saint-Esprit le 1er janvier 1777, premier écuyer du Roi et lieutenant général le 1er mars 1780, enfin pair de France en 1787, par l'érection du duché de Coigny en pairie. Sorti de France en 1791, il fit partie de l'armée de Condé, où il obtint un commandement.

Ayant passé au service de Portugal, le duc de Coigny y parvint au grade de capitaine général, équivalent à celui de maréchal de France. Rentré à la suite de Louis XVIII, qui faisait de lui le plus grand cas, il fut appelé à la pairie nouvelle le 14 juin 1814, nommé en janvier 1816 gouverneur des Invalides, maréchal de France le 3 juillet de la même année, et choisi pour président de l'association paternelle des chevaliers de Saint-Louis.

Il mourut le 19 mai 1821, à l'Hôtel, où il laissa de vifs regrets.

A la mort du duc de Coigny, le comte de Lussac exerça par intérim les fonctions de gouverneur. Il avait succédé au général Darnaud comme commandant de l'Hôtel.

Le 30 décembre 1821, le marquis de Latour-Maubourg, nommé gouverneur le 12 août précédent, prit possession de ses fonctions.

En janvier 1822, le comte d'Artois et le duc d'Angoulême honorèrent une deuxième fois de leur visite l'hôtel des Invalides. Leur arrivée fut saluée par une salve d'artillerie et par le bon accueil des vieux soldats.

Le 10 juin 1822, Louis XVIII, cédant aux instances du duc de Bellune et du gouverneur de l'Hôtel, daigna honorer également les Invalides de son auguste visite.

Son arrivée fut annoncée par une salve d'artillerie. Sa Majesté fut reçue par le gouverneur, entouré des officiers de son état-major, et qui lui remit les clefs de l'Hôtel en lui disant :

« Sire,

» J'ai l'honneur de présenter à Votre Majesté les clefs de l'hôtel royal des Invalides, de cet asile plein de souvenirs de votre auguste famille, et dans lequel, depuis Louis XIV, les services rendus au Roi et à la patrie trouvent leur plus honorable récompense.

» Les Rois vos prédécesseurs, comme Votre Majesté le fait aujourd'hui, ont daigné s'assurer eux-mêmes que leurs institutions bienfaisantes étaient remplies.

» Vos militaires invalides, Sire, attendaient avec une vive impatience le bonheur que Votre Majesté daigne leur procurer.

» Le Roi verra, par la reconnaissance dont tout ce qui est ici est pénétré, le dévouement de ces vieux guerriers pour Votre Majesté et les Bourbons. Ces sentiments, transmis d'âge en âge, se sont accrus, s'il est possible, par les bienfaits du Roi, et vont se fortifier par la présence de l'auguste protecteur des vétérans de l'armée. »

Le Roi parut sensible aux manifestations des sentiments dont M. le marquis de Latour-Maubourg venait d'être l'interprète, et il lui rendit les clefs de l'Hôtel.

Arrivé dans la cour d'honneur, le Roi fut accueilli par les plus vives acclamations des invalides, rangés sur deux lignes. Sa Majesté, s'étant arrêtée devant les degrés de la chapelle, y reçut l'hommage du clergé et des sœurs de charité; puis elle se dirigea vers la troupe des invalides, devant le front desquels elle s'arrêta en leur disant d'une voix attendrie :

« Militaires invalides, mes braves camarades, je suis invalide aussi; et si j'en ai quelque regret aujourd'hui, c'est de ne pas mieux vous voir, c'est de ne pouvoir passer dans vos rangs; mais je n'éprouve pas moins un vrai plaisir à me trouver au milieu de vous. »

Ces paroles bienveillantes et affectueuses de Sa Majesté furent accueillies par des cris unanimes d'enthousiasme.

Sur sa demande, on apporta au Roi du bouillon et du pain qu'il goûta, et, dans la crainte qu'on ne lui apportât le vin réservé aux officiers, il enjoignit qu'on lui donnât celui des soldats, qu'il dégusta en portant un toast à tous les invalides, qui y répondirent par les cris répétés de Vive le Roi! vivent les Bourbons!

Avec la permission du Roi, et au nom de tous les militaires invalides, le gouverneur répondit en buvant à la santé de Sa Majesté et de son auguste famille.

La manière gracieuse et toute paternelle dont le Roi s'enquit des vœux et des besoins des invalides donna à son auguste visite le caractère d'une fête de famille.

Le lendemain parut l'ordre du jour suivant :

« La journée d'hier, dont le souvenir sera toujours cher et conservé éternellement à l'hôtel royal des Invalides, doit avoir laissé dans tous les cœurs un sentiment profond de reconnaissance pour toutes les marques de bonté dont le Roi et M. le Dauphin ont comblé tous les militaires invalides. Ils ne peuvent mieux prouver leur gratitude à notre auguste monarque bien-aimé qu'en exprimant, dans toutes les occasions, le sentiment de dévouement et de fidélité dont ils sont pénétrés pour le Roi, M. le Dauphin et tous les Bourbons.

» L'entrée de nos Rois partout où ils se présentent, et particulièrement aux Invalides, étant toujours signalée par des récompenses et des bienfaits, Sa Majesté a daigné accorder à des militaires invalides gravement blessés; à l'ancienneté de service, et pour d'autres enfin, à la bonne conduite, aux bons sentiments de dévouement et de fidélité de tous, des décorations de l'ordre royal et militaire de Saint-Louis, deux croix d'officiers de l'ordre de la Légion d'honneur, et douze croix de légionnaires.

» Comme les bienfaits du Roi s'étendent même sur ceux qui n'existent plus, Sa Majesté a accordé trois lits aux incurables, qui seront donnés successivement à des veuves d'invalides, sur la présentation que le gouverneur en fera au Roi, d'après les titres des veuves, pour les services de leurs maris défunts. Cette nouvelle grâce, inconnue jusqu'ici aux Invalides, fait voir combien est grande la sollicitude du Roi pour les services des anciens militaires. »

La nouvelle inauguration sur la place des Victoires de la statue de Louis XIV eut lieu le 25 août 1822 : cent cinquante invalides y assistèrent. C'était en même temps un honneur et une justice, et leur attitude dans cette cérémonie témoigna de leur gratitude envers le monarque qui avait été la providence de leur vieillesse [1].

Le 13 mai 1823, S. A. R. madame la duchesse d'Angoulême a bien voulu honorer de sa visite la succursale d'Avignon.

Son Altesse Royale a témoigné de la manière la plus bienveillante à M. le général comte de Villelume, commandant cette succursale, qu'elle voyait avec autant de plaisir que d'intérêt ces vieux braves.

L'enthousiasme des invalides, en voyant au milieu d'eux cette auguste princesse, fille de Louis XVI, a été porté au dernier degré; tous étaient au comble de la joie, et Son Altesse Royale a paru touchée des sentiments de respect et de dévouement qu'ils n'ont cessé de faire éclater.

Si quelque chose a pu troubler le bonheur qu'on a éprouvé à la succursale des Invalides à Avignon, c'est la perte bien sensible que tous ont faite, deux jours après la visite de Son Altesse Royale, dans la personne de madame la comtesse de Villelume, non moins distinguée par ses vertus et sa piété, que par les malheurs de sa famille, malheurs qui ont fait ressortir, à l'époque la plus désastreuse

---

[1] Un nommé *Huet*, centenaire, qui avait vu, disait-on, la fin du règne de Louis XIV et la première inauguration de la statue de monarque, reçut, pendant la cérémonie, la croix de la Légion d'honneur, et fut admis sans formalité à l'Hôtel.

de la Révolution, tout ce que la piété filiale pouvait offrir de plus courageux, de plus tendre et de plus héroïque, et montrer à la France dans le comte de Sombreuil, son père, et le jeune de Sombreuil son frère, tué à Quiberon, des modèles d'honneur et de dévouement. Ces malheurs ne sauraient être étrangers à l'hôtel des Invalides, où le nom de Sombreuil est en vénération, et où les souvenirs de tous les genres de gloire sont nécessairement consacrés.

Madame Brulon, militaire invalide, qui a eu le grade de sergent dans un régiment d'infanterie, avant son entrée à l'Hôtel, obtint du Roi le grade honorifique de sous-lieutenant honoraire, comme récompense méritée par ses excellents principes, ses bons sentiments et la considération dont elle jouissait à l'Hôtel.

La campagne d'Espagne, en 1823, n'augmenta pas d'une manière sensible le nombre des pensionnaires à l'Hôtel.

Les obsèques de M. le maréchal prince d'Eckmülh ont été célébrées le 5 juin 1823. Le corps était placé sur un magnifique corbillard attelé de six chevaux : aux quatre coins étaient placés des drapeaux; les insignes des dignités du maréchal étaient posées sur le cercueil. Un corps de troupe, environ de deux mille hommes, était sous les armes.

M. le fils du prince d'Eckmülh, âgé de douze ans,

était à la tête du deuil; M. le lieutenant général comte de Beaumont, pair de France, et M. le lieutenant général comte Coutard, commandant la première division, en faisaient partie, en leur qualité de parents. MM. les maréchaux pairs de France, comte Jourdan et duc de Trévise; MM. les lieutenants généraux pairs de France, comte Belliard et comte Maison, ont tenu les coins du poêle. MM. les maréchaux, un grand nombre de pairs, parmi lesquels était le marquis Lauriston, ministre de la maison du Roi; plusieurs membres de la Chambre des députés, une réunion considérable de lieutenants généraux, de maréchaux de camp, d'officiers supérieurs et de militaires de tous grades; de magistrats, fonctionnaires publics, et de personnes attachées à la mémoire du maréchal l'ont accompagné à sa dernière demeure.

Arrivé au lieu de la sépulture, M. le maréchal comte Jourdan a pris la parole et a prononcé le discours suivant, avec une émotion vivement partagée par tous les assistants.

« Messieurs,

» En jetant quelques fleurs sur cette tombe où les ministres de la religion viennent de déposer les dépouilles mortelles d'un illustre guerrier, je suis bien assuré d'être l'interprète de vos sentiments.

Mais, pour les exprimer dignement, puis-je conserver la liberté d'esprit nécessaire au milieu de cette pompe funèbre, en présence d'une famille éplorée, d'amis consternés, oppressé par ma propre douleur? La vie du noble maréchal que nous pleurons est trop pleine de grandes actions pour être improvisée, c'est à l'histoire qu'il appartient de la transmettre à la postérité; l'amitié se bornera à retracer quelques traits de cette vie, hélas! trop courte, qui fut entièrement consacrée à la défense de la patrie, au soutien de l'honneur et de la gloire de nos armes, aux devoirs de bon père et de tendre époux, à des actes de bienfaisance.

» Louis-Nicolas Davout, duc d'Auerstaedt, prince d'Eckmühl, maréchal et pair de France, grand cordon de la Légion d'honneur, chevalier de l'ordre royal et militaire de Saint-Louis, décoré de plusieurs ordres étrangers, naquit à Annoux, département de l'Yonne, le 10 mai 1770. Issu d'une famille noble, il fit ses premières études à l'école militaire d'Auxerre, et n'en sortit que pour passer à celle de Paris. A l'âge de dix-sept ans, il entra en qualité de sous-lieutenant dans le régiment de Royal-Champagne cavalerie. Lorsque la Révolution éclata, le jeune Davout resta fidèle à ses drapeaux; il croyait que le devoir d'un Français est de défendre le sol de la patrie contre toute invasion étrangère.

LIVRE TROISIÈME. 181

En 1791, deux cents bataillons de volontaires s'étant levés spontanément pour repousser l'agression dont la France était menacée, Davout fut investi du commandement du 3ᵉ de l'Yonne, par les suffrages de ses concitoyens. Ce corps ne tarda pas à se faire remarquer par son instruction et sa bonne discipline.

« Pendant la campagne de Belgique, sous Dumouriez, Davout se distingua dans plusieurs occasions, notamment à la bataille de Nerwinde. Dès cette époque, il montra cette résolution, cette intrépidité, cette fermeté de caractère qu'on retrouve dans toutes les circonstances de sa carrière militaire.

» Qu'il me soit permis de relever ici la grave erreur où sont tombés quelques écrivains, en attribuant à Davout d'avoir paru à la barre de l'Assemblée législative, après la journée du 10 août, pour donner son adhésion à la déchéance du Roi, et demander du service. Cette imputation est absolument fausse; sans doute Davout embrassa les idées de la Révolution avec la chaleur de son âge; mais, comme tous les braves qui s'armèrent pour la défense de la patrie, il est étranger aux crimes qui souillent quelques pages de notre histoire. A l'époque du 10 août, il était au camp de Maulde à la tête de son bataillon.

» Un officier aussi distingué ne pouvait rester longtemps dans les rangs inférieurs. Davout fut promu au grade de général de brigade, mais peu de temps après, il rentra dans ses foyers, en vertu du décret qui expulsait les nobles de l'armée. Le temps de son inaction fut consacré à un acte de piété filiale. Il se renferma avec sa mère incarcérée à Auxerre, et adoucit sa captivité par ses tendres soins.

» Employé de nouveau après le 9 thermidor, le général Davout passa à l'armée du Rhin. Si je le suivais sur le théâtre de tant de beaux exploits, si je l'accompagnais sur les plages de l'Égypte, si je retraçais les nombreux combats où il donna tant de preuves de talent et de valeur, je dépasserais les bornes que j'ai dû me prescrire. Je dirai seulement qu'à son retour en Europe il fut récompensé de ses grands services par le grade de général de division, grade qu'il avait mérité trois fois déjà par des actions d'éclat et que sa modestie lui avait fait refuser jusqu'alors.

» Élevé en 1804 à la dignité de maréchal d'Empire, Davout ne tarda pas à se montrer digne d'une aussi honorable distinction. Pendant la mémorable campagne de 1805, au commencement de laquelle les Français, après quinze jours de marches, de manœuvres et de combats, forcèrent une armée ennemie à mettre bas les armes sur les glacis de Ulm, le maréchal Davout défit complétement le corps du général Meerfeld à Marienzell. A Austerlitz, il soutint avec une seule division tous les efforts de la gauche des ennemis, qui cherchait à tourner l'aile droite de l'armée française. Mais c'est surtout dans la campagne suivante que le maréchal se plaça au premier rang des capitaines.

» Par la rapidité de ses marches, l'armée française avait coupé les lignes de communication des ennemis. La bataille d'Iéna allait décider du sort de la monarchie prussienne. Le maréchal Davout, détaché seulement avec vingt-quatre mille hommes sur le point de Nauembourg, distant de sept lieues de celui d'Iéna, débouche du défilé de Kosen, culbute l'avant-garde des ennemis, et s'avance dans la direction d'Auerstaedt. Là il rencontre quatre-vingt mille Prussiens commandés par le duc de Brunswick, et animés par la présence de leur roi. Plein de confiance dans la vigueur des généraux qui commandent sous lui, et dans la valeur de ses troupes, il aborde les ennemis avec la plus grande résolution, enlève successivement toutes les positions où ils cherchent à se rallier, met dans la plus complète déroute cette armée presque quadruple de la sienne, et s'empare de cent quinze pièces de canon.

» Gloire au héros qui, par la justesse et la rapidité de son coup d'œil, son imperturbable sang-froid au milieu des dangers les plus éminents, et la vivacité de ses attaques, remporta une victoire aussi éclatante! Gloire aux dignes généraux et aux invincibles soldats qui le secondèrent avec tant de dévouement! Honneur aux mânes des braves qu périrent dans cette étonnante journée!

» Après un tel exploit, faut-il vous transporter sur les champs de bataille de Czarnovo, de Golimine, de Heilsberg, d'Eylau, de Tann, d'Eckmühl, de Wagram? Non, messieurs, je laisse ce soin à son historien. Vous, ses parents, ses amis, ses frères d'armes, vous savez que partout le maréchal Davout soutint sa haute réputation, que partout il déploya les mêmes talents, la même valeur, la même fermeté, et que ces grandes journées furent autant de nouveaux fleurons ajoutés à la couronne de laurier dont la victoire avait ceint son noble front dans les champs de bataille d'Auerstaedt.

» En honneur de services aussi éminents, le maréchal Davout fut créé successivement duc d'Auerstaedt et prince d'Eckmühl; il avait acquis ce dernier titre dans deux batailles qui précédèrent celle d'Eckmühl, où, à la tête de vingt-cinq mille hommes, il rendit inutiles tous les efforts de l'armée autrichienne, commandée par l'archiduc Charles, pour empêcher la réunion de divers corps de l'armée française.

» La guerre ayant éclaté de nouveau entre la France et la Russie, le maréchal prince d'Eckmühl eut le commandement du premier corps d'armée.

On ne prévoyait pas qu'une campagne dont les commencements furent si brillants aurait une fin si funeste. Le maréchal débuta par le combat de Mohilew. Avec à peine quinze mille hommes, il se battit avec acharnement pendant douze heures contre plus de quarante mille Russes, et les repoussa avec une perte considérable. Il fit encore des prodiges de valeur à la bataille de Smolensk et à celle de la Moskowa. Blessé grièvement à la dernière de ces journées, il resta sur le champ de bataille pour animer ses troupes par sa présence, et suivit l'armée jusqu'à Moscou.

» Dans le cours de cette désastreuse retraite qui ensevelit tant de braves sous les glaces de la Moscovie, le maréchal eut de fréquentes occasions de se signaler, mais il se fit surtout remarquer par un grand courage moral si rare en de telles circonstances. Il marchait à la tête de ses troupes, partageait leurs privations, et quand la faim et le froid eurent anéanti son corps d'armée sorti glorieux de mille combats, il continua à marcher à la tête des aigles, des régiments et des officiers qui pouvaient le suivre.

» Profitant de cet affreux désastre, toutes les puissances de l'Europe se liguèrent. La France touchait au moment d'une grande catastrophe, mais elle ne devait pas succomber sans gloire. Les célèbres batailles de Lutzen et de Bautzen, les brillants avantages remportés dans les plaines de Montmirail et de Champ-Aubert, attestent les généreux efforts de nos soldats et de leurs dignes généraux pour ressaisir la victoire.

» Pendant que la valeur française brillait d'un nouvel éclat dans cette lutte terrible, le maréchal prince d'Eckmühl, qui était à Hambourg avec le treizième corps, composé de nouveaux soldats, déployait toute l'énergie de son caractère, et cette prévoyance qui déjoue les ruses et les intrigues, en même temps qu'elle assure les moyens d'attaque et de défense. Rien ne fut négligé pour conserver à la France cette place importante et l'armée qui s'y trouvait réunie. Les fortifications furent réparées, un vaste camp retranché fut construit, et les communications sur les deux rives de l'Elbe assurées. Le maréchal pourvut avec une sollicitude toute particulière aux besoins des hôpitaux, à l'habillement et à la solde des troupes, et forma des approvisionnements pour le cas de siége. Bientôt attaqué par des forces considérables, il conserva un système de défense de plusieurs lieues de développement. Si, par un retour de fortune, les alliés qui menaçaient la capitale avaient été rejetés au delà du Rhin, le corps d'armée renfermé dans Hambourg, reprenant l'offensive, se serait porté sur leurs communications. Le maréchal repoussa toutes les propositions que lui firent les généraux ennemis, en lui annonçant leurs triomphes, et ne voulut remettre la place qu'au maréchal Gérard, qui vint en prendre le commandement par ordre du Roi.

» A peine retiré dans sa terre de Savigny, le prince d'Eckmühl eut à se défendre contre les attaques de la malveillance. Il publia à cet effet un mémoire sur le mémorable siége de Hambourg, qui est devenu un monument historique et détruit complétement toutes les accusations portées contre lui.

» Le maréchal prince d'Eckmühl occupa plus tard, avec une grande distinction, le poste de ministre de la guerre. On se rappelle avec étonnement l'activité avec laquelle il créa d'immenses ressources militaires dans des circonstances si pressantes et si difficiles. Après la journée de Waterloo, il rallia l'armée sous les murs de Paris. Convaincu que toute résistance serait inutile et ne pourrait qu'attirer les plus grands malheurs sur la capitale, il se replia sur la Loire. Peu de jours après il envoya au Roi sa soumission et celle de l'armée, et remit le commandement à M. le maréchal duc de Tarente.

» Ici, messieurs, se termine la carrière militaire du maréchal prince d'Eckmühl. Cette rapide esquisse est loin d'en retracer tout le lustre; mais elle suffira sans doute pour prouver qu'elle fut parcourue glorieusement.

» Outre les hautes qualités militaires qui ont

distingué le maréchal prince d'Eckmühl, il s'est acquis chez toutes les nations où il a commandé une grande réputation d'équité, de probité, de désintéressement et d'amour de l'ordre. Les Polonais surtout ont applaudi à la sagesse de son administration et à la bonne discipline de ses troupes. La conduite qu'il tint parmi eux contribua beaucoup à leur inspirer les sentiments qu'ils n'ont cessé de nous montrer, même à l'époque de nos plus grands désastres. Le prince de Poniatowski resta toujours son ami. Il ne s'est pas moins fait remarquer par la noblesse et l'élévation de ses sentiments. Parmi tant de traits qui l'attestent, je citerai sa lettre au ministre de la guerre, lettre que l'histoire aura soin de recueillir, par laquelle il demande qu'on fasse peser sur sa tête toute la responsabilité des actes pour lesquels plusieurs généraux sont poursuivis, attendu, assure-t-il, qu'ils n'ont fait qu'exécuter les ordres qu'il leur a donnés. Une telle démarche suffirait pour honorer à jamais la mémoire du noble maréchal.

» Le Roi ayant daigné appeler à la Chambre des pairs le maréchal prince d'Eckmühl, il parla souvent avec courage et talent en faveur des principes constitutionnels, étant bien persuadé qu'on ne peut servir plus utilement le Roi et la patrie qu'en veillant à la conservation de la charte, cette œuvre de la haute sagesse de notre auguste monarque, qui, bien exécutée, garantit tout à la fois la liberté publique et les droits de la couronne. Si les circonstances l'avaient ramené à la tête des armées, il s'y serait montré intrépide et fidèle.

» Si maintenant vous voulez connaître l'affection qu'il portait aux soldats, interrogez ces vétérans qui lui rendent les derniers honneurs militaires, ces invalides qui, mutilés, couverts de nobles cicatrices en combattant sous ses ordres, ont voulu accompagner son cercueil; ils vous diront avec quelle sollicitude il veillait à tous leurs besoins, quelle surveillance il exerçait sur le service des hôpitaux, avec quel empressement il sollicitait les récompenses dues à leur courage et à leur bonne conduite.

» Voulez-vous connaître toute sa bienfaisance? Transportez-vous à Savigny, vous y verrez les regrets de tous les malheureux.

» Enfin, si vous voulez savoir combien il était bon père et bon époux, remontez à l'époque peu éloignée où cet intrépide guerrier eut besoin de recueillir toutes les facultés de sa grande âme pour ne pas succomber à la douleur de perdre une fille chérie, à peine entrée dans son printemps. Voyez couler les larmes de son fils; allez entendre les sanglots de sa veuve, ils sont bien plus éloquents que mes paroles.

» L'âge et la forte constitution du prince d'Eckmühl semblaient lui promettre qu'il jouirait encore longtemps de sa gloire. Vaine espérance! la mort, qui avait respecté cette tête illustre dans les combats, s'apprête à la frapper lorsque, rendu à la vie paisible, le maréchal se livre aux soins de l'éducation de son fils, aux travaux de l'agriculture, et répand de nombreux bienfaits autour de lui.... Respectons les décrets de la Providence : le maréchal est atteint inopinément d'une maladie douloureuse. Sa famille et ses amis conçoivent les plus vives alarmes. Quant à lui, il voit les progrès du mal, en connaît tout le danger, et néanmoins, pendant sept mois de cruelles souffrances, il ne profère aucune plainte, aucune inquiétude. S'il éprouve quelque émotion, c'est en jetant les yeux sur les objets de sa tendresse qui l'entourent. Il voit leur douleur, s'en afflige et cherche à les consoler; mais bientôt il redevient calme et imperturbable comme sur un champ de bataille.

» Cependant ni les secours de l'art, ni les soins les plus assidus de la meilleure des épouses, ni les prières de ses enfants, ni les vœux ardents de ses amis ne peuvent éloigner le moment fatal; le maréchal sent qu'il approche. Sa constance n'est point ébranlée; il reçoit les consolations de la religion, bénit ses enfants, éloigne de son lit de mort sa fidèle compagne, et rend sa grande âme à l'Éternel.

» Mais, messieurs, un grand homme ne meurt

pas tout entier. Il nous reste de l'illustre maréchal prince d'Eckmühl l'exemple de ses vertus, le souvenir de ses grandes qualités et des éminents services qu'il a rendus à la patrie; et l'histoire prend son burin pour graver son nom au temple de Mémoire. »

Après ce discours, les derniers honneurs militaires ont été rendus à l'illustre défunt, dont le tombeau repose non loin de celui de M. le maréchal Masséna.

La mort de Louis XVIII causa d'unanimes et sincères regrets aux invalides, et ils le manifestèrent dans le service funèbre qui eut lieu dans la chapelle du dôme, le 10 septembre 1824.

Un mois après son avénement au trône, Charles X daigna venir, pour ainsi parler, se faire reconnaître par les vétérans de l'armée; M. le Dauphin l'accompagnait. Dans son discours de réception, le gouverneur marquis de Latour-Maubourg assura le Roi du dévouement de ses administrés; Sa Majesté lui répondit avec bienveillance, et accorda des décorations et d'autres récompenses à plusieurs d'entre eux.

Sidi-Mahmoud, envoyé extraordinaire du bey de Tunis, ayant entendu raconter les hauts faits de nos armées sous la République et sous l'Empire, voulut voir les vétérans de cette époque et le monument qui les abritait.

L'envoyé tunisien fut reçu le 17 mai 1825 par le marquis de Latour-Maubourg, qui, sur sa demande, lui présenta plusieurs aveugles et blessés des batailles des Pyramides, d'Alexandrie et du mont Thabor. Après les avoir regardés quelque temps avec un sentiment d'admiration et de respect, Sidi-Mahmoud, se tournant vers M. de Latour-Maubourg, s'écria : « Monsieur le gouverneur, je ne m'étonne pas qu'avec de pareils hommes Napoléon ait voulu conquérir l'Europe. »

Le samedi 30 juillet 1825, le prince de Salerne et madame la duchesse de Berry ont honoré l'Hôtel de leur auguste visite.

Le prince et la princesse ont été reçus par le ministre de la guerre et le gouverneur marquis de Latour-Maubourg. L'eau bénite leur a été présentée par le clergé, qui les a ensuite conduits à l'église, où l'on a chanté l'*Exaudiat*. Après avoir fait leur prière, Leurs Altesses Royales se sont dirigées vers l'église du dôme, où le prince s'est plu à considérer les tombeaux de Turenne et de Vauban. Madame, qui au mois d'octobre dernier avait déjà visité la lanterne du dôme, a désiré que le prince y montât pour jouir à son tour de la perspective admirable qu'offrent Paris et ses environs. Malgré la chaleur, Leurs Altesses Royales ont franchi les nombreux degrés de l'édifice; plusieurs dames et plusieurs hauts fonctionnaires les ont suivies et ont été témoins du plaisir qu'elles ont pris à contempler le beau panorama mouvant. De là, Leurs Altesses Royales ont parcouru successivement et examiné dans le plus grand détail la boulangerie, les greniers d'abondance, la lingerie, les salles de bains, les réfectoires, les dortoirs, les cuisines, la pharmacie et l'infirmerie. Partout des acclamations se sont fait entendre sur leur passage; partout leur présence a causé de la joie et de l'enthousiasme.

Eh! comment, en effet, n'eût-on pas été heureux des paroles affectueuses qu'Elles adressaient aux malades, des consolations qu'Elles offraient aux uns, des espérances qu'Elles donnaient aux autres, et en général des vœux qu'Elles semblaient faire pour la guérison de tous? Le centenaire Prévost s'est trouvé comme curieux dans une des salles de l'infirmerie; Madame et le prince se sont arrêtés devant lui et l'ont fait asseoir pour causer plus longtemps; le prince l'a interrogé sur son âge, son lieu de naissance; sur ses campagnes et sur le régime habituel de vie qui lui procurait une si belle vieillesse. Le centenaire, quoique vivement ému, a répondu à toutes ces questions avec une mémoire et une présence d'esprit admirables; Madame ne se lassait point d'attacher ses regards sur lui, et Leurs Altesses Royales ne l'ont laissé qu'en lui souhaitant encore de longs jours et un gage de leur munificence.

Leurs Altesses Royales ont terminé leur visite par la bibliothèque, par la salle du conseil, où les portraits des maréchaux de France décédés ont été l'objet de leur attention particulière, et enfin par les longues et vastes salles qui contiennent les plans en relief des principales forteresses de France. Ce spectacle a paru les intéresser beaucoup. Madame désignait elle-même au prince celles des places frontières qui avoisinent l'Italie, et l'auguste voyageur, en considérant avec surprise ce travail de tant d'années, a souvent fait des remarques qui prouvaient l'étendue de ses connaissances dans l'art des fortifications.

A cette époque, le clergé exerçait déjà une assez grande influence sur l'esprit du Roi pour que son grand aumônier parvînt à le déterminer à achever son jubilé dans l'église des Invalides, après l'avoir commencé dans celles de Saint-Roch, de l'Assomption et de Saint-Philippe du Roule; le Roi, accompagné de M. le Dauphin et de madame la Dauphine, vint le continuer dans cette église.

A l'Hôtel, tout avait été disposé pour recevoir dignement le petit-fils de l'immortel fondateur de ce magnifique et glorieux asile. La haie était bordée par des militaires invalides depuis l'entrée de l'avenue de Tourville jusqu'à la porte du midi. Le ministre de la guerre et le maréchal duc de Reggio avaient précédé Sa Majesté et s'étaient réunis au marquis de Latour-Maubourg, gouverneur de l'Hôtel, qui, à la tête de l'état-major, eut l'honneur de recevoir le Roi et Leurs Altesses Royales à leur descente de voiture. Après avoir été complimenté par M. le curé, qui lui donna l'eau bénite et l'encensa, le Roi entra dans l'église, où les prières furent chantées. Étant sorti par la porte du nord, le Roi a trouvé les invalides rangés en bataille dans la cour Royale. Après avoir promené longtemps ses regards sur cette foule de guerriers mutilés qui avaient élevé si haut la gloire du nom français, le Roi les a passés en revue. Sa Majesté a parcouru les rangs, adressant à tous les paroles les plus bienveillantes. Des salves d'artillerie ont annoncé l'arrivée et le départ de Sa Majesté, qui est rentrée aux Tuileries à trois heures et demie.

Le jour suivant, le Roi, toujours accompagné de monseigneur le Dauphin et de madame la Dauphine, est arrivé à deux heures et demie du côté méridional de l'Hôtel pour entrer à l'église du dôme et y faire sa quatrième station du jubilé.

L'église du dôme ne devant s'ouvrir que pour la procession de la fête Dieu ou pour le Roi, on avait jeté sur le fossé situé en face de l'entrée méridionale un pont que l'on avait couvert de tapis.

Pour recevoir Sa Majesté, le comte de Clermont-Tonnerre, ministre de la guerre, et le maréchal duc de Reggio s'étaient réunis au marquis de

Latour-Maubourg, gouverneur de l'Hôtel, auquel s'étaient joints le comte de Lussac, général commandant, et son état major, et tous les principaux fonctionnaires de l'établissement.

Placé à l'entrée du sanctuaire, le curé, après avoir encensé le Roi, lui offrit l'eau bénite, et Sa Majesté arriva processionnellement dans la nef du dôme, où Elle se plaça sur son prie-Dieu; Elle avait à ses côtés M. le Dauphin et madame la Dauphine.

Plus loin, à sa droite, se tenaient monseigneur l'évêque d'Hermopolis et deux chapelains du Roi. Les prières étant achevées et M. le curé ayant donné la bénédiction, le Roi, en traversant l'église, s'est rendu dans la cour Royale, où il a passé en revue les invalides, qui y étaient rangés et avaient à leur tête leurs chefs de division.

Sa Majesté daigna adresser la parole à plusieurs d'entre eux, et monseigneur le Dauphin reconnut plusieurs braves qui, sous ses ordres, avaient fait la campagne d'Espagne.

La revue étant terminée, Sa Majesté monta en voiture aux cris répétés de Vive le Roi! et sortit par la grille du nord.

A son entrée et à sa sortie, le Roi fut salué par vingt et un coups de canon.

Le 9 avril, un légat du pape Pie VII vint visiter la demeure destinée par Louis XIV à la vieillesse des soldats. Après avoir admiré l'église du dôme, le nonce apostolique s'écria : « Jusqu'ici je n'avais eu des églises de Paris qu'une opinion peu favorable, mais elle change à l'aspect de cet édifice. »

Le 27 novembre 1828, monseigneur le duc de Bordeaux honora de sa visite les militaires invalides. Quoique dans un âge encore bien tendre, le prince daigna leur faire apercevoir que déjà il savait apprécier les sentiments dont sa présence était l'objet.

En exécution d'une lettre ministérielle du 11 mars 1829, trois drapeaux provenant du château de Morée ont été envoyés à l'Hôtel et appendus aux voûtes de l'église.

Par ordonnance royale du 24 juin 1829, les sous-lieutenants et adjudants sous-officiers qui obtiendront à l'avenir leur admission à l'hôtel des Invalides y seront reçus dans leurs grades respectifs, dont ils porteront les insignes tels qu'ils sont déterminés pour les troupes de ligne.

Le 11 juillet, remise a été faite à l'Hôtel du cœur du général Kléber, commandant en chef de l'armée d'Égypte, par madame Dumas, veuve du général de division de ce nom.

Le marquis de Latour-Maubourg, qui avait été son aide de camp, accueillit avec enthousiasme les restes précieux de cet illustre général.

Kléber fut l'un des plus éminents parmi cette pléiade d'hommes de guerre qui illustrèrent la révolution française.

Il naquit à Strasbourg, en 1754, d'une famille peu aisée, et fit ses premières armes contre les Turcs, en qualité de sous-lieutenant dans les troupes autrichiennes, où il servit de 1776 à 1783.

La révolution française ouvrit à Kléber une carrière plus brillante. Entré en 1792, comme simple grenadier, dans un bataillon de volontaires du Haut-Rhin, sa stature élevée et robuste, son air martial et ses talents pour la guerre le firent remarquer par le général Wimpfen, qui commandait à Brisach, et il obtint une place d'adjudant-major. Sa réputation militaire commença au siége de Mayence; il y fut élevé au grade d'adjudant général. Venu à Paris après la prise de cette place, pour témoigner contre le général Custine, il eut le courage de déposer en sa faveur devant le tribunal révolutionnaire. Bientôt après on le nomma général de brigade pour aller combattre les royalistes de la Vendée, à la tête d'une colonne de cette même garnison de Mayence, tant de fois témoin de sa bravoure; c'est à Torfou, où il était entouré par vingt mille Vendéens, qu'eut lieu entre ce général et l'un de ses officiers, le capitaine Schwardin, ce magnifique dialogue si souvent cité : « *Prends une compagnie de grenadiers et arrête l'ennemi; tu te feras tuer, mais tu sauveras l'armée. — Oui, mon général,* » répondit l'héroïque officier. Sous le Comité de salut public, il ne tarda pas à être exilé pour avoir montré toute son horreur contre les lois sanguinaires qui faisaient des champs de bataille d'immenses échafauds. On jugeait ses opinions incertaines, et on le regardait même comme un ennemi de la liberté, parce qu'il haïssait l'indiscipline, la licence et le régime de la terreur. Quoiqu'il eût un génie éminent pour la guerre, il était difficile qu'il parvînt au commandement en chef, parce qu'il ne savait ni adoucir la vérité ni taire les fautes de ceux qui gouvernaient. Un peu plus tard il fut appelé à l'armée du Nord, et bientôt à celle de Sambre-et-Meuse comme général de division, et partagea la gloire de la victoire de Fleurus, où il commandait l'aile gauche de l'armée française. Il entra dans Maëstricht après vingt-huit jours de tranchée ouverte et quarante-huit de bombardement. En 1797, il fut désigné dans les journaux comme général en chef de l'armée de Sambre-et-Meuse, mais Hoche eut sur lui la préférence. Kléber, mécontent du Directoire, avait quitté l'armée et s'était retiré à Paris, où il vivait dans la retraite et l'étude. Il acheta une maison de campagne dans les environs, et s'y occupait de rédiger des mémoires sur ses campagnes, lorsque Bonaparte, nommé général en chef de l'armée d'Égypte, l'engagea à le suivre, comme un des généraux les plus capables de faire réussir son expédition. A peine débarqué, Kléber marcha sur Alexandrie, où il reçut une blessure grave à l'escalade des remparts de cette place. Il suivit le général en chef en Syrie, à la tête de l'avant-garde, prit le fort d'El-Arisch, marcha dans le désert, s'empara de Gaza et emporta la ville et les forts de Jaffa. Pendant le siége de Saint-Jean d'Acre, Kléber, détaché du camp, se met en marche avec deux mille hommes pour rejoindre et secourir Junot, menacé, à la tête d'un faible corps de cavalerie, par une armée turque composée de dix mille Ottomans et dix-huit mille Naplousains. Il attaque en plaine cette foule, la rejette en désordre sur le Jourdain, et remporte sur ces forces plus que décuples des siennes la victoire célèbre sous le nom du mont Thabor. Rentré en Égypte, il signala de nouveau sa valeur au combat d'Aboukir, où l'armée turque fut défaite. Le général Bonaparte, ayant pris la résolution de rentrer en France, ne crut point pouvoir laisser le commandement en de meilleures mains. Kléber reçut cet honneur plutôt comme un fardeau que comme une faveur. L'armée était affaiblie par les combats et par les marches dans le désert; elle n'avait ni argent ni munitions, et aucun espoir de voir venir des secours, tandis que le grand vizir Ioussouf s'avançait avec quatre-vingt mille hommes et soixante pièces de canon par la route de Damas; déjà même le fort d'El-Arisch était en son pouvoir, et une partie de l'Égypte se soulevait en sa faveur. Kléber, qui ne recevait de France que des nouvelles affligeantes, crut qu'il valait mieux songer à sauver sa patrie que de s'obstiner à conserver l'Égypte, et il fit le sacrifice de la gloire qu'il aurait pu y acquérir contre les Turcs, en continuant avec eux les négociations entamées par son prédécesseur. Kléber négocia, et, par la convention d'El-Arisch, l'armée française dut être embarquée et transportée en France avec armes et bagages : l'Égypte devait être entièrement évacuée, et tous les Français détenus dans les villes de la domination turque mis en liberté.

Fidèle à ce traité, Kléber venait de livrer aux Ottomans tous les forts de la haute Égypte et de la ville de Damiette; il se disposait même à évacuer le Caire lorsque l'amiral Keith lui écrivit qu'un ordre de son gouvernement lui défendait de permettre l'exécution d'aucune capitulation, à moins que l'armée française ne mît bas les armes et ne se rendît prisonnière de guerre. Kléber, indigné, fit imprimer cette lettre pour lui servir de manifeste, et se contenta d'y ajouter ces mots : « Soldats! on ne répond à tant d'insolence que par des victoires. Préparez-vous à combattre. »

En effet, il combattit et vainquit de nouveau à El-Arisch, à El-Kanqah, à Belbeys, à Salahieh, à Héliopolis, au Caire, qu'il dut reprendre de vive force. Il apprit presque aussitôt la révolution du 18 brumaire, qui plaçait Bonaparte à la tête du gouvernement français, et il conçut alors l'espoir que son armée serait secourue. La victoire d'Héliopolis lui assurait au moins pour un an la possession paisible de l'Égypte.

L'armée elle-même, dont la position était améliorée, manifestait le désir de conserver une conquête dont elle sentait toute l'importance. Le 3 juin 1800, il fit une tournée en Égypte, au moment même où il méditait un traité séparé avec les Turcs, qu'il voulait détacher de l'Angleterre. Après avoir passé le 14 juin, dans l'île de Raouda, la revue de la légion grecque, il revint au Caire voir les embellissements qu'on faisait à son hôtel; il se promenait sur la terrasse de son jardin avec son architecte, lorsqu'il fut assassiné de quatre coups de poignard par un jeune turc nommé Soléïman.

L'oraison funèbre de cette illustre victime fut prononcée à Paris par le sénateur Garat, sur la place des Victoires, où d'abord on lui décerna un monument qui n'a pas été achevé. Kléber fut sans contredit l'un des plus grands hommes de guerre qu'ait produits la révolution française.

Ses restes, rapportés à Marseille après l'évacuation de l'Égypte, étaient dans le château d'If lorsque Louis XVIII ordonna, en 1818, qu'ils fussent recueillis pour être déposés dans un monument élevé à sa gloire dans la ville de Strasbourg.

Aujourd'hui, 5 avril 1830, ont eu lieu les obsèques de M. le maréchal comte Gouvion Saint-Cyr; la cérémonie religieuse a été célébrée à l'Hôtel. Le convoi s'est ensuite dirigé vers le cimetière de l'Est dans l'ordre suivant : un détachement de gendarmerie à cheval, l'état-major de la division et de la place, un bataillon du 5ᵉ régiment, un bataillon du 50ᵉ; le char funèbre attelé de six chevaux; des sous-officiers vétérans marchant de chaque côté; dix voitures de deuil et un très-grand nombre de voitures de maître dans lesquelles étaient les maréchaux de France présents à Paris, le grand référendaire, les pairs, les députés, les lieutenants généraux, les maréchaux de camp et les officiers supérieurs en uniforme. Suivaient un bataillon du 53ᵉ régiment et un du 15ᵉ. Une forte haie de spectateurs s'était formée sur toute la ligne du passage. Le cortége étant arrivé au lieu de la sépulture, les honneurs militaires ont été rendus à l'illustre défunt.

Le 25 juin, le roi de Naples a honoré de son auguste visite les pensionnaires de l'Hôtel; ce souverain s'est montré plein de bienveillance et d'aménité.

N'ayant pas, comme la garnison, pris une part active à la révolution de Paris, les invalides l'acceptèrent comme un fait accompli. Toutefois ce ne fut pas sans une bien vive émotion qu'ils virent flotter de nouveau sur leur tête le drapeau aux couleurs nationales, sous lequel ils avaient si longtemps et si glorieusement combattu.

Quelques jours après, le général Villelume écrivait au gouverneur que les invalides de la succursale d'Avignon avaient également arboré le drapeau tricolore, et que la tranquillité n'avait pas été troublée un seul instant.

Le canon de l'Hôtel venait d'annoncer à la capitale qu'Alger venait de tomber au pouvoir de notre armée, et que là, comme en France, le drapeau national flottait sur tous les points de notre nouvelle conquête.

Le vainqueur de Fleurus, le maréchal Jourdan, qui venait de succéder au marquis de Latour-Maubourg, fut reçu avec enthousiasme par les invalides, dont beaucoup se rappelaient avoir combattu sous ses ordres.

A peine installé dans son gouvernement, il eut à recevoir les trophées résultat de notre nouvelle conquête, c'est-à-dire soixante et onze drapeaux et étendards qui furent immédiatement appendus aux voûtes de l'église avec tout l'éclat et la pompe possibles.

Après avoir reçu ces trophées des mains du général Favier, commandant la place de Paris, le maréchal prononça le discours suivant :

« Messieurs,

» Cent victoires remportées dans le cours de vingt campagnes avaient aggloméré dans cette enceinte quinze cents drapeaux pris aux ennemis.

» A cette longue carrière de gloire ont succédé quelques journées malheureuses, les trophées ont disparu.

» Ceux nouvellement conquis par l'armée d'Afrique les remplaceront aux voûtes de ce temple. Ils sont d'un heureux présage; ils attestent que la valeur française n'a pas dégénéré; que notre nouvelle armée est animée du feu sacré de la patrie, et que, marchant sur les traces de nos vieilles phalanges, elle saura faire respecter nos libertés et notre indépendance, et repousserait au loin l'ennemi imprudent qui tenterait d'envahir le territoire français. »

Par ordonnance du 13 août, le lieutenant général baron Dalesme est appelé au commandement de l'Hôtel, en remplacement de M. le comte de Lussac, qui occupait cet emploi depuis 1821.

Latour-Maubourg (Marie-Victor-Nicolas-Fay, marquis de) naquit à Lamotte de Galande le

22 mai 1768. Il entra en 1782 comme sous-lieutenant dans le régiment de Beaujolais, infanterie, et devint en 1786 capitaine dans le régiment d'Orléans, cavalerie. Il passa en 1789 dans les gardes du corps, et se trouvait à Versailles lors des journées des 5 et 6 octobre; il donna alors au roi des preuves de fidélité et de dévouement. Il suivit son frère lorsque celui-ci accompagna la Fayette dans sa fuite, et ne rentra en France qu'avec lui en 1797. Il reprit alors son grade dans l'armée et se rendit en Égypte, où il fut attaché comme aide de camp à la personne de Kléber. Il fut grièvement blessé en défendant la place d'Alexandrie contre les Anglais. Revenu en France, il fut nommé, par le gouvernement consulaire, colonel du 22e de chasseurs à cheval, et se distingua à la bataille d'Austerlitz, à la suite de laquelle l'Empereur le fit général de brigade. Sa conduite brillante lui valut, à la suite de la bataille d'Eidelberg, le grade de général de division : il fut encore blessé à Friedland. En 1808, il passa à l'armée d'Espagne et reçut le commandement du corps du Midi. Il prit une grande part aux affaires de Cuença, de Santa-Martha et de Villalba, au siége de Badajoz, à la bataille de Gebora. La modération, la prudence dont il fit preuve durant cette campagne lui attirèrent l'estime des Espagnols, qui lui en donnèrent les marques les plus flatteuses, notamment, lors de la retraite de Cordoue. Il quitta

l'Espagne, en 1812, pour se rendre à la grande armée, et déploya dans les campagnes de Russie et d'Allemagne cette même bravoure dont il avait déjà donné tant de preuves; sa conduite fut des plus remarquables à Mojaïsk, et il eut le bonheur d'opérer sa retraite en bon ordre, sans que sa division eût beaucoup à souffrir. En 1813, il prit le commandement du premier corps de cavalerie, et se couvrit de gloire devant Dresde; et, à la bataille de Leipzig, l'Empereur reconnut ses éclatants services, en le créant successivement comte de l'Empire et grand-croix de la Légion d'honneur. Le comte d'Artois le nomma, le 24 avril 1814, membre d'une commission chargée de réorganiser l'armée, et le 2 juin Louis XVIII l'appela à la Chambre des pairs. Pendant les Cent-Jours, Latour-Maubourg se tint à l'écart. Appelé en 1819 au ministère de la guerre, il ne garda pas longtemps son portefeuille, et, à la mort du duc de Coigny, en 1821, il fut appelé au gouvernement des Invalides, qu'il garda jusqu'en 1830, avec le titre de ministre d'État. Il a vécu depuis dans la retraite jusqu'à sa mort, arrivée le 11 novembre 1850.

Une décision royale du 9 octobre remet en vigueur le principe préexistant que : *l'hôtel des Invalides est l'établissement public spécial destiné à recevoir et conserver les trophées militaires conquis par les armées françaises.*

Absorbé sans doute par les événements de son règne, Louis-Philippe n'honora de sa première visite les militaires invalides que le 11 octobre 1830.

Un grand nombre de militaires faisant alors partie de l'Hôtel avaient combattu sous ses ordres à Jemmapes et à Valmy : il les accueillit avec une extrême bonté et distribua à quelques-uns de ces vieux défenseurs de la patrie la croix de la Légion d'honneur.

Par décision du 6 juillet 1831, M. le lieutenant général Dalesme, commandant de l'Hôtel, est appelé à remplir, à dater du 7, les fonctions de gouverneur, en l'absence de M. le maréchal Jourdan.

Par ordonnance royale du 21 juillet 1831, 110 drapeaux, dont 74 espagnols, 32 portugais et 4 anglais, provenant de la guerre d'Espagne de 1808 à 1812, et qui lors des événements de 1814 à 1815 avaient été mis en sûreté dans les magasins de l'artillerie, ont été confiés de nouveau à la garde des invalides.

Le 14 décembre 1831, le ministre informe le maréchal Jourdan que Sa Majesté a décidé que parmi les 44 bouches à feu envoyées aux Invalides comme trophées, 16, choisies parmi les plus remarquables, seraient désignées pour la composition de la batterie triomphale, savoir : canons autrichiens 2, prussiens 8, hollandais 2, wurtembergeois 1, vénitien 1, algériens 2.

Le lendemain parut une ordonnance royale ainsi conçue :

« *Les emplois dans l'hôtel des Invalides étant la plus grande récompense des services militaires,* ils sont dévolus, dans chaque partie, aux fonctionnaires les plus anciens de la première classe de chaque grade où ils sont pris, qui joignent à l'ancienneté effective le plus de campagnes de guerre ou d'actions d'éclat ou de blessures, et sont reconnus avoir le plus de droits à cette honorable distinction. »

Par ordonnance du 10 mars 1832, le conseil d'administration gérant de l'hôtel des Invalides fut composé, savoir :

Du gouverneur, président ;

Du lieutenant général commandant ;

Du colonel major ;

D'un des officiers supérieurs titulaires invalides, sans fonctions à l'Hôtel ;

D'un adjudant major ;

De deux chefs de division de l'Hôtel.

L'intendant militaire, le secrétaire général archiviste, assisteront aux séances du conseil, sans voix délibérative.

Ce dernier remplira les fonctions de secrétaire du conseil.

Le 22 avril 1832, le lieutenant général baron Fririon est nommé commandant de l'Hôtel en remplacement du général Dalesme, mort du choléra.

Quoique ferme et parfois très-sévère, ce dernier était aimé des invalides. Son souvenir est encore présent à la mémoire de quelques-uns d'entre eux.

Le 16 mai 1832, Sa Majesté ordonne que les emplois militaires de l'hôtel royal des Invalides, celui de gouverneur excepté, seront à l'avenir donnés exclusivement à des officiers en retraite.

Visite de la reine Marie-Amélie.

Le 10 août 1832, l'hôtel royal des Invalides fut honoré de la visite de la reine Marie-Amélie. Sa Majesté, fidèle aux habitudes de toute sa vie, ne passa à l'Hôtel que pour y imprimer le souvenir de ses vertus. Quelques officiers invalides s'étant mis dans le cas d'être renvoyés, elle intercéda pour eux, et les coupables justifièrent par leur conduite la faveur dont ils avaient été l'objet.

Pendant ce mois de décembre 1832, ont été confiés à la garde des invalides, savoir : deux drapeaux et deux étendards conquis par l'armée française en Algérie, et un drapeau hollandais provenant de la citadelle d'Anvers.

Commandant encore dans leur paisible retraite à ces vieux braves que tant de fois il avait conduits à la victoire, épuisé par ses anciens travaux et aussi par les soins qu'il donnait à son gouvernement des Invalides, le maréchal Jourdan termina au milieu d'eux sa glorieuse carrière à l'âge de soixante et onze ans, le 23 novembre 1833.

Les derniers honneurs lui furent rendus à l'Hôtel avec une somptueuse magnificence, et son corps fut déposé dans les caveaux de l'église, à côté de ceux des gouverneurs ses prédécesseurs.

L'épitaphe qu'on lit sur la tombe de cet illustre guerrier, et qui le représente comme un bon Français, un bon soldat et un excellent père de famille, est trop modeste pour un héros qui a rendu à son pays des services si importants.

Commandant en chef de presque toutes les armées républicaines, la France entière a applaudi à ses triomphes; plusieurs fois ses représentants lui ont voté par acclamation les remercîments unanimes du pays.

ICI REPOSENT LES CENDRES
D'UN BON FRANÇAIS, D'UN BON SOLDAT
ET D'UN EXCELLENT PÈRE DE FAMILLE,
J. B. JOURDAN,
MARÉCHAL, PAIR DE FRANCE,
DÉCÉDÉ GOUVERNEUR DES INVALIDES
LE 23 NOVEMBRE 1833.

Jourdan (Jean-Baptiste) naquit le 29 avril 1762. En 1778, renonçant au commerce, il se fit soldat; il fit partie de l'armée expéditionnaire du comte d'Estaing, resta au service pendant six ans, puis il rentra malade en France. En septembre 1792, il se rendit avec son bataillon à l'armée du Nord et se trouva bientôt aux affaires de Jemmapes, de

Nerwinde, de Famars, du camp de César, sous Dumouriez.

Ses qualités, plus brillantes encore que solides, fixèrent les regards sur lui. Le 27 mai 1793, de chef de bataillon il fut nommé général de brigade, car alors il n'y avait pas de transition pour ces grades. C'est en cette qualité qu'il eut sous Lille le commandement d'un corps de huit mille hommes chargé d'observer le corps anglais et hanovrien du duc d'York. Le prince de Cobourg bloquait Maubeuge et cernait avec soixante-dix mille hommes deux divisions dans un camp retranché. Le Comité de salut public donna l'ordre à Carnot de se rendre au quartier général de Jourdan à Guise. L'infanterie française, se formant aussitôt sur le plateau de Wattignies, couvrit le terrain de mitraille, fit échouer toutes les charges de l'ennemi, et le soir le prince leva le blocus pour repasser la Sambre et battre en retraite sur Mons.

Le déblocus de Maubeuge après l'affaire de Wattignies mit en relief le général Jourdan, et le Comité de salut public le manda à Paris pour s'aider de ses conseils et concerter avec lui le plan des opérations militaires en Belgique.

Il fut accusé par les membres du terrible Comité, qui déclarèrent Jourdan entaché d'incivisme, et prononcèrent sa destitution. Sa disgrâce ne fut pas de longue durée. Au commencement de 1794, Jourdan remplaça, à la tête de l'armée de la Moselle, le jeune et brillant Hoche.

Le 15 avril, peu de jours après son arrivée dans les Ardennes, le nouveau général battit à Arlon le général autrichien de Beaulieu. Le 24 mai, il laissa un de ses généraux, Moreau, à la tête de trois divisions, entre Longwy et Kaiserslautern, puis, avec une cinquantaine de mille hommes, il s'approcha de la Sambre et rallia la droite de l'armée du Nord, repoussée de Charleroi. Alors les deux armées réunies n'en formèrent plus qu'une qui prit le nom d'armée de Sambre-et-Meuse. Elle était forte de quatre-vingt mille combattants.

Il repassa la Sambre, chassa les Autrichiens de toutes leurs positions sur la rive gauche de cette rivière, et ordonna de reprendre les travaux du siége de Charleroi. Jourdan fit prendre position à ses troupes autour de la ville, ayant un corps d'observation nombreux, les ailes à la Sambre, le centre dans la plaine de Rausart. Les travaux furent dirigés par le célèbre ingénieur Marescot.

Le 16 juin, Jourdan, qui venait de passer la Sambre avec toutes ses divisions, tomba inopinément sur les colonnes autrichiennes, qu'un épais brouillard lui avait cachées. On combattit avec acharnement de part et d'autre pendant la plus grande partie de la journée; et ce ne fut que vers cinq heures du soir que, le centre des Français ayant éprouvé quelques désordres, toute l'armée fut obligée de repasser la Sambre, en abandonnant encore une fois le siége de Charleroi, si imprudemment commencé.

La journée du 26 juin, connue sous le nom de bataille de Fleurus, eut de très-importants résultats. Indécise sur le terrain même de l'action, elle devint décisive le jour suivant, grâce à la hardiesse que mit Jourdan à profiter du mouvement rétrograde du prince de Cobourg. Après Fleurus, le général en chef de l'armée de Sambre-et-Meuse opéra un mouvement de concentration et réunit ses troupes à celles de l'armée du Nord, et leur jonction, le 10 juillet, à Bruxelles, força l'ennemi à se replier, découvrant Landrecies, le Quesnoy, Valenciennes et Condé. Ces places, assiégées par Marescot, capitulèrent les 16 juillet, 16, 26 et 27 août 1794. Poursuivant le cours de ses succès, Jourdan s'empara de la ville et de la citadelle de Namur le 16 juillet.

Après avoir battu les Autrichiens en avant de Louvain, le 27 du même mois, il occupa Tongres et menaça les communications des Impériaux, qui mirent la Meuse entre eux et l'armée française.

Le 2 octobre, le général en chef de Sambre-et-Meuse, se trouvant à la tête de cent mille combattants, attaqua vigoureusement l'ennemi et le battit complétement à Aldenhoven.

Après avoir passé le Rhin, l'armée de Sambre-et-Meuse fut contrainte de battre en retraite à la fin d'août 1796. Cette retraite, en face d'un général tel que le prince Charles, fut une des belles opérations militaires de Jourdan. Le 3 septembre, il se trouva forcé de livrer bataille, la perdit et, ayant rallié les troupes de Marceau, qui venait d'être tué à Altenkirchen, il envoya sa démission.

De retour dans sa patrie en 1796, il reprit tranquillement sa vie paisible d'autrefois. Il en fut tiré par les suffrages honorables de ses concitoyens, qui le nommèrent en mars 1797 membre du conseil des Cinq-Cents, qui l'élut deux fois son président et une fois son secrétaire.

En 1798, on lui confia le commandement de l'armée du Danube, qu'il accepta; il se rendit à son poste avec quarante mille hommes, avec lesquels il envahit la Souabe et lutta contre une armée presque double, commandée par le prince Charles. Le 21 mars 1799, attaqué par l'archiduc Charles, il replia ses ailes sur le centre et prit position à Stockach sur l'Aach. Après cette affaire, étant tombé malade, il remit le commandement de son armée à Masséna.

Le 21 janvier 1800, Jourdan fut nommé inspecteur général d'infanterie et de cavalerie, et quelques mois plus tard, le 24 juillet de cette même année, ambassadeur auprès de la République cisalpine, enfin administrateur général du Piémont.

A la création de l'Empire, et lorsque Napoléon rétablit la dignité du maréchalat, Jourdan fut compris dans la première promotion, le 25 janvier 1804, et nommé en outre grand-aigle et chef de la seizième cohorte de la Légion d'honneur.

De mars 1806 à juin 1808, Jourdan resta auprès du roi de Naples plutôt l'ami que le lieutenant du prince. Il suivit Joseph lorsqu'il fut créé roi d'Espagne, qui le fit nommer major général de ses armées.

Après les malheureuses campagnes d'Espagne, il accepta, le 30 janvier 1814, le commandement supérieur de la quinzième division militaire.

Il fut accueilli avec la plus grande distinction par Louis XVIII, qui le créa chevalier de Saint-Louis et lui laissa son commandement.

Le 10 janvier suivant, il fut nommé gouverneur de la septième division à Grenoble. Chargé, au commencement de 1816, de présider le conseil de guerre qui devait juger Ney, il n'eut pas, ainsi que ses collègues, assez de prévoyance pour se déclarer compétent et sauver le maréchal en prononçant un arrêt d'acquittement sur lequel il eût été impossible de revenir.

On lui confia après 1830 le portefeuille des affaires étrangères, qu'il ne garda que quelques jours, ayant été appelé à des fonctions qui lui convenaient beaucoup mieux, celles de gouverneur de l'hôtel des Invalides.

Il y mourut le 24 novembre 1833, et fut inhumé en grande pompe sous le dôme de l'Hôtel, où sont déposés les restes de Turenne, de Vauban et ceux de Napoléon.

Par ordonnance du 17 décembre 1833, M. le maréchal duc de Conégliano est appelé à succéder au maréchal Jourdan au gouvernement des Invalides.

Pendant le peu de temps que l'Hôtel fut privé de son gouverneur, il fut vivement question de supprimer définitivement cette haute dignité, afin, prétendait-on, de compléter les économies que le gouvernement de Louis-Philippe avait déjà opérées dans le personnel de cet établissement depuis 1830. Cette opinion ayant trouvé de l'écho, surtout dans la Chambre des députés, la commission nommée à l'effet d'examiner le budget de la guerre de 1834 n'hésita pas à proposer, par l'organe de son rapporteur, M. Passy, la mise à exécution de cette mesure.

Laissons parler le *Moniteur* :

« Après la lecture de ce rapport, M. de Liadières prit la parole et s'exprima en ces termes :

« Quelque partisan que je sois des économies, quelque disposé que je me montre toujours à seconder les vœux et les besoins du pays à cet égard, il est, je l'avoue, des économies que je ne saurais comprendre, et de ce nombre est celle qui a pour but la suppression totale de l'allocation affectée jusqu'à ce jour au gouverneur des Invalides.

» L'honorable rapporteur de la commission vous a dit que les fonctions de gouverneur des Invalides n'étaient pas indispensables et qu'elles pouvaient être supprimées. C'est pousser un peu loin, selon moi, le rigorisme des doctrines économiques; c'est avoir oublié, selon moi, la haute pensée qui préside à cette création, pensée qui, traversant plus d'un siècle, est venue sans s'affaiblir de Louis XIV jusqu'à nous; c'est l'avoir oubliée, dis-je, que de ranger le gouvernement des Invalides parmi les superfluités administratives.

» Certes, messieurs, si l'hôtel des Invalides n'était qu'un simple lieu d'asile pour quelques centaines de soldats, s'il n'était qu'un hospice militaire de plus, je comprendrais sans peine qu'on pût en abandonner la direction à quelque chef militaire plus ou moins obscur, à quelque agent secondaire de l'administration.

» Mais il n'en est pas ainsi. Voyez quels sont les soldats et jugez quel doit en être le chef. Il ne suffit pas, pour y être admis, d'avoir rempli son métier de soldat, il faut l'avoir rempli avec distinction, il faut avoir vieilli sous les drapeaux ou s'être vu mutiler sur quelque champ de bataille. Ce n'est pas la pitié publique qui leur offre un asile, il leur est offert par la reconnaissance nationale. Là, messieurs, sont représentés par quelques hommes, disons mieux, par quelques débris d'hommes, les nombreuses et puissantes armées qui ont porté si loin et si haut la gloire du nom français; nos compatriotes viennent les visiter avec orgueil; les étrangers viennent aussi contempler avec admiration et respect les cicatrices qu'ils ont faites, mais qui leur ont coûté plus cher, qui leur furent plus douloureuses qu'à ceux mêmes qui les ont reçues.

» Et c'est à de pareils hommes que l'on pourrait imposer un chef obscur ou secondaire? Cela n'est pas possible. Il leur faut un chef digne d'eux, un chef dont ils soient fiers, comme le pays est fier d'eux-mêmes; un chef enfin qui résume en lui pour ainsi dire toutes ces gloires qui l'entourent, comme ils résument en eux les gloires des diverses armées dans lesquelles ils ont combattu. Et, lorsqu'on a trouvé un pareil chef, lorsque le gouvernement en a doté cet établissement d'orgueil national, nous, mandataires du pays, nous lui enlèverions ce que la munificence nationale accorda jusqu'à ce jour à ses prédécesseurs! Messieurs, soyons économes, j'y consens; mais avant tout soyons justes; et je crains bien qu'en cette circonstance nous ne courrions grand risque de ne pas l'être.

» En effet, j'ai prouvé, je crois, que, si l'on veut

conserver à l'hôtel des Invalides son primitif et glorieux caractère, un gouverneur illustre est indispensable; mais ce gouverneur, maréchal ou général, peu importe (il s'agit ici de gloire et non de grade), ce gouverneur jouissait, avant d'être investi de ce titre, d'un traitement de maréchal ou d'une retraite de général dont il pouvait disposer à son gré. Si on lui donne une position spéciale, il n'en peut plus disposer qu'au gré des exigences de cette position. Ainsi, le gouverneur des Invalides doit nécessairement accueillir chez lui quelques-uns des étrangers illustres qui viennent visiter l'Hôtel; il doit recevoir quelquefois à sa table un certain nombre de ses vieux camarades. Prélèvera-t-il les dépenses qui en résultent sur son traitement de maréchal ou sur sa retraite de général? Je dis plus, parmi ces vétérans qui l'entourent il y a des vieillards, des infirmes, des pères de famille, des hommes qui se distinguent par une conduite digne d'éloges, qui sont les meilleurs parmi les bons. Le gouverneur des Invalides prélèvera-t-il sur son traitement de maréchal ou sur sa retraite de général de quoi les aider dans leurs familles? les récompenser de leur conduite? de quoi ajouter, enfin, quand ils le méritent, un peu de superflu à leur modeste nécessaire? Messieurs, je le répète, cela ne me paraît pas juste. La France veut être économe, mais elle ne veut pas être avare; elle ne veut pas, dans sa dignité, donner des honneurs qui soient un fardeau pour ceux qui les acceptent. Je vote donc pour que l'indemnité soit maintenue, et je suis convaincu que le pays vous saura gré de cette forte libéralité faite au chef de nos vieilles gloires, comme une des plus utiles économies. »

Le rapporteur répondit :

« On me fait une objection, on parle des hommes qui n'ont pas de foyer; mais rappelez-vous, messieurs, qu'il est fort petit, le nombre de ceux qui entrent aux Invalides. Le personnel actuel est de quatre mille au plus, et, je le répète, pour le cas où la guerre viendrait à créer de nouveaux invalides, des hommes ayant droit au traitement de l'Hôtel, comme la commission l'a dit, ce qu'il y a de mieux à faire, c'est de diminuer le nombre des entrées, parce que, la guerre survenant, vous aurez alors des places à donner aux hommes qui seront blessés sur le champ de bataille.

» Quant au traitement du gouverneur, il n'est pas besoin de longues explications pour vous faire comprendre en quoi consiste la question; ce traitement est inutile.

» On a dit que le gouverneur des Invalides avait des gratifications à donner. Il est possible, messieurs, que, dans sa munificence personnelle, l'un des gouverneurs ait donné des gratifications aux soldats, mais ce n'est pas une nécessité. Les soldats, aux Invalides, trouvent toutes les ressources qui sont nécessaires à leur subsistance et à leur habillement; et je ne crois pas que dans aucun cas il y ait nécessité de leur accorder des gratifications.

» Quant aux visites des grands personnages et à la nécessité de les recevoir, lorsqu'on va à l'hôtel des Invalides, c'est pour voir l'Hôtel et non les appartements du gouverneur; on visite l'établissement, les hommes, les drapeaux, les canons, tout ce qui s'y trouve; pour le gouverneur lui-même, il n'est dans les Invalides qu'une simple décoration, et, je le répète, une décoration inutile; un commandant suffira : il y a moins de quatre mille hommes à l'Hôtel, et assurément un tel commandement n'exige pas un gouverneur.

» Au reste, je sais qu'il y a là une question délicate, parce qu'il s'agit du maréchal Moncey, d'un homme dont les titres à la reconnaissance nationale sont incontestables; mais après le maréchal Moncey, quand il ne sera plus (Dieu veuille qu'il vive longtemps), après lui vous aurez un autre gouverneur, et la question se représentera. (Aux voix! aux voix!) »

M. Jaubert prend la parole :

« Messieurs, dit-il, à propos du traitement de M. le gouverneur de l'hôtel royal des Invalides, l'institution elle-même a été attaquée par l'honorable rapporteur de la commission; il a fait valoir deux raisons qui malheureusement ne sont pas valables.

» Il a dit que, par suite de la paix dont nous jouissons depuis un certain nombre d'années, les places à l'Hôtel pourraient devenir vacantes. Une bien triste expérience, une expérience toute récente, nous a prouvé le contraire, et les braves qui forment les restes des vieilles phalanges d'Égypte et d'Allemagne verront bientôt arriver dans leurs rangs les braves qui ont également bien mérité de la patrie en combattant pour l'ordre public à Lyon et à Paris; nous n'en savons pas encore le nombre, mais il paraît que cette déplorable liste est considérable.

» L'honorable rapporteur pense que des allocations données aux anciens militaires mutilés, et dont ils jouiraient dans l'intérieur de leurs familles, remplaceraient avec avantage l'institution elle-même; mais il a oublié que dans ce système nous perdrions l'enseignement, la grande institution morale qui résulte d'une fondation magnifique, placée là aux yeux de tous comme un grand exemple à la vertu militaire. Cette institution morale disparaîtrait complétement en présence de ces secours distribués comme des aumônes aux vieux soldats, dans le sein des familles. Il ne faut pas oublier non plus, et cette réflexion a été faite tout à l'heure sur plusieurs des bancs de la Chambre lorsque M. le rapporteur a exposé ses vues à cet égard, il ne faut pas oublier qu'un grand nombre de soldats auxquels les places de l'Hôtel ont été accordées n'ont pas de famille, ne connaissent pas les jouissances du toit paternel, et ne sauraient où reposer leur tête si l'État ne se chargeait pas de leur sort. C'est donc l'État qui, dans leur vieillesse, doit leur fournir un noble asile. (Marques d'approbation.)»

» Cette considération ne peut être perdue de vue.

» Je le dis avec regret, beaucoup trop de choses ont été attaquées dans le temps où nous vivons, mais je ne crois pas que la Chambre veuille entrer dans cette voie de destruction.

» Je reviens à la question en discussion, le traitement de gouverneur de l'hôtel royal des Invalides.

» Notre honorable collègue M. Liadières a présenté des arguments qui ont été contestés; mais je soumettrai à mon tour à la Chambre une réflexion qui n'est pas dépourvue d'intérêt, ce me semble.

» Le gouvernement, grâce au système de réduction dans lequel nous sommes entrés peut-être avec trop d'ardeur, a été successivement dépouillé des moyens de rémunérer les grands services. Veuillez y faire attention : lorsqu'un homme éminent a rendu à l'État des services signalés et qu'il sort de la carrière, eh bien! examinez successivement les différentes branches du service public, et demandez-vous quelles grandes récompenses le Roi peut attacher à ses services.

» Si nous parlons de la magistrature, de l'administration, des hommes d'État qui ont honoré le ministère, nous verrons toujours que les ressources du gouvernement sont extrêmement restreintes.... (Bruit aux extrémités.)

» C'est là, si je ne me trompe, un grave inconvénient, une fâcheuse impuissance pour un gouvernement. Si les moyens d'encouragement manquent, les grandes actions pourront aussi devenir plus rares : vous devez du moins le craindre. Un fait récent, qui vous a été révélé par une confidence du journal officiel, vient à l'appui de ce que j'avance.

» Je pense que sous l'impression de ces considérations, que je ne serais pas capable de développer sans quelque préparation, vous devez vous abstenir de porter une main imprudente sur le traitement du gouverneur des Invalides. L'armée entière voit, je crois, dans la manière dont est honoré le doyen illustre des maréchaux de France, une récompense pour elle-même. Je vous engage, messieurs, à ne pas accepter la réduction. (Aux voix, aux voix!) »

M. Dupin prend la parole :

« Messieurs,

» On vient de présenter devant vous des considérations générales sur l'établissement des Invalides, et une considération particulière dans laquelle on a fait intervenir la personne du titulaire actuel, nommé récemment gouverneur des Invalides par le Roi.

» Quant à l'établissement en lui-même, je ne crains pas de dire qu'il n'en est pas qui porte plus le cachet national, le caractère de grandeur, de générosité, de reconnaissance nationale. Je ne crains pas de dire que, dût-on procurer à ceux qui y sont reçus un bien-être égal, j'allais presque dire supérieur à celui qu'ils peuvent attendre dans le sein de leurs familles, il faudrait encore maintenir et conserver ce grand établissement.

» Ce n'est pas, en effet, dans leurs chaumières que l'étranger pourra voir ces vieux soldats couverts de glorieuses blessures; c'est dans l'hôtel des Invalides; c'est dans un hôtel à eux où il doit voir réunis ces glorieux débris, plus admirables encore par ce qui leur manque que par ce qui leur reste. (Très-bien! très-bien!) C'est réunis dans un hôtel à eux que le pays pourra les montrer comme une glorieuse décoration. (Très-bien! très-bien!)

» Dans les grandes occasions, c'est de leurs

canons, c'est de leur hôtel que partent les signaux qu'on est quelquefois heureux de faire entendre dans le pays, et ce n'est jamais sans émotion qu'ils retentissent au sein de la capitale.... Puisse-t-elle ne jamais entendre d'autres canons! (Sensation.)

» Je passe aux considérations personnelles, au gouverneur actuel des Invalides.

» Je conviens que peu d'occasions sont laissées au gouvernement pour accorder de grandes récompenses, pour exercer une grande munificence. Le nombre des places qu'on a appelées sinécures, s'il n'est pas entièrement anéanti, cela tient à notre situation; je ne regrette pas sans doute que les sinécures soient abolies, mais je regrette qu'il ne puisse y avoir dans chaque carrière un certain nombre de positions qui soient présentées en perspective, et deviennent un motif d'émulation; ce n'est pas moi qui proposerais de les réduire.

» Quelques relations personnelles, qui m'ont mis à même d'apprécier la noblesse de caractère du maréchal Moncey et qui pourraient peut-être influer sur la détermination que vous allez prendre, me décident à repousser les raisons par lesquelles on est venu défendre le traitement que vous discutez. Je ne connais pas d'homme plus honorable, plus loyal, plus véritablement chevalier que M. le maréchal Moncey. (Vive adhésion.) J'ajoute que je ne connais pas d'homme plus désintéressé.

» Il est sans fortune personnelle, et je crois bien qu'il est à peu près réduit à son traitement, traitement sans doute fort honorable et supérieur même aux traitements les plus élevés des autres carrières. Mais dans une circonstance où il avait encore plus d'appointements qu'aujourd'hui, en 1815, lors du procès du maréchal Ney, alors qu'il faisait partie de la commission militaire, il ne craignit pas d'affronter une destitution qui le laissait sans traitement et le renvoyait dans ses foyers en état de disgrâce, parce qu'il se crut en conscience intéressé à ne pas accepter la qualité de juge de celui sur lequel il avait dressé un rapport dans une autre qualité.

» Je fus alors l'avocat, le conseil de M. le maréchal Moncey, et je pourrais peut-être m'appeler l'avocat des maréchaux de France, car je les ai presque tous défendus dans les affaires politiques et dans leurs affaires privées.

» Alors, comme aujourd'hui, je défendis moins le traitement du maréchal que sa délicatesse excessive. Il ne se dissimulait pas que le coup qui allait le frapper atteindrait plutôt sa fortune que son grade de maréchal. Je le défendis, je soutins que c'était moins un grade qu'une dignité, et qu'il ne pouvait en être arbitrairement dépouillé. Je fis valoir cette raison sans qu'il fût question, dans le mémoire que je rédigeai, ni de la détresse ni de la gêne qui allaient résulter pour lui du coup qu'on voulait lui porter. Il fut réintégré dans son grade et dans son traitement; il le fut par des motifs aussi nobles que ceux qui l'avaient exposé à les perdre. Si la Chambre conserve au maréchal Moncey son traitement, il le recevra; mais avec ou sans traitement, il restera gouverneur des Invalides : ce qui le touche, le flatte, l'honore, c'est le choix du Roi, c'est d'être le doyen des maréchaux de France, tremblant sous l'âge, mais conservant un corps ferme, un cœur dévoué à son pays. Être mis à la tête de ses vieux camarades, c'est là un honneur qu'il n'abdiquera pas, alors même qu'il devrait en jouir sans traitement. »

La réduction de 40,000 fr. portant sur le traitement du gouverneur est mise aux voix et rejetée.

L'illustre maréchal Moncey fut non-seulement confirmé à la tête du gouvernement des Invalides, que le Roi venait de lui confier, il fut encore reconnu que *l'hôtel royal des Invalides était la première des institutions nationales de la France, et qu'elle devait être maintenue, pour l'honneur du pays, dans cet état de prestige et de grandeur dont elle n'avait cessé d'être environnée depuis sa création.*

Cinquième anniversaire de la révolution de juillet.

La journée s'annonçait sous les plus heureux auspices; un temps superbe favorisait l'une des plus belles revues dont la capitale eût été témoin; tous les visages respiraient la confiance et la joie.

Heureux du spectacle que rencontrait partout ses regards, le Roi achevait la revue de la seconde ligne d'infanterie, entouré de sa belle et nombreuse famille, et d'un état-major où l'on remarquait l'élite de nos illustrations civiles et militaires.

Sa Majesté était parvenue au boulevard du Temple, et passait devant le front de la 8ᵉ légion, quand tout à coup se fait entendre une détonation semblable à celle d'un feu de peloton mal ordonné.

A ce bruit succède bientôt un désordre effroyable.

C'est une affreuse machine, une machine infernale, qui vient de vomir une grêle de balles et de mitraille sur le groupe qui entoure le Roi et sa famille! Une de nos plus vieilles gloires, le vénérable duc de Trévise, ce modèle des vertus civiles et militaires, tombe baigné dans son sang, et expire sans proférer une parole. Le général de Lachasse de Vérigny est frappé mortellement au front; un lieutenant-colonel de la garde nationale, un aide de camp, une femme, plusieurs gardes nationaux expirent également au milieu des chevaux qui se cabrent et d'une foule indignée que rien ne peut contenir à l'aspect de cet effroyable assassinat.

Enfin, de ce tumulte impossible à décrire, s'élèvent des cris que répètent aussitôt mille voix : *Le Roi n'a rien!... aucun des princes n'est blessé!!!!*
Et en effet, le Roi, calme au milieu de ce désordre,

ému seulement de la vue des victimes qui l'entourent, pousse son cheval dans les rangs de la garde nationale, et continue sa route presque porté par elle, au milieu d'innombrables cris de joie et de vengeance.

Les coups étaient partis du second étage d'une maison située en face du jardin Turc. En un instant elle fut investie par la garde nationale qui bordait les boulevards. On s'élança jusqu'à la pièce d'où étaient partis les traits fratricides, et l'on trouva encore fumante l'affreuse machine, composée de vingt-cinq canons de fusils.

Cependant le Roi continuait la revue, et les expressions nous manquent pour décrire l'enthousiasme avec lequel il était reçu par la garde nationale et l'immense population qui accourait sur son passage. Le danger auquel il venait d'échapper par miracle n'a fait éclater qu'avec plus d'énergie les sentiments que lui porte une nation généreuse, si pleine d'horreur pour les lâches et les assassins!... Aussi la revue et le défilé se sont-ils achevés au milieu des transports que nous n'essayerons pas de dépeindre.

A cinq heures, le Roi était rentré aux Tuileries.

Mais si, en s'éloignant du théâtre du crime, le spectacle d'un roi entouré de tant d'amour pouvait rassurer les amis de leur pays, quelle douleur ne trouvait-on pas en arrière!... Tant de victimes si froidement assassinées! tant d'honorables familles plongées dans le deuil!

Aussi ne devait-on plus songer aux plaisirs!... Un exécrable assassin n'avait que trop bien réussi à changer en un deuil public des jours de fêtes si impatiemment attendus et commencés sous de si heureux auspices! En effet, l'ordre a été donné de suspendre toutes les réjouissances; déjà même on en avait fait disparaître tous les apprêts.

Voici les noms des victimes :

M. le duc de Trévise, frappé d'une balle au cœur;

M. le général de Lachasse de Vérigny, frappé d'une balle au front;

M. le capitaine d'artillerie Villate, aide de camp de M. le maréchal Maison;

M. Rieussec, lieutenant-colonel de la 8ᵉ légion, frappé de trois balles;

MM. Prud'homme, Ricard, Léger et Rieutter, grenadiers de la 8ᵉ légion;

Une femme inconnue;

Un enfant.

Un grand nombre d'autres personnes ont été blessées plus ou moins grièvement.

Mortier (Édouard-Adolphe-Casimir-Joseph), pair et maréchal de France, était fils d'Antoine-Charles-Joseph Mortier, député aux états généraux.

Il était entré dès l'année 1791, en qualité de

capitaine, dans le premier bataillon de volontaires du département du Nord. Dès le 13 octobre 1793, il parvint au grade d'adjudant général. Il fut blessé par la mitraille sous les murs de Maubeuge, se trouva aux affaires de Mons, Bruxelles, Louvain et Fleurus, prit part aux batailles de Jemmapes et de Nerwinde.

Ainsi le duc de Chartres combattait dans sa jeunesse, comme volontaire, contre les ennemis de la France, sous les mêmes drapeaux que le capitaine Mortier, épargné par les balles autrichiennes. Le maréchal Mortier, quarante et quelques années plus tard, devait mourir à côté du jeune volontaire devenu roi des Français, mourir d'une balle française.

Le traité de Campo-Formio signé, il préféra au grade de général de brigade celui de commandant du 23ᵉ régiment de cavalerie. Devenu général de brigade en 1799, il eut un commandement à l'armée du Danube. Ses services y furent éminents, ainsi qu'à l'armée d'Helvétie, où sa division se couvrit de gloire; seul avec elle, il soutint à Mullen les efforts du corps russe du général Rosemberg, qu'il chassa de sa position. Il fut appelé, au mois de mars 1800, au commandement des quinzième et seizième divisions militaires.

En 1803, lors de la reprise des hostilités avec l'Angleterre, ce fut lui qui commanda l'armée destinée à s'emparer du Hanovre. Il reçut du premier consul Bonaparte les éloges les plus flatteurs, à son retour à Paris, où il devint l'un des quatre commandants de la garde consulaire. En 1804 il fut élu chef de la deuxième cohorte, maréchal de l'Empire et grand-aigle de la Légion d'honneur.

Nommé au commandement d'une division de la grande armée sous les ordres de l'Empereur, il se dirige, en octobre 1805, sur la rive gauche du Danube, coupe les communications de l'armée russe avec la Moravie, et en défait complétement une partie. Avec quarante mille hommes seulement, il ose bientôt donner le combat à l'armée entière commandée par le général Kutusof. Le maréchal, dans cette occasion, fit des prodiges de valeur.

Ce fut le maréchal Mortier qui s'empara de Hambourg en 1806, vainquit les Suédois à Anclam, et prit une part brillante à la bataille de Friedland.

En 1808 et 1809, il eut le commandement du cinquième corps de l'armée d'Espagne, et se distingua au siége de Saragosse, gagna la bataille d'Ocaña, concourut, avec le maréchal Soult, aux opérations contre Badajoz, fut chargé du siége de Cadix, et gagna la bataille de Gebora.

Appelé à faire la campagne de Russie, il reçut de l'Empereur la terrible mission de faire sauter le Kremlin. Le maréchal Mortier partagea avec le maréchal Ney l'honneur de sauver les débris de la grande armée. Il combattit à Dresde, à Lutzen, à Leipzig.

Gouverneur de la seizième division militaire à l'époque des Cent-Jours, il arriva à Lille un peu avant Louis XVIII, et accompagna ce monarque, qui se rendait à Gand, jusqu'au bas des glacis de cette forteresse.

Le Roi, ayant décidé, le 30, que le service funèbre de M. le maréchal Mortier duc de Trévise, et des autres victimes de l'attentat du 28 juillet serait célébré le lundi 4 août à l'hôtel des Invalides, et que les corps seraient inhumés dans le caveau de l'église, a ordonné en même temps :

1° Que la veille au soir les restes mortels des victimes seraient déposés dans une chapelle ardente préparée à cet effet dans l'église Saint-Paul, pour être conduits le lendemain, 4 août, aux Invalides, où, arrivés à la grande grille, ils seraient reçus par le clergé de l'établissement, et conduits aussitôt à l'église ;

2° Que les cours, les passages, les façades et l'église seraient décorés avec une grande magnificence.

Des ordres ayant été donnés en conséquence, le 4 août cette mémorable cérémonie eut lieu comme il suit :

Une magnifique température a secondé l'élan religieux de la capitale. La garde nationale, l'armée, la population entière de Paris, à laquelle s'était joint un nombre considérable d'habitants de la banlieue et des départements, étaient accourues pour acclamer le Roi et les princes, échappés si miraculeusement au plus grand péril, et rendre en même temps un pieux hommage aux victimes tombées sous les coups des régicides.

Dès six heures du matin, le rappel s'était fait entendre, et bientôt les légions, réunies au plus grand complet, ont pris, ainsi que les troupes de ligne de toutes armes, le rang qui leur était assigné, depuis l'arsenal et la place de la Colonne de Juillet jusqu'à l'hôtel royal des Invalides. Les drapeaux des régiments et des légions étaient garnis de crêpe; tous les officiers portaient ce signe de deuil; les tambours étaient voilés. Une foule étroitement serrée garnissait les boulevards, les quais et les ponts que le cortége devait traverser; toutes les fenêtres des maisons étaient encombrées, et jusqu'aux toits, tout était occupé. C'est en silence, dans un profond recueillement, c'est sous l'empire des souvenirs si cruels de l'attentat du 28 juillet, sous l'inspiration religieuse et consolatrice de la solennité du jour, qu'un demi-million d'âmes attendait l'imposant et salutaire spectacle qui allait lui être offert.

Vers onze heures, la reine, madame Adélaïde, les princes et les princesses du sang sont sortis du palais des Tuileries pour se rendre aux Invalides. Les troupes qui formaient la haie et la population n'ont cessé de faire entendre les cris de *Vive la Reine! Vive la famille royale!* Sa Majesté répondait constamment, avec une touchante émotion, à cette expression si vraie et si animée des sentiments publics.

Au moment où le convoi, parti de l'église Saint-Paul, est arrivé à la hauteur de la rue de la Paix, le Roi est monté à cheval, accompagné du duc d'Orléans, du duc de Nemours, du prince de Joinville, du président du conseil, des ministres de la guerre et de l'intérieur, du maréchal comte Lobau, de ses aides de camp, et d'un immense concours d'officiers généraux et supérieurs de toutes armes. Nous renonçons à exprimer l'impression profonde que la vue du Roi et des princes a fait naître sur toute la ligne qu'ils ont parcourue. Il y avait, au milieu de l'enthousiasme avec lequel le cri de *Vive le Roi!* était prononcé, un accent qui pouvait se concevoir, mais qui ne pouvait se décrire. Cet accent sans doute voulait dire : le salut de tous dans le salut d'un seul! C'est dans le trajet des Tuileries aux Invalides que le Roi a passé entre deux haies formées d'un côté par la 1re légion de la banlieue, les 10e et 11e de Paris, et de l'autre par les 54e, 22e, 37e, 56e et 6e régiments de ligne, et les 1er et 5e légers.

Le cortége funèbre, parti vers dix heures de l'église Saint-Paul, a suivi la rue Saint-Antoine jusqu'à la place de la Bastille, les boulevards jusqu'à l'église de la Madeleine, a traversé la place et le pont de la Concorde et suivi le quai d'Orsay jusqu'à l'esplanade des Invalides.

Les troupes qui précédaient le cortége marchaient dans l'ordre suivant :

Deux escadrons de hussards, deux escadrons de la garde nationale, un bataillon du 46° de ligne, la 1re légion de la banlieue, les 2°, 3° et 4° légions de Paris.

A cette tristesse de l'âme des spectateurs, d'autres sentiments succédèrent à la vue du char funèbre, escorté par un bataillon de la garde nationale qui portait les corps des victimes. Honneur aux martyrs! exclamait-on. Souvenir éternel! Vengeance!

Les insignes militaires, les chiffres, les écussons, les chevaux de bataille, ont fait reconnaître les braves guerriers qui dans cette circonstance cruelle ont aussi versé leur sang pour leur pays, puisqu'ils sont morts près de leur Roi et en le couvrant de leur corps.

Enfin, on reconnut à l'éclat de la pompe et du deuil militaire les restes du bon, du loyal, de l'intrépide Mortier, maréchal de France, duc de Trévise, si cher à son prince, si cher à l'armée, si honoré par cette légion qui représente l'honneur français dans toutes les carrières qui lui sont ouvertes. L'armée et la population nommaient et reconnaissaient avec attendrissement, près de ces nobles restes, les illustres collègues de l'illustre défunt, les maréchaux Molitor, Gérard, Grouchy, Duperré; ils étaient à cheval et tenaient les cordons du poële. Un long adieu se faisait encore entendre lorsque ont paru les députations qui composaient le cortége. Les ministres de la justice, des finances, de l'instruction publique et du commerce, accompagnés de plusieurs conseillers d'État, ouvraient la marche.

Puis les grands corps de l'État ont défilé dans l'ordre suivant : la Chambre des pairs, la Chambre des députés, la Cour de cassation, la Cour des comptes, l'Université, l'Institut, la Cour royale, le corps municipal de Paris, le tribunal de première instance, le tribunal de commerce. Venaient ensuite l'École polytechnique, l'École d'état-major, un très-grand nombre d'élèves des Écoles de droit et de médecine, de l'École d'Alfort, de celle des beaux-arts, et une très-nombreuse députation des ouvriers de Paris, précédés par un trophée composé des signes emblématiques de l'agriculture et de l'industrie.

Les 5e, 6e, 7e, 9e et 12e légions de Paris, deux batteries d'artillerie, un bataillon du 46e de ligne, deux escadrons de la garde nationale à cheval, deux escadrons de hussards, fermaient la marche.

C'est dans cet ordre, disposé avec la plus parfaite régularité, et suivi avec une ponctuelle exactitude, que le cortége est arrivé à l'hôtel royal des Invalides.

Un immense catafalque était élevé sous le dôme de l'église. On y voyait aussi ceux qui devaient renfermer le cercueil de chacune des victimes, dont le nom y était inscrit. La décoration de l'église était d'une extrême magnificence. Elle était entièrement recouverte de tentures noires semées d'étoiles et de broderies d'argent. Une illumination étincelante avait remplacé le jour.

De chaque côté du catafalque se sont placés les pairs de France et les députés. Les ambassadeurs étaient à l'entrée de la nef, en avant du catafalque. Des places avaient été réservées pour les députations qui avaient accompagné le cortége.

La garde nationale entourait le catafalque; cette garde d'honneur était confiée aux grenadiers de la 8ᵉ légion; l'autel était placé dans la nef, en face du catafalque.

Des fauteuils étaient disposés, à droite et à gauche de l'autel, pour le Roi, la famille royale et pour les ministres.

Vers onze heures et demie, la Reine est arrivée. Sa Majesté a été reçue par le maréchal gouverneur.

M. le curé, accompagné de son clergé, a attendu Sa Majesté sous le portail de l'église.

Bientôt après, le Roi a été annoncé par les acclamations qui l'avaient accompagné sur son passage.

Le maréchal duc de Conégliano, entouré de son état-major, a reçu Sa Majesté au bas du perron et lui a adressé l'allocution suivante :

« Sire,

» De nombreuses victimes vont recevoir le témoignage d'unanimes regrets ; victimes toutes illustres, parce qu'elles sont tombées près de vous ; mânes glorieuses par l'hommage que vous venez leur rendre, et qui les unira dans la tombe.

» En présence de Votre Majesté, c'est la France entière, cette grande famille, qui s'incline devant la divine Providence, pour la bénir d'avoir préservé son Roi, son père, et avec lui nos jeunes princes ses fils, l'espoir du pays.

» Déjà, Sire, les cœurs de vos braves invalides se sont élevés vers elle, dans un sentiment profond de reconnaissance, aussi remplis d'amour pour votre auguste personne que d'horreur pour l'exécrable attentat qui met la patrie en deuil.

» Mais le ciel a protégé la France. *Vive le Roi !* »

Sa Majesté a répondu avec émotion.

M. le curé a également adressé une allocution à Sa Majesté.

Le Roi a traversé l'église, accompagné de son cortége, et est allé prendre place auprès de la Reine.

Un silence profond régnait dans l'assistance.

A une heure, le cortége funèbre est arrivé à la grille de l'Hôtel, où étaient élevés quatre grands pilastres richement décorés d'emblèmes de deuil; ces pilastres se liaient à l'Hôtel par une ligne de candélabres entre lesquels flottaient des drapeaux tricolores couverts de crêpes et surmontés du coq gaulois; le corps des invalides occupait cette porte et la cour d'honneur.

Chaque cercueil était descendu du char et déposé au milieu de la cour d'honneur.

Les parents qui les suivaient et les députations qui les avaient accompagnés venaient se ranger autour des cercueils.

L'ordre de la marche a été suivi pour la translation.

Au moment où le cercueil du maréchal duc de Trévise, qui se trouvait le dernier dans cet ordre funèbre, est entré dans la cour, le Roi, accompagné des princes, descendait les marches de l'église pour le recevoir. Sa Majesté a jeté l'eau bénite sur le cercueil du maréchal et successivement sur les autres cercueils. Il était impossible de se dissimuler l'effort visible que le Roi faisait pour triompher de sa vive et profonde émotion, et de rendre l'impression produite sur les députations, sur les troupes, sur les invalides, et sur toutes les personnes présentes dans ce moment solennel.

Le Roi est alors rentré dans l'église, chaque cercueil a été lentement porté sur l'estrade qui lui était destinée, aux accents d'une musique funèbre et aux coups retentissants du tam-tam; et l'on y a vu au même instant apparaître les insignes de chaque victime, depuis la fleur virginale jusqu'à la couronne ducale qui s'élevait au-dessus du catafalque principal.

Le service a commencé : une grand'messe de *Requiem* a été chantée; monseigneur l'archevêque de Paris a officié.

Après la messe, l'abbé Landrieux a été conduit à la chaire, et a prononcé l'oraison funèbre des victimes de l'attentat. Ce discours a été entendu avec un profond recueillement.

Monseigneur l'archevêque de Paris, accompagné de son clergé, est allé ensuite jeter l'eau bénite. Le Roi, accompagné des princes ses fils, est venu saluer le catafalque et s'est retiré; la Reine l'a suivi quelques moments après, et l'assemblée s'est séparée, dans un profond silence, à quatre heures et demie.

Après la cérémonie, le Roi est monté à cheval, a traversé les rangs de la garde nationale et de la troupe de ligne, qui, pendant la cérémonie, s'étaient rangées en colonnes serrées, partie sur l'esplanade des Invalides et partie dans le jardin des Tuileries, où le Roi et sa famille ont eu de nouveau à répondre à l'expression, toujours aussi vive, aussi animée, des sentiments de respect, de reconnaissance et de dévouement de la population et de l'armée.

Pendant toute la cérémonie, et à partir de l'arrivée du Roi aux Invalides, des décharges d'artillerie se sont fait entendre de cinq minutes en cinq minutes.

Le soir, à six heures, le Roi et la Reine, *sans escorte aucune,* en voiture de ville, se sont dérobés à l'empressement des nombreux visiteurs qui affluaient aux Tuileries, et sont allés porter des consolations à la duchesse de Trévise.

Le 4 août 1836, le roi de Naples, accompagné du prince de Salerne et d'un officier général de son état-major, a honoré de sa visite l'hôtel royal des Invalides.

Le 18 août, remise à l'Hôtel de sept drapeaux et étendards pris sur Abd-el-Kader au combat de la Sic-Hak.

Le 5 décembre 1837, l'église des Invalides dut retentir encore de chants funèbres, en l'honneur du lieutenant général comte de Damrémont, tué devant Constantine le 12 octobre 1837.

Les princes fils du Roi, jaloux de donner un témoignage public d'estime au héros enseveli dans son triomphe, voulurent assister à cette cérémonie.

Le corps du général en chef de l'expédition de Constantine avait été placé, avec les insignes de son grade, sur un superbe catafalque, élevé sous le dôme de l'église. Aux quatre angles du catafalque flottaient les drapeaux pris sur les Arabes; là se tenaient MM. les lieutenants généraux de Mortemart, Colbert, Neigre et Fleury, et quatre sous-officiers décorés, représentant les quatre armes de l'infanterie, de la cavalerie, de l'artillerie et du génie.

La famille du général Damrémont était derrière le corps, ainsi que les personnes qui avaient été chargées de la translation.

MM. les pairs de France étaient à droite du catafalque, sur l'emplacement de la chapelle Vauban, ayant près d'eux, et à leur gauche, les membres de la Cour de cassation, du Conseil royal de l'instruction publique, de l'Institut de France et des diverses Facultés. Le préfet de la Seine, le préfet de police, les maires et le corps municipal de Paris étaient aussi de ce côté.

De l'autre côté, et à gauche, étaient les députés, les membres de la Cour des comptes, de la Cour royale, du tribunal de première instance, du tribunal de commerce, les juges de paix de Paris, le Conseil royal des ponts et chaussées et des mines.

En arrière du catafalque, on voyait un grand

nombre de lieutenants généraux, de maréchaux de camp et d'officiers généraux ou supérieurs de toutes armes.

Les membres du corps diplomatique occupaient une travée à droite près des marches du sanctuaire.

Dans la nef, la haie était bordée par la garde nationale et par la troupe de ligne; les côtés de la nef étaient occupés par le maréchal comte de Lobau et l'état-major de la garde nationale, par les états-majors de la première division militaire et de la garnison de Paris, par des officiers de la garde nationale, par des officiers invalides et par des élèves des écoles militaires.

Un orchestre composé de trois cents musiciens était placé à droite et à gauche de la nef, près des marches du sanctuaire où s'élevait l'autel, en face du catafalque.

L'église était entièrement recouverte de tentures noires semées d'étoiles et de broderies d'argent; l'éclat resplendissant du luminaire en faisait ressortir la magnificence.

S. A. R. monseigneur le duc d'Orléans et les jeunes ducs d'Aumale et de Montpensier sont arrivés un peu avant midi à l'hôtel royal des Invalides. Ils ont été reçus à la grande grille par le maréchal Moncey, et à l'entrée de l'église par M. le curé des Invalides, accompagné de son clergé.

Le prince royal, ses aides de camp, les jeunes

princes et leurs précepteurs ont pris place dans le sanctuaire, à droite de l'autel; ensuite le président du Conseil, le garde des sceaux, le ministre de l'intérieur, le ministre de la guerre, le ministre de la marine et les membres du Conseil d'État.

De l'autre côté, à gauche de l'autel, le maréchal Moncey et l'état-major des Invalides; les maréchaux de France Macdonald, duc de Tarente, comte Molitor, comte Gérard et marquis de Grouchy; les aides de camp du Roi, lieutenant général comte Durosnel, vice-amiral Jacob, général de Rumigny, baron de Berthois et les officiers d'ordonnance de Sa Majesté.

M. le curé des Invalides, assisté d'un nombreux clergé, a officié.

Une messe de *Requiem*, de la composition de Berlioz, a été exécutée et chantée par les premiers artistes de l'Académie royale de musique. Les voûtes de la nef ont favorisé le développement des voix et surtout de celle de Duprez, qui s'est fait entendre avec un charme inexprimable.

L'absoute a été faite par monseigneur l'archevêque de Paris. Pendant l'absoute, le chœur a entonné le *De profundis*. La cérémonie funèbre s'est terminée à deux heures et demie.

Damrémont (Charles-Marie Denys, comte de), naquit le 8 février 1783 dans le département de la Haute-Marne, à Chaumont. Sorti de l'école militaire de Fontainebleau en 1804, avec le grade de sous-lieutenant au 12º régiment de chasseurs à cheval, il fit les campagnes de 1805 à 1814 et prit part aux batailles d'Austerlitz, d'Iéna et de Friedland; il servait sous les ordres du général Defrance et du maréchal Marmont, en qualité d'aide de camp, et fut nommé colonel par l'Empereur sur le champ de bataille de Lutzen.

En 1814, lors de la capitulation de Paris, le colonel Denys de Damrémont fut chargé, ainsi que le colonel Fabvier, de discuter avec les comtes Orlow et Plater, stipulant au nom des puissances, les bases de la suspension d'armes qui précéda cette convention. Ce fait lui fit partager sans doute la faveur dont jouissait le duc de Raguse auprès de la maison de Bourbon, et sous la première restauration il entra dans les gardes du corps de Louis XVIII avec le grade de sous-lieutenant, correspondant au grade qu'il occupait dans l'armée. Pendant les Cent-Jours, il suivit le Roi à Gand; à la seconde Restauration son dévouement fut récompensé par sa nomination au commandement de la légion de la Côte-d'Or, bientôt suivie de sa promotion comme maréchal de camp (1821). Après avoir fait en cette qualité la campagne d'Espagne, où il fut mis à l'ordre de l'armée pendant le siége de Pampelune, le comte de Damrémont, à sa rentrée en France, fut nommé inspecteur général d'infanterie. Envoyé en

Afrique au commencement de 1830, il fut l'un des premiers à prendre possession de cette terre, où il devait mourir sept années plus tard. Le comte de Damrémont était dans Bône quand survinrent les événements de juillet 1830. Il reçut l'ordre d'évacuer cette ville, et à son retour à Alger il trouva le maréchal Clauzel investi du commandement en chef de l'armée d'Afrique. Comblé des bienfaits de la Restauration, le général Damrémont rentra un instant dans le cadre de disponibilité; mais cette retraite fut courte. Quand il vit le gouvernement de juillet se consolider, il lui prêta serment. Il fut promu en décembre 1830 au grade de lieutenant général, puis appelé en février 1831 au commandement de la huitième division militaire. Son dévouement au nouveau gouvernement lui valut bientôt la confiance et l'amitié de Louis-Philippe, qui le promut à la pairie le 11 septembre 1835.

Par ordonnance du 12 février 1837 ce général fut appelé à remplacer le maréchal Clauzel dans le gouvernement de l'Algérie. Il assiégeait Constantine lorsque, dans la matinée du 12 octobre 1837, occupé qu'il était de reconnaître si la brèche était praticable, il fut tué d'un boulet parti de la place.

Le lieutenant général d'artillerie comte Valée s'empara aussitôt du commandement de l'armée, et le lendemain, 13, Constantine fut prise d'assaut, après une vive résistance.

Louis-Philippe ordonna que les restes mortels du comte de Damrémont seraient ramenés en France pour être déposés à l'hôtel des Invalides. Sa Majesté ordonna en même temps que la statue de ce général fût placée dans une des galeries de Versailles.

L'Algérie, s'associant au deuil de la métropole, ouvrit une souscription pour l'érection d'un monument en l'honneur du général qui avait payé de son sang la nouvelle conquête de la France.

Aujourd'hui dimanche, 8 juillet, monseigneur le duc et madame la duchesse d'Orléans, ainsi que madame la grande-duchesse de Mecklembourg, accompagnés de plusieurs personnes de leurs maisons, sont venues visiter l'hôtel royal des Invalides.

Les voitures dans lesquelles se trouvaient Leurs Altesses Royales sont entrées à l'Hôtel à deux heures, le prince et les princesses ont mis pied à terre sous le grand portique de la cour d'honneur, où les attendait le vénérable maréchal Moncey, gouverneur, entouré des officiers de son état-major, du lieutenant général commandant et des divers fonctionnaires de l'établissement.

Arrivé devant le front des officiers et militaires invalides rassemblés dans la cour d'honneur, le prince royal en a passé la revue et a adressé des paroles de bienveillance à plusieurs de nos vieux soldats mutilés de nos glorieuses campagnes. Leurs Altesses Royales se sont ensuite rendues à l'église, dont elles ont admiré les belles peintures et les dispositions intérieures.

En sortant de l'église, elles ont été à la manutention, de là à l'infirmerie, aux cuisines, aux réfectoires, à la bibliothèque, où elles ont pu s'assurer que l'ordre et la régularité régnaient dans toutes les parties du service.

Elles ont ensuite visité la galerie des plans-reliefs, où elles ont principalement remarqué nos grands ports et les places de guerre les plus importantes.

Nos vieux soldats conserveront longtemps le souvenir de cette visite, durant laquelle ils ont exprimé leur respect et leur dévouement aux augustes visiteurs.

Obsèques du maréchal de Lobau.

Ce matin, 10 décembre 1838, dès huit heures, on voyait les gardes nationaux s'acheminer de tous côtés vers les lieux du rendez-vous. L'effectif des hommes commandés s'est trouvé au grand complet. Cet empressement des gardes nationaux à venir figurer dans cette solennité douloureuse atteste hautement les regrets que laisse parmi eux la perte de leur illustre chef.

Les personnes munies de billets ont de bonne heure assiégé les portes de l'Hôtel. La nef, les bas-côtés, les tribunes de l'église ont bientôt été remplis d'une foule en deuil qui a longtemps attendu l'arrivée du cortége.

Une compagnie de grenadiers de la dixième légion de la garde nationale et une compagnie de grenadiers de la ligne formaient la haie dans l'intérieur de la nef.

Une couronne octogone, ornée de plumes blanches et des armes du maréchal; quatre rideaux de velours bordés d'hermine et se relevant avec élégance; des faisceaux de drapeaux tricolores; des lampes funéraires d'où partaient des flammes bleuâtres qui mêlaient leur clarté à celle des cierges inégaux : tel était le catafalque.

L'église, entièrement tendue de noir et étincelante de lumières, présentait le coup d'œil le plus imposant.

Les inscriptions suivantes figuraient sur les piliers :

« Novi.—Gênes.—Zaverria.—Ulm.—Landshut. — Ratisbonne. — Essling. — Austerlitz. — Medina de Rio-Seco. — Iéna. — Friedland. — Eylau. — Burgos. — Lobau. — Wagram. — Smolensk. — Moskowa. — Krasnoï. — Bérézina. — Lutzen. — Bautzen. — Dresde. — Leipzig. — Waterloo.

» Volontaire en 1792; élu lieutenant en 1792; colonel au 3ᵉ de ligne, 1799; général de division, 1807; président de la commission municipale, 1830;

commandant supérieur des gardes nationales, 1830; maréchal de France, 1831; pair de France, 1815 et 1835; grand-croix de la Légion d'honneur, 1830. »

Le convoi s'est mis en marche à onze heures; il a suivi l'itinéraire que nous avons déjà fait connaître. Sur toute la route une foule immense, et pourtant recueillie, regardait défiler ce funèbre cortége et en admirait l'ordre parfait. Les sourds roulements des tambours voilés de crêpes, les gémissements entrecoupés d'une musique lugubre, interrompaient, seuls, le silence des larges et belles rues au milieu desquelles se déroulait toute cette triste pompe.

Un peloton de la gendarmerie de la Seine et un escadron de la garde municipale ouvraient la marche. Venait ensuite le général Darriule, commandant la place de Paris, avec tout son état-major. Un peu plus loin, tous les yeux se portaient sur le général Jacqueminot, grave et triste, à la tête de l'état-major de la garde nationale, et suivi de huit bataillons de ses frères d'armes, marchant le fusil baissé, en signe de deuil.

La partie du convoi qui précédait le char a mis près de trois quarts d'heure à défiler. Ce char était attelé de six chevaux noirs conduits par des valets de pied. Les coins du poële étaient tenus par le maréchal Molitor, le duc de Cazes, le préfet de la Seine et le colonel Delarue, doyen d'âge des colonels de la garde nationale. A droite et à gauche se tenaient deux chefs d'escadron, portant à cheval chacun un étendard, voilé, de la garde nationale. Toutes les dispositions du programme, autour du corps comme sur l'étendue du cortége, ont été exécutées avec un ensemble admirable, où il était facile de reconnaître le zèle et la sollicitude du général Jacqueminot.

Le deuil était conduit par le comte de Turgot, pair de France, gendre de l'illustre maréchal dont la France déplore la mort.

Derrière le char, on apercevait la famille du maréchal, ayant à sa droite le ministre de l'intérieur, conduisant le cortége d'honneur. Venaient ensuite une députation de la Chambre des pairs, le corps municipal, les aides de camp du Roi et des princes, un grand nombre d'officiers généraux, une députation de la première division militaire et de la place de Paris, les officiers supérieurs de la garde municipale, de la gendarmerie de la Seine et des sapeurs-pompiers.

A la suite du corps, le cheval de bataille du maréchal était mené par deux valets de pied en deuil. On remarquait aussi sa voiture, précédée des gens de sa maison.

Les voitures du Roi et des princes venaient immédiatement après. Enfin la marche était fermée par de très-nombreux détachements de la garde nationale de Paris, de la garde nationale de la banlieue et de la ligne.

Une demi-heure à peu près avant l'arrivée du convoi aux Invalides, messeigneurs les ducs d'Orléans, de Nemours et d'Aumale s'étaient rendus à l'église. Ils ont été reçus par l'aumônier des Invalides, qui a prononcé un discours auquel monseigneur le duc d'Orléans a répondu quelques mots où respiraient tous les graves sentiments que cette cérémonie était de nature à faire naître dans les âmes.

L'entrée du corps dans l'église a été annoncée par une salve d'artillerie. Peu de temps après, l'office a commencé. Les élèves du Conservatoire et les chœurs de l'Opéra ont chanté le *Requiem* de Chérubini. Tous les exécutants étaient cachés derrière l'autel, ce qui permettait de jouir de ces magnifiques accords sans être distrait par les mouvements de l'orchestre.

Les princes occupaient le milieu du sanctuaire; derrière eux étaient leurs aides de camp ainsi que ceux de Sa Majesté.

A la droite des princes se trouvaient les ministres; derrière eux les membres du Conseil d'État.

Vis-à-vis, le vénérable maréchal Moncey, à la tête de l'état-major des Invalides.

Enfin l'on remarquait les maréchaux de France,

les amiraux, et quelques membres du corps diplomatique.

Le comte de Montalivet a exprimé, en quelques mots profondément sentis, tous les regrets qu'éprouvait la garde nationale d'être séparée du brave chef qu'elle avait vu à sa tête dans les jours de danger, et qui avait su se concilier des droits si ineffaçables à son affection, à sa confiance.

Ces paroles, inspirées au ministre de l'intérieur par sa vénération pour la mémoire de l'illustre défunt et par l'amitié qu'il lui avait toujours portée, ont vivement ému madame la comtesse de Lobau. Elle y a fait une réponse touchante et pleine de noblesse. La démarche des représentants de la garde nationale parisienne adoucissait l'amertume de sa douleur, et elle les a priés d'en témoigner toute sa reconnaissance à la brave milice dont ils s'étaient rendus les organes.

Lobau (Georges-Mouton, comte de), né à Phalsbourg le 21 février 1770, d'une famille de commerçants, n'avait point encore embrassé d'état lorsque la révolution survint. Il en adopta les principes avec un grand enthousiasme, et s'enrôla dès le commencement dans un bataillon de volontaires nationaux du département de la Meurthe, où il fut d'abord simple soldat, et où il devint capitaine. Il fit avec ce corps les premières campagnes aux armées du Nord, et passa en 1796 à celle d'Italie, où il devint aide de camp du général Meunier, puis de Joubert, qu'il accompagnait à Novi, lorsque ce général fut tué à côté de lui. Nommé peu de temps après colonel de la troisième demi-brigade d'infanterie de ligne, Mouton eut à rétablir la discipline dans cette troupe, qui s'était livrée à de grands désordres dans les montagnes des Alpes, où elle se trouva longtemps privée de vivres et de solde. Renfermée ensuite dans Gênes, elle eut une grande part au siége mémorable que soutint avec tant de gloire Masséna dans les premiers mois de 1800. Lorsque cette place eut capitulé, peu de jours avant la bataille de Marengo, la demi-brigade de Mouton fut réunie à l'armée commandée par le Premier Consul, et il rentra en France avec elle. Se trouvant à Paris au moment de l'élévation de Bonaparte à l'empire, il fut du petit nombre de ceux qui votèrent négativement. Cette singularité ayant piqué l'attention du nouvel Empereur, il le fit mander, lui adressa beaucoup de questions sur les motifs de son opposition, et le gagna tellement par ses séductions qu'il en fit dès lors un de ses aides de camp les plus dévoués. L'ayant accompagné bientôt après dans la campagne d'Austerlitz, Mouton eut une grande part à cette brillante victoire. Malgré la franchise et la brusquerie de Mouton, Napoléon appréciait et estimait de plus en plus son aide de camp, dont il admirait le sang-froid et la bravoure sur le champ de bataille :

il disait que son Mouton était un vrai lion. Ce fut surtout à Iéna, à Pultusk et à Friedland que l'Empereur fut témoin de sa valeur. Il le nomma, alors, général de division, et lui donna, en 1808, un commandement, sous les ordres du général Bessières, à l'armée d'Espagne, où il eut une grande part aux victoires de Burgos et de Rio-Seco. En 1809, Mouton revint à la grande armée, reprit ses fonctions d'aide de camp et déploya une telle vigueur dans les sanglantes affaires de la campagne d'Autriche qu'il y mérita le titre de comte de Lobau, nom de cette île du Danube où il eut une main fracassée, et où Napoléon et son armée coururent de si grands périls. Après cette mémorable campagne qui porta si haut la puissance de Napoléon, le comte de Lobau vit encore augmenter son crédit et sa faveur. Il fut nommé grand officier de la Légion d'honneur, inspecteur général d'infanterie, et chargé secrètement de la révision du personnel de l'armée. En 1812, il suivit l'Empereur en Russie, et il ne dépendit pas de lui que, dans cette première campagne, Napoléon n'allât au delà de Smolensk. « Voilà une belle tête de cantonnement, » lui dit-il hautement lorsqu'il fut maître de cette place. C'était dire clairement que le moment était venu de s'arrêter; mais l'Empereur ne répondit à ce sage conseil que par un signe d'impatience. Dans la désastreuse retraite, le comte de Lobau ne quitta pas

Napoléon, et il revint en France avec lui. L'ayant accompagné de nouveau dans la campagne de Saxe, il se distingua encore à Lutzen, à Bautzen et à Culm, où il alla remplacer Vandamme après sa défaite. Renfermé bientôt après dans Dresde, avec le maréchal Gouvion Saint-Cyr, il y subit toutes les peines et tous les travaux de ce malheureux siége. Ayant été chargé de diriger une sortie pour gagner, avec la plus grande partie de la garnison (quatorze mille hommes), les places de Torgau et de Magdebourg, il fut obligé de rentrer dès le lendemain, après avoir été repoussé par un corps autrichien, et vint augmenter les besoins de la garnison, en ajoutant à la consommation des vivres qui finirent par manquer entièrement, ce qui força le maréchal à capituler. Il obtint cependant de rejoindre l'armée française avec sa garnison; mais les ennemis violèrent indignement la capitulation, sous prétexte de non-ratification, et toutes les troupes que commandait Gouvion Saint-Cyr furent retenues prisonnières et conduites en Hongrie. Le comte de Lobau ne rentra en France qu'après la chute de Napoléon. Le gouvernement de la Restauration lui conserva son grade et le créa chevalier de Saint-Louis, comme la plupart des généraux de l'Empire. Dès que Napoléon fut revenu de l'île d'Elbe, en 1815, son ancien aide de camp se hâta de reprendre ses fonctions. Nommé alors pair de France, il fut bientôt mis à la tête d'une division de la grande armée, et obtint un avantage important sur les Prussiens, le 18 juin, à Ligny. Il commandait l'aile droite à Waterloo, et il donna encore dans cette occasion des preuves d'une grande valeur. Fait prisonnier à la fin de la bataille, il fut conduit en Angleterre, et ne put rentrer en France lors du rétablissement de la paix, se trouvant inscrit sur la liste de proscription du 24 juillet, que prononça le gouvernement de la Restauration. Ce n'est qu'en 1818 qu'il lui fut permis de revoir sa patrie, où il vécut ignoré jusqu'en 1828. A cette époque les électeurs du département de la Meurthe l'envoyèrent à la Chambre des députés, où il siégea avec l'opposition libérale jusqu'à la révolution de 1830, dont il se montra l'un des coopérateurs les plus actifs. D'abord membre du gouvernement provisoire, il fit bientôt partie de la Chambre des pairs, succéda au général la Fayette dans le commandement de la garde nationale, et fut enfin nommé maréchal de France. Montrant en toute occasion le plus grand zèle pour le nouvel ordre de choses, il continua de jouir d'une grande faveur jusqu'à sa mort, qui arriva le 27 novembre 1838. Ses funérailles se firent avec une solennité remarquable, et le comte de Ségur prononça son éloge à la Chambre des pairs, dans la séance du 17 juin suivant. La ville de Paris donna son nom à une nouvelle rue, et son buste fut placé dans la salle de l'hôtel de ville, où il avait siégé en 1830, comme membre de la commission du gouvernement provisoire. On lui a érigé une statue en bronze sur la place de Phalsbourg.

Aujourd'hui, 20 janvier 1839, ont été appendues aux voûtes de l'église, par ordre de Sa Majesté, deux grandes flammes conquises au fort de Saint-Jean d'Ulloa de la Véra-Cruz (Mexique), par notre armée navale.

Le 20 mars 1840, M. de Rémusat, ministre de l'intérieur, ayant demandé à faire à la Chambre une communication du gouvernement, prit la parole au milieu du plus profond silence :

« Messieurs, le Roi a ordonné à S. A. R. Mgr le prince de Joinville de se rendre avec sa frégate à l'île de Sainte-Hélène pour y recueillir les restes mortels de l'empereur Napoléon.

» La frégate chargée de cette immortelle dépouille se présentera à l'embouchure de la Seine. Un autre bâtiment l'apportera à Paris ; elle sera déposée aux Invalides. Une cérémonie solennelle, une grande pompe religieuse et militaire, inaugurera le tombeau qui doit la garder à jamais.

» Il importe, en effet, messieurs, à la majesté d'un tel souvenir que cette sépulture auguste ne demeure pas exposée sur une place publique, au milieu de la foule bruyante et distraite. Il convient qu'elle soit placée dans un lieu silencieux et sacré, où puissent la visiter avec recueillement tous ceux qui respectent la gloire et le génie, la grandeur et l'infortune.

» Il fut Empereur et Roi ; il fut souverain légitime de notre pays : à ce titre il pourrait être inhumé à Saint-Denis; mais il ne faut pas à Napoléon la sépulture ordinaire des rois; il faut qu'il règne et commande encore dans l'enceinte où vont se reposer les soldats de la patrie, et où iront toujours s'inspirer ceux qui seront appelés à la défendre.

» Son épée sera déposée sur sa tombe. L'art élèvera sous le dôme, au milieu du temple consacré par la religion au Dieu des armées, un tombeau digne, s'il se peut, du nom qui doit y être gravé. Ce monument doit avoir une beauté simple, des formes grandes et cet aspect de solidité inaltérable qui semble braver l'action du temps. Il faudrait à Napoléon un monument durable comme sa mémoire. »

D'universelles acclamations accueillirent cette communication, et le 10 juin la loi suivante fut promulguée :

« Louis-Philippe, roi des Français,

» A tous présents et à venir, salut :

» Nous avons proposé, les Chambres ont adopté, nous avons ordonné et ordonnons ce qui suit :

» Art. 1er. Il est ouvert au ministère de l'intérieur, sur l'exercice de 1840, un crédit spécial de un million (1,000,000 fr.) pour la translation des restes mortels de l'empereur Napoléon à l'église des Invalides et pour la construction de son tombeau.

» Art. 2. Le tombeau sera placé sous le dôme, consacré, ainsi que les quatre chapelles latérales, à la sépulture de l'empereur Napoléon. A l'avenir, aucun cercueil ne pourra y prendre place.

» Art. 3. Il sera pourvu à la dépense autorisée par la présente loi au moyen des ressources accordées par la loi des finances du 10 août 1839 pour les besoins de 1840. »

Aussitôt la promulgation de cette loi, le prince de Joinville se rendit à Sainte-Hélène. Tout le monde sait avec quel zèle et quelle dignité il accomplit cette mission qu'il recevait de la France.

Après avoir été sur la terre étrangère chercher les restes mortels de Napoléon Ier, la frégate qui les contenait entra dans le port de Cherbourg le 30 novembre, au bruit du canon de tous les vaisseaux qui se trouvaient en rade et aux acclamations enthousiastes des populations accourues pour les saluer.

Escorté par le *Véloce* et le *Courrier*, le bâtiment à vapeur la *Normandie*, sur lequel avait été transbordé le cercueil, se dirigea sur le Havre, et dans tout son parcours les manifestations furent aussi chaleureuses qu'à son départ. Les détachements de la garde royale qui précédaient la marche du cortége purent frayer au cercueil du héros le chemin du dôme où il devait enfin reposer dans l'éternité.

Sur l'esplanade des Invalides, depuis le quai d'Orsay jusqu'à la grille, trente-deux statues décoraient les deux côtés de cette avenue : elles représentaient Clovis, Charles Martel, Philippe-Auguste, Charles V, Jeanne d'Arc, Louis XII, Bayard, Louis XIV, Turenne, Duguay-Trouin, Hoche, Latour-d'Auvergne, Kellerman, Ney, Jourdan, Lobau, Charlemagne, Hugues Capet, Louis IX, Charles VII, Duguesclin, François Ier, Henri IV, Condé, Vauban, Marceau, Desaix, Kléber, Lannes, Masséna, Mortier et Macdonald. Outre ces statues, on avait placé des trépieds d'où jaillissaient des flammes bleuâtres; les quinconces étaient garnis de deux lignes d'estrades, drapées et ornées de mâts pavoisés qui pouvaient contenir trente mille personnes.

En avant de la grille d'entrée de l'hôtel des Invalides, s'élevait un immense dais, espèce d'arc de triomphe, richement orné et pavoisé, sous lequel s'arrêta le char impérial, en présence des autorités civiles et militaires, placées sur des estrades à droite et à gauche du dais.

L'allée conduisant de la grille d'entrée à la cour d'honneur était bordée de deux rangées de candélabres, surmontés de cassolettes qui jetaient des flammes.

Sur la façade principale de cette cour, où est placée la statue de l'Empereur, se trouvait une vaste chapelle ardente de cinquante-quatre pieds d'élévation. Cette chapelle pavoisée était décorée de bas-reliefs imitant le bronze et représentant toutes nos batailles et victoires. Dans cette même cour, et de chaque côté, avaient été ménagées des estrades pouvant recevoir six mille personnes. Ces estrades étaient bordées d'une ligne de trophées portant les noms des grands maréchaux et des généraux de l'Empire.

L'intérieur de l'église et tout le dôme, depuis le sol jusqu'au premier ordre d'architecture, étaient tendus d'une draperie de velours violet et or; dans l'emplacement actuel du tombeau de l'Empereur, on avait érigé un immense catafalque orné de plumes d'aigle et des armes de Napoléon ; le tout rehaussé de quatre rideaux de velours bordés d'hermine, se relevant et se soulevant par une couronne octogone; puis ce même catafalque, entouré de trophées de drapeaux tricolores, était surmonté, au niveau des croisées de la coupole, de quatre grands cercles formant une dentelle lumineuse. Tout à fait au fond de l'église, on avait construit un autel, à droite et à gauche duquel étaient deux tribunes destinées au Roi et à sa famille. Trois bannières portant le chiffre de Napoléon étaient placées, l'une, entre les deux tribunes, et les deux autres, vis-à-vis les tombeaux de Vauban et de Turenne. Là furent construites d'immenses estrades où vinrent prendre place les grands corps de l'État.

Le Roi est arrivé à midi avec la famille royale. De la grande porte du dôme, où le maréchal gouverneur, accompagné de son état-major et de tout le clergé de l'Hôtel, était allé la recevoir, Sa Majesté, suivie de sa famille, s'est rendue à l'église, où tout répondait à la solennité de la cérémonie, et a pris place, momentanément, dans une tribune réservée.

Étaient déjà dans l'église :

1° Les ministres;

Le maréchal Soult, président du conseil, ministre de la guerre;

Martin (du Nord), garde des sceaux;

Guizot, ministre des affaires étrangères;

L'amiral baron Duperré, ministre de la marine;

Le comte Duchatel, ministre de l'intérieur;

Teste, ministre des travaux publics;

Cunin-Gridaine, ministre de l'agriculture et du commerce;

Villemain, ministre de l'instruction publique;

Humann, ministre des finances;

2° Les maréchaux de France;

3° La Chambre des pairs et son président, le baron Pasquier;

4° La Chambre des députés et son président, Sauzet;

5° Le Conseil d'État;

6° La Cour de cassation;

7° La Cour des comptes;

8° La Cour royale;

9° L'état-major des armées de terre et de mer;

10° Le Conseil d'amirauté;

11° Les membres de l'Université;

12° L'Institut;

13° Les tribunaux de première instance et de commerce;

14° Les officiers de la maison civile et militaire de l'Empereur, d'anciens fonctionnaires de l'Empire et un grand nombre d'honorables citoyens.

A deux heures après midi, une salve de vingt et un coups de canon annonce l'approche du convoi, et le Roi vient s'asseoir sur un trône, la Reine à sa gauche, les princes à sa droite et les princesses à la gauche de la Reine.

Le maréchal gouverneur, ayant reçu le Roi, avait repris sa place sous le dôme; mais son grand âge, ses infirmités et l'épuisement de ses forces, après la fatigue extrême qu'il venait d'éprouver, le mettent dans l'impossibilité d'aller recevoir, en personne, le corps de l'Empereur à l'entrée de son gouvernement; il délègue alors le lieutenant général baron Petit, commandant l'Hôtel, pour accomplir en son nom ce devoir d'honneur. En conséquence, le général baron Petit, suivi du lieutenant-colonel major, et ayant l'épée à la main, se met en tête du cortége.

Le char funèbre étant arrivé à la grille de l'Hôtel, les marins de la *Belle-Poule*, sous les ordres du prince de Joinville, en descendent le cercueil, et le portent jusqu'à l'arc de triomphe disposé en avant du portail de l'église.

Les quatre coins du drap mortuaire sont tenus par :

Le maréchal duc de Reggio, grand chancelier de la Légion d'honneur ;

Le maréchal comte Molitor ;

L'amiral baron Roussin ;

Le lieutenant général comte Bertrand, ancien grand maréchal du palais.

Derrière le cercueil marchent :

Les membres de la commission de Sainte-Hélène.

Le comte de Rohan-Chabot, commissaire du Roi ;

Le lieutenant général Gourgaud, aide de camp du Roi ;

Emmanuel, baron de Las Cases, député ;

Le baron Marchant.

      Suivent :

Le comte de Rambuteau, préfet de la Seine ;

Gabriel Delessert, préfet de police ;

Les membres du conseil général de la Seine ;

Les maires et adjoints de la ville de Paris et banlieue ;

La gendarmerie de la Seine;

La garde municipale à cheval;

Deux escadrons du 7ᵉ lanciers;

Le lieutenant général Darriule, commandant la place de Paris, et son état-major;

Un bataillon d'infanterie de ligne;

La garde municipale à pied;

Les sapeurs-pompiers;

Deux escadrons du 7ᵉ lanciers;

Deux escadrons du 5ᵉ cuirassiers;

Le lieutenant général Pajol, commandant la division, et son état-major;

Les officiers de toutes armes, sans troupe, employés à Paris;

L'École spéciale militaire de Saint-Cyr, son état-major en tête;

L'École d'application d'état-major, son état-major en tête;

Un bataillon d'infanterie légère;

Deux batteries d'artillerie;

Le premier bataillon de chasseurs à pied;

Sept compagnies du génie;

Quatre compagnies de sous-officiers vétérans;

Deux escadrons du 5ᵉ cuirassiers;

Quatre escadrons de la garde nationale à cheval, le colonel, M. le comte de Montalivet, en tête;

Le maréchal Gérard, commandant supérieur de la garde nationale de la Seine, et son état-major;

La deuxième légion de la garde nationale de la banlieue ;

La première légion de la garde nationale de Paris ;

Deux escadrons de la garde nationale à cheval de Paris ;

Un carrosse dans lequel était M. l'abbé Coquereau, aumônier venant de Sainte-Hélène ;

Les officiers généraux de l'armée de terre et de mer, du cadre de réserve ou en retraite ;

Le corps de musique funèbre ;

Le cheval de bataille ;

Un peloton de vingt-quatre sous-officiers décorés ;

Un carrosse attelé de quatre chevaux dans lequel était la commission de Sainte-Hélène ;

Un peloton de trente-quatre sous-officiers décorés ;

Les maréchaux de France ;

Les quatre-vingt-six sous-officiers portant les drapeaux des départements ;

Le prince de Joinville et son état-major ;

Les cinq cents marins arrivés avec le corps de l'Empereur.

Venaient ensuite le char funèbre :

Le maréchal duc de Reggio, grand chancelier de la Légion d'honneur, le maréchal Molitor, l'amiral baron Roussin et le lieutenant général Bertrand, tenaient chacun un cordon d'honneur fixé au poêle impérial ;

Les anciens aides de camp et officiers civils et militaires de la maison de l'Empereur;

Les préfets de la Seine et de police;

Les membres du Conseil général;

Les anciens militaires de la garde impériale en uniforme;

La députation d'Ajaccio;

Les militaires en retraite.

La marche du cortége était fermée, depuis le pont de Neuilly jusqu'à l'esplanade des Invalides, ainsi qu'il suit :

Un escadron du 1er dragons;

Le lieutenant général Schneider, commandant la division hors Paris;

Le maréchal de camp Hecquet, commandant la 4e brigade hors Paris;

Un bataillon du 35e de ligne;

Le maréchal de camp Lawœstine, commandant la brigade de cavalerie de Paris;

Deux escadrons de dragons.

Arrivé à l'immense estrade construite en avant de la grille de l'Hôtel, le cercueil y est déposé en présence des autorités civiles et militaires, de Mgr Affre, archevêque de Paris, assisté de deux archidiacres, qui fait des aspersions; de MM. les curés de la capitale et d'un nombreux clergé, que précèdent M. l'abbé Ancelin, curé de l'Hôtel, et ses vicaires. Au même instant un nombreux chœur de chantres entonne le *De profundis;* puis le cortége continue sa marche jusqu'à l'église.

En avant du cercueil sont :

M. l'abbé Coquereau, aumônier de la frégate la *Belle-Poule;*

Un détachement composé de sous-officiers de l'hôtel des Invalides, de la garde nationale et de l'armée, tous décorés de l'ordre de la Légion d'honneur, et sous le commandement du colonel invalide Leberton.

Pendant que trois cents musiciens exécutent une marche funèbre, le Roi, suivi des princes ses fils et de ses aides de camp, se rend à l'entrée du dôme, où le cercueil est de nouveau déposé sur une estrade.

Là, S. A. R. Mgr le prince de Joinville, s'adressant au Roi, lui dit :

« Sire, je présente à Votre Majesté le corps de l'empereur Napoléon. »

Le Roi répond :

« Je le reçois au nom de la France. »

Alors le général Athalin, portant sur un coussin violet l'épée de l'Empereur, la remet au maréchal duc de Dalmatie, président du conseil et ministre de la guerre, qui a l'honneur de la présenter au Roi.

« Général, dit le Roi en la remettant au comte Bertrand, voici l'épée d'Austerlitz; déposez-la sur le cercueil de l'empereur Napoléon. »

Les marins de la frégate placent le cercueil dans l'intérieur du magnifique catafalque destiné à le recevoir. Monseigneur l'archevêque de Paris monte à l'autel avec son clergé, il célèbre la messe; le *Requiem* de Mozart est chanté. Vingt et un coups de canon annoncent que les cinq absoutes vont commencer. A la fin de la dernière, le Roi et les princes viennent jeter l'eau bénite sur le corps, et à la suite d'un *De profundis*, le Roi et la famille royale se retirent.

Immédiatement après la cérémonie, l'épée est remise entre les mains du gouverneur, à qui la garde en est confiée. En la recevant, le maréchal la presse sur ses lèvres avec la plus vive émotion.

En même temps qu'une copie de ce procès-verbal a été déposée aux archives de l'Hôtel, dont il est la page la plus glorieuse, ampliation en a été adressée au maréchal président du conseil, ainsi qu'aux ministres de l'intérieur et de la guerre.

Un fier et juste sentiment d'orgueil avait rassemblé sur ce point, avec des myriades de provinciaux, la population entière de la capitale et des environs, tous avides de rendre un solennel et dernier hommage au géant des batailles. A cette foule s'était joint un nombre considérable d'étrangers qui venaient saluer les cendres du guerrier fameux qui leur avait imposé des rois de sa race, et dont le nom, pendant quinze années, avait fait trembler l'Europe. Des salves tirées par la batterie triomphale avaient annoncé l'arrivée du cortége à l'église, où déjà étaient réunis, comme il vient d'être dit, le Roi, la Reine, les princes et les princesses de la famille royale, tous les grands dignitaires de la cour, tous les grands corps de l'État, les autorités religieuses, civiles et militaires et la municipalité de Paris.

A la magnificence de ces funérailles illustres il ne manquait que l'auguste famille du nouveau César..... Mais la Providence, dans ses desseins impénétrables, avait décidé qu'elle ne reverrait le sol natal que le jour où le digne héritier de sa gloire devait, à son exemple, sauver la France de l'abîme.

Le 15 décembre, concession à l'Hôtel de cinquante-quatre drapeaux et étendards conquis par la grande armée pendant la campagne de 1805, donnés par l'Empereur au Sénat, par décret daté de son camp d'Elchingen, le 18 octobre 1805, pour, conformément à la loi du 10 juin 1840, orner le tombeau de Napoléon.

Le même jour, concession à l'Hôtel du chapeau que portait Napoléon à la bataille d'Eylau, le 8 février 1807, destiné à orner le tombeau.

Le maréchal duc de Dalmatie, président du conseil, au maréchal Moncey, gouverneur de l'hôtel des Invalides.

« Monsieur le maréchal, M. de Rohan-Chabot, secrétaire d'ambassade, nommé par le Roi commissaire pour présider, au nom de la France, à l'exhumation et à la translation des restes mortels de l'empereur Napoléon, m'a remis, comme dernier acte de la mission qu'il avait à remplir :

» 1° La clef du sarcophage en ébène contenant les cercueils exhumés de l'empereur Napoléon et fermés à Sainte-Hélène, le 15 octobre dernier, par les commissaires de la France et de la Grande-Bretagne;

» Deux clefs d'honneur de la même serrure, toutes deux se distinguant de la première en ce que l'anneau, au lieu d'être en fer et de fonte ordinaire, est en bronze doré et orné d'un N.

» Je charge M. le général Naudet, mon premier aide de camp, chef de mon cabinet, de vous porter ces clefs, pour être confiées à votre garde, comme gouverneur de l'hôtel des Invalides. Elles vous seront remises dans une boîte en bois, dont l'intérieur, garni en velours blanc, est disposé à recevoir chaque clef dans son emplacement distinct; elle est recouverte en maroquin violet, portant sur le couvercle un N surmonté de la couronne impériale et les mots :

Clefs du sarcophage de l'Empereur Napoléon, 1840.

» Elle est fermée au moyen d'une serrure recouverte d'une plaque en vermeil. « Je désire, monsieur le maréchal, que ce dépôt soit constaté par un procès-verbal, dont un double me sera remis, et qui sera transcrit, à l'Hôtel, au registre des délibérations du conseil et au registre des actes importants. »

« En conséquence, le colonel Naudet, porteur de cette dépêche, dépose entre les mains du maréchal gouverneur la boîte contenant les trois clefs du cercueil de l'empereur Napoléon, lesquelles sont reconnues comme étant parfaitement identiques avec la description qui en est faite par la dépêche précitée.

» De tout quoi nous avons dressé le présent procès-verbal, que M. le colonel Naudet et les personnes y dénommées et qualifiées ont signé avec le maréchal gouverneur.

» Ledit acte sera transcrit sur le registre des délibérations du conseil d'administration, ainsi que sur le registre des actes importants, déposé aux archives, et un double en sera transmis au maréchal président du conseil et ministre de la guerre. »

« Vu la dépêche du 13 avril, par laquelle le ministre de l'intérieur prévient le maréchal gouverneur qu'il a autorisé le maire de Cherbourg à venir déposer sur le cercueil de l'empereur Napoléon une couronne d'or votée par le conseil municipal de cette ville, et que le dépôt de cette couronne sera constaté par procès-verbal dans les formes habituelles et en présence des fonctionnaires qui ont concouru à la réception du cercueil, de l'épée et du chapeau de l'Empereur,

» Nous Christophe-Anne Vauthier, sous-intendant militaire des Invalides, officier de la Légion d'honneur, à l'issu de la grand'messe commémorative de l'anniversaire du jour de la mort de l'Empereur, qui a été célébrée en présence des grands corps de l'État et des autorités religieuses, civiles et militaires, dans l'église du dôme des Invalides, avec toute la pompe qui devait caractériser cette pieuse et touchante cérémonie, nous avons accompagné M. le maréchal Moncey, duc de Conégliano, pair de France, grand-croix de la Légion d'honneur, gouverneur des Invalides, dans la chapelle Saint-Jérôme située dans l'église du dôme, où se trouve provisoirement déposé le cercueil renfermant la dépouille mortelle de l'empereur Napoléon, et où se sont rendus en même temps :

» MM. de Bellegarde, lieutenant-colonel au corps royal d'état-major, officier de la Légion d'honneur;

L'Heureux, chef d'escadron au même corps, officier de la Légion d'honneur;

Guérin, chef d'escadron au même corps, chevalier de la Légion d'honneur,

» Tous trois aides de camp de M. le maréchal gouverneur;

» Le lieutenant général baron Petit, pair de France, commandant l'Hôtel, grand officier de la Légion d'honneur, et les personnes de l'Hôtel dont les noms suivent :

» MM. Delpire, lieutenant-colonel, major de l'Hôtel, officier de la Légion d'honneur;

Baron Leduc, sous-intendant militaire de l'Hôtel, officier de la Légion d'honneur;

Jacques, ancien chef d'escadron d'artillerie, archiviste trésorier, conservateur des trophées, officier de la Légion d'honneur;

Ancelin, curé de l'Hôtel, chevalier de la Légion d'honneur;

Rougevin, architecte de l'Hôtel;

Bugnot, inspecteur vérificateur des bâtiments;

Leberton, colonel titulaire, invalide, chevalier de la Légion d'honneur;

» M. Noël-Agnès, maire de la ville de Cherbourg, portant une couronne d'or, composée de deux branches de laurier et de chêne, réunies par un ruban de même métal, avec cette inscription :

« A Napoléon le Grand, la ville de Cherbourg reconnaissante. »

Le maire ayant été introduit dans la chapelle, s'est exprimé ainsi :

« Monsieur le Maréchal,

» Au nom de la ville de Cherbourg, je vous demande la permission de déposer cette couronne sur le cercueil de l'Empereur. »

Le maréchal, vivement ému, a répondu :

« Au nom des invalides et de l'armée, je vous prie de témoigner mes remercîments à la ville de Cherbourg. »

Le maire s'est alors approché et a déposé sur le cercueil la couronne, laquelle demeure sous la garde du maréchal gouverneur des Invalides.

Bien que paralysé depuis douze ans, le maréchal Moncey n'en avait pas montré moins d'énergie dans son commandement; sa gestion avait été traversée de plusieurs conflits excessivement sérieux avec l'autorité supérieure à la sienne.

Le 20 avril 1842 il mourut regretté de tous, en prononçant ces paroles : « *J'ai vécu; je souhaite que tout le monde finisse comme moi.* »

Une vie si bien remplie lui permettait peut-être de tenir un semblable langage.

Le lendemain de sa mort, le ministre de la guerre écrivit au général Petit, commandant l'Hôtel :

« Général,

» J'ai reçu la lettre par laquelle vous m'annoncez la perte que le pays et l'armée viennent de faire dans la personne de M. le maréchal Moncey, duc de Conégliano, gouverneur de l'hôtel royal des Invalides. Sa Majesté en a été profondément affligée, et m'a chargé de vous ordonner d'exprimer ses regrets, par un ordre du jour, aux glorieux débris des armes françaises qui sont à l'Hôtel.

» J'éprouve aussi le besoin de vous témoigner combien, en mon particulier, je suis douloureusement affecté d'une séparation aussi cruelle.

» Vous prendrez toutes les mesures nécessaires pour que les honneurs qui sont dus aux restes de M. le maréchal Moncey lui soient rendus, ainsi que pour la célébration des obsèques, lorsque le jour en aura été fixé d'accord avec la famille. »

Procès-verbal constatant la translation, dans une chapelle ardente de l'église de l'hôtel royal des Invalides, des restes mortels du maréchal Moncey, duc de Conégliano, gouverneur des Invalides.

« L'an mil huit cent quarante-deux, le vingt-trois du mois d'avril, à huit heures du matin,

» Nous, Christophe-Anne Vauthier, sous-intendant militaire de première classe, chargé de l'administration de l'hôtel des Invalides;

» Conformément aux ordres de M. le lieutenant général Petit, commandant dudit Hôtel, gouverneur par intérim;

» Nous sommes rendu dans la chambre mortuaire de M. le maréchal Moncey, duc de Conégliano, gouverneur des Invalides, où venaient de se réunir :

» MM. le lieutenant général baron Petit;

» De Bellegarde, lieutenant-colonel au corps royal d'état-major;

» L'Heureux, chef d'escadron audit corps; tous deux aides de camp de feu M. le maréchal gouverneur;

» Le lieutenant-colonel Delpire, major de l'Hôtel.

» Là, et en présence de MM. Duchesne, baron de Gillevoisin, et de Conégliano, nous avons reconnu et nous constatons ce qui suit :

» Dans un cercueil en chêne, recouvert d'un drap noir bordé de galons et clous d'argent, portant sur son couvercle une inscription aux armes du maréchal, avec ses nom, titres, etc., se trouve un autre cercueil de sapin revêtu de plomb au dedans comme au dehors et doublé de satin blanc. Dans ce dernier cercueil est déposé le corps de M. Bon-Adrien-Jeannot de Moncey, duc de Conégliano, maréchal et pair de France, gouverneur des Invalides, grand-croix de la Légion d'honneur, grand-croix de l'ordre de Saint-Louis, chevalier des ordres du Saint-Esprit et de la Couronne de fer, grand-croix de l'ordre de Charles III d'Espagne, grand cordon de première classe de l'ordre de Saint-Wladimir de Russie, etc., etc., décédé le 20 du présent mois d'avril, à dix heures un quart du soir. Le corps est revêtu de l'uniforme de maréchal de France, sur lequel sont placés le crachat et le grand cordon de la Légion d'honneur, surmontés de la plaque de l'ordre du Saint-Esprit, du cordon et de la croix de cet ordre. Dans la main droite est une boîte contenant deux des médailles en bronze qui furent frappées en mémoire de la translation des cendres de l'empereur Napoléon, et sur lesquelles est gravé le nom du maréchal Moncey, gouverneur des Invalides, présidant, malgré ses graves infirmités, l'auguste cérémonie qui eut lieu dans l'église de l'Hôtel, à l'occasion de cette translation, le 15 décembre 1840.

» L'épée du maréchal est à sa gauche, à l'extrémité de ses pieds garnis de leurs chaussures est son chapeau d'uniforme, plus un flacon bouché à l'émeri, scellé à la cire et enveloppé dans une serviette de coton scellée de la même manière. Ce flacon contient le procès-verbal constatant l'autopsie faite le 22 du présent mois d'avril, à neuf heures du matin, par MM. les officiers de santé en chef de l'Hôtel, du corps de M. le maréchal Moncey, et ce, suivant les intentions formelles exprimées à ce sujet par lui dans son testament. A la suite de l'autopsie, et toujours d'après la volonté de M. le maréchal, il a été procédé, en présence des officiers de santé en chef, à l'embaumement de son corps par M. Gannal, à qui ils ont été unanimement d'avis d'en confier le soin.

» Le procès-verbal relatif à ces deux opérations est signé par lesdits officiers de santé et M. le lieutenant général baron Petit, par M. le lieutenant-colonel de Bellegarde et M. le commandant l'Heureux, par le gendre de M. le maréchal Moncey et par nous.

» Toutes les dispositions préliminaires dont nous venons de donner le détail, étant accomplies, le lieutenant général baron Petit, s'adressant à l'assemblée, a dit : « Saluons de l'épée le corps de » notre digne maréchal, c'est notre dernier hom- » mage de respect, d'attachement et de reconnais- » sance à son immortalité ! » Toutes les épées se sont simultanément inclinées sur le corps ; ensuite M. Gannal a fermé et scellé de son cachet le cercueil de plomb, qui a été immédiatement recouvert de l'enveloppe du cercueil de chêne.

» Aussitôt après, le cercueil a été descendu et placé dans la chapelle ardente qui avait été préparée à cet effet.

» A cette pieuse cérémonie, qui s'est faite avec le concours du clergé de l'Hôtel, assistaient toutes les personnes que nous avons dénommées plus haut.

» Les honneurs ont été rendus au corps du maréchal par des détachements d'élite, pris parmi les officiers, sous-officiers et soldats invalides. »

Et cejourd'hui, vingt-cinq avril, à onze heures du matin, M. le maréchal duc de Dalmatie, ministre de la guerre, président du conseil des ministres, étant arrivé à l'hôtel des Invalides, ont eu lieu les obsèques du maréchal.

Monseigneur l'archevêque de Chalcédoine, assisté d'un nombreux clergé et de celui de l'Hôtel, a fait la levée du corps, déposé dans la chapelle ardente, d'où il a été transporté sous le catafalque élevé dans la nef de l'église. Une garde d'honneur composée de militaires invalides décorés et de sous-officiers des troupes de toutes armes entourait le catafalque, les militaires invalides en armes formaient la haie depuis l'entrée de l'église jusqu'au chœur.

Les coins du poêle étaient tenus par les maréchaux de France, duc de Dalmatie, duc de Reggio, comte Molitor et comte Gérard.

Aussitôt l'office a commencé; M. l'abbé Auzoure, vicaire général de monseigneur l'archevêque de Paris, a chanté la messe, à laquelle assistaient MM. le baron de Gillevoisin et de Conégliano, son fils, des ministres, des maréchaux de France, des pairs, des députés, des officiers généraux des armées de terre et de mer, des officiers supérieurs et autres, des militaires invalides de tous grades, et l'état-major de la première division et de la place de Paris, des députations des écoles militaires, etc., et un grand concours d'assistants.

Immédiatement après la messe, monseigneur l'archevêque de Chalcédoine a fait l'absoute. Le cercueil a été ensuite retiré du catafalque et placé sur le char funèbre, qui est sorti par la cour Royale et la grande grille pour faire le tour extérieur de l'Hôtel en prenant par la droite.

Le char, précédé de trois divisions de militaires invalides, de tout le clergé, du lieutenant général baron Petit, du sous-intendant militaire, du lieutenant-colonel major et de l'état-major de l'Hôtel, a parcouru les boulevards entre deux haies formées des corps d'infanterie, de cavalerie, de gendarmerie et d'artillerie de la garnison de Paris.

Lorsque le cortége est rentré dans l'intérieur de l'Hôtel, le cercueil a été déposé à l'entrée de l'église, où ont été dites les prières de l'inhumation.

Après l'eau bénite, le maréchal duc de Dalmatie a prononcé le discours suivant :

Discours du duc de Dalmatie, ministre de la guerre.

« C'est un dernier adieu que je veux donner à

l'homme de bien, au soldat illustre que la mort nous a enlevé. Lié avec lui depuis quarante ans de la plus étroite amitié, j'ai connu toutes ses vertus guerrières, toutes ses qualités de citoyen; j'ai vu tout le bien qu'il a fait; je l'ai suivi dans la longue carrière qu'il a parcourue, au milieu des combats où sa gloire s'est fondée. Partout je l'ai trouvé égal à lui-même, modeste, redoutant presque qu'on s'occupât de lui, qu'on le jugeât capable des actions d'éclat qu'il venait d'accomplir. Ainsi lorsqu'en 1794, aux Pyrénées, il fut élevé au grade de général de division, et que le comité de salut public le nomma général en chef, il refusa en disant qu'il ne se connaissait point la capacité de remplir cette tâche; et pourtant il conduisit à la victoire les braves qui étaient sous ses ordres. A Villanova, il fait deux mille cinq cents prisonniers, prend cinquante pièces de canon et des drapeaux, s'empare de toutes les manufactures d'armes de la Biscaye, et dicte la paix à l'Espagne.

» En Italie, sur le Rhin, en Helvétie, partout où il fit la guerre, il soutint l'honneur du premier rang. La sagacité de Napoléon ne tarda pas à le distinguer parmi tant de soldats d'élite qui se pressaient dans les rangs de nos armées. Nommé en 1801 premier inspecteur général de gendarmerie, il était maréchal de France en 1804. En 1809 il commandait en Espagne le corps d'observation des côtes de l'Océan, devenu plus tard troisième corps, et par la prise de Monte-Torrero, il s'associait glorieusement à la brillante issue du siége de Saragosse.

» En 1814, commandant en chef de la garde nationale de Paris, c'était le grand citoyen qui disputait sans espoir à l'Europe en armes les barrières de la capitale.

» En 1823, à la tête du troisième corps de l'armée des Pyrénées, il retrouvait sur le théâtre de son ancienne gloire les souvenirs encore vivants d'une réputation sans tâche. Au temps malheureux de nos discordes civiles, *Moncey refuse de siéger dans un conseil de guerre appelé à juger un des plus glorieux fils de la France, un des plus braves parmi ses soldats.*

» A la mort du maréchal Jourdan, le Roi nomma spontanément le maréchal Moncey, duc de Conégliano, gouverneur des Invalides; c'était faire vibrer encore une fois l'orgueil de ces glorieux débris de nos armées qui entourent ici son cercueil; c'était leur offrir, dans la personne de leur maréchal, un modèle de toutes les vertus.

» Adieu, mon vieil ami! adieu, soldat sans peur comme sans reproche. Adieu, Moncey! adieu! »

Éloge de M. le maréchal Moncey, duc de Conégliano, par M. le baron Charles Dupin.

« Messieurs les Pairs,

» M. le maréchal Moncey, duc de Conégliano, ne présente pas seulement, aux fastes de son pays, des batailles gagnées, des places prises, des trésors conquis et respectés, des flottes capturées, des peuples soumis, et les vaincus enchaînés aux vainqueurs par l'humanité, la justice et la probité. La paix, cet écueil des capitaines qui n'étendent pas leur mérite au delà de leur épée, la paix ajoute à la grandeur de sa carrière; chez lui, disons-le, les qualités du citoyen surpassent encore les dons du génie militaire; l'homme... illustre, le général, il remporte en lui-même ses plus nobles victoires; et sa vie, contemplée dans toutes ses phases, offre pour spectacle constant la vertu qui règne, et sous les armes, et les armes déposées. C'est le tableau que je veux présenter.

» Moncey naquit en 1754, près du village où s'élevait le manoir de ses pères, et dont plus tard il prit le nom [1].

» Il était d'un pays abrupt et pauvre, berceau des âpres courages et des volontés persistantes;

---

[1] Son nom de famille était Jeannot.

d'un pays soumis, sans être asservi, par les ducs de Bourgogne, par Charles V, par Philippe II, par Louis XIV; et qui seul, entre les provinces arrachées ou réunies à la monarchie française, avait gardé le noble titre de Franche-Comté, la Comté libre!

» Il était fier de sa province; citoyen, avant tout, de son département; tenace aux intérêts publics d'un conseil général qu'il a présidé; bienfaiteur de Moncey, sa commune presque natale, qui lui devait un pont pour le commerce, une école populaire ouverte aux enfants des quatre paroisses où ses terres s'étendaient; non moins heureux, pour ces bienfaits, d'une médaille de Montyon, que de ses plus nobles victoires; toujours prêt à favoriser de son crédit, de ses secours, les institutions utiles et les utiles citoyens. Dans le Doubs, le Jura, la Haute-Saône; à Paris, à l'armée, partout, sa maison, sa tente et son cœur étaient ouverts aux Comtois, ses bien-aimés compatriotes.

» Son père s'honorait du titre d'avocat au parlement de sa province. Sous l'égide d'un tel mentor, il commença ces études littéraires qu'on n'a pas appelées en vain les humanités; il leur a dû la politesse parfaite de ses manières et la haute convenance qui, dans les temps les plus divers, a caractérisé ses actions, ses écrits et ses paroles.

» Il n'avait pas terminé ses premières études, à

Besançon, et déjà son imagination, fortement frappée, cédait à l'attrait de la carrière des armes; attrait toujours si puissant au milieu d'une grande place de guerre et d'un peuple belliqueux. Il s'engage volontairement à l'âge de quatorze ans et demi. Sa famille, pleine de la pensée qu'il pourrait suivre avec éclat la profession du barreau, s'empresse de le rendre à la vie civile. Bientôt son naturel l'emporte; il s'engage une seconde fois; il reste enrôlé tout le temps qu'il faut pour s'abreuver des dégoûts qu'accompagnaient à cette époque l'apprentissage de la guerre dans le rang de simple soldat. C'est alors qu'il apprécie mieux quelles difficultés extrêmes arrêtaient le jeune homme qui, sans appartenir aux classes privilégiées, débutant pour être soldat, avec l'ambition de parvenir par ses services! Il perd de nouveau l'espoir de percer la foule, et quitte encore le service pour s'adonner avec constance, il le croyait du moins, à la profession qu'honorait son père. Il se livre donc sérieusement à l'étude du droit. Il y puise les principes de justice et de légalité qui devinrent les règles de sa vie, qui furent les lumières de sa conduite, et qui gravèrent dans son âme un respect inaltérable pour la loi.

» En vain nous luttons pour résister à notre destinée! Deux expériences manquées, leurs illusions déçues, ne peuvent arrêter Moncey. Un penchant irrésistible l'entraîne; une troisième fois il revient à la profession des armes. A partir de cet instant, il restera soixante-huit années fidèle à la religion du drapeau.

» A l'âge où les plus célèbres généraux ont presque tous acquis leur grande renommée, il n'a rien pu faire encore pour la sienne ; rien ! que se rendre digne de l'obtenir au premier sourire de la fortune. Mais l'ancien régime élève un mur d'airain entre la gloire et ses efforts ; il le condamne à végéter dans un poste de lieutenant, malgré vingt-trois années de services. Enfin l'émigration permet que Moncey gagne un grade, à l'ancienneté. Tel est son rang à l'armée des Pyrénées occidentales, lorsque l'Espagne ose attaquer la France.

» Aux avant-postes de cette armée, que je voudrais rendre vivante à vos yeux, avec ses passions, son héroïsme et ses manières, le hasard a jeté deux hommes, deux seulement, qui, simples capitaines au début de la guerre, vont marcher de front, et parvenir, chacun dans sa sphère, au faîte de l'honneur.

» L'un, sans nom pour percer la foule, au milieu de sept cent mille concurrents qui luttent sur nos frontières, ne trouvant d'appui qu'en son épée, de relief qu'en sa vertu, de protecteur qu'en ses victoires : c'est Moncey, que bientôt ses services feront chef de l'armée.

» L'autre, d'une telle naissance que la renommée l'annonce même avant qu'il ait combattu ; si brave que ses actions auraient révélé sa personne à qui n'eût su que son nom : c'est la Tour d'Auvergne, le descendant des Turenne, qui s'indigne, en mourant premier grenadier des armées de la République, qu'on l'ait distingué, par ce titre, des grenadiers ses égaux.

» Aujourd'hui que les enfants de familles opulentes s'éloignent en si grand nombre du service de la patrie, et se révoltent de songer que leur présence à l'armée, même en temps de paix, ne les mène pas sur-le-champ, de plein droit, aux grades les plus éminents, j'ai jugé qu'il était bon d'arrêter la pensée de tous sur cette gloire patiente, héroïque et modeste d'un la Tour d'Auvergne; gloire qui surpasse, à mon sens, tous les empressements de la faveur, et tous les dons de la fortune.

» Moncey, patient aussi sur le chemin de l'honneur, chaque fois qu'il monte d'un grade a déjà mérité de monter plus haut. En deux combats mémorables il a sauvé l'une et l'autre aile de l'armée avant d'être élu, provisoirement et sur le champ de bataille, général de brigade.

» Soit ombrage d'un pouvoir assis sur la terreur et tremblant lui-même, soit délation cachée, les avancements définitifs se multiplient, et Moncey voit le sien rester provisoire. Il porte le nom du lieu qui l'a vu naître et de l'héritage paternel : Serait-il noble? Non! disait l'ancien régime, pour l'arrêter dans sa carrière. Si! répond le nouveau, pour l'arrêter à titre contraire. Son sang, versé qu'il est pour la patrie, semble encore suspect à la peur égalitaire.... Mais la conduite entière du héros citoyen parle pour lui ; ses services continuent et grandissent. Ce n'est plus assez d'une confirmation tardive et contestée, il faut une réputation glorieuse ; et le législateur la donne en le nommant, par un décret, général de division.

» A ce titre il mène au combat l'aile gauche de l'armée : se rendre maître des camps, des redoutes qui protégent deux points culminants des Pyrénées, envahir les vallons qu'ils dominent, descendre avec rapidité le long de la Bidassoa, par une manœuvre hardie passer, en tournant l'ennemi, de la gauche à la droite de nos positions; prendre à revers la montagne fameuse des Quatre-Couronnes, et par des sentiers escarpés, qu'on met six heures à gravir, enlever d'assaut ses batteries et ses retranchements; aider aussitôt après à la reddition de Fontarabie ; s'emparer seul du port du Passage; puis, par la terreur que sa marche inspire, faire mettre bas les armes à la garnison de Saint-Sébastien, et capturer une marine avant que ses voiles la sauvent : tels sont les débuts du nouveau divisionnaire.

» Le général en chef, le plus conciliant, le plus doux, le plus patient des hommes, harcelé, fatigué, compromis par la tyrannie des représentants du peuple en mission dans son armée, le vaillant et sage Muller renonce à son commandement; pour son successeur, il propose Moncey. Celui-ci s'en défend. Afin d'élever une armée française à toute la gloire qu'elle est digne de conquérir, son patriotisme rêve une expérience qu'il ne croit pas avoir acquise, un génie qu'il n'ose pas s'avouer. C'est peu que sa modestie le condamne de la sorte en secret, en silence. Ce qu'il pense contre lui-même, il le dit, il l'écrit, il le signe, avec l'énergique franchise d'un citoyen qui préfère à tout son pays. La médiocrité qui serpente avec art jusqu'au sommet de toutes choses, la médiocrité va refuser de comprendre, et trouver étrange cette abnégation de héros : Aristide et Catinat l'auraient trouvée naturelle.

» Singulier gouvernement que celui de la République, au paroxysme de ses passions. Ce guerrier, qui tout à l'heure était suspect de naissance orgueilleuse, le voilà devenu suspect de modestie patriotique. La méfiance, heureuse de ne croire personne sincère, ne doute pas un seul moment du mérite qui se dénie. L'autorité passe outre à ses refus et ne lui permet plus de répondre que par la victoire à sa promotion forcée.

» Le temps n'a fait qu'accroître les obstacles. Les proconsuls en mission près de l'armée, pour retenir les Espagnols dans le pays déjà conquis, ont incarcéré, comme otages, les magistrats, les nobles et les prêtres; l'instrument des supplices républicains est préparé dans Saint-Sébastien et dans Tolosa. La révolte jaillit de l'oppression! Les montagnards exaspérés se rappellent que leurs ancêtres ont suffi pour exterminer des forces considérables; ils fuient, mais pour aller chercher des armes, et dix mille guerrilleros s'ajoutent à nos ennemis.

» Loin d'applaudir servilement à des férocités ineptes, Moncey trouve en son âme assez d'audace pour réclamer justice et clémence, à quel tribunal? au comité de salut public! On est encore en l'an II, et Moncey mande aux triumvirs, en propres termes: « Je pense que par des moyens doux, par des » procédés touchants, si naturels aux Français, » nous devons faire revenir les habitants égarés » des montagnes. »

» S'il remporte la victoire, il faudra bien que sa voix soit écoutée; alors les cachots s'ouvriront, les prêtres seront rendus à la religion, les suspects à l'innocence, et les communes espagnoles aux libertés municipales; mais avant tout il faut combattre.

» Moncey groupe ensemble vingt bataillons de choix; l'élite de cette élite, vingt compagnies de grenadiers sont placées en tête avec la Tour d'Auvergne: telle est la célèbre colonne que la langue sauvage de l'époque appelle *infernale*, mais que la patrie guerrière et poétique des Pélopidas et des Pindare eût appelée céleste ou sacrée, pour l'amour divin de la gloire et de la vertu dont ses soldats sont animés, et pour leur mépris surhumain des périls, du besoin et des fatigues. En deux jours et deux nuits, ils marchent quarante-trois heures, par les défilés des montagnes, se permettant à peine, en tout ce temps, cinq heures de halte, afin de commencer à l'aube du troisième jour l'attaque, c'est-à-dire la défaite de l'ennemi. Le reste de l'armée, en colonnes collatérales, converge vers le même but pour frapper au même moment.

» Par ces combinaisons savantes, partout où l'ennemi s'ose montrer à découvert, il est vaincu ; ses positions retranchées, prises à revers, sont enlevées de vive force ; et les débris des Espagnols s'enfuient par la vallée de Roncevaux, si funeste à nos chevaliers dans les guerres du moyen âge. Une pyramide attestait, dans cette vallée, la défaite qu'a subie, dix siècles auparavant, l'arrière-garde de Charlemagne surprise et massacrée par les montagnards. A la voix de Moncey, la main des républicains renverse ce monument de l'imprudence et du malheur de nos ancêtres.

» Que fera l'armée française afin d'éviter à son tour qu'un monument, œuvre de ses mains, soit renversé par la fortune comme celui de Roncevaux ? Elle méprisera le marbre et le granit pour écrire sa gloire sur le terrain de ses triomphes. C'est dans le cœur des vaincus qu'elle veut graver sa mémoire en traits de reconnaissance et d'admiration, que n'effacera pas le temps.

» Les vainqueurs ont enlevé cinquante canons à l'ennemi. Pour principal avantage ils ont conquis les magnifiques établissements maritimes et militaires d'Enguy, d'Orbaycetto et d'Irati. Le général en chef y trouve un matériel de trente-deux millions, qu'il fait apporter dans nos arsenaux avec une fidélité religieuse [1]. Voilà pour la France; voici pour l'Espagne.

» A des bulletins militaires appartient d'énumérer des captifs après chaque victoire. Mais ici l'humanité s'en fait honneur, et la justice le réclame. Si l'on exécutait un décret révolutionnaire qui vient de paraître, deux mille cinq cents Espagnols, loyalement devenus prisonniers, seraient sans rémission passés par les armes. Le général Moncey n'a pas voulu qu'une proclamation de guerre à mort fût entendue dans son armée avant sa première victoire, afin de sauver les premiers vaincus qui tomberont en son pouvoir. L'instant d'après, il fait plus. En faveur des nouveaux captifs, au péril de sa tête, il refuse d'obéir au décret voté, par assis et levé, dans la Convention, pour égorger tout prisonnier fait en

[1] Il fallut un mois pour transporter ces richesses en France, avec tout l'outillage des établissements compris.

Espagne. Les délateurs s'en souviendront.... s'il cesse un moment d'être nécessaire.

» Voici la mauvaise saison, si rude au milieu des Pyrénées; un ouragan dévastateur tel que la fin de l'automne en voit parfois éclater dans les montagnes, suivi pendant plusieurs jours de vent, de pluie et de grêle, abîme les chemins, rend les torrents infranchissables et sauve l'ennemi d'une destruction totale. Ici commence un enchaînement de misères qui feront souffrir le vainqueur encore plus que le vaincu : un admirable souvenir va nous en distraire un moment.

» Le jour même où la Convention nationale est informée des premières victoires remportées dans cette campagne par l'armée des Pyrénées occidentales, elle décrète que cette armée a bien mérité de la patrie et recevra les emblèmes de la gratitude nationale.

» Ces honneurs, regardés alors comme le comble de la gloire, font naître une solennité simple et grave, qui caractérise une époque où tout était encore enthousiasme et dévouement.

» Les troupes qui viennent de remporter un nouvel et brillant avantage à Bergara descendent des montagnes pour jouir de leur renommée. A Tolosa, capitale du Guipuscoa, les bataillons victorieux forment un immense carré, renfermant au centre, pour trophées, les prisonniers, les canons, les drapeaux conquis. Alors on déploie l'étendard d'honneur sur lequel sont inscrits ces mots, qui font battre tous les cœurs :

A L'ARMÉE DES PYRÉNÉES OCCIDENTALES,
LE PEUPLE FRANÇAIS
RECONNAISSANT.

» Le général en chef prend la couronne de chêne également adressée aux vainqueurs; il l'attache à la lance du drapeau, puis il dit à ses compagnons d'armes :

« Citoyens! la patrie honore vos premiers efforts » en vous offrant cet étendard; vous y répondez par » de nouveaux succès; elle vous décerne la cou- » ronne civique : répondez-y par des vertus dont le » bienfait est la dette des vainqueurs et le droit des » vaincus. Le peuple français ne se contente pas des » victoires qui le font redouter, il vous ordonne de » le faire aimer. Respectez les biens, les familles, les » lois des conquis, plus que ne le feraient leurs pro- » pres défenseurs. Par là vous montrerez que vous » savez révérer la liberté des autres hommes, autant » que défendre la vôtre. Vive à jamais la liberté! »

» L'armée française ne s'est pas bornée à de vaines acclamations en écoutant ce magnanime langage; elle en a pratiqué les préceptes. Sa conduite exemplaire a laissé pour elle et pour son chef, dans les provinces conquises, des sentiments d'admiration et de gratitude dont nous retrouverons plus tard les puissants et nobles souvenirs.

» Déjà le dénûment et la famine assaillent les conquérants. La discipline, si difficile à conserver dans la misère, est plus forte que le besoin ; mais la nature est plus forte que tout, et se venge. La mortalité commence à ravager nos bataillons ; elle redouble avec les rigueurs d'un hiver extraordinaire, sous le climat glacial des Pyrénées.

» L'hiver si terrible de 1794 à 1795, qui permit aux troupes françaises d'enlever de pied ferme et comme à l'assaut les flottes de la Hollande, ne fera qu'ajouter aux souffrances de nos soldats cantonnés sur la ligne des Pyrénées. Soit incurie, soit incapacité, ou seulement impuissance, le gouvernement républicain va laisser mourir de faim et de misère les guerriers auxquels sont votées de stériles actions de grâces.

» Des maladies épidémiques, enfantées surtout par une nourriture insuffisante et malsaine, font périr dans les hôpitaux douze mille soldats, sans compter ceux qui meurent sur les chemins ou dans les villages, et ceux qu'un affreux dénûment pousse à la désertion. Qui le croirait! d'une armée qui comptait soixante mille soldats lorsqu'elle remportait sa dernière victoire, il ne restait plus à la fin d'un hiver, forcément passé dans l'inaction, que vingt-cinq mille hommes ayant quelque force pour porter les armes; et cette élite, ce débris des guerriers les plus robustes, réduit depuis longtemps à la moitié du pain qu'il faut pour vivre, paraissait plutôt des spectres que des soldats, dit le grave historien [1] militaire à qui j'emprunte les couleurs de cette hideuse peinture.

» Remarquons bien qu'on est loin encore de cette époque dégénérée qui vit finir un directoire devenu, dans ses derniers temps, corrupteur et corrompu. Non! c'est en pleine Convention, sous le régime de fer qui se glorifie d'enfanter partout des armées, et qui ne sait, malgré les spoliations, les confiscations, les réquisitions appesanties sur tout un peuple, procurer en suffisance à nos défenseurs ni vêtements, ni chaussures, ni solde, ni subsistance : voilà ce gouvernement révolutionnaire dont la fatale violence faisait mourir ses proscrits sur l'échafaud et ses défenseurs dans la misère.

» Pendant huit mois, Moncey se débat contre ces lugubres obstacles; il cherche à réorganiser ce que les maladies et le dénûment désorganisent sans cesse. Malade lui-même, il partage les besoins, les souffrances de ses soldats, comme il avait partagé leurs combats et leurs succès. Général en chef, il ne croit pas davantage pouvoir profiter d'un congé reçu pour rétablir sa santé quand son armée est atteinte du fléau d'une épidémie, qu'il n'en avait

[1] Le lieutenant général Jomini.

profité quand il avait fallu, chef de bataillon, sauver l'aile droite de l'armée.

» Dès qu'arrive le printemps, il s'adresse avec ardeur aux administrations départementales de tous les lieux de la France où se trouvaient ses soldats en convalescence et les recrues qu'on lui destine; il les conjure, au nom de la patrie, de presser les retardataires. Il recompose ainsi son armée; mais ce n'est qu'à la fin de juin, qu'aidé des renforts envoyés après la première pacification de la Vendée[1], il peut reprendre l'offensive.

» Moncey manœuvre pour couper en deux l'armée des Espagnols; il enfonce le centre et fait en même temps attaquer par les deux flancs la gauche de l'ennemi, qui nous abandonne, pour prix du combat, deux places de haute importance : Vittoria, et surtout Bilbao, avec leurs immenses magasins militaires. Ces conquêtes sont le prix de dix-neuf jours de marches et de combats sans relâche.

» Par ces faits d'armes multipliés et par la grandeur des résultats, l'armée qui lutte et triomphe à l'occident des Pyrénées égale les exploits et la gloire d'une autre armée qui, fortifiée par les vainqueurs de Toulon, s'illustre, à l'orient, sous Dugommier et Pérignon.

» Ainsi battue aux deux extrémités abordables de

---

[1] Conclue le 20 avril 1794 à Saint-Florent avec Stofflet, à la Mabilais avec les chouans.

sa défense naturelle, l'Espagne implore la paix et va l'obtenir.

» Une trêve signée, et la paix imminente, les immenses approvisionnements qui se trouvaient dans Bilbao pouvaient, par le simple silence du chef de l'armée française, rester au gouvernement espagnol, qui fit offrir quinze cent mille francs au vainqueur s'il voulait seulement fermer les yeux. A cette époque, la solde du général était par mois de *huit francs* en numéraire, et le reste en assignats sans valeur. Moncey pourvoyait au surplus de sa dépense en prenant sur son modeste patrimoine. Eh bien, la France a reçu, sans rien savoir de l'offre corruptrice, tout ce qui formait sa prise légitime dans les trésors de Bilbao.

» En redisant les beaux traits des généraux illustres et désintéressés, de Cimon, d'Épaminondas, de Phocion et de Cincinnatus, Plutarque n'a rien rapporté de plus généreux et de plus noblement oublié par les auteurs mêmes de semblables actions.

» La paix conclue, l'armée dissoute, Moncey commande la division militaire qui comprend la Gironde, les Landes et les Basses-Pyrénées, théâtre de sa gloire.

» A sa mission de guerre succède une mission de paix, qu'il accomplit avec le même amour intrépide de l'ordre et de l'humanité. Cela trouble les factieux, qui le dénoncent, sans relâche, pendant dix-huit mois. Enfin le coup d'État de fructidor[1] assouvit les ressentiments, brise l'épée de Moncey, et le jette dans la réforme. Voici ses crimes :

» Il n'a pas craint d'alléguer un motif de santé délabrée par d'immenses fatigues, pour se défendre d'accepter un commandement de guerre civile, aux confins de la Vendée.... Pareil motif l'arrêtait-il au travers des Pyrénées, et quand il fallait, au fort de l'hiver, écraser l'Espagnol entre la mer et la Bidassoa ! Ce n'est pas un vrai citoyen... Il se permet d'opposer le même obstacle aux réactions des jacobins contre le modérantisme, et du royalisme contre les républicains; le fait est constant. Le sang ruisselle à Lyon, à Marseille, à Nîmes, à Toulouse, et sur tous les confins de sa division, où les vengeances, même en faveur des patriotes, reculent devant lui ; c'est pis qu'un indifférent, c'est un ennemi public ! Quelque temps avant leur chute, Carnot et Barthélemy le proposaient pour ministre; ils l'estimaient donc? Ils le voulaient!... C'est un complice, il faut qu'il tombe. Voilà la logique et l'équité des révolutions.

» Moncey ne se défend pas de l'estime des proscrits; il la doit à ses victoires. Il ose dire aux dictateurs qui règnent par la violence, lui, le représentant naturel de la force : « Je ne suis pas un » homme de parti; je suis l'homme des lois et de la

---

[1] Journée du 18 fructidor an V.

» constitution. » Les factieux ont accusé son civisme; il répond ces nobles paroles : « L'armée des Pyré-
» nées occidentales m'a reçu simple capitaine; elle
» m'a fait monter par tous les grades, toujours sur
» le champ de bataille; par un bonheur qui passait
» mon espérance, je suis devenu général en chef,
» j'ai vaincu : et ma fortune a égalé mon amour
» pour la patrie. »

» Ces justifications suffisent pour confirmer sa disgrâce : elle sera bientôt vengée par la chute de ses persécuteurs, au jour du 18 brumaire.

» Le Premier Consul, de son regard d'aigle, voit et juge Moncey, le fait sien, et soudain l'envoie rendre le calme à Lyon, qu'il veut s'attacher pour jamais.

» Oh! combien dans cette ville qui sort à peine de ses cendres, combien les habitants sont profondément émus, et quelle douce espérance vient s'emparer de leurs cœurs lorsque l'esprit d'un gouvernement réparateur est révélé par un guerrier dont les vœux sont d'éteindre en autrui des ressentiments que ne peut éprouver son âme!

« Respirez enfin, Lyonnais, vous, leur dit-il, qui
» avez acheté si chèrement le droit d'être heureux.
» Confondons nos haines dans l'amour de la patrie.
» Abjurons tout désir de vengeance. C'est dans la
» conscience des pervers que nous trouverons des
» vengeurs.

» Si le langage de la paix ne vous déplaît pas dans la bouche d'un soldat, si vous ne voulez voir dans les fonctions que j'exerce qu'une mission paternelle, Lyonnais, ouvrez vos bras et vos cœurs aux hommes égarés. Une cruelle expérience vous dit combien sont funestes les suites des ressentiments. Élevons un autel à la concorde; rallions-nous de bonne foi au gouvernement consulaire, et que cette fraternité, écrite jusqu'ici seulement sur nos murs, soit enfin gravée dans nos cœurs. »

» J'admirerais ce langage, s'il m'était donné comme l'éloquence d'un Vincent de Paul ou d'un Fénelon, obéissant au devoir de leur ministère, pour apporter la consolation et la paix au milieu d'un peuple qu'a décimé la guerre civile et religieuse. Mais, dans la bouche d'un guerrier qui vient accomplir ses fonctions de guerre, l'humanité qui commande, en priant, avec de si nobles accents, inspire à mon âme attendrie une admiration cent fois plus grande.

» La prospérité du Consulat déconcerte l'Europe, qui repousse la paix. Moncey conduit par le Saint-Gothard la réserve de cette armée qui met le comble à ses prodiges par la journée de Marengo.

» Le futur roi d'Italie veut pour précurseur digne de lui que la sévère probité pénètre et règne dans l'État cisalpin. Moncey la personnifie; il fait croître dans le pays l'estime des vertus françaises, comme il avait fait en Espagne.

» En récompense il est nommé premier inspecteur général de la gendarmerie française. Ses vues élevées et pures rendent plus éminente encore une si haute position, créée pour lui. Ce corps devient sous ses auspices une magistrature armée, qui protége et qui veille pour l'État, le peuple et les lois; une force à la fois militaire et morale, unissant à la discipline du soldat la modération du fonctionnaire et les vertus du citoyen.

» Pour seconder sa pensée et préparer un code à l'arme qu'il dirige, il charge un jurisconsulte savant, intègre, austère, de reviser les intructions, les ordres, les rapports d'un intérêt supérieur, afin que rien, dans son inspection générale, ne sorte du cercle tracé par les lois.

» En jugeant avec impartialité les actes de Moncey dans ces nouvelles fonctions et dans ses trois commandements à Lyon, à Milan, à Bordeaux, nous croirons écrit pour ses vertus l'éloge que fait Tacite du caractère déployé par Agricola dans le dernier de ces commandements, celui de l'Aquitaine. « L'opinion générale, dit le grand historien, n'ac-
» corde pas aux militaires ce génie subtil et délié
» qu'exercent les débats du forum, parce que la jus-
» tice des camps, dédaignant la finesse, fait presque
» tout avec la force. Mais Agricola, par sa prudence
» naturelle dans ses rapports avec les citoyens, savait
» unir à l'équité la bienveillance. Les affaires le trou-

» vaient attentif, grave, sévère, et plus souvent misé-
» ricordieux. Son devoir accompli, le grand digni-
» taire effaçait de sa personne jusqu'aux dehors du
» commandement. En lui, rien d'arrogant et surtout
» jamais rien d'intéressé. Par l'alliance la plus rare,
» l'autorité ne perdait rien s'il était affable, ni l'affec-
» tion s'il était austère. L'intégrité, la tempérance,
» remarquées chez un tel homme, feraient injure à
» ses vertus supérieures. La renommée même, que
» trop souvent les bons courtisent, par ostentation
» du bien, il ne l'a cherchée par aucun art. » Ces
éloges, que la vérité dictait au plus sévère des historiens, combien de fois, loin de l'illustre maréchal
dont nous esquissons la vie, combien de fois, autour
du foyer paternel, nous les redisait l'ancien jurscon-
sulte confident de ses travaux, l'homme qui l'a le
plus aimé, le plus révéré, lorsqu'il voulait présenter
à nos jeunes cœurs de vivants et nobles modèles,
comparables aux plus beaux exemples de l'antiquité !

» Tant de vertus et de services méritaient toutes les
distinctions qu'allait inventer le génie du Premier
Consul, afin de préparer et de réaliser l'Empire.
La Légion d'honneur à peine instituée, Moncey,
grand officier, bientôt grand-aigle, sera l'un des
premiers commandants des seize cohortes qui com-
poseront cette puissante institution. Avant Austerlitz
et le couronnement, celui qui va prendre un nom

dynastique, Napoléon, convoque au temple de Mars, c'était le temple des Invalides, l'élite des gloires nationales. Dans cet appel, les vainqueurs de l'Europe viennent tour à tour, au nom de leurs conquêtes, recevoir le signe de l'honneur; l'Espagne et l'Italie présentent Moncey. La Providence réserve à la génération qui naît alors le spectacle d'un autre appel, au même endroit redevenu, sous l'invocation de la foi chrétienne, le temple de Dieu qui survit aux armées. Là, les vétérans français, ayant à leur tête le vétéran des Pyrénées et d'Italie, recevront, pour la rendre à la terre, la dépouille du proscrit aux pieds de qui s'étaient courbés les Rois.

» Des maréchaux vont être donnés à l'Empire : Moncey sera l'un des premiers. Une noblesse est constituée : il sera duc de Conégliano, pour rappeler les exploits accomplis à dater du Premier Consul, les seuls qui comptent désormais. Napoléon attache à ce titre des armes parlantes, symboles de force, de zèle et de gloire. Une épée nue, debout à côté d'une palme, pour indiquer à la fois la main toujours prête à combattre, et la victoire toujours fidèle à cette épée.

» Des citoyens, autant qu'on pouvait l'être alors, usant du dernier débris de leurs droits, rendent hommage au guerrier que le distributeur puissant comblait aussi de grandeurs. Les électeurs du Doubs et ceux des Basses-Pyrénées choisissent pour candidat au Sénat conservateur le général qui, douze années auparavant, illustrait et sauvait nos frontières. Mais, à cette époque, l'entrée du Sénat rendait impossibles des services actifs que Moncey devait prodiguer encore, et dont Napoléon ne voulait pas priver la France.

» En 1807, le maréchal conduit des premiers en Espagne un corps d'armée. Une révolte éclate dans Madrid; son humanité se multiplie pour arrêter l'effusion du sang. Il fait sur Valence une marche qu'admirent les gens de l'art, et qu'illustrent six combats. Lorsque ensuite il rejoint le gros des gardes françaises, ses malades, ses blessés tombent en des mains implacables. Alors : « Nous sommes » soldats de Moncey ! » s'écrient-ils ; et le nom du sauveur de tant d'Espagnols les sauve eux-mêmes du massacre. Parmi toutes les victoires qu'il a remportées, celle-ci touche le plus son cœur.

» Quelques mois plus tard, rappelé par l'Empereur et traversant presque sans escorte les défilés si dangereux du Guadarrama, lui-même tombera dans les mains des guérillas espagnoles. Loin qu'il ait à redouter leurs mauvais traitements, à son aspect leur soif de vengeance sera conjurée par l'enchantement de sa vertu; la reconnaissance et l'enthousiasme remplaceront par une fête, et je dirais presque par une marche triomphale à travers les montagnes, toute idée de captivité. Les enfants de l'Ibérie, heureux de pouvoir enfin payer les dettes de leur patrie au sage, au vaillant, au vertueux Scipion de l'Espagne moderne, accorderont au maréchal sauvegarde complète jusqu'au delà des Pyrénées.

» La grande armée s'organise en Espagne ; six maréchaux, Moncey compris, et deux lieutenants généraux en commandent les huit corps ; des ducs, des princes, des rois en forment l'état-major, et l'homme du siècle en est l'âme.

» Si vous voulez voir combien vite les grandeurs de la terre s'évanouissent au moindre souffle de la Providence, contemplez les chefs de cette magnifique armée, la plupart illustrés si jeunes et qui devaient, en apparence, jouir si longtemps de leur splendeur ! Bessières et Lannes, morts les premiers, tous deux sur le champ de bataille, sont les seuls dont le sort ne laisse rien à désirer, pour leur bonheur à sortir si bien et si tôt de la vie ; Augereau, Davout, Masséna, Suchet, Saint-Cyr, Jourdan, Victor achèvent au sein de la cité leur carrière abrégée par d'immenses fatigues. Avant eux tous, Berthier périt par accident ; Junot s'est détruit de ses mains ; Murat expie sa royauté par le supplice ; Ney, le brave des braves, malgré les conventions invoquées, n'évite pas le même sort ; un autre chef, qu'ont respecté trente ans les boulets de l'ennemi, Mortier, succombe au milieu d'une fête sous des coups pointés contre toute une dynastie ; Napoléon, après avoir conduit la victoire en Europe, en Afrique, en Asie, échappe aux assassinats, mais prisonnier, mais exilé par la peur que son nom fait à tout un monde, et ne retrouvant la patrie que sous le pavois d'un cercueil ; enfin, Moncey, le Nestor de tous ces héros, après avoir, laissez-moi parler son langage, bordé la haie et présenté les armes à cet immortel cortége, prend à son tour le pas qui mène à la tombe, et répond à l'appel d'en haut, que signalait naguère un des grands capitaines qui restent encore en si petit nombre, tout prêts eux-mêmes à répondre !

» Pour trouver une pareille réunion d'illustres contemporains devenus, en pareil nombre d'années, l'exemple de destructions déplorables et violentes, il faut remonter, à travers les siècles, jusqu'aux lieutenants de César, jusqu'aux successeurs d'Alexandre.

» Reprenons la marche du temps. Deux mois dans la plus rude saison suffisent à l'armée de l'Empire pour gagner trois grandes batailles, franchir les chaînes de montagnes impraticables en hiver, et forcer l'armée anglaise, si fière de sa bravoure, à se sauver sur ses vaisseaux. Le duc de Conégliano, commandant le 3ᵉ corps, a pris sa part de ses triomphes. Il a, pour dernier fait d'armes, poursuivi jusqu'à Saragosse une armée espagnole, il veut l'assiéger tout entière; il la refoule dans la nouvelle Sagonte, après l'avoir expulsée de Monte-Torrero, sa principale défense. Montebello terminera cette noble entreprise : avançons toujours.

» Déjà j'entends sonner l'heure marquée pour la chute du grand empire. Trois années immenses mourant tour à tour ont conduit ses funérailles en Russie, en Allemagne, en France. Dans la dernière journée du long sacrifice, Moncey marche à la tête des gardes nationales et combat pour Paris. Lorsque les défenseurs manquent enfin à la capitale, qui se rend, le dévouement de Moncey voit sa place à Fontainebleau; il y vole. Il reprend, comme aux plus beaux jours d'un grand règne, l'inspection vigilante, impassible et calme de la gendarmerie, pour continuer une fidélité qui dure plus que l'Empire. Il ne cessera qu'à la prière, au commandement de Napoléon même.

» Voici 1815 et ses tristes fragilités; les réactions, ce fléau des régimes qui ne fondent pas pour durer! Sur le trône où Louis le Grand dut sa gloire et ses conquêtes à Turenne, à Luxembourg, à Condé, préservés du jugement et du supplice après la guerre civile, un prince, dont je ne veux parler qu'avec respect puisqu'il est l'auteur de la charte, a le malheur de ne pas suivre cet exemple cher à tous les cœurs généreux et de laisser la clémence plier sous la tempête des partis.

» La Restauration invoque, en dehors de la loi fondamentale, une juridiction militaire et républicaine que les lois de la monarchie ne permettent pas d'appliquer aux grands officiers de la couronne, aux maréchaux, aux pairs. Sous cette forme serait atteinte l'une des hautes renommées militaires pour lesquelles une immense infortune fait redoubler les sympathies nationales. L'opposition courageuse d'un guerrier citoyen suffira pour anéantir cette jurisprudence et restituer à la charte son empire.

» Sommé de présider le tribunal exceptionnel exhumé de Vincennes, Moncey refuse. Menacé, toujours en invoquant la loi républicaine, de perdre son rang monarchique de maréchal, rang inamovible depuis François Ier, son âme lui révèle qu'après la gloire d'avoir obtenu, par le plus fameux guerrier des temps modernes, la plus éminente dignité militaire, une autre gloire l'attend, plus haute encore, et surtout plus rare : c'est de perdre à la fois le maréchalat et la liberté pour obéir à l'ordre de sa conscience.

» Le château de Ham doit être sa prison ; il y court. Un commandant prussien l'occupe avec sa troupe. Le maréchal veut-il accepter de l'étranger un logement d'honneur, le château sera son palais... Il veut la prison pour subir sa peine ; le Prussien déclare que son roi n'est le geôlier de personne en

France, et que sa mission ne peut servir à des vindictes de guerre civile.

» Moncey ne se tient pas pour libéré; repoussé glorieusement du château, il loue à ses frais la maison la plus voisine, en fait sa prison d'État, et s'y constitue trois mois prisonnier. Pendant ces trois mois, la garnison de l'étranger, révérant à la fois ce grand exemple d'obéissance militaire et d'honneur sans tache, envoie chaque soir la musique de ses troupes saluer de ses fanfares, en signe d'admiration, le prisonnier volontaire.

» Et maintenant figurez-vous le peuple de Ham, où des citoyens tels que Foy prennent naissance; il applaudit à ce spectacle de l'étranger vaincu dans le sein de sa victoire par la supériorité de vertus si françaises, et rendant de pareils hommages à l'un des héros par qui l'Europe avait été, les armes à la main, battue tant de fois!

» Les passions attiédies, la Restauration reconnaît que Moncey n'a pas cessé d'être maréchal, trois ans après, dans la grande promotion qui procura, qui procure encore tant de gloire à la pairie.

» A peine a-t-il recouvré ses dignités, rehaussées par plus d'estime et de juste célébrité, la fortune l'atteint par un de ces coups qui font sentir le néant de tous les rêves de bonheur ici-bas. Le maréchal possédait un fils, un seul fils, distingué déjà par de beaux faits d'armes; remarqué, dès le début, par celui dont un coup d'œil devinait une destinée ; avancé, décoré sur les champs de bataille ; parvenu par son mérite au grade de colonel, qui conduit si vite aux grands commandements les officiers de talent et de courage : eh bien, ce brillant militaire, qui réalisait de si douces espérances, qui justifiait si noblement l'extrême tendresse d'un père, au milieu des plaisirs qu'aiment surtout les gens de guerre, pour s'endurcir aux fatigues, un funeste accident fait partir une arme à feu qui le tue....

» Son affliction du moins sera suspendue par une occasion sublime. La Restauration a grandi Moncey par des sévices endurés avec magnanimité ; elle a plus fait, elle a pris foi dans celui qu'elle a vu supporter dignement ses coups. Le généreux maréchal la remercie, pour ce double honneur, en conquérant la Catalogne avec la jeune armée française régénérée par le patriotisme et le génie de Gouvion Saint-Cyr.

» Enfin, la patrie désigne au doyen des maréchaux son dernier champ de bataille. Lorsqu'elle lui confie le gouvernement des Invalides, il touche à ses quatre-vingts ans ; mais son cœur est resté jeune à l'égard de ses anciens frères d'armes. Leur âge rappelle au sien les plus beaux temps de nos combats, de nos triomphes ; il voit en eux les monuments animés d'une gloire qui chaque jour va cessant d'être contemporaine, pour s'élever à la postérité.

Il veut du moins leur rendre doux les derniers moments du passage. Ont-ils quelques besoins personnels, quelques malheurs à soulager, quelques secours à réclamer pour leurs femmes et leurs enfants? qu'ils ouvrent leur âme au bon maréchal : son traitement leur appartient. Il ne suffit pas d'être généreux; il veut d'abord qu'on soit juste à leur égard et que leur dû soit respecté dans toute son étendue. Son infatigable sollicitude passe en revue les moindres détails qui peuvent influer sur le bien-être, le confort, la vie de l'invalide. Tous les abus sont découverts par son austère vigilance. Mais quelle lutte obstinée ne subit-il pas avant de les extirper, à son corps défendant! car les abus l'attaquent lui-même, comme un perturbateur qui les offense, dans la dignité de leur paix, et dans les droits acquis de leurs larcins.

» Ayant parcouru, suivant ses longues vicissitudes, une vie presque séculaire, embrassons d'un coup d'œil les titres d'honneur de cette grande existence, si souvent éprouvée par des guerres différentes, et si souvent couronnée par la victoire.

» La succession des nombreux gouvernements qui tour à tour ont dominé la France depuis cinquante ans et ruiné tant de caractères honorables dans le principe, cette succession était nécessaire pour faire éclater, sous leurs aspects divers, toutes les vertus de Moncey. Le régime de la terreur montrait la fermeté de son âme à défendre l'humanité; les conquêtes républicaines dévoilaient son intégrité, victorieuse de tentations immenses; le Directoire et la Restauration révélaient sa dignité dans la disgrâce, et sa supériorité dans la persécution; le Consulat faisait briller son dédain des ressentiments et son amour de la concorde; l'Empire étonné voyait son respect des lois, comptées alors pour si peu, et sa fidélité persévérante en faveur de la plus illustre infortune; le gouvernement issu de juillet 1830 faisait apparaître sa détestation des vengeances qui survivent à la bataille; et son amour fraternel à l'égard du vieux soldat; et son indignation, qu'on proclamait surannée, comme l'improbité; enfin, sa piété pour les mânes de son plus grand bienfaiteur, mânes confiés à sa garde, et je dirais presque à son culte, dans le temple des Invalides, si la foi chrétienne pouvait accorder les dieux lares au séjour de la gloire humaine.

» Messieurs les pairs, un petit nombre de grands hommes et beaucoup d'hommes éminents ont été portés par la Providence au sommet de notre nation depuis un demi-siècle, afin d'accomplir des actions immortelles, au milieu d'événements immenses pour le présent, immenses pour l'avenir. Ces hommes ont élevé notre patrie, aux yeux de l'étranger, plus haut qu'elle n'avait jamais brillé sous l'antique monarchie. A l'aspect de tant de gloire jaillie, c'est la vérité, jaillie de la foule, la générosité, la liberté, la victoire, nationalisées parmi nous, proclament la majesté du peuple français.

» Un souvenir digne de ce peuple et de ses trophées s'est présenté comme un phare pour me guider dans ma route.

» Après la victoire décisive remportée par la liberté à Marathon, le Fleurus de la Grèce! les Athéniens accordèrent à leur chef Miltiade, pour unique distinction, qu'il fût peint le premier à leur tête. Ainsi doit s'offrir à nous l'éloge national des chefs de l'armée française. En célébrant la valeur et la vertu de l'un d'eux, que j'ai dû peindre au premier rang, sans l'isoler du rang, j'ai voulu célébrer la valeur et la vertu de cette héroïque génération qu'il fut si grand et si beau de commander dans les combats.

» Mes nobles collègues, ne soyons pas seulement justes envers les morts: à l'honneur des vivants, devançons, hélas! de trop peu la voix de la postérité, adressons le tribut de notre piété patriotique aux glorieux et rares débris que le temps, à coups si rapides, aura moissonnés dans un moment.

» Honneur à ces hommes vaillants qui tout à l'heure, suivant la noble expression de l'un d'eux, seront aussi des ancêtres, et dont le nom seul transmettra la noblesse à leurs descendants, comme la gloire à leur pays!

» Soldats, officiers, généraux, qui, depuis Valmy jusqu'à Marengo, depuis Austerlitz jusqu'à Waterloo, tour à tour avez combattu pour la liberté, les lois et la grandeur de la nation, vous qui survivez encore, souffrez que notre voix n'attende pas l'instant où vous ne pourriez plus l'entendre, pour payer à vos lauriers, à vos cicatrices, à vos cheveux blancs, l'hommage que tous les bons citoyens vous ont voué du fond de l'âme. Vous avez acquis dès votre jeunesse ce que les grands cœurs aspirent à conquérir au prix de toute une vie; satisfaits de votre renommée, heureux des conquêtes sociales et civiques assurées à la France par vos batailles de géants, achevez dans l'honneur et la paix une carrière décorée par de si beaux triomphes.

» S'il est dans les décrets de Dieu, qui donne et retire la paix quand il lui plaît, que vous quittiez une patrie qui vous admire et vous révère, sans verser pour elle encore une fois votre sang, songez du moins, et diminuez ainsi vos regrets, qu'une génération digne d'apprécier tout ce qu'elle vaut la grandeur de vos faits d'armes ne se montrera pas indigne d'en reproduire les prodiges dès qu'il faudra marcher sur vos traces, pour assurer, à votre exemple, les libertés, l'indépendance et la gloire de la France. »

Le duc d'Orléans, annoncé par le maréchal duc

de Dalmatie, est venu le 16 juin 1842 visiter l'Hôtel, accompagné du duc de Saxe-Weimar.

Arrivée à la grille d'entrée, Son Altesse Royale a été reçue par le lieutenant général Petit, pair de France, remplissant par intérim les fonctions de gouverneur, les officiers de l'état-major et les fonctionnaires de l'Hôtel.

Le prince s'est ensuite rendu dans la cour d'honneur, où il a trouvé les invalides rangés en bataille, sur les quatre côtés de la cour; après en avoir parcouru le front, Son Altesse Royale s'étant placée en face du portail de l'église, le défilé a commencé.

Après le défilé, Son Altesse a parcouru les diverses parties de l'Hôtel, en commençant par l'église, le dôme, la chapelle Saint-Jérôme, où est déposé le cercueil de l'empereur Napoléon, l'infirmerie, la salle du conseil, la bibliothèque, et enfin plusieurs chambres et dortoirs, et le dépôt des plans en relief des places fortes du royaume.

Dans tout le cours de cette visite, le prince a témoigné plus d'une fois du vif intérêt que lui inspiraient ces vieux militaires, nobles débris de nos anciennes et glorieuses armées. Il avait exprimé le désir que la décoration de la Légion d'honneur fût accordée à leur doyen; que des hommes en punition pour des fautes légères fussent immédiatement relevés des peines qu'ils avaient encourues.

Enfin il s'est montré envers tous plein de

bienveillance et d'aménité; sa visite a laissé aux invalides une impression de satisfaction et de bonheur.

Un mois s'était à peine écoulé que ce prince, l'espoir de la France, expirait non loin du château de Neuilly, où sa famille résidait.

Le lendemain parut l'ordre du jour suivant :

« Le Roi et la France sont plongés dans la douleur. S. A. R. Mgr le duc d'Orléans, prince royal, est mort hier par suite d'une chute de voiture.

» L'armée partagera cette douleur. Elle déplorera d'autant plus amèrement la perte d'un prince, espoir de la patrie, comme il en était la gloire, qui prit part aux fatigues et aux périls du soldat qu'il aimait, et à qui il donna des marques de sa sollicitude, ainsi que l'exemple de toutes les vertus militaires, même du commandement et de la bravoure la plus éclatante.

» Le deuil sera pris immédiatement dans l'armée, et porté jusqu'à nouvel ordre. Il sera mis des crêpes aux drapeaux, étendards ou guidons; les tambours seront couverts de serge noire; il sera mis des sourdines et des crêpes aux trompettes : les officiers porteront le crêpe à l'épée.

» Le cruel événement que la France déplore excitera le dévouement de l'armée et resserrera les liens qui l'unissent au Roi et à son auguste famille. »

Cet événement, qui mit toute la France en deuil,

fut surtout vivement senti par les invalides, qui, en l'apprenant, prièrent le général Petit de porter au Roi l'expression de leurs regrets.

Adresse à Sa Majesté.

« Sire,

» La France, paisible et confiante dans les destinées que lui assure le gouvernement de Votre Majesté, voyait avec orgueil sur les marches du trône, un prince doué par la nature des qualités les plus éminentes. La brillante valeur, les glorieux faits d'armes qu'il avait accomplis, en avaient déjà fait l'idole de l'armée, et la patrie se plaisait à placer en lui ses plus chères espérances.

» Heureuse du présent, confiante dans l'avenir, la France croyait n'avoir plus que des actions de grâces à rendre à la Providence, lorsqu'elle se sent tout à coup frappée au cœur.

» Sire, votre douleur n'admet pas de consolation, et nous nous associons avec la France entière aux larmes de votre famille royale. Permettez-nous cependant de placer à côté de l'amertume de nos regrets un mot d'espérance. Ce royal enfant dont la naissance fut une joie publique héritera des vertus de son père, il recueillera de vous ces leçons de sagesse dont la France parle avec amour et l'Europe avec respect.

» Sire, vous êtes accoutumé à compter sur l'appui de la Providence, le concours du pays ne vous manque pas, Dieu protége la France. »

Par ordonnance royale du 21 octobre 1842, M. le maréchal Oudinot, duc de Reggio, est nommé gouverneur de l'hôtel royal des Invalides, en remplacement du maréchal Moncey.

Ce choix comble de joie les invalides, qui, tous, connaissent les hauts faits d'armes et le mâle courage de cet intrépide guerrier.

Ce jour-là parut l'ordre du jour suivant :

« Officiers, sous-officiers et soldats,

» Le Roi vient de me confier le gouvernement des Invalides.

» J'apprécie comme je le dois cette récompense. C'est pour moi un honneur signalé d'être appelé à commander les vieux compagnons d'armes qui, depuis près de soixante ans, ont mes sympathies, et que j'ai rencontrés sur tant de champs de bataille.

» Je suis fier de succéder à l'illustre maréchal Moncey, à ce guerrier, type de patriotisme, dont les vertus militaires seront toujours présentes à votre souvenir ainsi qu'au mien.

» Je m'applaudis enfin de penser que je terminerai ma carrière avec vous et auprès du grand homme dont la tombe est remise à votre garde, confiée à votre amour.

» Dès ce moment, braves invalides, mon sort est associé au vôtre, et je vous appartiens sans réserve. Secondé par le loyal et valeureux général Petit, auquel j'ai voué depuis longues années autant d'estime que d'amitié, je me consacrerai tout entier à vos intérêts.

» Votre bien-être ne sera pas seul l'objet de ma sollicitude, elle s'étendra sur toutes les parties du service.

» J'aimerai à développer de plus en plus dans cette enceinte les principes d'ordre et de discipline, je m'attacherai à entretenir parmi vous le dévouement au Roi et au pays, dont nous devons l'exemple à notre jeune armée et que vous mettez au nombre de vos premiers devoirs. »

Le 12 mai 1843, le gouvernement du Roi, sur la demande du conseil d'administration de l'hôtel des Invalides, décide qu'il sera élevé un monument en marbre blanc à la mémoire du maréchal Moncey. L'inauguration de ce monument, que l'on peut voir sur l'avant-dernier pilastre à gauche en entrant dans l'église, eut lieu le 12 mai 1843.

Le 3 juillet suivant, le général Petit, en l'absence du gouverneur, reçut devant la garde assemblée, des mains du général Durosnel, aide de camp du Roi, les drapeaux pris par le duc d'Aumale au combat d'Ain-Taguin (Algérie), au nombre de six.

« Mes Camarades,

» Le Roi vous envoie et confie à votre garde ces trophées conquis à l'armée d'Afrique par S. A. R. Mgr le duc d'Aumale, au combat d'Ain-Taguin. Vous avez applaudi à ce beau fait d'armes, ordonné par le prince, sans hésitation, et exécuté par lui à la tête d'une minime partie de ses troupes, avec la valeur la plus brillante.

» Vive le Roi, vive notre brave armée d'Afrique! »

Remise et réception de quatre drapeaux provenant de divers combats livrés contre Abd-el-Kader et Kalifah-Embarek, par MM. le maréchal Bugeaud et le général Tempoure, le 11 novembre.

Aujourd'hui 1er juillet 1843, ont été appendus aux voûtes de l'église quatre drapeaux arabes provenant de la prise de la smala d'Abd-el-Kader par S. A. R. le duc d'Aumale.

Les funérailles du maréchal comte d'Erlon, décédé à Paris en janvier 1844, ont été célébrées, avec tous les honneurs dus à son rang, dans l'église des Invalides, le 29 du même mois.

Les restes mortels du maréchal ont été transportés dans le département de la Marne, où est situé le lieu destiné à leur sépulture.

Une cérémonie imposante a eu lieu aujourd'hui, 2 septembre 1844, à l'hôtel royal des Invalides, où ont été déposés les drapeaux conquis à Mogador par l'escadre aux ordres de S. A. R. Mgr le prince de Joinville.

M. le colonel Dumas, aide de camp du Roi, accompagné de M. le capitaine Brouet, chargé par Son Altesse Royale d'apporter à Paris ces glorieux trophées, les a remis, en l'absence de M. le maréchal gouverneur, entre les mains du général baron Petit, commandant de l'Hôtel, qui les a reçus en présence des militaires invalides, rangés sous les armes par divisions.

M. le colonel Dumas, en faisant cette remise, s'est exprimé ainsi :

« Général,

» Je viens par ordre du Roi vous remettre les drapeaux enlevés à Mogador par l'escadre aux ordres de S. A. R. Mgr le prince de Joinville.

» Vive le Roi, vive Mgr le prince de Joinville, vivent nos braves marins ! »

M. le général Petit a répondu :

« Je reçois avec reconnaissance et comme un dépôt sacré ce nouveau témoignage de la valeur de notre brave marine, digne émule de notre brave armée de terre, toutes deux héritières de notre vieille gloire! »

Hussein-Bey, fils du pacha d'Égypte, et Ahmed-Bey, petit-fils de Son Altesse, autorisés par M. le maréchal, ministre de la guerre, à visiter l'hôtel royal des Invalides, s'y sont présentés, avec leur suite, mercredi 19 du courant. Ils ont visité et parcouru l'Hôtel dans toutes ses parties. Les soins qui environnent le militaire français dans cet asile de la valeur ont particulièrement fixé l'attention de ces nobles étrangers; et ils en ont souvent témoigné leur admiration à M. le lieutenant général baron Petit, commandant de l'Hôtel, qui les a accompagnés pendant tout le temps qu'a duré leur visite.

Le 29 septembre, sur l'avis donné par M. le maréchal duc de Dalmatie, président du conseil, secrétaire d'État au département de la guerre, à M. le maréchal duc de Reggio, gouverneur des Invalides, que, par ordre du Roi, il ferait remettre, ce jourd'hui, entre ses mains, pour être appendus aux voûtes de l'église de l'Hôtel, les drapeaux, étendards et pavillons pris tant à la bataille d'Isly, le 14 août 1844, par l'armée que commandait M. le maréchal Bugeaud, qu'à l'attaque de Mogador, les 15 et 16 du même mois, par l'escadre aux ordres de S. A. R. Mgr le prince de Joinville, et que ces glorieux trophées seraient remis à M. le gouverneur, d'après les ordres de Sa Majesté, par M. le lieutenant général Sébastiani, commandant la première division militaire, accompagné de M. le colonel Dumas, aide de camp du Roi, et de MM. Eynard, colonel, aide de camp de M. le maréchal Bugeaud, et Bouet, capitaine de corvette, qui ont l'un et l'autre pris part à ces beaux faits d'armes ;

M. le lieutenant général baron Petit, commandant de l'Hôtel, a ordonné, en l'absence de M. le maréchal gouverneur :

1° Que toutes les divisions seraient réunies pour deux heures après midi dans la cour Royale et placées sur plusieurs lignes faisant face au côté nord ;

2° Que deux pelotons de vingt-cinq hommes et quatre officiers (composés autant que possible de légionnaires) commandés par un adjudant-major attendraient à la grande grille l'arrivée du cortége et, précédés des tambours, marcheraient en tête jusqu'à l'entrée de ladite cour d'honneur, et que de là ils se porteraient sur leur droite, jusqu'auprès des divisions ;

3° Et que les compagnies de la ligne, grenadiers et voltigeurs, chargées d'escorter les trophées des Tuileries à l'hôtel des Invalides, se formeraient en bataille sur les côtés est et ouest de l'Hôtel, qui, à cet effet, auront été laissés libres.

M. le général Petit, accompagné de l'état-major de l'Hôtel, s'est porté jusqu'à la grande grille pour y attendre les troupes escortant les drapeaux et trophées.

Le cortége arrivé au milieu de la cour d'honneur, M. le lieutenant général Sébastiani, s'adressant à M. le lieutenant général baron Petit, s'est exprimé en ces termes :

« Général,

» Je viens au nom du Roi déposer entre les mains de M. le maréchal gouverneur les trophées conquis par nos braves soldats de l'armée d'Afrique et par nos intrépides marins aux journées d'Isly et de Mogador. »

M. le lieutenant général baron Petit reçoit ces drapeaux, au nom de M. le gouverneur, et prononce le discours suivant :

« Messieurs,

» Votre présence en ces lieux, la pompe de cette solennité, reportent nos pensées vers les temps de nos succès divers alors que nous apparaissions sur vingt champs de bataille et remplissions le monde du bruit de nos exploits ; car nous aussi nous avons contribué aux grandes destinées de la France ainsi qu'à ses triomphes.

» Mais le sort des armes est incertain !

» Par suite des malheurs de la guerre, en 1814, de nombreux drapeaux (environ dix-huit cents), monuments glorieux de nos immortelles victoires, ont été livrés au feu par nos mains pour les soustraire à l'ennemi.

» Cette perte vivement sentie est encore l'objet des regrets amers de nos vieux braves, qui les avaient conquis au prix de leur sang.

» Mais les armées françaises ont depuis retrouvé le chemin de la victoire, elles ont orné de nouveau les voûtes de notre temple de glorieux trophées, gages de leur valeur.

» C'est ainsi, messieurs, que vous venez aujourd'hui déposer en nos mains les drapeaux, les trophées, les étendards pris à l'ennemi à la bataille d'Isly; vous y avez joint ceux conquis à Mogador par notre marine, digne émule de l'armée de terre, et qui a aussi ses grandes journées.

» Soyez, messieurs, soyez les bienvenus; honneur soit rendu à vos armes !

» Lorsque vous retournerez en Afrique ou à bord de vos vaisseaux, dites à vos compagnons d'armes que nous tous ici, vieux débris mutilés des grandes armées tant de fois victorieuses, applaudissons à leurs efforts, à leurs succès, à leur gloire; que nous apprécions leurs travaux, leurs fatigues sous un soleil ardent, pour assurer leurs conquêtes, et la poursuite d'un ennemi sans cesse fugitif.

» Dites-leur que nous, qui avons combattu et souffert sous différents climats, qui avons porté nos pas jusqu'aux glaces du Nord, nous avons aussi connu le soleil du tropique, que les noms de nos batailles sont écrits aux Pyramides, sur les ruines de Thèbes, de Syène et d'Hermopolis; qu'à notre exemple leurs bataillons gravent aussi les leurs sur les vieux monuments romains, sur ceux des nations puniques, aux limites du grand désert, afin qu'il soit connu dans les âges futurs que, dans tous les temps, en tous lieux, sous tous les règnes, la France, grande et puissante entre les nations, a souvent su vaincre ses ennemis sans en compter le nombre; qu'elle a toujours vengé ses injures par les armes et que parfois le monde s'est ému aux cris de guerre de ses vaillants soldats.

» Honneur à l'armée d'Afrique!

» Honneur au chef qui la commande!

» Honneur au prince placé à la tête de notre escadre, qui a foudroyé Tanger et Mogador! »

Le 13 avril 1845, le Roi ordonne que les restes mortels des deux grands maréchaux du palais de Napoléon Ier, Bertrand et Duroc, seront placés dans l'église des Invalides, à droite et à gauche de l'espace qui conduit à l'entrée du tombeau, et que des monuments funéraires seront élevés à cet effet.

En avril 1846, le vainqueur de Nézil, Ibrahim-

Pacha, est venu visiter l'Hôtel. Le 28 avril 1846 il y arriva accompagné du duc de Montpensier et de plusieurs officiers égyptiens. Les invalides, au nombre de trois mille, étaient sous les armes dans la cour d'honneur. Le maréchal Oudinot reçut les nobles visiteurs, qui parcoururent avec le plus vif intérêt les diverses parties de l'Hôtel.

Conduit au tombeau de l'Empereur, le régénérateur de l'Égypte resta longtemps plongé dans un respectueux recueillement. En quittant l'Hôtel, il dit d'une voix émue au duc de Reggio :

« Monsieur le maréchal gouverneur, je suis fier de m'être trouvé quelques instants entouré des plus braves soldats de l'Europe. Un pareil établissement, imité aujourd'hui par toutes les nations vraiment guerrières, est l'honneur éternel du peuple qui l'a fondé. »

Le 8 mai, sur l'avis donné de la part du Roi à M. le maréchal duc de Reggio, gouverneur des Invalides, de l'envoi à l'Hôtel royal de cinq drapeaux pris dans l'expédition de la Plata, le 20 novembre 1845, la troupe fut réunie dans la cour d'honneur, M. le maréchal présent, M. le lieutenant général Berthois, grand officier de la Légion d'honneur, aide de camp de Sa Majesté, accompagné de M. Vidal de Vernix, lieutenant de vaisseau, envoyé par M. le ministre de la marine, s'est exprimé en ces termes après l'ouverture d'un ban :

« Monsieur le maréchal,

» Par ordre du Roi, j'ai l'honneur de déposer entre vos mains cinq drapeaux argentins pris au combat d'Obligado, dans le Parana, le 20 novembre 1845, sur les batteries élevées à terre par le gouverneur de Buenos-Ayres, pour la défense du fleuve, lesquelles batteries ont été enlevées glorieusement par les troupes de débarquement de notre escadre. »

M. le maréchal gouverneur a répondu :

« Général,

» Les drapeaux que le Roi vous a chargé de confier à la garde des militaires invalides trouveront une noble place à côté des trophées qui ornent cet asile.

» Assurez Sa Majesté que nous sommes toujours fiers des succès de nos armées et que nous veillerons toujours avec dévouement sur le dépôt de leur gloire. »

Le ban fermé, les cinq drapeaux ont été portés par un détachement d'invalides, membres de la Légion d'honneur, devant le front de bandière, puis déposés après le défilé de la troupe à la salle du Conseil, où le présent procès-verbal a été arrêté et signé par M. le maréchal gouverneur, M. le lieutenant général Berthois, M. le capitaine Vidal de Vernix, M. le lieutenant général commandant l'Hôtel, M. le secrétaire archiviste, trésorier, conservateur des trophées, et par nous sous-intendant militaire des Invalides.

Le comte de Dameskivo-Samsoë, envoyé extraordinaire du roi de Danemark, porteur de la grande décoration de l'ordre de l'Éléphant à Louis-Philippe, vint visiter l'hôtel des Invalides le 15 mai.

L'envoyé extraordinaire du roi de Danemark est venu de nouveau visiter l'Hôtel et le tombeau de l'Empereur le 18.

Le 29 juillet, un nouvel attentat ayant menacé les jours de Louis-Philippe, le lieutenant général baron Petit, commandant l'Hôtel, tant en son nom qu'en celui de tous les militaires invalides de l'Hôtel, s'est empressé d'adresser au ministre de la guerre, pour être mise sous les yeux de Sa Majesté, l'adresse suivante :

« Monsieur le ministre,

» Si le cœur du Roi, naturellement blessé de cette suite d'attentats contre sa vie, si précieuse à la France, pouvait être un moment consolé par l'assurance de nos sentiments de respect et de dévouement à sa personne, assurez bien Sa Majesté que ce sont là les sentiments que renferment nos vieilles poitrines, et que nous sommes et serons toujours disposés à répandre pour son service et sa conservation le reste du sang que l'âge et les événements de la guerre ont laissé circuler dans nos veines. »

« Vu la dépêche adressée à M. le ministre de la guerre, sous la date du 18 août présent mois, à M. le maréchal duc de Reggio, gouverneur des Invalides, dont copie nous a été dûment notifiée; laquelle dépêche porte que, par décision du Roi, la dépouille mortelle de M. Sylvain-Charles, comte Valée, maréchal et pair de France, commandeur de l'ordre royal et militaire de Saint-Louis, grand-croix de l'ordre royal de la Légion d'honneur, sera inhumée dans le caveau de l'église de l'Hôtel, et prescrit le cérémonial militaire et religieux à observer à cette occasion;

» Vu l'ordre du jour, en date du 19 du courant, de M. le lieutenant général baron Petit, commandant de l'Hôtel, pour l'exécution des ordres du ministre, en ce qui regarde la réception, dans la soirée du 19 dudit mois, du cercueil de M. le maréchal comte Valée, de même que le service funèbre à célébrer dans la matinée du lendemain;

» Nous, Christophe-Anne Vauthier, sous-intendant militaire de première classe, chargé de la direction des services administratifs des Invalides; en conséquence des dispositions prescrites par l'ordre du jour précité et attendu :

» 1° Que, le 19 au soir, à l'arrivée dans l'avant-cour de l'Hôtel de la voiture funéraire contenant le corps de M. le maréchal comte Valée, que suivaient MM. :

» Charles-Marie-Marius, baron de Salles, membre de la Chambre des députés, colonel du corps royal d'état-major, commandeur de l'ordre royal de la Légion d'honneur, officier des ordres du Sauveur de Grèce et de Léopold de Belgique, aide de camp et gendre de M. le maréchal comte Valée;

» Aquilas-Jean-Baptiste Blanchot, sous-intendant militaire de deuxième classe, en activité de service, chevalier de l'ordre royal de la Légion d'honneur, neveu du maréchal comte Valée;

» Jean Gérard, ancien aide de camp dudit maréchal, colonel d'artillerie en retraite, commandeur de l'ordre de la Légion d'honneur;

» Napoléon Riou, directeur des hospices de la ville de Montargis, y demeurant;

» Cajetan Ximéno, prêtre aux missions étrangères, à Paris;

» Gannal, chimiste, demeurant à Paris;

» Ladite voiture ayant cessé sa marche à la grille de l'Hôtel, où se trouvait M. le lieutenant général baron Petit, suppléant M. le maréchal gouverneur des Invalides, empêché, accompagné de MM. Simon, lieutenant-colonel major de l'Hôtel; de Xaintrailles, colonel au corps d'état-major, premier aide de camp de M. le maréchal gouverneur; baron le Duc, sous-intendant militaire en retraite, agent civil de surveillance; Rougevin, architecte de l'Hôtel, et Bugnot, inspecteur vérificateur des bâtiments;

» M. le colonel de Salles dit, s'adressant à M. le lieutenant général baron Petit :

« Général,

» Je vous remets le corps de M. le maréchal comte Valée, que le Roi a ordonné d'inhumer dans l'église de l'hôtel royal des Invalides, en récompense des éminents services qu'il a rendus à la France pendant cinquante-huit ans. »

A quoi cet officier général répondit :

« Monsieur le colonel,

» Nous prenons tous la part la plus vive à la perte que la France et votre famille viennent de faire. Déjà fiers dans nos regrets de tant de glorieux restes mortels que nous possédons, nous le sommes aussi d'y joindre ceux, non moins précieux, du vainqueur de Constantine, ainsi que le porte la décision du Roi. »

» 2° Que la susdite voiture funéraire, étant entrée

dans la cour Royale, s'arrêta près des marches qui conduisent à l'église, et sur lesquelles M. le curé, assisté de son clergé, attendait l'arrivée du cercueil;

» 3° Que ce cercueil, ayant été retiré de la voiture, fut porté à l'entrée de l'église, et de là déposé dans la chapelle ardente qu'on avait préparée pour le recevoir, et d'où on devait l'enlever dans la matinée de ce jour pour le placer sous le catafalque, un peu avant la célébration du service funèbre, ce qui a été exécuté;

» Enfin, attendu que M. le colonel de Salles et les personnes accompagnant avec lui la voiture funéraire avaient fait après le dépôt du corps dans la chapelle ardente, et en présence de M. le lieutenant général commandant l'Hôtel et des fonctionnaires déjà nommés et qualifiés, la déclaration suivante :

» Étant arrivés dans une chambre à coucher au premier étage d'un hôtel sis rue Vanneau, n° 32, où est décédé dans la soirée du 15 du présent mois, M. Sylvain-Charles Valée, maréchal et pair de France, grand-croix de l'ordre de la Légion d'honneur, nous avons reconnu que le corps du maréchal était exposé sur un lit, revêtu de l'uniforme de maréchal de France, avec le grand cordon et la plaque de la Légion d'honneur.

» Le corps de M. le maréchal a été placé par les soins de M. Gannal, qui l'avait embaumé, dans un cercueil de plomb revêtu intérieurement de sapin;

le chapeau du maréchal a été placé sur ses jambes et son épée à côté du corps.

Immédiatement après, le cercueil de plomb a été soudé et placé dans un deuxième cercueil de chêne garni intérieurement de drap noir orné de galons d'argent.

» Il ne nous reste plus maintenant qu'à constater ce qui suit :

» La célébration du service funèbre commencée à dix heures du matin et terminée à midi, nous sommes sorti de l'église, laissant le cercueil sous le catafalque, que le public a été admis à visiter, et à quatre heures nous y sommes retourné et y avons trouvé réunis M. le lieutenant général baron Petit et les fonctionnaires de l'Hôtel qui l'avaient précédemment accompagné, comme aussi MM. le colonel baron de Salles, le sous-intendant militaire Blanchot, le colonel Gérard et Riou.

» Là, et toujours en présence des mêmes personnes, le cercueil étant retiré du catafalque, descendu et déposé provisoirement dans un des caveaux du dôme, où il doit rester jusqu'à ce que l'achèvement des travaux du caveau de la nef destiné à la sépulture des gouverneurs de l'Hôtel et autres personnages éminents permette de l'y placer.

» Cette inhumation étant terminée avec le cérémonial religieux en usage, nous avons dressé, clos et arrêté le présent procès-verbal, que les personnes y dénommées ont signé avec nous, après la lecture faite. »

Discours prononcé par M. le comte Molé, à l'occasion du décès de M. le maréchal comte Valée.

« Messieurs,

» Celui dont je viens retracer la carrière est encore vivant dans votre mémoire. Ses œuvres utiles et glorieuses n'avaient pas besoin de mes faibles paroles pour obtenir la reconnaissance du pays. C'est un devoir que je remplis, une dette dont je m'acquitte, en lui rendant devant vous un dernier hommage. Le cabinet du 15 avril, dont j'avais l'honneur d'être le chef, mettra toujours au rang de ses meilleurs souvenirs et de ses meilleurs services d'avoir proposé au Roi d'envoyer le général Valée en Afrique, et d'avoir compris qu'il se devait à lui-même d'appeler une des premières renommées de notre armée à venger l'échec éprouvé devant Constantine. Au surplus, messieurs, je dois me préserver ici de la solennité d'un exorde et de toutes les formes pompeuses du discours. J'ai vu de trop près la simplicité, la modestie, cortége intime et attachant d'un mérite si rare, pour qu'il me soit permis de louer une telle vie autrement qu'en la racontant.

» Silvain-Charles Valée naquit à Brienne le 17 décembre 1773. Orphelin dès ses premières années, il fut nommé élève du Roi à l'École militaire de Brienne, à l'âge de huit ans. Il avait presque achevé ses études, lorsque la suppression de cette école et de toutes celles de la même nature lui fit quitter à la fois le lieu de sa naissance et ce premier théâtre où l'enfance et la jeunesse de l'homme font présager son avenir. Appliqué et réfléchi, silencieux et contenu, le jeune Valée était un de ces êtres chez lesquels la vie intérieure domine, et que leur réserve naturelle fait taxer de froideur, quelquefois même d'orgueil, par leurs égaux. Dans ces grands centres d'enseignement où se presse une nombreuse jeunesse, la camaraderie a ses exigences et ses rigueurs. Malheur à celui qui s'isole et reste solitaire au milieu de cette foule turbulente et entraînée, jusqu'à ce qu'elle aperçoive au-dessus de sa tête celui qu'elle poursuivait de son ironie ou de son injustice, et qu'elle est forcée d'admirer : du reste, en entrant à l'École de Châlons comme élève sous-lieutenant, Valée eut le rare bonheur de rencontrer de dignes émules destinés à devenir ses glorieux rivaux. L'École d'application de l'artillerie comptait alors parmi ses élèves Haxo, Marmont, Duroc, un frère de Napoléon, enfin Louis Courier. L'éducation, messieurs, ne vient pas seulement du maître. De jeunes hommes tels que ceux-ci, échangeant leurs idées dans de familiers entretiens, s'excitant au feu d'une controverse où la passion de s'instruire s'accroît du désir de se surpasser, se poussent en avant l'un l'autre; et il se forme entre eux des amitiés impérissables ou d'ardentes et fécondes rivalités. L'année 1792 n'était pas expirée que le jeune Valée, nommé lieutenant d'artillerie, se faisait déjà remarquer de ses chefs. Dans les campagnes de 1793 et 1794, il prit part au siége et à la défense du Quesnoy, de Landrecies, de Charleroy, de Valenciennes, de Condé et de Maëstricht. Au commencement de 1795, il reçut le grade de capitaine et fut envoyé à l'armée du Rhin, que commandait le général Moreau, dont il eut bientôt attiré les regards. Déjà à Wurtzbourg le général en chef avait été témoin de la bravoure et de l'intelligence que montrait à la tête de sa batterie le jeune capitaine d'artillerie. Mais, à Engen, Moreau le vit, après un long combat où il avait épuisé ses projectiles, braver encore le feu de l'ennemi en tirant à poudre, pendant que notre infanterie se déployait et prenait position autour de lui. Frappé de tant de présence d'esprit et de courage, Moreau le nomma sur-le-champ commandant en premier de la batterie. L'arrêté portant nomination était écrit de sa main et motivé sur l'intrépidité et les services du capitaine Valée pendant la bataille du 13 floréal. Le ministre de la guerre ayant refusé de ratifier cette promotion, Moreau, pour toute réponse, réunit plusieurs batteries sous la direction du jeune Valée, et écrivit à Paris : « Je suis responsable de tous les services » de mon armée, à la condition d'y distribuer moi- » même les emplois. » Valée passa plusieurs années à l'armée du Rhin ; il y commandait l'artillerie du général Decaen. Il était à cette époque de la vie où les habitudes se prennent, où l'homme se prononce. Aussi, ses contemporains disaient-ils qu'ils retrouvaient toujours en lui l'officier de l'armée du Rhin. Ceux qui peuvent se rappeler comme moi cette France d'alors, si fière de ses armées, vous diront qu'on distinguait chez nos guerriers deux écoles : celle de l'armée du Rhin, celle de l'armée d'Italie. A ceux de l'armée d'Italie on eût volontiers donné le nom que le général Bonaparte lui-même donnait à Masséna, d'*enfant gâté de la victoire* : dans leur langage, dans leur allure, jusque dans leur maintien, il y avait de l'invaincu, la négation de l'impossible. Dans ceux de l'armée du Rhin, au contraire, je ne sais quoi de sérieux et de réfléchi semblait dire que si le génie, aidé de la fortune, fait des prodiges, la prudence et le sang-froid préviennent seuls les revers ou savent les réparer. Rien ne conserve l'identité du naturel à tous les âges comme l'unité de la vie et la simplicité des mœurs. Tel vous avez vu le vieux maréchal, messieurs, et tel était le jeune capitaine d'artillerie. Dévoué au *devoir*, pour lequel il avait une sorte de culte, il cherchait moins l'éclat que la solidité du succès. Inconnu personnellement du général Bonaparte devenu premier consul, il ne parvint qu'en 1802 au grade de chef d'escadron. Nommé major en 1804, il fit plus tard la campagne d'Austerlitz, et se distingua aux batailles d'Eylau et de Friedland. Bientôt après, l'Empereur l'envoya en Espagne, où il débuta sous les ordres du maréchal Lannes qui assiégeait Saragosse. Après la reddition de cette ville, il eut le commandement de l'artillerie du troisième corps, devenu l'armée d'Aragon. Général de brigade en 1809, il dirigea celle du général Suchet aux siéges de Lérida, de Tortose, de Méquinenza, de Sagonte et de Tarragone; c'est là surtout qu'il acquit cette expérience et cette renommée qui me firent si vivement désirer, en 1837, qu'il se chargeât de conduire notre artillerie sous les murs de Constantine et d'en diriger les opérations. Après la prise de Tarragone, qui avait résisté à cinq assauts, l'Empereur le nomma général de division. Il suivit le maréchal Suchet devant Valence, qu'il obligea, par le feu de son artillerie, à ouvrir ses portes, et mit en état de défense toutes les places qui se trouvaient dans le vaste commandement du duc d'Albuféra.

» On était en 1813, l'étoile de Napoléon avait pâli à Moskou, à Leipzig. Les Français durent évacuer la Péninsule, et le moment était venu pour Valée de montrer qu'au milieu des circonstances les plus difficiles son âme restait calme, son esprit ferme et libre, son activité et son ardeur les mêmes que quand il poursuivait et décidait tant d'éclatants succès. Malgré les efforts des armées anglo-espagnoles et des populations soulevées, il parvint à conserver et ramener en deçà des Pyrénées l'immense matériel de nos troupes en Espagne. Napoléon, pour lui en témoigner sa satisfaction, le nomma comte de l'Empire par un décret daté de Soissons, le 12 mars 1814, et après son retour de l'île d'Elbe, dans les Cent-Jours, il le chargea de l'armement de Paris, que le général Haxo devait mettre en état de défense. Mais, pour la seconde fois, Napoléon avait succombé sous l'effort des peuples et des armées de l'Europe coalisés. Pour la seconde fois la branche aînée de la maison de Bourbon était remontée sur le trône de ses ancêtres. Elle cherchait alors à éviter les fautes commises en 1814, et au lieu de prendre parmi ceux qui l'avaient suivie dans l'exil les chefs des armées et des services publics, elle voulut recourir aux hommes les plus éprouvés dans nos luttes et les plus connus du pays. Redoutant toutefois les grandes influences et les hautes positions, parce qu'elle manquait de confiance dans ceux qui auraient pu les exercer et les occuper dignement, la Restauration supprima, en 1815, la place de premier inspecteur général qu'elle avait donnée au général Sorbier en 1814.

Elle en remit les attributions aux mains d'un comité qui devait diriger cette arme, dont le système des grandes armées et des grandes batailles avait accru l'importance, et y proposer toutes les réformes et les améliorations désirables. Non-seulement le général Valée fut appelé à siéger dans ce comité, mais pendant cinq années consécutives ses collègues le choisirent pour rapporteur. C'est ici que commence la seconde période de sa vie : il avait quarante-deux ans. Pour la première fois, depuis sa sortie des écoles, la paix lui laissait le loisir de mûrir et coordonner toutes les observations qu'il avait pu faire pendant les guerres de la République, du Consulat et de l'Empire. Pour la première fois l'occasion lui était donnée d'employer, dans toute leur étendue, les plus éminentes qualités de son esprit, et de s'élever à la théorie par l'étude approfondie de la pratique. Appelé en 1818, par le maréchal Gouvion Saint-Cyr, ministre de la guerre, à faire partie d'une commission de défense du royaume, il y fit adopter un système général d'armement pour les places fortes et l'immense littoral qui forme à l'ouest et au sud la frontière de la France. Enfin, en 1822, le gouvernement, sentant la nécessité de donner à l'artillerie une direction plus concentrée, plus identique, créa pour lui le titre et les fonctions d'inspecteur du service central de l'artillerie. Valée entreprit alors de réaliser toutes les réformes, tous les perfectionnements dont une longue expérience lui avait suggéré l'idée. Un homme dont le nom mérite qu'on le rappelle, M. de Gribeauval, avait porté notre artillerie, dans le dernier siècle, à un degré de supériorité qu'elle n'eut jamais jusque-là. Soutenu d'abord et mis en lumière par M. d'Argenson, ministre de la guerre, plus tard par le duc de Choiseul, et particulièrement par Louis XVI, M. de Gribeauval fit le premier déterminer la force et la proportion de l'artillerie dans nos armées; il régénéra nos écoles, perfectionna les armes, les forges, les fonderies, inventa de nouvelles batteries pour la défense de nos côtes, établit un ordre nouveau dans les arsenaux de construction; enfin, il avait doté notre infanterie d'une artillerie de campagne dont il emprunta l'idée à la Prusse, et introduisit parmi nos pièces le principe si précieux de l'uniformité. Depuis sa mort, arrivée en 1789, il ne s'était fait d'autre changement dans le matériel ou le personnel de l'arme que l'importante création des batteries à cheval. Cependant le temps avait marché, l'œuvre de Gribeauval avait vieilli, et la lutte si prolongée que nous avions soutenue contre toutes les armées de l'Europe, surtout contre les armées prussiennes et anglaises, nous avait appris que notre matériel était devenu inférieur à celui de l'ennemi, qui, moins compliqué, plus disponible, lui donnait, surtout dans les montagnes, des avantages marqués sur nous. Le général Valée, avant de présenter au gouvernement ses vues, voulut s'appuyer de l'opinion de son corps; durant cinq années, il soumit toutes ses idées au plus libre examen, et même à l'épreuve d'expériences rigoureuses et souvent répétées par le corps de l'artillerie tout entier. Ce fut en 1827 qu'il mit sous les yeux du gouvernement un vaste système qui embrassait toutes les branches du service et donnait à la France un nouveau matériel de campagne, de siége et de place. Plus tard, il changea aussi toute l'organisation du personnel. Mais vous me permettrez, messieurs, d'entrer ici dans quelques détails. J'ai à rendre compte d'une œuvre immense, à laquelle la France doit et devra en partie la supériorité de ses armes. J'ai aussi une autre mission, celle de convaincre ceux qui m'écoutent ou me liront que, pour entreprendre et accomplir une œuvre pareille, il fallait un homme doué de ces rares aptitudes, de ces dons de l'esprit et du caractère, avec lesquels seuls se font les grandes choses ou les grandes réformes ici-bas.

» Le moyen d'augmenter l'efficacité et de multiplier l'emploi de l'artillerie dans les batailles était évidemment de la rendre plus mobile et de simplifier son système de construction. Jusque-là chaque espèce de voiture avait ses roues particulières. Ainsi, dans le matériel de campagne, les pièces de 6, de 8, de 12, avaient des roues différentes, et chaque pièce deux petites et deux grandes. Valée réduisit le matériel de campagne aux calibres de 8 et de 12, et toutes les pièces furent montées sur quatre roues du même modèle et de la même grandeur : réforme bien simple et dont on put constater bientôt les prodigieux résultats. Ainsi, deux années plus tard, en 1830, lorsque nos vaisseaux jetaient sur la plage d'Afrique les éléments disjoints de nos pièces, l'armée française voyait ces pièces remontées sur leurs affûts comme par enchantement, et marcher en avant avec la rapidité de l'éclair.

» Après avoir donné à l'artillerie une mobilité qui doublait sa puissance, il restait à faciliter la marche et le transport des pièces. Les affûts de M. de Gribeauval, composés de deux trains, se trouvaient arrêtés devant d'étroits ravins ou des tournants trop brusques, que des canonniers, suivant à pied, leur faisaient franchir après de longs et pénibles efforts; et derrière les pièces venaient de nombreux caissons dont le passage ne rencontrait pas moins de difficulté. Par une nouvelle forme donnée à l'affût, les deux trains devinrent indépendants l'un de l'autre, les pièces purent passer dans les chemins les plus étroits, tourner court et presque sur elles-mêmes; toutes reçurent un coffret qui, placé sur l'avant-train, en était inséparable et suffisait aux premières nécessités du combat. Enfin le coffret lui-même eut une forme qui permettait aux artilleurs de s'y asseoir, et l'on vit, au moment du combat ou pendant l'action, les batteries accourir, changer de place avec les hommes nécessaires pour les servir. Les canonniers, les munitions, la pièce formaient un tout, une unité formidable, que des chevaux entraînaient au galop, au gré et à la voix de celui qui livrait la bataille. Le général Valée étendit bientôt les mêmes idées à l'artillerie de siége et au matériel destiné à la guerre de montagnes. Celle d'Espagne lui avait appris combien il était avantageux que l'infanterie engagée dans les montagnes pût être suivie de ses pièces, et, dans les siéges si nombreux de la Catalogne, il avait constaté combien les équipages de M. de Gribeauval pouvaient donner d'embarras. Simplifier, alléger, mobiliser, tel était toujours son but. En appliquant au matériel de siége et de montagnes les mêmes principes qu'à l'artillerie de campagne, il obtint les mêmes résultats. Les batteries du plus fort calibre purent arriver sous les murs d'une place en même temps que l'armée assiégeante. Dans les montagnes les plus abruptes, nos colonnes se firent suivre de pièces si légères que deux mulets suffisaient à les conduire ou porter, et qu'au besoin même les canonniers les auraient traînées ou amenées partout où le pas de l'homme pouvait pénétrer.

» Lorsqu'on considère, messieurs, de combien

de branches, de détails, le service de l'artillerie se compose, on s'étonne qu'un seul homme ait entrepris de le réformer, de le remanier dans toute son étendue. Mais l'étonnement redouble en constatant le succès. Oserai-je dire comment je l'explique? Ce n'est ni le mépris du passé, ni l'amour de la nouveauté qui suggèrent les grandes et belles réformes; c'est l'observation tranquille, le discernement judicieux, surtout l'ardent désir du bien en toutes choses, joint à la satisfaction inexprimable que certaines âmes savent trouver dans son accomplissement. Tout en m'appliquant à bien connaître celui dont je devais vous raconter la vie, en le suivant pas à pas dans sa noble et laborieuse carrière, je me suis arrêté plus d'une fois pour admirer qu'il eût rencontré la gloire en ne cherchant que l'utile. Et qu'on ne dise pas, en se servant d'une mauvaise expression de nos jours, que le général Valée ne pouvait sortir de sa *spécialité*. Non, messieurs, lorsque vous l'aurez vu en Afrique, là où personnellement j'ai pu si bien l'apprécier, vous penserez, avec moi, qu'il pouvait choisir sa route et qu'il donnait la même mesure de lui-même partout où son dévouement et son patriotisme le conduisaient. Comme Napoléon, avec lequel on ne peut me soupçonner de vouloir le comparer, il s'absorbait dans le détail, sans oublier un seul instant l'ensemble et le rapport du détail avec lui. Quand il avait tiré de l'analyse ou de l'observation un principe, il ne le quittait plus; il le promenait pour ainsi dire, en poursuivait et variait l'application jusqu'à ce qu'il lui eût fait rendre tout ce qu'il pouvait renfermer. De 1822 à 1830, Valée se consacra sans relâche à l'exécution du vaste plan qu'il avait conçu. Pour la défense des places et celle des côtes, il fit adopter un affût qui ne ressemblait en rien à ceux dont on s'était servi jusque-là, et dont la simplicité, la légèreté, jointes à la solidité, en ont fait une de ses inventions les plus précieuses. En même temps nos manufactures d'armes, si mal placées près de la frontière, furent sur sa proposition transportées dans l'intérieur. Saint-Étienne, Châtellerault s'élevèrent; toutes les ressources de la science furent appliquées à la fabrication des armes. Dans celle de la poudre, des meules remplacèrent l'ancien mode de trituration si vicieux, et les poudreries furent reconstruites en les appropriant au nouveau système.

» Les gouvernements responsables abandonnent aux hommes dits spéciaux l'initiative des grands changements. En 1828, celui de la Restauration avait créé un conseil supérieur de la guerre, présidé par l'héritier de la couronne, et qui était saisi de toutes les questions relatives à nos institutions militaires et à la constitution de tous les corps de notre armée. C'est à ce conseil que le général Valée présenta une organisation nouvelle du personnel de l'artillerie, que les changements apportés dans le matériel rendaient indispensable. Valée avait été souvent frappé, dans les siéges et sur les champs de bataille, des inconvénients de la division de l'artillerie en trois corps. Il conçut la grande pensée de donner au personnel, comme au matériel, l'unité et l'homogénéité qui leur avaient toujours manqué. La batterie devint un tout complet, où les conducteurs et les canonniers, placés exactement dans les mêmes conditions, obéissaient au même officier. Chaque régiment d'artillerie eut le même nombre de batteries à pied et de batteries à cheval. Les batteries à pied reçurent des chevaux d'attelage; officiers et soldats furent tenus de compléter pendant la paix leur instruction de guerre. Le conseil supérieur n'hésita pas à adopter à l'unanimité cette admirable création, qui mettait l'artillerie française au niveau, si ce n'est au-dessus de toutes celles de l'Europe. C'est alors que le gouvernement, pour récompenser les services du général Valée, et placer plus particulièrement encore l'artillerie sous sa direction, rétablit pour lui l'emploi et la dignité de premier inspecteur général; et le roi Charles X, voulant honorer l'artillerie elle-même dans la personne de son chef, le nomma pair héréditaire du royaume, par une ordonnance du 27 janvier 1830.

» Mais déjà se préparaient pour lui de nouvelles destinées. Le pavillon français avait été insulté par le dey d'Alger. La France, décidée à venger son injure, voulut que sa vengeance devînt, par l'abolition de la piraterie, un grand service rendu à la chrétienté. Son noble dessein rencontra cependant, dans le plus rapproché de ses alliés, une vive résistance. Je le constate en passant, messieurs, parce que j'aime à rendre justice aux grandeurs déchues. L'expédition d'Alger fut résolue, malgré l'opposition que je signale, et le gouvernement de cette époque répondit à des ombrages exagérés, presque menaçants, avec autant de fermeté que de sagesse. Une commission, composée des officiers les plus éminents de nos armées de terre et de mer, fut chargée d'examiner les difficultés de l'exécution et de préparer le plan de campagne. Valée y soutint avec chaleur que l'entreprise était susceptible d'un plein succès. Il indiqua la part de tous les services, et employa toute son habile activité à organiser celui de l'artillerie, qui, par sa récente transformation, était appelée à une participation plus grande et à un rôle presque nouveau. Tout réussit, on le sait, comme Valée l'avait prédit. Mais à peine notre drapeau était-il arboré sur les murs d'Alger, que la France changeait la dynastie de ses rois, en défendant contre elle ses libertés et ses lois. Tout gouvernement nouveau, surtout lorsqu'il est né d'une révolution, signale son avénement par des réformes. Il en fait quelquefois qu'avec un peu plus de temps et de réflexion il n'aurait cru ni nécessaires, ni utiles. L'emploi de premier inspecteur général de l'artillerie fut bientôt supprimé de nouveau. Le général Valée descendit d'un poste aussi élevé sans peine ni regret. Ne comptant que sur lui-même, les revers de fortune ou les mécomptes de l'ambition ne l'atteignaient pas dans son âme. Mais sa modique fortune lui rendant difficile de vivre à Paris, il se retira dans le département du Loiret et s'y livra à son goût pour l'agriculture, croyant déjà sa carrière terminée, et pensant peut-être qu'il avait assez fait pour que cette France, à laquelle il restait dévoué, n'oubliât pas son nom. Nous avions un prince et un gouvernement qui ne pouvaient tarder de l'enlever à sa retraite. Il fut nommé conseiller d'État en 1834. Bientôt après le général Valée fut rappelé à la Chambre des pairs, et c'est là, messieurs, que commencèrent mes rapports personnels avec lui.

» Lorsque le ministère du 6 septembre 1836, que j'avais l'honneur de présider, entra aux affaires, la première expédition contre Constantine était décidée; elle échoua, et la retraite de nos troupes aurait pu être désastreuse, sans la présence d'esprit et le courage du guerrier renommé qui les commandait. C'était le seul et grave échec que nos armes eussent éprouvé en Afrique. Le prestige qui les avait entourées se trouvait entamé, et dans un pays, parmi des peuples où le prestige est peut-être la première condition de l'autorité et du succès. En France, les meilleurs esprits hésitaient encore sur l'avenir probable, même possible, de nos possessions en Afrique. Les partisans de l'occupation restreinte n'étaient pas revenus de leur illusion. Eux-mêmes sentaient la nécessité de ressaisir notre ascendant, en frappant un grand coup, et de relever avec éclat l'honneur de notre drapeau. Deux chefs furent donnés à notre armée : l'un, dont le nom faisait trembler les Arabes, le général Bugeaud, alla dans l'ouest lutter contre Abd-el-Kader, qu'il avait déjà vaincu; l'autre, le général Damrémont, officier jeune encore et d'une grande espérance, nommé gouverneur général à la place du maréchal Clauzel, devait pacifier le pays au centre, et amener le bey de Constantine, Achmed, dont l'autorité s'étendait jusqu'à Bone, à reconnaître notre souveraineté, ou le détruire par une expédition nouvelle, et qu'en tout état de cause il fallait préparer. L'hiver et le début du printemps s'étaient passés à négocier en pure perte. Mais au mois d'avril 1837, une seconde crise ministérielle était survenue, le cabinet du 15 avril s'était formé. Les préparatifs de l'expédition contre Constantine se poussèrent avec vigueur. Le prince royal, que ses rares qualités, plus encore que sa naissance, rendaient une si précieuse garantie de notre avenir, voulait marcher à la tête de nos soldats et partager de nouveau leurs fatigues et leurs périls. Le cabinet crut devoir s'y opposer. Près du prince royal, un autre prince non moins ardent à montrer en toute rencontre sa bravoure et son dévouement au pays réclamait comme son droit de prendre part à la seconde expédition, ainsi qu'il l'avait fait à la première. Le cabinet, messieurs, sentit toute la responsabilité qui allait peser sur lui. Jamais il n'avait été plus nécessaire de réussir. Il obtint du Roi que l'artillerie et le génie fussent dirigés par leurs chefs les plus habiles et les plus éprouvés. C'était assez désigner le général Valée. Mais comment, à l'âge de soixante-quatre ans, après une carrière si remplie, l'ancien de grade de tant d'années du général Damrémont, comment pourrait-il accepter en Afrique la position qu'on voulait lui offrir? Personnellement, il me restait des doutes sur les préparatifs eux-mêmes; je craignais que les chefs de service dans l'armée expéditionnaire, si recommandables d'ailleurs, ne conservassent quelques illusions sur la gravité et l'étendue des difficultés qu'ils auraient à surmonter. Je demandai au Roi la réunion d'un dernier conseil, à Saint-Cloud, où le ministre de la guerre exposerait la situation de tous les services, et où cette situation, jointe aux plans de Constantine, serait mise sous les yeux du général Valée. Messieurs, l'œil expérimenté de ce dernier ne tarda pas à constater ce qui n'avait été que soupçonné jusque-là. Il fut reconnu que les approvisionnements de guerre devaient être encore augmentés. Valée voulut en outre qu'un équipage de siége suivît la marche des troupes, et l'événement a prouvé si cette volonté fut prévoyante et éclairée. Il restait à obtenir que lui-même consentît à accompagner M. le duc de Nemours, sans titre, comme volontaire, tout en étant seul chargé d'organiser et de diriger le service de l'artillerie. Ici la voix du Roi devait seule se faire entendre ; elle fut bientôt écoutée. Le général Valée, dont la santé était chancelante, et auquel un si long repos avait fait perdre l'habitude de la vie des camps, céda moins à la voix du monarque qu'à sa propre conscience, à ce sentiment du devoir auquel il ne refusa jamais rien. Plus on lui demandait de sacrifices, et moins il se crut permis de résister. La Providence avait sur lui ses vues et réservait à sa noble conduite un prix aussi imprévu que les circonstances douloureuses qui le lui firent recueillir.

» L'armée se mit en marche le 1er octobre à travers des montagnes abruptes, où elle était obligée de se frayer un chemin ; la pluie avait rendu si glissantes les pentes rocailleuses et escarpées que chevaux et mulets refusaient d'avancer.

» Les pièces de campagne et de siége allaient rester en arrière, lorsque Valée lui-même, saisissant par la bride le premier cheval de trait, l'entraîna en avant, et, par son exemple et son langage, fit rougir ceux qui penchaient à attendre que le terrain devînt meilleur. Les hommes énergiques, messieurs, rajeunissent dans les situations difficiles et retrouvent souvent, en présence du danger, une force et une santé auxquelles ils ne prétendaient plus. Arrivé sous les murs de Constantine, Valée se hâte d'étudier les approches de la place, la nature des murailles; il établit ses batteries, et le soir même le feu était ouvert. Mais, au moment de l'assaut, un boulet des assiégés vient frapper, à côté de M. le duc de Nemours, le brave et infortuné général en chef Damrémont. Valée le remplace, et le 13, l'antique cité de Jugurtha, emportée de vive force, voit flotter, après mille ans, sur ses murs renversés, le drapeau d'un peuple chrétien. Aussitôt que le canon des Invalides eut annoncé à Paris cette nouvelle, le Roi nomma Valée gouverneur de l'Algérie, et, peu de jours après, lui envoya le bâton de maréchal de France. Jamais peut-être un succès de cette importance n'a été dû autant à un seul homme. Sans ses lumières et son autorité dans le conseil, les préparatifs restaient insuffisants; pendant la marche, c'est l'exemple de l'héroïque vieillard qui soutient et entraîne tous les courages; devant la place, des difficultés les plus inattendues auraient déconcerté une expérience moins consommée, une âme moins ferme que la sienne. Voilà comment, depuis le conseil de Saint-Cloud jusqu'à la prise de Constantine, Valée se trouve avoir rempli de son nom toute cette belle page de notre histoire.

» Devenu gouverneur général de nos possessions en Afrique, sa tâche était immense et, sous plus d'un rapport, nouvelle pour lui. Il en fut un moment effrayé. Le gouvernement du Roi, messieurs, l'eut bientôt rassuré. Rien ne lui manquait d'essentiel ou de nécessaire pour la grande mission qu'on lui donnait. Indépendamment de ce qu'il trouvait en lui-même de si propre à l'encourager, il possédait la confiance du ministère. Tel que je l'ai connu, il eût perdu tout courage s'il avait eu à se justifier, même à s'expliquer sans cesse avec ceux dont il attendait un constant appui. Il voulait pouvoir se reposer sur eux du soin de le défendre. Entre le cabinet du 15 avril et le maréchal Valée, il y eut jusqu'à la fin le plus parfait accord. La province de Constantine, en moins de deux années, fut soumise, organisée, administrée de telle manière, qu'un impôt régulier s'y percevait sans la moindre résistance; qu'un voyageur pouvait la parcourir sans escorte, et que le nom du gouverneur général, respecté, aimé des tribus, était prononcé par toutes les bouches comme le symbole de la force et de la justice. En prenant le gouvernement de l'Algérie, le maréchal Valée avait dû se rendre compte de notre situation en Afrique. Il regardait le traité de la Tafna comme une trêve que l'expédition de Constantine avait rendue nécessaire, et qu'il n'était pas de notre politique de rompre. Mais jugeant inévitable et prochaine la reprise des hostilités avec Abd-el-Kader, et sentant la nécessité de nous fortifier dans les provinces d'Oran et d'Alger, il proposa au gouvernement du Roi d'occuper pacifiquement ou par la force les villes de Koléah et de Blidah. L'Émir, à cette nouvelle, invoqua le traité de la Tafna, et envoya Ben-Arrach à Paris, en lui donnant pour instruction secrète d'amener à tout prix le gouvernement du Roi à négocier avec lui. La réponse ne pouvait être douteuse; elle fut que le gouverneur général de l'Algérie était seul chargé de régler toutes nos affaires en Afrique, et que le gouvernement de la métropole n'y correspondait qu'avec lui. Au mois de mai 1838, le maréchal occupa sans obstacle Blidah et Koléah, porta sur la Chiffa notre frontière à l'ouest, et forma à l'est des camps au Fondouck et sur les bords de l'Ouad-Kaddura. Les populations de l'Algérie avaient été deux fois vaincues et gouvernées, la première, par les Romains; la seconde, par les Turcs. Les Romains en Afrique ouvraient des routes, fondaient des villes, creusaient des ports, laissaient aux indigènes leurs dieux, leurs lois, leurs mœurs; contenaient par la crainte ou s'attachaient par la reconnaissance ceux que la religion ou leur nais-

sance rendaient influents. Les Romains, en un mot, amenaient avec eux la civilisation, les Turcs la barbarie ; les Turcs pendant trois cents ans avaient gouverné en coupant des têtes, faisant des razzias, poursuivant, traquant les indigènes qui leur causaient quelque ombrage. Les Arabes, au temps du maréchal Valée, frémissaient encore au souvenir de l'oppression des Turcs; ils ne se souvenaient guère de la domination romaine, attestée cependant sur le sol par ces nobles traces, ces impérissables ruines qu'a laissées partout après lui le *peuple-roi*. Le système des Romains devait être celui de Valée. Il s'était formé dans un temps et à une école où nul Français n'eût osé avoir pour la France d'autres desseins que les plus glorieux. Voici ce qu'il écrivait en débutant dans son gouvernement de l'Afrique : « Je ne veux pas ravager cette terre déjà
» si malheureuse, je veux que la France refasse
» l'Afrique romaine. Tant que la confiance du Roi
» me maintiendra dans le poste que j'occupe, je
» m'efforcerai de créer des villes, d'ouvrir des
» voies de communication. Sous mes ordres, l'ar-
» mée ne parcourra pas à l'aventure les provinces
» africaines sans laisser plus de traces après elle que
» n'en laissent les bateaux à vapeur sur la Méditer-
» ranée. J'irai lentement, mais je ne reculerai ja-
» mais. Partout où je poserai le pied de la France,
» je formerai des établissements durables. Les villes

» qui existent encore, je les agrandirai ; je leur
» donnerai une prospérité inconnue sur cette terre
» depuis bien des siècles ; et si la Providence me
» donne le temps d'accomplir cette œuvre, je lais-
» serai sur le sol africain des traces profondes de
» mon passage.

» Quant aux populations indigènes, je veux les
» gouverner et non les piller. J'appellerai autour
» de moi l'aristocratie territoriale et religieuse. Je
» ferai comprendre aux chefs des familles puis-
» santes que, sous la protection de la France, ils
» jouiront paisiblement de la part d'influence qui
» leur appartient ; qu'ils posséderont en toute sécu-
» rité les biens que leur ont légués leurs pères. Je
» les placerai toujours sous la main puissante du
» commandant de la province. Ils commanderont
» aux tribus ; mais l'autorité française veillera sur
» eux, et présentera constamment la France aux
» Arabes comme protégeant et maintenant les droits
» de tous. » Je sortirais des limites que je dois me
prescrire, si j'étendais, si je multipliais ces citations.
On trouverait, messieurs, dans la correspondance
du maréchal Valée et la série des mémoires qu'il
adressa aux différents ministères, non-seulement
son système de guerre et de gouvernement clairement exposé, mais encore tous les détails d'une
administration complète et prévoyante, enfin ses
idées sur le grand problème de la colonisation.

» Il ne saurait entrer dans mon plan de les discuter, de les juger, ni même de les reproduire. Je rappellerai seulement qu'après onze années passées, et malgré les fautes commises, l'organisation donnée par le maréchal Valée à la province de Constantine est encore debout; l'impôt s'y perçoit sans trop de résistance et s'élève aujourd'hui à plusieurs millions.

» Si je ne craignais de retenir trop longtemps l'attention de ceux qui m'écoutent, je raconterais ici le voyage que fit le gouverneur général à Constantine, au mois de septembre 1838. On le verrait employant son autorité morale sur nos braves troupes à les faire renoncer aux expéditions aventureuses et les accoutumer aux travaux de la paix. On le verrait prendre possession des ruines de l'ancienne Russicada, relier par une route à la capitale ce point si important, en traversant le territoire de ces belliqueux Kabyles qui, depuis près d'un siècle, avaient secoué le joug des Turcs et refusaient impunément de leur payer le tribut. On le verrait enfin jeter les fondements de Philippeville, aujourd'hui cité florissante, former nos établissements de Stora, de Milah, et recevoir de tous les chefs indigènes le serment de fidélité à la France. Tout cédait à l'ascendant de l'assaut de Constantine. On ne sait pas encore chez nous quel fut le retentissement de ce fait de guerre dans notre Afrique, je dirai plus, dans tout l'Orient. Le maréchal Valée en profita habilement pour rallier à son gouvernement tous les hommes puissants de l'Algérie et étendre à toutes les provinces le bienfait d'une administration plus régulière. C'est ainsi qu'il employa l'automne et l'hiver de 1838 à organiser la province de Bone et à préparer l'avenir.

» Au commencement de 1839, le cabinet du 15 avril s'était retiré; le maréchal Valée, qui avait eu toute sa confiance et qui se sentait peu connu de la plupart des personnages honorables qui formaient la nouvelle administration, envoya sa démission à l'illustre président du cabinet du 12 mai. Les ordres du Roi, les instances de M. le maréchal duc de Dalmatie, le décidèrent à la reprendre. Mais il lui fallut recourir à de nombreux mémoires pour se faire comprendre de ministres qui ne l'avaient pas vu à l'œuvre. Étranger aux passions politiques, à tous les partis, à toutes les intrigues, il ne demandait à tous les ministères qu'une confiance qu'il croyait mériter. Peut-être, dans l'intérêt de son repos, aurait-il mieux fait de se retirer après les éclatants services qu'il venait de rendre.

» Le 18 janvier 1841, Valée quitta pour toujours cette Algérie qui n'oubliera jamais son nom, et où les travaux de trois années de sa vieillesse avaient effacé ceux de sa vie entière en les surpassant. Ne dirait-on pas, messieurs, que cette terre africaine donne la gloire à tous ceux qui s'en disputent la possession? Au temps des Romains, Jugurtha obtient que son nom vienne jusqu'à nous avec ceux de Métellus, de Marius et de Sylla, dont il finit par orner le triomphe. C'est en poursuivant Abd-el-Kader et détruisant sa puissance que le vainqueur de Constantine, celui de la Sicca et d'Isly ont reçu et mérité les plus grands honneurs militaires que le Roi et la France puissent décerner. Ne soyons donc pas moins fiers que les Romains de nos soldats et de nos généraux d'Afrique.

» Le maréchal Valée n'était pas de ceux qui deviennent les adversaires du pouvoir qui les frappe. Indépendante et ordonnée, son âme protestait contre l'injustice sans se révolter. Valée sentait d'ailleurs au fond de sa conscience un tribunal dont les arrêts suffisaient à le venger. Il rentra dans la vie privée sans murmurer, et continua à remplir ses devoirs, non-seulement dans cette enceinte, mais aussi partout où le Roi et son gouvernement eurent recours à sa vieille expérience, comme dans la commission pour l'armement de Paris, qu'il présida.

» Il appartenait à une classe d'hommes qui fut d'abord nombreuse dans cette assemblée, et qui ne tardera pas à en disparaître complétement. Je veux parler de ceux qui ont vu le soleil de 1789, le retour à la barbarie sous l'invocation des lumières, qu'on a appelé la Terreur, les années d'anarchie et de corruption du Directoire, la réédification de la société française sous le Consulat, les gloires de l'Empire, enfin l'inauguration du gouvernement constitutionnel sous la Restauration, et son développement depuis la révolution de 1830.

» Ces hommes-là ont traversé de telles épreuves, assisté à de tels spectacles, qu'ils rougiraient de s'émouvoir de ce qui ne regarde qu'eux. Modérés, parce qu'ils ont appris que tous les gouvernements périssent par l'exagération de leur principe; amis de l'ordre, qu'ils ne font pas seulement consister dans la répression; amis de l'ordre d'où l'organisation découle, et qui met les choses et les hommes à leur place, selon les lois de leur nature et l'étendue de leurs droits; exempts de superstition et de dédain pour le passé autant que de folles espérances pour l'avenir, vous les verrez, comme le maréchal Valée, messieurs, ouvriers dans le présent, travailler à l'améliorer jusqu'à leur dernier jour, et surpris par la mort au milieu de leur tâche. C'est parmi vous, c'est en participant aux plus pénibles de vos fonctions, que Valée fut atteint du mal auquel il a succombé dans la soixante-treizième année de son âge. Il avait quitté sa famille qui lui était si chère, et ce repos des champs dont il savait si bien jouir, pour venir siéger au douloureux procès qui se poursuivait devant vous. En sortant de cette enceinte, une fièvre d'abord légère le saisit; mais l'heure fatale était sonnée; et il fut enlevé à la France, à ses enfants, avant que ces derniers aient pu accourir pour recevoir ses bénédictions et ses adieux. Le Roi, messieurs, ne pouvait souffrir que la modestie de celui qui n'était plus fût prise au mot et donnât le change sur l'importance de ses services; il voulut glorifier sa mémoire et récompenser avec éclat une vie dont le pays et l'avenir recueilleraient tant de fruits. Il ordonna que les restes mortels du maréchal Valée seraient déposés aux Invalides, et sa statue placée à Versailles, dans ce musée dédié à toutes les gloires de la France.

» Encore un peu de temps, et tous ces hommes chargés d'expérience bien plus que d'années, héritiers de tant de leçons, acteurs, témoins ou victimes, durant cette période des soixante années les plus dramatiques et les plus remplies de la civilisation moderne, auront cessé d'exister. Emporteront-ils avec eux plus de sagesse que de préjugés, et les générations qui les jugent aujourd'hui, ainsi que leurs œuvres, les surpasseront-elles et feront-elles mieux? Pour moi, messieurs, qui appartiens à ce passé dont les souvenirs s'effacent et l'histoire se dénature tous les jours, tout attaché que je suis au présent, il doit m'être permis d'interroger l'avenir et d'étendre sur lui un mélancolique regard. J'y cherche de nouveaux cieux, et j'y rencontre des nuages impénétrables. Plus que jamais je trouverais téméraire de prédire. Je me borne à appeler la protection de la Providence sur cette patrie que j'aime avec ardeur dans ma vieillesse comme je l'ai servie depuis ma jeunesse avec dévouement. »

Funérailles de l'amiral Duperré.

Vu la dépêche ministérielle en date du 5 du courant, à M. le maréchal gouverneur, portant que par décision du Roi la dépouille mortelle de M. le baron Duperré, amiral et pair de France, ancien ministre de la marine, grand-croix de l'ordre royal de la Légion d'honneur, commandeur de l'ordre royal et militaire de Saint-Louis, grand-croix de l'ordre de Charles III d'Espagne, grand-croix de l'ordre de Danebrog de Danemark, chevalier de la Couronne de fer, sera inhumée dans les caveaux des Invalides, des dispositions ont été prises en conséquence à l'Hôtel.

Hier, 7 novembre 1846, est arrivée la voiture funéraire contenant le corps de l'amiral Duperré, que suivaient MM. Duperré (Victor-Auguste), enseigne de vaisseau, fils [du défunt; Anselme-Alphonse Crignon de Montigny, son gendre, maître des requêtes au conseil d'État, et Vaillant (Auguste-Nicolas), capitaine de vaisseau, officier de la Légion d'honneur, commissaire nommé par le ministre de la marine pour les obsèques de l'amiral.

Ladite voiture ayant cessé de marcher, le corps a été reçu à la grille par le maréchal gouverneur, accompagné de son état-major, puis de là conduit à l'église, précédé par des officiers d'état-major, et escorté par un détachement de militaires invalides formant la haie.

Au portail de l'église se trouvait M. l'abbé Ancelin, curé de la paroisse de Saint-Louis des Invalides, en tête de son clergé. Le corps, retiré de la voiture dans laquelle il était renfermé, a été immédiatement transporté dans la chapelle ardente qui avait été préparée pour le recevoir; le cercueil a été placé sur le sarcophage provisoire élevé à cet effet. M. le curé, après avoir rempli les cérémonies de l'Église, a pris possession du local pour y faire le service religieux, jusqu'au lendemain; un ecclésiastique a été installé sur-le-champ, pour veiller auprès du corps, et une garde d'honneur y a été établie.

De tout quoi procès-verbal, que les personnes y dénommées ont signé avec nous, a été dressé.

Aujourd'hui, 9 novembre, à midi, M. le ministre de la guerre étant arrivé à l'hôtel des Invalides, M. le baron Petit, lieutenant général, pair de France, accompagné du colonel Gérard, du major Simon; de MM. Cornac, médecin principal, Hutin, chirurgien principal, Daenzer, pharmacien principal, et divers autres fonctionnaires civils et militaires de l'Hôtel, est allé le recevoir.

M. le maréchal duc de Reggio, gouverneur de l'Hôtel, était allé à onze heures jeter de l'eau bénite sur le cercueil de l'illustre défunt.

M. Ancelin, curé de l'Hôtel, assisté d'un nombreux clergé, a fait la levée du corps déposé dans la chapelle ardente, d'où il a été transporté sous le catafalque élevé dans la nef de l'église. Une garde d'honneur, composée de militaires invalides décorés et de sous-officiers des troupes de toutes armes, entourait le catafalque. Les militaires invalides en armes formaient la haie depuis l'entrée de l'église jusqu'au chœur; hormis ces derniers, la totalité des officiers, sous-officiers et soldats invalides, était rangée en bataille dans les cours d'honneur et Royale.

Les coins du poêle étaient tenus par :

MM. le vice-amiral, baron de Mackau, ministre de la marine ;
    Le maréchal comte Molitor ;
    Le duc Decazes, grand référendaire ;
    Sauzet, président de la Chambre des députés.

Aussitôt l'office commencé, M. le curé Ancelin a chanté la messe, à laquelle assistaient Mgr l'archevêque de Paris et ses deux grands vicaires, M. l'abbé Coquereau, MM. les ministres de la guerre, de la marine, des finances, de la justice, de l'agriculture et du commerce, de l'instruction publique, des maréchaux de France, des pairs, des députés, des officiers généraux des armées de terre et de mer, l'état-major de la garde nationale, l'état-major de la division et de la place de Paris, des officiers supérieurs et autres de la garnison, et militaires de tous grades, etc.

Immédiatement après la messe, Mgr l'archevêque de Paris a donné l'absoute.

Cette cérémonie, terminée à deux heures, nous sommes sorti de l'église; le public a été admis à visiter le cercueil, laissé sous le catafalque, et, à trois heures et demie, se trouvent réunis de nouveau le baron de Mackau, ministre de la marine, M. le vice-amiral Dupetit-Thouars, les fils, gendres et autres membres de la famille du défunt, et beaucoup d'officiers généraux et supérieurs des armées de terre et de mer, et M. le baron Petit, accompagné de l'état-major de l'Hôtel et de M. Rougevin, architecte.

Là, en présence de ces mêmes personnes, le cercueil a été retiré du catafalque, a été descendu et déposé provisoirement dans un des caveaux du dôme où il doit rester jusqu'à ce que l'achèvement des travaux du caveau de la nef, destiné à la sépulture des gouverneurs de l'Hôtel et autres personnages éminents, permette de l'y placer, conformément à la décision de Sa Majesté.

Cette inhumation étant terminée avec le cérémonial religieux en usage, M. le ministre de la marine a, dans un discours que nous donnons ci-après, retracé la vie et les services de l'illustre amiral et payé un juste tribut d'admiration et de regrets à la mémoire de son ancien compagnon d'armes.

M. le vice-amiral Dupetit-Thouars, dans un exposé succinct, a rappelé les vertus modestes du guerrier et de l'homme de bien, et a terminé son discours par les adieux les plus touchants et les plus chaleureux.

Procès-verbal a été ensuite dressé, clos, arrêté et signé par les personnes y dénommées après la lecture qui leur en a été faite.

Discours prononcé par le vice-amiral baron de Mackau, ministre de la marine et des colonies, sur la tombe de l'amiral baron Duperré.

« Avant que la tombe se ferme sur la dépouille mortelle de l'amiral Duperré, il y a pour le ministre de la marine, son ancien compagnon d'armes, un pieux devoir à remplir : c'est, autant que le comporte la majesté de ces saints lieux, de rappeler les vertus qui ont fait sa gloire de marin et de redire quelques-unes des actions qui ont marqué sa vie, consacrée tout entière à la France.

» Fortement doué par la nature, l'homme éminent dont l'État entoure les funérailles de l'appareil d'un deuil public a montré dès ses débuts tout ce qu'il devait être dans le cours de sa longue carrière.

» Prudent et résolu, inflexible devant le danger quand il était venu, parce qu'il avait employé les lumières de son esprit à le prévoir et à le conjurer, brave de sa personne, exigeant, mais paternel à l'égard des hommes qui servaient avec lui, il savait s'ouvrir des routes vers la victoire là où la fortune des combats semblait devoir préparer des obstacles insurmontables; il créait des moyens de salut là où d'autres, également énergiques, mais moins ingénieux, n'auraient su que périr avec honneur.

» Je ne parlerai qu'en passant de ses premiers pas dans la carrière.

» En 1793, simple pilotin; enseigne de vaisseau en 1796; prisonnier en Angleterre après s'être distingué dans ce mémorable combat de la *Virginie* (qui marque si glorieusement dans la vie d'un des officiers généraux de la marine, l'amiral Bergeret); la *Virginie*, qu'une division anglaise n'avait réduite qu'à la suite d'une lutte de plusieurs heures; rendu à la France en 1800; lieutenant de vaisseau à son retour et sans cesse à la mer; capitaine de frégate en 1806 et commandant la *Sirène*, il donne, en 1808, un signe éclatant de sa valeur comme officier et comme marin.

» Tous ceux qui ont pris part à la guerre maritime de l'Empire savent que, revenant des Antilles, près de toucher Lorient, Duperré sur la *Sirène*, chassée par une division anglaise, soutint seul, contre un vaisseau et une frégate qui l'attaquaient des deux bords, un combat de cinq quarts d'heure. Telle est la première période de cette action qui suffirait à honorer une carrière d'officier. Mais ici commence une nouvelle lutte non moins digne de mémoire : entre les bâtiments ennemis qui l'observent, prêts à fondre sur lui s'il échappe au naufrage, et les périls qui lui viennent de la mer, pressé par son pilote d'abandonner un bâtiment considéré comme perdu, Duperré seul conçoit le dessein de triompher de tous les obstacles; il déploie les ressources de son courage et de son savoir. Trois jours après la *Sirène* est à flot, et, après un combat nouveau avec les croiseurs anglais, rentre à Lorient, où l'on n'attendait plus que la nouvelle de sa destruction.

» C'est ainsi que le capitaine Duperré préludait aux actions d'éclat qu'il allait accomplir dans les mers de l'Inde. Parti de France sur la *Bellone*, il se forme bientôt une division navale avec cinq bâtiments qu'il prend à l'ennemi. Rentrant à l'île de France avec ses prises, il y trouve une nouvelle lutte. Un bâtiment anglais l'attendait, il le réduit. Puis survient une division tout entière qu'il faut de nouveau combattre, et qui est à son tour vaincue. Voilà quel fut ce beau fait de guerre que la France reconnaissante a enregistré dans son histoire sous le nom de combat de Grand-Port.

» L'action de Lorient avait fait Duperré capitaine de vaisseau, le combat de Grand-Port le fit contre-amiral : c'était en 1810. Depuis lors, jusqu'en 1830, l'amiral Duperré ne cessa pas de rendre des services actifs.

» Commandant l'escadre dans la Méditerranée en 1811, puis investi du commandement en chef des forces navales dans l'Adriatique, où il déploie une activité féconde; en 1815, préfet maritime à Toulon, qu'il sait préserver de toute atteinte étrangère; commandant d'escadre aux Antilles; appelé à terminer par un coup d'éclat à Cadix la campagne d'Espagne en 1823; vice-amiral à la suite de ce succès; commandant de nouveau les forces françaises aux Antilles et sur les côtes d'Amérique partout où les intérêts français réclamaient alors l'appui du pavillon; préfet maritime en 1827, il couronne en 1830 sa carrière d'activité militaire en débarquant sous les murs d'Alger une armée française, en concourant avec la flotte à réduire ce dernier refuge de la piraterie barbaresque, à y faire prévaloir, avec le pavillon de la France, un gouvernement chrétien.

» Cette victoire, si digne de celles qui l'avaient précédée, valut à Duperré les plus hautes récompenses que l'État décerne. Le gouvernement du Roi le fit amiral et pair de France. Depuis lors la confiance royale, s'adressant à ce dévouement éprouvé par cinquante années de loyaux services, l'a appelé trois fois à siéger dans les conseils de la couronne. Ministre, l'amiral Duperré a montré, comme il l'avait fait sur nos vaisseaux, de quelle sollicitude il entourait la marine et les hommes de mer.

» Nous qui l'avons vu aux heures de sa jeunesse, qui avons admiré ses actions, nous recueillerons la mémoire illustre qu'il laisse derrière lui. C'est tout le patrimoine d'une famille digne d'un tel chef; c'est l'héritage d'un fils qui annonce déjà qu'il mérite de porter le nom de Duperré, c'est aussi l'héritage de la marine, je le revendique pour elle. Nos officiers, nos marins, y trouveront toujours les plus nobles exemples et les plus sublimes leçons. »

Discours prononcé par M. le vice-amiral Dupetit-Thouars sur la tombe de l'amiral baron Duperré.

« Après le discours éloquent que vous venez d'entendre, discours si éminemment glorieux par l'exposé seul des importants services que vous avez rendus à notre pays, souffrez que nous ajoutions encore quelques mots qui viennent du cœur.

» Illustre amiral Duperré, au moment de notre solennelle séparation, recevez nos regrets les plus vifs, nos hommages les plus sincères!

» Vos camarades se souviennent toujours du marin célèbre qui a le plus contribué, par ses beaux faits d'armes, à la gloire de notre pavillon pendant la guerre dernière; du chef habile et sage qui a préparé l'expédition la plus considérable des temps modernes et en a assuré le succès par la bonne direction qu'il lui a donnée!

» Brave amiral Duperré, reposez en paix!

» Votre nom, illustré par tant de brillants combats, restera à jamais dans les fastes de la marine comme une étoile directrice qu'il faudra suivre, parce qu'elle conduit à la victoire!.. Votre carrière pure et sans tache vous a fait jouir pendant votre vie de l'estime la plus haute; le Roi, les Chambres, la France entière avaient confiance en vous! Quel éloge pourrions-nous ajouter qui valût une telle vérité!

» Digne amiral Duperré, l'histoire conservera précieusement votre renommée;... vos camarades, votre mémoire!

» Puisse votre famille désolée trouver quelques consolations dans l'expression de notre douleur et dans celle de nos sentiments pour son illustre chef! Puissions-nous, nous-mêmes, mériter un jour des regrets aussi légitimes!

» Adieu, cher amiral Duperré... adieu! »

Duperré (Guy-Victor, baron), amiral, trois fois ministre de la marine et des colonies, grand-croix de l'ordre de la Légion d'honneur et un des marins français les plus distingués de notre siècle, naquit à la Rochelle le 29 février 1775. Sa famille, originaire de la basse Normandie, s'était établie à Rouen vers le commencement du dix-huitième siècle. Son aïeul Duperré du Veneur servit dans l'armée royale pendant les dernières années du règne de Louis XIV.

Il fit ses premières armes sous le contre-amiral Truguet et fut nommé aspirant le 17 juillet 1795. La part de Duperré dans la campagne de 1796 fut à peu près celle qui semblait alors réservée à toute la marine nationale : des combats glorieux, un glorieux désastre. Il assista à un combat meurtrier sur la *Virginie,* qui, entourée par cinq frégates, dut amener son pavillon. Pendant ce terrible engagement, Duperré avait rempli les fonctions d'officier de manœuvre du capitaine. Son sang-froid, son activité intelligente lui valurent, le 31 mars suivant, le grade d'enseigne titulaire. Cette récompense si bien méritée vint le trouver dans une prison anglaise. Prisonnier pendant dix-huit mois, un cartel d'échange le rendit à la liberté, en novembre 1796. Du 6 novembre 1799 au 21 juillet 1800, il resta à bord du *Wattignies*, qui fut alors désarmé. Il obtint bientôt après son premier commandement à bord de la *Pélagie*, avec mission de diriger les convois entre Brest et Nantes. Il fut promu au grade de lieutenant de vaisseau le 24 avril 1802, après un service de communication entre les Antilles françaises. La récompense de cette conduite brillante ne se fit pas attendre; sur la recommandation du prince Jérôme, Duperré fut promu, le 23 septembre 1806, au grade de capitaine de frégate, et, un mois après, il reçut l'ordre de prendre le commandement de la frégate *la Sirène*. Le 22 mars, après avoir soutenu un combat inégal contre une division anglaise, la *Sirène* rentrait coulant bas d'eau dans le port de Lorient. Napoléon arrêta ses regards sur l'héroïque commandant de la *Sirène;* Duperré reçut, le 16 mai 1808, le commandement d'une belle frégate, *la Bellone*, et un mois après, le 13 juin, il fut élevé au grade de capitaine de vaisseau.

La *Bellone* prit la mer le 18 janvier 1809. Duperré trompa les croisières ennemies, et, quatre mois après, il avait pris ou brûlé quatre vaisseaux anglais ou brésiliens. Après avoir échappé au blocus rigoureux qui enveloppait l'île de France et après une croisière inutile dans les parages de Ceylan, il se plaça à l'embouchure du Gange. Là, le 3 novembre, il amarina, après une courte lutte, la corvette anglaise *le Victor*, de dix-huit bouches à feu, puis une forte frégate portugaise, *la Minerve*, de quarante-huit bouches à feu. Parti du port Napoléon avec sa frégate, le capitaine Duperré y revenait avec une division de trois vaisseaux de guerre. Le capitaine général Decaen récompensa cette heureuse entreprise par la confirmation du commandement nouveau que s'était créé Duperré, et, le 14 mars 1810, la petite division appareilla de nouveau pour une croisière dans les eaux de Madagascar. Le 3 juillet, en vue de Mayotte, la *Minerve* et la *Bellone* attaquèrent trois forts vaisseaux de la compagnie, dont deux, *le Windham* et *le Ceylan*, amenèrent pavillon, livrant plus de huit cents prisonniers, dont une partie du 24ᵉ régiment d'infanterie anglaise, avec un officier général, un colonel et les drapeaux. Cette fois encore le commandant Duperré revenait plus fort qu'il n'était parti. Sa division était de cinq vaisseaux. Le 20 août, il reconnut l'île de France ; la colonie était étroitement observée par les croisières anglaises. Duperré n'approcha de Grand-Port qu'avec toute la prudence nécessaire. En vue de Grand-Port, il aperçoit un trois-mâts mouillé sur l'île de la Passe. L'île et le bâtiment laissent flotter le pavillon français. La division de Duperré s'avance dans l'ordre de marche sur une ligne, et le *Victor*, qui le premier double le fort de l'île de la Passe, est accueilli par le feu de ce fort et de la frégate à l'ancre. Les couleurs françaises disparaissent et font place au pavillon anglais. L'île de la Passe était tombée par surprise aux mains de l'ennemi. La *Minerve* est engagée dans les passes, elle continue sa route sans hésiter, combattant à la fois le fort et la frégate. Sur l'ordre du commandant, les autres bâtiments imitent cette manœuvre, et la *Bellone*, balayant d'un feu terrible le pont de la frégate anglaise, force le passage. Le lendemain et le surlendemain, Duperré embossa sa division de manière qu'elle ne pût être tournée : il n'avait plus que quatre bâtiments, le *Windham* n'ayant pas rallié la division au mouillage. Cependant des renforts successifs arrivaient aux Anglais. La *Néréide*, de trente-six canons, capitaine Willougby, cette frégate dont le stratagème avait attiré la division française sous les canons de l'île, avait été ralliée d'abord par le *Syrius*, frégate de trente-six, puis par l'*Iphigénie* et la *Magicienne*, frégates de la même force. Le

23 août, la division anglaise commença l'attaque. Dès les premières bordées, la *Minerve* et le *Ceylan* dérivent et s'échouent. Leur feu est complétement masqué. Seule, la *Bellone* prête le travers à trois frégates et reçoit le feu de chasse de la quatrième qui s'est échouée et lui présente l'avant. Bientôt la *Néréide* éteint son feu; celui des trois autres frégates se ralentit. La *Minerve*, qui ne peut faire jouer qu'une bouche à feu, jette ses hommes et ses munitions sur la *Bellone*. Après cinq heures d'un combat furieux, Duperré est atteint à la tête d'un coup de mitraille. Une demi-heure encore, et l'ennemi cesse son feu. Le combat reprend avec le jour suivant, mais la victoire est décidée dès la veille. L'ennemi abandonne et incendie la *Magicienne* et le *Syrius;* la *Néréide* est prise, et l'*Iphigénie* seule parvient à se réfugier sous le canon anglais de l'île de la Passe. Mais, au bruit du combat, le capitaine de vaisseau Hamelin est sorti du port Napoléon avec une division de trois frégates et un brick; et les deux divisions réunies font amener le pavillon du fort et celui de l'*Iphigénie*. Ces succès, si préjudiciables au pavillon anglais, déterminèrent la perte de l'île de France. Elle fut rendue par suite d'une capitulation honorable signée le 3 décembre 1810. Embarqué sur le *Lord Castlereagh*, le capitaine de vaisseau Duperré revint en France le 19 mars 1811.

Le 1er juin 1810, il avait reçu la croix de la

Légion d'honneur; le 2 décembre de la même année il était nommé commandant de l'ordre; le 20 août, il avait été créé baron de l'Empire avec une dotation de 4,000 francs; enfin, le 15 septembre 1811, il fut élevé au grade de contre-amiral.

Le 5 juillet 1814, il fut nommé chevalier de Saint-Louis.

Pendant les Cent-Jours, Napoléon le nomma préfet maritime de Toulon.

Lorsqu'il eut, en 1834, le portefeuille de la marine et des colonies, il avait soixante ans, et il contribua beaucoup à la réorganisation générale de la marine.

Ces longs et laborieux services avaient peu à peu ruiné la constitution robuste de l'amiral.

Le 6 février 1843, l'amiral baron Duperré dut prendre enfin ce repos qu'il avait mérité par cinquante ans de dévouement à la France. Le Roi agréa sa démission.

Le 2 novembre 1846, il s'éteignit entouré de sa famille, âgé de soixante et onze ans.

Le Roi décida que ses obsèques auraient lieu aux frais du pays et que sa dépouille mortelle reposerait à côté de celle des héros, dans les caveaux de l'église des Invalides.

Aujourd'hui 24 novembre 1846, S. A. le bey de Tunis, accompagné de ses ministres, de Soliman-Pacha, son major général; du colonel d'artillerie

Thiéry, aide de camp du duc de Montpensier; de M. Alix Desgranges, premier secrétaire interprète du Roi, a été reçu à sa descente de voiture par le maréchal duc de Reggio.

Son Altesse, dans sa visite, a fait connaître, dans les termes les plus honorables, les sentiments dont elle était pénétrée pour les militaires invalides de tous grades composant cet établissement.

Le bey, accompagné de M. le colonel Thiéry, de ses ministres, de ses officiers et de M. Alix Desgranges, a été reçu par M. le duc de Reggio, appuyé sur le bras de M. le marquis Oudinot.

« Je viens, a-t-il dit, sous les auspices d'un grand Roi, visiter un monument où la gloire habite, et je suis heureux d'y être reçu par celui qui est si digne d'y tenir la première place. »

Sur les instances du bey, le maréchal s'est retiré dans ses appartements, et le général Petit a fait à Son Altesse les honneurs de l'Hôtel. Ahmed-Pacha a passé d'abord tous les Invalides en revue dans la cour Royale, et a voulu, malgré la pluie, parcourir tous les rangs.

« Que ne puis-je, a-t-il dit, interroger tous ces braves! ils seraient pour moi les livres vivants de l'histoire contemporaine et leurs paroles confirmeraient les hauts faits que je lis sur leurs mâles figures et dans leurs nobles cicatrices. Dites-leur cela, général. »

Le bey est ensuite entré dans l'église, où les aumôniers se sont empressés de lui montrer les drapeaux qui en décorent les voûtes.

« La France, a dit le bey, n'entreprendra jamais que des guerres justes; qu'il soit donc permis à son fidèle allié et ami de faire des vœux pour que la victoire couronne toujours les entreprises de ses armées. »

Arrivé devant le cercueil de l'Empereur, le prince s'est recueilli longtemps : « Voici, a-t-il dit, celui qui a rempli l'univers de son nom, et dont la gloire éclaire encore le monde. »

En sortant de l'église, il s'est rendu à l'infirmerie, dont il a fort admiré l'ordre et la grande propreté; s'arrêtant de lui-même devant deux jeunes sœurs, il leur a dit :

« Vous êtes les mères de la victoire, les soldats ne craignent pas la mort, ils ne craignent même pas davantage les blessures, quand ils savent que vos mains doivent les panser, et que vous leur réservez dans cette maison les mêmes soins qu'ils trouveraient dans leurs familles. »

La salle des plans-reliefs a excité l'admiration du bey; chaque plan arrachait à sa prompte intelligence une foule d'observations fines et sensées; son esprit pénétrant devançait la fin des explications commencées, et, avant que l'on eût fini de les lui traduire, il expliquait à ses généraux les choses qu'ils avaient sous les yeux. C'est ainsi qu'il leur a développé lui-même tout le système de défense du fort l'Écluse.

Dans la galerie consacrée aux portraits des divers gouverneurs, Son Altesse s'est arrêtée devant ceux de Louis XIV et de Napoléon.

« Je vois, a-t-il dit, que chez vous tout a été créé pour faire naître dans les armées une constante émulation. Depuis le soldat jusqu'au maréchal, chacun trouve ici sa récompense. »

On lui a montré ensuite la dernière aigle de l'Empire, cette aigle que l'Empereur embrassa à Fontainebleau. Comme on lui montrait encore l'épée de l'Empereur : « Cette épée, dit-il, a remporté bien des victoires, mais la plus belle c'est, quand les Français s'égorgeaient entre eux, de les avoir défendus contre eux-mêmes et de leur avoir donné la paix ; cette paix qu'un autre grand roi leur conserve sans qu'il leur en ait coûté une goutte de sang. » Ce sont là ses propres paroles.

Le bey n'a pas voulu quitter l'Hôtel sans prendre congé de son vénérable gouverneur. Le maréchal avait fait préparer dans ses appartements une collation dont madame la duchesse de Reggio a fait les honneurs avec toute la grâce qui lui est naturelle. Son Altesse a paru fort sensible à cette attention et a de nouveau remercié M. le duc de Reggio, en le priant de transmettre à ses braves invalides l'expression de ses sympathies et de son admiration. Elle a également adressé à M. le général Petit et à tout l'état-major de l'Hôtel qui l'avait accompagnée les remercîments les plus vifs.

Le ministre de la guerre prévient le maréchal gouverneur que le Roi a décidé, le 17 février 1847, que les restes mortels de feu M. le maréchal Serrurier, ancien gouverneur de l'hôtel royal des Invalides, seront transportés du cimetière du Père-Lachaise, où ils sont en ce moment déposés, dans les caveaux de l'Hôtel.

M. le comte Serrurier, pair de France, qui a sollicité cette faveur au nom de la famille du maréchal, est invité à se présenter à l'Hôtel pour régler les détails de cette translation, laquelle doit être faite par les soins de la famille, sans avoir aucun caractère de cérémonie ni d'apparat, et ne donner sujet à aucune démonstration publique, les funérailles officielles du maréchal ayant eu lieu à l'époque de son décès.

Par ordre du Roi la dépouille mortelle des deux grands maréchaux du palais a été inhumée aujourd'hui, 5 mai 1847, dans les caveaux spéciaux construits à côté du tombeau de l'Empereur, sous le dôme des Invalides; celle du général Duroc a été enlevée ce matin du caveau du gouverneur, sous la nef, et placée dans un catafalque double placé à l'entrée du chœur. Le corps du général

Bertrand, arrivé avant-hier à cinq heures et demie de l'après-midi à l'hôtel des Invalides, avait été placé dans une chapelle ardente, à l'entrée de l'église, à gauche, et le clergé est venu processionnellement en faire la levée, au commencement du service religieux, pour le placer dans le catafalque, à côté du premier.

Cette cérémonie avait réuni une nombreuse assistance, au milieu de laquelle on remarquait des pairs, des députés, des généraux, entre autres MM. le comte Ph. de Ségur, le comte de Rambuteau, Viennet, les généraux Petit, Gourgaud, Fabvier, Paixhans, Carbonnel, MM. de Tracy, Larabit, de Beaumont (de la Somme), etc., etc., des officiers supérieurs de la garde nationale et des divers régiments de la garnison, d'anciens officiers, sous-officiers et soldats de l'Empire, revêtus de l'uniforme du temps.

M. le général Fabvier a prononcé les paroles suivantes :

« Messieurs,

» Ce n'est pas sous ces voûtes qu'abritent tant de vaillants défenseurs de la France que je viendrai vous parler des services, des blessures, des actions d'éclat de Duroc. Comme eux, il a été intrépide, dévoué, désintéressé, modeste.

» Je ne vous dirai qu'un mot, il suffit à sa gloire : Napoléon, désarmé par ceux qu'il voulait défendre, va rentrer dans la vie privée, demande à finir sa carrière sous le nom du colonel Duroc ! Tel est le magnifique, l'impérissable monument que le tendre cœur de Napoléon le Grand a élevé à la mémoire de Duroc, à la sienne propre.

» Chers et vénérables vétérans, quand vous allez retrouver le chef, dites-lui que sa gloire grandit et s'épure chaque jour, que cette cérémonie même est un hommage que nous rendons à son cœur aimant en rapprochant de lui deux amis fidèles. »

Le service religieux terminé, les restes mortels des deux grands maréchaux du palais ont été transportés dans les deux caveaux qui leur sont destinés, et où ils devront désormais reposer.

Duroc, duc de Frioul, naquit à Pont-à-Mousson en 1772, et fit d'assez bonnes études à l'école militaire de cette ville. Son père, qui était notaire, le destinait au même état; mais la Révolution vint lui ouvrir une carrière qui le flattait davantage. Il entra à l'école de Châlons comme élève d'artillerie; et, après avoir été nommé lieutenant en 1792, il émigra et passa plusieurs mois en Allemagne. Revenu à l'école de Châlons, il fut dénoncé comme royaliste et fut très-près d'être arrêté comme émigré. Sorti de ce mauvais pas, il devint aide de camp du général Lespinasse et fit en cette qualité les premières campagnes de la Révolution. Ce fut par son ancien camarade Marmont qu'il devint aide de camp de Bonaparte en 1796. Il se rendit alors en Italie avec ce général, se distingua au passage de l'Isonzo en 1797, accompagna Napoléon en Égypte et fut blessé d'un éclat de bombe au siége de Saint-Jean d'Acre. Il fut du petit nombre des amis dévoués que Bonaparte ramena en France avec lui. Dès que ce général se fut emparé du pouvoir par la révolution du 18 brumaire, il confia à Duroc les missions les plus importantes et l'envoya successivement à la cour de Berlin, à celles de Stockholm, de Vienne et de Saint-Pétersbourg, dans les circonstances les plus délicates. Ce favori s'acquitta toujours au gré de son maître de ces missions difficiles. Celui-ci eut toujours en lui une entière confiance; il le combla de bienfaits et voulut l'avoir toujours auprès de sa personne. Pendant toute la durée de sa puissance, à Paris et dans ses voyages, c'est toujours à Duroc que furent confiés les soins nombreux regardés comme nécessaires à la sûreté de la personne impériale : spectacles, promenades, valets, cuisine, tout dans l'intérieur était soumis à sa surveillance et à son inspection. D'un caractère froid, discret et réservé, personne n'était plus propre que lui à de pareils détails. Dépourvu de toute énergie, il ne pouvait être qu'un instrument passif, et il ne prit jamais l'initiative du mal; mais naturellement dur et insensible, il l'exécuta toujours ponctuellement, et s'il n'a pas ordonné une mauvaise action, il n'a pas empêché, il n'a pas même retardé un crime; c'était peut-être le seul moyen de rester dans la faveur impériale, et sous ce rapport rien ne dut manquer aux vœux de Duroc. Pendant quinze ans il fut constamment le confident des plus grands projets et des plus petites intrigues; et parfois aussi le ministre complaisant des plaisirs les plus secrets de son maître. Sa carrière militaire fut peu remarquable; cependant, en 1805, il remplaça un instant dans le commandement des grenadiers de l'armée d'Allemagne le général Oudinot, qui avait été blessé, et cet honorable emploi, accordé à un favori, choqua les prétentions de quelques généraux qui y avaient des droits plus réels. Duroc était plus propre à servir dans l'intérieur du palais que sur le champ de bataille; cependant il eut l'honneur d'y mourir le 22 mai 1813, à Wurschen, où il fut tué d'un boulet de canon. L'Empereur a rapporté dans son bulletin de cette bataille une conversation fort remarquable qu'il dit avoir eue avec son favori dans ses derniers moments. Si l'on en croit ce bulletin, Duroc dit à son maître « qu'il l'attendait dans le ciel, mais qu'il désirait que ce ne fût que dans trente ans, afin qu'il pût achever le bonheur de la France ».

Le fait est que Duroc expira presque subitement,

et qu'il put à peine proférer quelques paroles. Ce général avait obtenu des faveurs et des titres de toute espèce; il était président à vie du collége électoral de la Meurthe, grand officier de l'Empire, grand maréchal du palais, duc de Frioul, etc., etc. Tous les souverains de l'Europe l'avaient à l'envi décoré de leurs ordres, et il en avait reçu les plus riches présents. Son corps, embaumé, fut apporté à Paris et déposé dans l'église des Invalides. M. Villemain avait été chargé par le ministre de l'intérieur de prononcer son oraison funèbre dans une pompeuse cérémonie que Napoléon voulait consacrer à sa mémoire, mais qui, d'abord retardée par les circonstances de la guerre, n'a jamais eu lieu.

Cérémonie funèbre de M. le maréchal marquis de Grouchy.

« D'après les dispositions prescrites par M. le maréchal gouverneur, MM. les officiers, les sous-officiers, soldats invalides et tous MM. les fonctionnaires attachés à l'Hôtel sont prévenus qu'après-demain jeudi, 10 du courant, à onze heures précises du matin, aura lieu dans l'église de cet établissement un service funèbre aux mânes de M. le maréchal marquis de Grouchy;

» Que par sa lettre du 6 du courant, M. le grand référendaire de la Chambre des pairs a annoncé qu'une députation de cette Chambre assistera à cette cérémonie.

» Comme d'usage, la première travée la plus rapprochée du chœur dans la tribune de droite, en entrant, sera exclusivement réservée aux dames de la famille de M. le maréchal défunt, et les deux travées en deçà du même côté. »

L'armée vient de faire une perte douloureuse. Le maréchal Oudinot, duc de Reggio, gouverneur de l'Hôtel, est mort aujourd'hui à six heures du matin.

En conséquence des ordres du ministre de la guerre, ses funérailles ont eu lieu comme il suit :

« L'an mil huit cent quarante-sept, le seize septembre, à sept heures et demie du matin, nous de Saint-Brice Justin, officier de la Légion d'honneur, sous-intendant militaire de première classe aux Invalides,

» Vu la lettre à nous adressée, à la date d'hier, par M. le lieutenant général baron Petit, commandant de l'Hôtel, nous sommes rendu dans son salon, où se sont réunis successivement :

» Le lieutenant-colonel major de l'Hôtel, M. Simon;

» Le colonel archiviste trésorier, M. Gérard;

» L'adjoint à l'intendance militaire, M. Feraud;

» Les officiers adjudants et sous-adjudants majors de l'Hôtel;

» Les officiers des bâtiments, etc., etc.

» Et tous, en cortége, nous sommes rendus dans les appartements de M. le gouverneur de l'Hôtel, où nous avons trouvé réunis :

» MM. Hainguerlot et Perron, ses deux gendres;

» M. le comte Pajol, chef d'escadron d'état-major, son petit-fils;

» M. le comte de Xaintrailles, colonel d'état-major, et M. le comte de Bastard, chef d'escadron d'état-major, ses deux aides de camp;

» M. Solard, son secrétaire particulier et chef de son cabinet militaire.

» Introduits dans sa chambre à coucher, nous avons constaté ce qui suit :

» Nicolas-Charles Oudinot, né à Bar-le-Duc, le vingt-cinq avril mil sept cent soixante-sept, duc de Reggio, maréchal et pair de France, chevalier des ordres du Roi, grand-croix de l'ordre royal de la Légion d'honneur, de l'ordre royal et militaire de Saint-Louis, chevalier de la Couronne de fer, grand-croix des ordres impériaux et royaux de Saint-Wladimir de Russie, et de l'Aigle blanc de Pologne, de Maximilien Joseph de Bavière, de Charles III d'Espagne, de l'ordre militaire de Guillaume Ier, de l'Aigle rouge et de l'Aigle noir de Prusse, et de Saint-Henri de Saxe, ex-commandant des grenadiers et voltigeurs réunis, ex-major général de la garde royale, ancien commandant supérieur de la garde nationale de Paris, ex-grand chancelier de la Légion d'honneur, etc., etc., gouverneur de l'hôtel royal des Invalides, y décédé le treize septembre, à six heures un quart du soir, a été placé dans un cercueil en sapin garni de ouate et de satin blanc. Il était revêtu de son uniforme de maréchal, portait au côté gauche la plaque, et en sautoir le grand cordon de la Légion d'honneur. Ce premier cercueil était dans un deuxième cercueil en plomb, placé lui-même dans un troisième en chêne; ce dernier était garni de velours noir et bordé d'un double galon d'argent, maintenu par des clous à tête d'argent. Après la reconnaissance par nous et les personnes dénommées d'autre part des restes de l'illustre défunt, le vide de la bière a été rempli avec du coton. Un premier couvercle en sapin a été placé, puis un couvercle en plomb a été soudé sur le deuxième cercueil; enfin on a fixé par des vis le troisième couvercle en chêne, orné comme le cercueil lui-même et portant une plaque de cuivre sur laquelle on lit :

NICOLAS-CHARLES OUDINOT,

DUC DE REGGIO,

MARÉCHAL ET PAIR DE FRANCE,

GOUVERNEUR DE L'HOTEL ROYAL

DES INVALIDES, GRAND-CROIX

DE LA LÉGION D'HONNEUR, ETC., ETC.,

DÉCÉDÉ A PARIS LE 13 SEPTEMBRE

1847, A L'AGE DE 80 ANS.

» Alors ce triple cercueil a été enlevé et porté processionnellement à l'église, précédé de M. le curé Ancelin assisté de son clergé récitant des prières, et suivi des membres de la famille et autres personnes sus-désignées.

» Après une messe basse dite par M. le curé, le corps a été porté et placé, d'après le vœu de la famille de l'illustre défunt, dans un caveau latéral à gauche du dôme, où il restera jusqu'à l'époque de ses funérailles, lesquelles n'auront lieu qu'après l'arrivée de M. le lieutenant général marquis Oudinot, et d'après les ordres de S. Exc. le ministre de la guerre.

» Et par suite au présent acte, ce cinq octobre mil huit cent quarante-sept :

» Vu l'ordre du jour de l'Hôtel en date du deux de ce mois, réglant le cérémonial des funérailles en conformité de la dépêche de M. le ministre de la guerre du premier de ce mois.

» Nous en constatons les diverses phases ainsi qu'il suit :

» Un long crêpe en signe de deuil flotte à côté du drapeau au-dessus de la grande porte d'entrée, où il a été placé par ordre du ministre depuis le décès du gouverneur.

» Les voitures de la cour, des ministres, des ambassadeurs et de deuil, qui arrivaient successivement, sont admises dans la cour d'honneur;

celles des pairs, députés, magistrats, généraux, et de toutes les personnes invitées, vont se ranger dans les cours latérales.

» La bibliothèque est ouverte pour y recevoir les personnes devant assister à la cérémonie.

» A neuf heures le cercueil de l'illustre défunt, déposé depuis le seize septembre dans un caveau de l'église, en est retiré par le clergé de l'Hôtel, en présence de sa famille et de sa maison, savoir :

» M. le marquis Oudinot, lieutenant général, M. le comte Charles Oudinot, capitaine aux zouaves, M. le vicomte Henri Oudinot, lieutenant au 4° régiment de dragons, ses fils;

» M. le baron de Cœunan, ancien préfet, M. Hainguerlot, M. le comte de Vezins et M. Perron, ses gendres;

» M. le comte Oudinot, M. le comte Pajol, officier supérieur d'état-major;

» MM. Édouard, Arthur et Alfred Hainguerlot, ses petits-fils;

» M. le vicomte de Broe, M. Rayon et M. Cisterne de Veilles, époux de ses petites-filles;

» M. le comte de Xaintrailles, colonel d'état-major, et M. le comte de Bastard, chef d'escadron du même corps, ses aides de camp;

» M. Solard, secrétaire particulier et chef de son cabinet militaire;

» Enfin de M. le lieutenant général baron Petit,

commandant de l'Hôtel, et de son état-major, ainsi que nous; le cercueil est immédiatement placé dans une chapelle ardente dressée à l'extrémité de la nef latérale de gauche, vers la grande porte d'entrée.

» A dix heures et demie les invalides de toutes les divisions, dans la plus grande tenue, sont rangés en bataille dans la cour d'honneur, les canonniers sont à leur pièce, une haie d'invalides est formée depuis la grande grille jusqu'à l'entrée de l'église; là, elle se continue dans la grande nef jusqu'à la tête du catafalque, en hommes armés de lances et la plupart légionnaires; toute la grande nef est magnifiquement ornée; les quatre côtés sont drapés jusqu'au-dessus des tribunes de drap noir lamé d'argent et surmonté d'une bande d'hermine; de distance en distance sont placés des écussons aux armes et chiffre du défunt; au-dessus de ceux-ci, dans les couronnes de laurier, on lit les noms des principales batailles où il a pris une part si active et si glorieuse :

» Zurich, Gênes, le Mincio, Amstetten, Vienne, Hollabrünn, Neuchâtel, Ostrolenka, Friedland, Ebersberg, Wagram, Polotsk, Bérézina, Bautzen, Arcis-sur-Aube et Madrid.

» Un superbe catafalque, resplendissant de lumière, s'élève au milieu de la nef.

» En arrière du catafalque, sur des coussins de velours brodé d'or et d'argent, reposent, voilés d'un crêpe, la couronne de duc, son sabre d'honneur, les magnifiques épées décernées au général en chef des grenadiers réunis par la principauté de Neuchâtel et le royaume de Hollande, le brillant collier des ordres du Roi, et les grands insignes des principaux ordres de presque tous les États de l'Europe.

» Tout autour sont des flambeaux funéraires jetant de pâles lueurs. Des places sont préparées : dans le sanctuaire, à droite, pour l'archevêque et le clergé; à gauche, pour les princes, la maison du Roi, le lieutenant général gouverneur par intérim, ayant à sa gauche et à sa droite le sous-intendant militaire, le lieutenant-colonel major et le colonel archiviste, et derrière lui l'adjoint à l'intendance militaire avec l'état-major de l'Hôtel, le personnel de santé et d'administration, ainsi que MM. les officiers invalides disponibles;

» Dans le chœur, à droite, pour MM. les ministres et les membres du corps diplomatique; derrière les ministres, MM. les membres de la Chambre des pairs, du conseil d'État, le préfet de la Seine et le préfet de police; à gauche, MM. les présidents des Cour royale et de cassation, députés et conseillers des Cours;

» En dehors du chœur, à droite, le lieutenant général commandant la garde nationale et son état-major; derrière, les députations de cette garde nationale; à gauche, M. le lieutenant général commandant la première division, son état-major, et plus loin les différentes députations des corps de la garnison, MM. les dignitaires et généraux sans emploi;

» A droite et à gauche de la nef, les personnes en deuil invitées à la cérémonie.

» Quatre tribunes sont réservées pour les dames de la famille de l'illustre défunt, et pour celles des fonctionnaires ou employés de l'Hôtel. Trois tribunes de gauche le sont pour mesdames les sœurs.

» A midi toutes les autorités et personnes invitées ou admises à la cérémonie occupent les siéges qui leur sont destinés.

» On remarque aux places du clergé monseigneur l'archevêque de Paris; aux places de la maison du Roi, M. le lieutenant général comte Colbert, M. le lieutenant général baron Marbot, M. le maréchal de camp de Chabanne la Palice, M. le comte Friand; à celles des ministres, MM. les ministres de la guerre, de la marine, des finances, du commerce et des travaux publics, l'envoyé extraordinaire et ministre plénipotentiaire de Suède, un grand nombre de pairs, parmi lesquels MM. de Beaumont de Saint-Aulaire, de Noë; les généraux Préval, Fabvier, Schramm, etc.; beaucoup de députés, dont : MM. Arago, Odilon-Barrot, de la

Rochejaquelein, Allard, de l'Épée, Piéron, le marquis de Mornay, etc.; M. le lieutenant général Jacqueminot, commandant de la garde nationale de la Seine, avec son état-major, et des députations de toutes les légions; des députations des Écoles polytechnique et d'état-major; un grand nombre d'officiers généraux, d'officiers de tous grades et de militaires de toutes armes, parmi lesquels bon nombre sont revêtus des uniformes de leurs anciens corps; enfin des personnes éminentes dans toutes les professions, et plus de mille invités.

» Les tribunes sont garnies de dames en grand deuil; quatre invalides décorés, armés de lances, sont aux quatre coins du catafalque, douze sous-officiers de l'armée sont rangés autour; au bas et en avant sont placés les personnes de la famille, ses alliés et les aides de camp de M. le maréchal, auxquelles s'est joint M. le capitaine de vaisseau Vankarnebeck, aide de camp du roi de Hollande, venu tout exprès de la Haye pour assister à la cérémonie.

» Alors M. le curé de l'Hôtel, assisté de MM. les chapelains Blanc et Laroque, suivi de la famille du défunt, du lieutenant général gouverneur par intérim et de nous, fait la levée du corps.

» M. le comte de Molitor, maréchal et pair de France; M. le duc de Cazes, grand référendaire de la Chambre des pairs; M. le duc de Mortemart, pair de France; M. le marquis de Lauriston, maréchal de camp, pair de France, portent les coins du poêle. Le cercueil était ainsi porté processionnellement et placé sous le catafalque.

» Ensuite commence une grand'messe chantée; M. l'archidiacre Jacquemet officie assisté d'un nombreux et pompeux clergé. Une musique militaire mêle de tristes accents à la voix des ecclésiastiques, des chantres et des chœurs. Après la messe monseigneur l'archevêque s'avance et dit l'absoute, puis la famille et successivement tous les principaux assistants font le tour du catafalque et jettent l'eau bénite sur les restes mortels du maréchal. Pendant cette cérémonie, treize coups de canon annoncent à la population de Paris et des environs les honneurs rendus au gouverneur de l'hôtel royal des Invalides, l'une des grandes célébrités des armées françaises.

» L'absoute et l'eau bénite étant terminées, le cercueil est placé sur un char funèbre splendide, traîné par six chevaux et suivi du cheval de bataille du maréchal; les officiers invalides marchent à ses côtés, en avant et en arrière sont des détachements d'invalides presque tous décorés.

» Le deuil conduit par les trois fils, présents, de M. le maréchal, vient en tête de toutes les personnes qui, ayant assisté à la cérémonie intérieure, veulent en suivant le char funèbre honorer la mémoire de l'illustre défunt. Elles marchent dans l'ordre où elles étaient placées à l'église, et font ainsi le tour de l'Hôtel par les boulevards de ceinture.

» Des troupes de la garnison, infanterie, cavalerie et artillerie, forment la haie ou sont massées en face de l'Hôtel. Plusieurs musiques militaires jouent des airs funèbres. Un grand concours de peuple borde silencieusement les lieux du passage.

» Au retour le char funèbre est arrêté en face de la grille, et les troupes, les invalides en tête, défilent devant, puis le cercueil est descendu et transporté dans le caveau spécial des gouverneurs. Là, présente encore une nombreuse assistance, après les dernières prières du clergé qui se retire aussitôt, M. le lieutenant général commandant de l'Hôtel, gouverneur par intérim, retrace d'une voix émue les principales circonstances de la vie militaire et de la mort du brave maréchal, qui, quarante fois blessé, n'attendit jamais la cicatrice d'une blessure pour aller en recevoir une nouvelle; qui par son audacieuse valeur le disputa toujours aux plus intrépides; qui enleva tant de pièces de canon que l'Empereur lui en donna plusieurs en récompense; qui, dans toutes les grandes positions où l'a placé la confiance de l'Empereur et des rois, a su par son haut mérite justifier cette confiance, commander l'estime des contemporains, obtenir des titres à l'admiration de la postérité et mériter ainsi la gloire d'être placé au nombre des grands capitaines dont s'honore la France.

» Le discours terminé et le dernier adieu prononcé, le cercueil a été placé, suivant le vœu qu'avait émis le maréchal, dans la case la plus élevée de la dernière travée de droite, en face de M. le maréchal Moncey, qu'il avait remplacé comme gouverneur des Invalides. »

Le ministre de la guerre au général Petit.

« Général,

» Par suite de la perte que la France vient de faire de M. le maréchal duc de Reggio, gouverneur de l'hôtel royal des Invalides, j'ai l'honneur de vous faire connaître que, conformément à l'article 36 du décret du 25 mars 1811, vous aurez à remplir, par intérim, en votre qualité de commandant de l'Hôtel, toutes les fonctions du gouverneur, notamment celles de président du conseil d'administration, jusqu'au remplacement de M. le duc de Reggio. »

Par ordonnance royale du 6 octobre 1847, M. le maréchal Molitor est nommé gouverneur de l'hôtel des Invalides, en remplacement de M. le maréchal duc de Reggio, décédé.

Ordre du jour.

« Militaires invalides,

» Le Roi vient de me nommer votre gouverneur. Je sais tout ce qu'il y a d'honorable pour moi à me trouver au milieu des vétérans de l'armée que j'ai vus sur tous les champs de bataille qui ont marqué votre gloire contemporaine.

» Ancien compagnon d'armes des Serrurier, des Latour-Maubourg, des Jourdan, des Moncey et des Oudinot, qui se sont tour à tour succédé dans le gouvernement des Invalides, je suis heureux d'être appelé à continuer au milieu de vous l'administration paternelle de mes illustres devanciers, et ma constante sollicitude tendra à développer dans l'asile qui vous est ouvert par la munificence nationale tous les éléments de bien-être que réclament vos services, vos blessures et vos infirmités.

» Vous répondrez à mes efforts par le bon esprit et l'union qui doivent toujours régner parmi vous, par la pratique des vertus militaires dont vous devez l'exemple à notre jeune armée, et enfin par votre dévouement au Roi qui perpétue pour vous l'œuvre éminemment patriotique de Louis XIV et de l'empereur Napoléon. » Comte Molitor. »

Le 26 octobre 1847, LL. AA. RR. les princes de Holstein Gluksbourg sont venus visiter l'Hôtel.

Drapeau pris à Fautahuha (Océanie).

« L'an mil huit cent quarante-sept, le quatre décembre.

» Vu la lettre de M. le contre-amiral Bruat, adressée sous la date du 29 novembre dernier à M. le maréchal Molitor, gouverneur des Invalides, annonçant que le Roi lui fait remettre, par M. le lieutenant général de Rumigny, son aide de camp, le drapeau qui flottait sur le fort de Fautahuha lorsque cette position fut enlevée par les troupes françaises, le 17 décembre 1846;

» Attendu les ordres de M. le gouverneur, nous de Saint-Brice (Justin), sous-intendant militaire de l'hôtel royal des Invalides, nous sommes rendu à la salle du conseil, où nous avons trouvé réunis :

» M. le maréchal Molitor, pair de France, gouverneur des Invalides ;

» M. le lieutenant général baron Petit, pair de France, commandant de l'Hôtel ;

» M. le colonel Gérard, secrétaire général, archiviste trésorier, conservateur des trophées ;

» MM. les officiers de l'état-major de l'Hôtel ;

» M. le contre-amiral Bruat, accompagné de M. Malmanche, son chef d'état-major, et de deux autres officiers de son expédition ;

» Et M. Boutet, commis de marine.

» M. le maréchal gouverneur a pris la parole en ces termes :

« Messieurs,

» Le drapeau qui est devant vous est celui qui
» flottait sur le fort de Fautahuha lorsque cette
» position fut attaquée et emportée par nos braves
» soldats de l'Océanie.

» Ce drapeau a été pris par le chef tahitien
» Tarürü, qui est venu visiter la France et qu'une
» maladie subite et grave a empêché d'accompagner
» ici son gouverneur général, M. l'amiral Bruat.

» Ce drapeau m'a été envoyé par le Roi pour
» qu'il fût réuni aux nombreux trophées placés
» sous notre garde et dont la présence ici est des-
» tinée à perpétuer les souvenirs de la gloire de
» nos armes.

» J'ai été chargé de remettre en même temps au
» brave indigène de l'Océanie et à M. Boutet, com-
» mis de marine, qui s'est distingué dans ces expé-
» ditions, la décoration de la Légion d'honneur
» que le Roi leur a accordée en récompense de la
» valeur qu'ils ont montrée dans ces circonstances.

» Le chef tahitien n'ayant pu se rendre ici, je
» vais procéder à la réception de M. Boutet.

» Vous jurez fidélité au roi des Français, obéis-
» sance à la charte constitutionnelle et aux lois du
» royaume ?

» D'après votre serment et en vertu des pouvoirs » que nous avons reçus, nous vous faisons chevalier » de la Légion d'honneur et nous vous en remet- » tons les insignes au nom du Roi.

» Colonel Gérard, prenez ce drapeau et faites-le » placer comme il convient d'après les ordres de » Sa Majesté. »

M. Souhait, capitaine d'artillerie retraité, fit un don anonyme de 6,000 francs, avec *affectation et par portions égales aux aveugles de l'Hôtel* et de sa succursale.

Mais par décision du 17 janvier 1848, l'autorité supérieure, sur la demande du conseil d'administration, décida qu'une haute paye d'un franc par mois, en sus de la solde des menus besoins, serait allouée jusqu'à l'entier épuisement du capital non-seulement aux aveugles présents à l'Hôtel, mais encore à ceux qui y seraient admis ultérieurement. Grande fut alors l'irritation des aveugles présents, dont quatre-vingt-cinq sur cent dix-sept refusèrent obstinément d'accepter le changement de mode de payement de la donation faite en leur faveur.

LIVRE QUATRIÈME.

De 1848 à 1862.

Le 26 février 1848, la République fut proclamée.

Les pensionnaires de l'Hôtel n'y avaient contribué en aucune façon; ils la subirent comme ils avaient subi et accepté la révolution de 1830.

Le nouveau gouvernement témoigna tout d'abord une vive sollicitude pour les débris des armées de la Révolution et de l'Empire, ainsi que pour les jeunes mutilés de nos guerres d'Afrique.

Le 28, le maréchal Molitor, gouverneur, retenu déjà depuis quelque temps dans ses appartements par la cruelle maladie qui devait un peu plus tard le ravir à la patrie, adressa au ministre de la guerre la lettre dont copie suit :

« Monsieur le Ministre,

» Une décision ministérielle du 21 août 1822 assigne dans l'armée le premier rang aux invalides, comme se composant de militaires de toutes armes et à raison aussi de l'âge, des blessures, des longs et honorables services qui constituent leurs titres et leur admission dans cette institution nationale.

» D'un autre côté, les vétérans de nos anciennes armées républicaines et impériales étant encore en très-grande majorité à l'hôtel des Invalides, il est donc naturel que des hommes qui ont consacré leur existence au service de la patrie ne puissent rester indifférents en face des grands événements politiques qui se déroulent devant eux et qu'ils soient désireux d'apporter au gouvernement nouveau leur franche et sincère adhésion.

» Organe des sensations des débris de notre gloire nationale, je viens, Monsieur le Ministre, vous exprimer les vœux que nous formons pour l'union de tous les bons citoyens, aujourd'hui le premier intérêt de notre patrie, pour le développement le plus avantageux des nouvelles institutions que le peuple vient de se donner, et enfin pour l'accroissement des grandes destinées de cette glorieuse France que nous avons contribué à élever si haut dans l'estime des peuples. »

Le ministre répondit aussitôt :

« Monsieur le Maréchal,

» Je savais que les glorieux vétérans de nos armées seraient des premiers à saluer l'avénement du gouvernement républicain, et je vous remercie de vous être fait leur organe en vous associant à leurs sentiments.

» La patrie tiendra à honneur de maintenir à la tête de ses défenseurs, en les leur donnant pour modèles, les héroïques débris de nos anciennes phalanges; aucun passé n'est comparable, et les enfants du peuple victorieux viennent de montrer au monde qu'ils sont dignes de tels pères. »

La révolution n'apporta donc de changement ni dans le personnel, ni dans le régime intérieur de l'établissement, pas même pendant ces jours de manifestations et d'agitations populaires; mais, le 23 mars suivant, la tranquillité fut tout à coup troublée : une centaine de sujets incorrigibles auxquels s'étaient joints bon nombre des aveugles de l'Hôtel, près desquels les premiers avaient tout fait pour les amener à grossir leur bande, se mutinèrent sérieusement et, sourds à la voix de leur général, s'empressèrent, profitant du moment où officiers, sous-officiers et soldats se réunissaient dans les réfectoires pour y prendre leur repas du soir, de sortir de l'établissement en désordre, criant à qui voulait l'entendre qu'ils allaient faire leur adhésion au nouveau gouvernement et en même temps, ajoutaient les aveugles, porter à sa connaissance les abus dont ils se disaient les victimes.

Nous ignorons comment les accueillit le gouvernement provisoire; toujours est-il qu'au lieu de rentrer paisiblement à l'Hôtel, comme probablement ils y avaient été engagés, ils se dirigèrent vers le campement des ouvriers réunis au Champ de Mars, où il ne leur fut pas difficile de s'adjoindre le millier de citoyens qu'ils jugeaient devoir leur être nécessaire pour la mise à exécution de leur odieuse et criminelle entreprise : l'enlèvement du vénérable général Petit de l'Hôtel. Les quelques militaires invalides qui se présentèrent pour accompagner leur général et le défendre au besoin furent inhumainement renvoyés.

Où conduisirent-ils le général? Sans doute à l'état-major général de la garde nationale, car le lendemain il fut ramené à l'Hôtel par le général Courtais, commandant en chef cette garde citoyenne, et son chef d'état-major, le colonel Guinard.

Grande fut la joie des invalides!

Le général Petit à peine de retour, l'ordre du jour suivant fut lu aux divisions rassemblées dans la cour d'honneur :

« Invalides,

» Nous avons éprouvé un grand malheur, j'en ai été vivement affligé, mais je veux m'en consoler en reprenant mes occupations ordinaires ; je continuerai à vous donner mes soins et à veiller à tous vos besoins.

» Comment quelques invalides ont-ils pu croire que jamais j'aie eu la pensée de détourner le don de 6,000 francs fait aux aveugles de deux établissements par un anonyme, moi qui ai traversé nos temps de gloire sans m'occuper de ma fortune, et qui ai refusé en 1815 un don d'argent de l'empereur Napoléon, pensant alors comme aujourd'hui aux besoins de la patrie?

» Comment a-t-on pu faire courir le bruit que j'avais *traîné dans la boue le drapeau tricolore*, moi qui n'ai jamais combattu que sous ses nobles couleurs et qui ai si religieusement conservé le drapeau des grenadiers de la garde impériale, qui me fut remis de la part de l'Empereur par le général Drouot?

» Faisons donc cesser les bruits mensongers, rentrons donc dans l'ordre accoutumé. Invalides, ayez confiance dans mes sentiments pour vous que rien ne peut affaiblir; n'ai-je pas longtemps partagé vos fatigues, vos dangers et peut-être votre gloire? Et aujourd'hui, affaibli par l'âge, n'ai-je pas en partage une grande partie de vos infirmités? Et croyez-le bien, ce n'est pas à soixante-seize ans qu'on dévie du sentier de l'honneur. Tout ce qui vous est dû vous est continuellement accordé; reposez-vous donc pour ce soin sur le zèle éclairé et la sollicitude de M. le maréchal gouverneur, et soyez assurés que le gouvernement lui-même a constamment les yeux ouverts sur tout ce qui se passe à l'Hôtel, ce qui sera prouvé d'ailleurs par les deux enquêtes qui vont avoir lieu.

» *Signé* : G^l Petit. »

Tous les auteurs qui ont écrit spécialement sur l'institution et sur l'hôtel des Invalides, tous ceux qui, incidemment, ont été amenés à en parler dans leurs ouvrages, se sont montrés, pour cet établissement et pour les vieux soldats qu'il abrite, pleins de sympathie et de respect. Un seul, dans ces derniers temps, s'est affranchi de cette règle de justice et de convenance. A propos du fait que nous venons de relater, fait regrettable sans doute, mais d'une importance bien moindre que celle qu'on lui a donnée, l'auteur de la *Révolution de* 1848 (édit. de 1852), mal renseigné sans doute, a écrit dans cette histoire de la révolution de février plusieurs pages offensantes et injurieuses pour les invalides et pour l'armée dont ils sont les anciens, aimés et respectés.

Quelle différence de langage avec celui tenu quelques années auparavant par un honorable citoyen qui, à propos d'une perte irréparable faite dans le personnel de l'Hôtel, s'exprimait ainsi :

« Soldats, officiers, généraux, qui depuis Valmy

jusqu'à Marengo, depuis Austerlitz jusqu'à Wagram (un peu plus tard il eût ajouté d'*Alger à Solferino*), tour à tour avez combattu pour la liberté, les lois et la grandeur de la nation; vous qui survivez encore, souffrez que ma voix n'attende pas l'instant où vous ne pourriez plus l'entendre pour payer à vos lauriers, à vos cicatrices, à vos cheveux blancs, l'hommage que tous les bons citoyens vous ont voué du fond de leur âme. »

La malheureuse journée du 23 mars, en ce qui concerne la mutinerie de quelques invalides, a eu trop de retentissement en France, surtout depuis l'apparition de l'ouvrage en question, venant de si haut, pour que nous nous dispensions d'en dire quelques mots; non, grand Dieu! pour chercher à amoindrir la très-grande faute des invalides aveugles ou clairvoyants, mais bien pour atténuer autant que possible la fâcheuse et bien triste impression qu'a dû laisser dans l'esprit de ses lecteurs cet ouvrage sur la révolution de 1848.

Pour cela nous nous bornerons à faire connaître (la justice ayant rendu ses arrêts) quel a été le résultat de cette affaire, à laquelle on a voulu absolument donner une importance que bien certainement elle était loin d'avoir méritée.

Aussi ne revenons-nous pas à la lecture de cette triste page 105, moins injurieuse cependant que celles qui la précèdent :

« *Laisser un pareil crime impuni, c'était abandonner les rênes de l'armée, sanctionner l'indiscipline et la sédition par l'impuissance d'arrêter les coupables au milieu de* **trois mille hommes qui avaient du canon** [1]; *c'était tenter l'impossibilité et s'exposer à voir l'autorité du gouvernement brisée avec scandale dans sa main. Ce dernier parti, quoique désespéré, était cependant celui de l'honneur et du devoir; le gouvernement le choisit.* »

Ordre du jour.

« Les actes inouïs d'insubordination dont l'hôtel des Invalides a été le théâtre dans la journée du 23 mars ont soulevé la juste réprobation de tous les citoyens aussi bien que de l'armée, à qui les militaires invalides doivent l'exemple de la discipline et de toutes les vertus militaires. Le ministre de la guerre, après avoir entendu la commission chargée d'informer, vient de prononcer sur les auteurs et instigateurs de ces scènes de désordre que rien ne peut excuser, et qui ont compromis un moment l'avenir de cet établissement sans rival et jusqu'ici l'objet de l'admiration de l'Europe entière.

[1] Qui ne sait pas que ces canons, *sans projectile aucun*, ne sont là que pour annoncer à la capitale des victoires ou autres grands événements, et non pour être tournés contre ses habitants?

» Le maréchal gouverneur, si vivement affecté de ces déplorables et odieux événements, se plaît à reconnaître que la très-grande majorité des invalides a réprouvé avec indignation la conduite des coupables, il a la confiance que désormais l'opinion publique n'aura plus à voir dans les militaires invalides que des hommes pénétrés des sentiments de l'honneur et des devoirs du citoyen.

» Justice a été faite des grands coupables.

» Par décision ministérielle du 7 de ce mois, ont été condamnés comme auteurs et instigateurs des actes d'insubordination qui ont entaché l'hôtel des Invalides dans la journée du 23 mars 1848 :

» A deux mois de prison et à être ensuite rayés des contrôles de l'Hôtel, les dénommés ci-après, savoir :

» Simon, sergent-major; Gallois et Charbonnier, sergents; Juge, caporal; Proult, soldat; Rudeau et Bonnefoy, caporaux-tambours, et Guyard, élève tambour.

» Le maréchal,

» *Signé :* MOLITOR. »

Le ministre au gouverneur.

« MONSIEUR LE GOUVERNEUR,

» La commission d'enquête chargée d'informer sur les plaintes élevées contre le personnel de l'administration des Invalides a pris une connaissance approfondie des griefs qui lui étaient déférés, après avoir soumis toutes les parties du service de l'Hôtel à de scrupuleuses investigations dont elle a consigné le résultat dans un rapport détaillé que j'ai moi-même examiné avec la plus sérieuse attention.

» Ces conclusions sont de nature à donner satisfaction à l'opinion publique, un moment émue par de prétendues malversations. »

Par tout ce que nous venons de rapporter, il devient évident que l'échauffourée du 23 mars fut un fait purement accidentel et complétement isolé, auquel la presque totalité des invalides ne prit aucune part.

La réclamation des aveugles, au fond, était juste. Le legs qui leur avait été fait aurait dû, selon la volonté du testateur, leur être distribué immédiatement et intégralement par portions égales, et non en une haute paye d'un franc par mois jusqu'à épuisement de la somme, comme il a été fait; d'où il s'en est suivi que, par suite de décès, beaucoup de ces malheureux et même leurs familles n'ont pas joui du legs qui leur était légalement acquis.

Ils auraient dû renouveler leur plainte à l'administration et ne pas céder aux instigations de quelques meneurs qui leur firent commettre la faute impardonnable d'invoquer l'assistance de ces doux juges de paix du Champ de Mars qui, trois mois plus tard, érigeaient les barricades de juin.

Les quelques coupables d'actes d'insubordination et de désordre ont été punis, comme nous l'avons dit, et rien dans toute cette affaire ne devait autoriser qui que ce soit au monde à infliger un blâme général aux pensionnaires de l'Hôtel.

Par arrêté du président du conseil, chargé du pouvoir exécutif, à l'avenir deux représentants du peuple feront partie du conseil d'administration; ils seront élus par l'Assemblée nationale et pour trois ans.

L'Assemblée nationale ayant décidé que le cœur du général Négrier, tué le 25 juin en combattant pour la patrie, serait déposé aux Invalides, le cortége, parti de l'hôtel de ville à dix heures du matin, est arrivé vers midi à la grille de l'Hôtel, où M. le maréchal Molitor l'attendait à la tête de son état-major.

L'aide de camp du ministre de la guerre, en remettant au maréchal le précieux dépôt dont il était porteur, lui a adressé ces paroles :

« Monsieur le maréchal,

» Au nom de M. le ministre de la guerre, et en exécution du décret de l'Assemblée nationale, en date du 29 juin 1848, j'ai l'honneur de remettre respectueusement entre vos mains, pour être déposé à l'hôtel des Invalides, le cœur de François-Marie-Casimir Négrier, mort général de division, commandant la deuxième division militaire, grand officier de la Légion d'honneur, chevalier de Saint-Louis, commandeur de l'ordre de Léopold, représentant du peuple, questeur de l'Assemblée nationale, tué le 25 juin 1848, en combattant pour la patrie.

» L'armée et la famille du général Négrier, à laquelle je demande la permission de m'unir en ce moment, sont reconnaissantes envers le peuple qui, par la voix unanime de ses représentants, a admis ce noble cœur à l'insigne honneur d'être placé à côté des restes glorieux de nos plus grandes illustrations militaires, tout près du cœur de l'empereur Napoléon. »

Le maréchal a répondu à toute l'assistance :

« Citoyens !

» La cérémonie funèbre qui nous rassemble ici ne sera pas la moins mémorable de celles qui l'ont devancée.

» Un grand et juste prestige est attaché, sans doute, à l'éclat des victoires du champ de bataille, car ce sont elles qui ont porté si haut l'honneur et la gloire du nom et du drapeau français; mais les palmes civiques, le généreux sang versé avec tant de courage et de dévouement pour la défense de nos lois et pour la conservation de la société en péril ne sont pas moins héroïques, moins glorieux et moins dignes de l'admiration et de la reconnaissance de tous les citoyens.

» L'initiative de ce sentiment patriotique a été noblement inaugurée par l'Assemblée nationale tout entière en décidant, à l'unanimité, que le cœur du brave général Négrier serait déposé parmi les illustrations que renferme cet asile de tant de glorieux souvenirs.

» Les vétérans de nos armées de la République et de l'Empire, qui sont encore ici en majorité, ces débris mutilés de tant de batailles, reçoivent avec respect et un orgueil tout national le dépôt de ce cœur si glorieusement éprouvé sur la terre africaine, et qui, dans un dernier élan, vient de s'immoler sous nos yeux pour le salut de nos concitoyens.

» Honneur et gloire à la mémoire du général Négrier! »

Puis M. le maréchal gouverneur, suivi de la famille du défunt et de toute l'assistance, s'est avancé vers le portail de l'église où le cœur, que portait le commandant de la garde nationale de Lille, a été reçu par le curé des Invalides.

En lui en faisant la remise, M. l'abbé Levé, curé de Saint-Germain, lui dit :

« Monsieur le curé,

» Je viens au nom de la religion confier aux soins de vos prières le cœur du brave général Négrier.

» Je n'essayerai pas de vous parler de ses vertus chrétiennes et militaires : son éloge est aujourd'hui dans toutes les bouches comme dans tous les cœurs. Le général a succombé à la même place où, quelques heures auparavant, avait été frappé notre vénérable archevêque. Tous deux sont morts martyrs de l'honneur de la République française et pour l'amour de leurs frères.

» Unissons nos prières afin que ces âmes si grandes et si généreuses soient à jamais réunies dans le temple de la gloire éternelle et répétons avec le prophète ces touchantes paroles : *Justitia et pax osculatæ sunt.* »

M. le curé des Invalides a répondu :

« Monsieur le curé,

» Tandis que la France pleure la mort de ses courageux défenseurs, la religion élève des mains suppliantes vers le ciel et demande à Dieu pour eux la couronne de l'immortalité.

» Nous recevons avec un religieux respect le cœur du nouveau Macchabée qui a donné sa vie pour la défense de la famille, de l'ordre et de la liberté.

» L'histoire dira ses vertus militaires et civiles; pour nous pénétrer de la plus vive reconnaissance pour les services qu'il a rendus à notre patrie, nous allons prier pour lui avec sa famille et avec l'élite des guerriers qui nous environnent. *Requiescat in pace.* »

Une messe basse a été dite par l'aumônier pendant que le clergé exécutait le *Dies iræ*. Après quoi le cœur a été descendu dans le caveau.

Une autre victime des journées de juin venait de rendre le dernier soupir au Val-de-Grâce, le général Duvivier.

En conséquence du décret de l'Assemblée nationale portant que le corps de cette illustre victime serait déposé dans les caveaux de l'église des gouverneurs, le cortége arrivé à la grille, M. le maréchal Molitor a dit ces simples et dignes paroles: « Les vétérans de la gloire française reçoivent avec un respectueux sentiment de patriotisme les restes mortels de Duvivier, dont la carrière toute de gloire vient de finir héroïquement en défendant tout ce que les citoyens ont de plus cher et de plus sacré : la liberté, l'ordre et la propriété. »

Devant le porche, le corps est reçu par le clergé de l'Hôtel et placé ensuite sous le catafalque qui l'attendait au milieu de la nef, et, après l'absoute, il est porté à bras par les gardes mobiles dans le caveau qui lui avait été destiné à l'avance.

Ensuite, M. Marie, président de l'Assemblée nationale, d'une voix pénétrante et en termes dignes du sujet, s'exprime ainsi :

« Citoyens !

» La tombe va s'ouvrir pour recueillir encore une des illustrations de la France. Encore une fois la patrie est atteinte dans sa gloire, l'armée dans sa force.

» Le général Duvivier appartenait à ces vaillantes colonnes d'Algérie qui, au sein de la paix européenne et par un glorieux privilége, ont continué les grandes traditions de notre histoire militaire.

» Il a laissé sur cette terre africaine, comme il laissera en France, des souvenirs que le temps respectera ; car, par décret de la Providence, sa puissance de destruction s'arrête devant les grandes choses et laisse impérissables les promesses fécondes de l'immortalité.

» Je ne vous dirai rien de la vie de Duvivier; sa mort l'éclaire et la résume.

» Pourtant je dois à sa mémoire de rappeler ici

qu'à lui appartient l'organisation de cette garde nationale mobile qui, à la voix de la patrie et sous les ordres du brave général Damesme, a si noblement répondu aux enseignements et aux inspirations de son premier général.

» Citoyens, la religion qui consacre les joies consacre aussi les douleurs.

» En abaissant ses regards sur cette noble victime et sur tant d'autres mortes pour la République, elle s'est solennellement associée au deuil de la patrie, comme il y a quatre mois elle s'associait à son triomphe en bénissant la victoire du peuple.

» Grâces lui en soient rendues, car en agissant ainsi elle ouvre à ceux qui survivent et qui souffrent ses trésors d'espérance dont l'homme cherche la consolation jusque dans la mort.

» Que les prières adressées à Dieu, il y a quelques jours, sous la voûte même du ciel, aujourd'hui sous ce dôme qui recouvre tant d'illustres morts, relèvent donc les esprits découragés; qu'elles soutiennent les cœurs abattus; qu'elles fassent revivre parmi nous les sentiments élevés de la concorde et de la fraternité; qu'elles disent enfin à tous ceux qui doutent que la civilisation ne s'arrête pas dans sa course; que si l'homme tombe et passe, l'humanité reste debout et éternelle, réalisant ses progrès même au milieu du sang et des larmes.

» Laissons maintenant aux religieuses promesses

de l'éternité le général dont la patrie vient d'honorer la tombe.

» Citoyens, des larmes pour les morts! des larmes seulement! Les déplorables guerres livrées au sein de la cité n'ont après elles que des journées de deuil! On ne demande pas des champs désolés des discordes civiles, et le citoyen qui a bien servi la patrie ne demande sa récompense qu'aux secrètes joies de la conscience satisfaite, qu'aux sublimes émotions du devoir accompli. »

Enfin M. Chabrier, l'ami et l'exécuteur testamentaire du général, retrace, en un discours écouté avec tout l'intérêt qu'il mérite et qu'inspire le sujet, les principaux traits du caractère et quelques-uns des faits de la vie de cet homme digne des plus beaux jours de l'antiquité; il dit:

« Cette pompe qui environne la dépouille mortelle du général Duvivier dit assez haut que la patrie reconnaissante n'a cédé à personne le soin d'honorer la mémoire de celui qui l'a si bien servie. Mais, après m'être écarté avec respect devant la justice de la République, après avoir écouté avec respect la voix éloquente que vous venez d'entendre, j'ai à remplir un devoir personnel : la place que les dernières volontés du général et son amitié m'ont faite ici ne me permet pas de me taire; quelle que soit ma faiblesse, je dois essayer de le montrer tel que je l'ai vu, tel que je l'ai aimé, tel qu'il me sera éternellement cher.

» La force, fécondée par le plus opiniâtre travail et animée par le plus ardent amour du devoir, la force intelligente et patriotique, voilà le général Duvivier, ce soldat toujours maître de toutes les situations de guerre où il s'est trouvé, ce citoyen toujours prêt à l'abnégation complète de lui-même, cet organisateur puissant sous la main duquel les éléments les plus rebelles se plièrent et s'unirent en ensembles réguliers et solides.

« Nourri à se dévouer pour la patrie par un père officier supérieur, qui le lui consacra dès sa naissance en le nommant Franciade-Fleurus, et par une mère digne des plus beaux temps de notre pays, comme elle l'eût été des plus beaux temps de Rome; Duvivier, depuis le jour où, encore élève de notre admirable École polytechnique, il tira contre l'étranger le dernier coup de canon de 1814, jusqu'au jour où, glorieux vétéran, il vient de tomber en défendant les lois et la paix publique contre des malheureux poussés par des insensés, Duvivier a toujours dignement répondu à l'appel de la patrie.

» La vie de Duvivier, toute militaire, hors les trop courts moments où il eut l'honneur de siéger dans l'Assemblée nationale, sur les bancs de laquelle 18,200 électeurs de Paris l'avaient porté, cette vie si pleine fut marquée pendant les années de paix par des services continus en France, en Corse, aux Antilles, et par des ouvrages écrits avec le style de fer d'un Spartiate, mais qui révélèrent en lui le tactitien éminent, l'administrateur habile, l'homme à qui ses pensées appartiennent. Au moment de sa mort, il travaillait à un livre où son immense érudition, son esprit sagace, son bon sens, instinct réfléchi de ses longues méditations, son infatigable patience, essayaient de reconstruire de toutes pièces, avec les débris d'une antiquité perdue avant lui, cette langue phénicienne qu'il cherchait pour découvrir l'histoire vraie du grand peuple rival des Romains, et, par cette histoire, celle des peuples plus anciens encore, et peut-être les origines de notre civilisation.

» Pendant les années de guerre, sa vie n'est qu'une suite d'actions honorables ou héroïques, à partir du moment où, simple capitaine du génie, il mit, en 1830, le pied sur la terre d'Afrique, jusqu'à l'époque regrettable où il la quitta, en 1841, grand officier de la Légion d'honneur et général.

» A ses compagnons d'armes, à l'élite des capitaines qui servirent sous les ordres du général Duvivier ou près de lui, à l'histoire nationale laissons le soin de retracer une carrière si pleine d'enseignement pour notre armée, et en même temps si capable d'enflammer son courage! Mais qu'il me soit permis du moins de rappeler cette singulière et fatale destinée du général, que c'est dans Paris qu'il a été frappé de balles parricides, et que nul n'a porté plus haut que lui le renom des enfants de Paris et ne leur a été plus cher. Deux fois on les lui confia, bouillants encore de la guerre civile et enivrés de toutes les illusions, de toutes les colères, de toutes les passions déchaînées; deux fois il en fit des modèles de patriotisme et d'honneur, deux fois il en fit des remparts de la patrie.

» Sans doute, cet homme, stoïque pour lui-même, fut dur et inflexible à l'intrigue et à tous ceux qui, pour un vil intérêt ou une vaine ambition, n'essayent que trop souvent d'imiter le beau, le vrai, le simple. Mais quand il avait donné son estime, de quelle naïveté de cœur, de quelle sûreté de commerce, de quel dévouement il l'accompagnait et la prouvait! Son âme si sévère et qui, par sa sévérité même, éloigna de lui, trop longtemps pour le bien de la patrie, et les honneurs et les fonctions, et ceux qui les distribuent; son âme était aussi compatissante que généreuse. Savez-vous ce qui le préoccupait lorsque sur son lit de mort il livrait sciemment son dernier combat? Voici les paroles que lui arrachait le délire de la douleur, je dis lui arrachait, parce que, s'il n'eût déjà été affaibli, il les aurait concentrées en lui-même, comme il y concentrait tout ce qu'il ne pouvait réduire en acte : « Pauvres ouvriers!

» que va-t-il advenir d'eux? Certes ils ont besoin
» d'être contenus : un bras fort y est nécessaire.
» Mais en même temps, du moins, que la main de
» la patrie s'ouvre pour ceux qui le mériteront! »

» Et celui qui prononçait de telles paroles se voyait mourir dans sa force, tué par deux balles sorties des rangs où ne se trouvaient que trop d'ouvriers.

» Ce n'est pas seulement la vertu humaine qui inspirait Duvivier, c'était aussi sa vertu religieuse; passionné pour la règle et pour l'ordre, il adorait un ordonnateur suprême, il est mort en chrétien. »

Duvivier (Franciade-Fleurus), né à Rouen le 7 juillet 1794, entra à l'École polytechnique en 1812. Il en sortit avec le grade de sous-lieutenant d'artillerie, et fit en cette qualité la campagne de 1814. Capitaine dans la même arme en 1825, il fut envoyé par le gouvernement près du bey de Tunis, qui avait demandé à la France des officiers capables pour l'instruction de ses troupes. De retour dans son pays en 1830, il fut dirigé sur l'Afrique. Duvivier, nommé presque à son arrivée commandant du bataillon des zouaves qu'on venait de former à Alger, trouva bientôt l'occasion de se signaler sur cette terre dont nous commencions la conquête. Au mois de novembre 1830, le maréchal Clauzel avait dû avancer jusqu'à Médéah, situé dans les montagnes du petit Atlas, à quelques journées de marche d'Alger. La résistance que lui avaient opposée les tribus avaient été vive; Médéah dut être ravitaillée. Le retour à Alger n'était pas sans difficultés. La colonne avait à franchir de longs défilés, et quarante tribus, au nombre d'environ douze mille hommes établis sur le sommet des montagnes, cherchaient à arrêter sa marche. Le col de Téniah présentait surtout des dangers sérieux; Duvivier en calcule les conséquences. Entouré de quelques hommes à peine, il se précipite au-devant des Arabes, rallie son bataillon de zouaves et un corps de volontaires parisiens. Avec eux il fait face à l'armée ennemie entière, recule pas à pas et protége seul ainsi la retraite des troupes qui, après s'être réunies à la ferme de Mouzaïa, purent regagner Alger sans être de nouveau sérieusement inquiétées.

Ce brillant fait d'armes valut à Duvivier la croix d'officier de la Légion d'honneur. Nommé en 1833 lieutenant-colonel de la légion étrangère, Duvivier fut appelé au commandement de Bougie, qu'il sut, malgré la faiblesse de sa garnison, protéger pendant cinq mois contre les attaques continuelles des Kabyles.

Bientôt après il fut chargé de la formation du corps des spahis, dont il s'acquitta avec succès. Nommé colonel en 1837, Duvivier fut promu au grade de maréchal de camp le 15 septembre 1839.

En cette qualité, il commanda la province de Tittery, où il sut acquérir une influence considérable sur l'esprit des Arabes. Il reçut en 1846 le grade de lieutenant général. A la révolution de 1848, Duvivier mit son épée au service de la République. Le gouvernement provisoire lui confia l'organisation et le commandement de la garde nationale mobile dont la formation venait d'être décrétée. Il fallait non-seulement l'organiser comme corps, mais aussi l'instruire militairement. Le général Duvivier s'acquitta de sa tâche avec le plus grand succès. Quatre mois à peine après sa création, elle résistait à la plus terrible des insurrections qui eût jamais éclaté à Paris. Aux élections du 23 avril 1848, le général Duvivier fut nommé représentant du peuple à l'Assemblée nationale par 182,000 électeurs du département de la Seine. L'Assemblée nouvelle devait se réunir le 4 mai; le 2, Duvivier, jugeant son commandement d'un corps d'armée incompatible avec son mandat de représentant, donna sa démission de commandant général de la garde mobile.

Le général Damesme, blessé dans la journée du 23 juin (quartier de la Sorbonne), fut remplacé dans son commandement par le général Duvivier. En prenant ce commandement, Duvivier se transporta d'abord à l'hôtel de ville, menacé et entouré de tous côtés, et qu'il dégagea. Le lendemain 25, Duvivier se préparait à attaquer la rue Rambuteau et les rues avoisinantes, encore occupées par les insurgés, quand il fut blessé au pied et forcé de se retirer. La blessure de Duvivier, légère en elle-même, s'aggrava par suite de la saison. Son état empira bientôt, et il mourut le 8 juillet. Par un décret du 12 du même mois, l'Assemblée nationale décida que le corps du général Duvivier serait déposé aux Invalides.

Le 15 juillet 1848 parut un arrêté du chef du pouvoir exécutif qui portait de neuf à onze le nombre des membres du conseil d'administration des Invalides, sous la présidence du maréchal gouverneur; c'est-à-dire que deux membres de l'Assemblée nationale, MM. Froussard et Chevallon, furent appelés à en faire partie pendant trois ans.

Le 3 septembre 1848, le général Cavaignac, chef du pouvoir exécutif, accompagné du ministre de la guerre, est venu à l'Hôtel pour passer en revue les vieux et braves invalides, dont un grand nombre avaient servi à ses côtés ou sous ses ordres en Afrique.

Il distribua des récompenses à ceux qui lui furent présentés comme les plus méritants.

Le ministre de la guerre à l'armée.

« Officiers, sous-officiers et soldats,

» Pour la première fois le peuple tout entier

vient d'être appelé à choisir un président de la République. Dans peu de jours l'Assemblée nationale aura proclamé le nom désigné par le vote universel. D'ici là, si des fauteurs de troubles cherchaient à provoquer des manifestations coupables, vous sauriez faire votre devoir.

» Le gouvernement est prêt à remettre à l'élu de la nation le pouvoir temporaire qui lui avait été confié par l'Assemblée nationale; il doit et veut le remettre intact et respecté.

» Le ministre de la guerre, qui vous a vus si braves et si dévoués dans le combat, si patients et si calmes dans les jours qui l'ont suivi, compte sur vous pour l'aider à accomplir jusqu'à la fin la mission qui lui a été donnée de maintenir l'ordre et de faire respecter la loi. »

Résultat des élections à l'hôtel des Invalides.

Louis Napoléon.	2,828 votes.
Général Cavaignac	334 —
Ledru-Rollin	75 —
Lamartine	52 —
Raspail.	30 —
Dupont (de l'Eure).	1 —
Billets blancs.	14 —

Le 23 décembre, le citoyen Charles-Louis-Napoléon Bonaparte est proclamé président de la République.

LIVRE QUATRIÈME. 437

Le président du conseil des ministres au président de la République.

« Monsieur le président,

» Le cabinet que vous avez honoré de votre confiance vient vous soumettre une mesure qu'il regarde comme l'expression du sentiment universel de la France.

» Si notre patrie a traversé avec tant de calme et de dignité la plus grande, la plus difficile épreuve à laquelle puisse être soumis un peuple libre, on doit l'attribuer sans doute au progrès de nos mœurs politiques; mais il est permis d'en reporter aussi l'honneur à l'heureuse influence de ce nom qui a laissé dans le cœur de nos concitoyens un si cher et si glorieux souvenir.

» C'est un bel hommage rendu à la mémoire de l'empereur Napoléon que cette réunion dans un seul sentiment de tous les partis et la réconciliation d'opinions naguère ennemies. Il était donné à ce grand homme de rendre, même après sa mort, ce service à la patrie.

» Pouvions-nous oublier dans un tel moment que le dernier frère de Napoléon, le général Jérôme Bonaparte, vit au milieu de nous désormais étranger aux agitations humaines?

» Le général Jérôme Bonaparte, chargé en 1806

du commandement d'un corps d'armée, s'est associé depuis à toutes nos gloires. Il dirigeait, après la journée de Waterloo, les débris héroïques de nos armées. Il a été le dernier à désespérer du salut de la France.

» Si le peuple français était consulté dans ses comices, nous sommes assurés que d'une voix unanime il proclamerait que la place du frère de Napoléon est auprès du dépôt sacré des cendres de son frère *et à la tête de cette noble phalange de vétérans où viennent se réunir et se fondre les générations successives de nos braves soldats.*

» Nous ne sommes, monsieur le président, que les interprètes de l'opinion publique en soumettant à votre sanction le projet d'arrêté suivant :

» Art. 1er. Le général de division Jérôme Bonaparte est nommé gouverneur de l'hôtel des Invalides en remplacement de M. le maréchal Molitor.

» Art. 2. M. le maréchal Molitor est nommé grand chancelier de la Légion d'honneur en remplacement de M. le général de division Subervic. »

Le 27 décembre parut l'ordre du jour suivant :

Le maréchal Molitor aux militaires invalides.

« Je viens d'être appelé à d'autres fonctions, à celles de grand chancelier de la Légion d'honneur; en me séparant de vous, j'ai besoin de vous remercier de l'affection dont vous m'avez entouré pendant tout le temps que j'ai été chargé de votre bien-être. Si quelque chose peu me consoler de n'avoir plus à remplir cette affectueuse et honorable tâche, c'est de la voir confiée désormais au frère de notre immortel Empereur, à qui vous avez conservé un si fidèle et touchant souvenir. En vous quittant, militaires invalides, je n'ai pas besoin de vous rappeler de conserver toujours intacts et sacrés les sentiments d'amour de la patrie, ceux de la discipline et de l'honneur militaire dont vous devez l'exemple à l'armée. »

Le général de division commandant de l'Hôtel, en recevant des mains de M. le maréchal Molitor l'ordre ci-dessus, s'empressa de lui exprimer les sentiments d'une vive reconnaissance de tous les militaires invalides pour les soins qu'il leur avait prodigués, en veillant constamment à leurs intérêts et à leur bien-être, dignement appréciés par eux, et dont ils garderont le souvenir gravé à jamais dans leurs cœurs.

Le 3 janvier 1849, M. le général Petit, commandant de l'Hôtel, fit reconnaître dans ses nouvelles fonctions le frère de l'Empereur, qui, après avoir visité l'infirmerie et l'église, se rendit au tombeau de Napoléon, cher et précieux dépôt dont il devenait le gardien.

La revue du prince Jérôme passée, il prononça l'allocution suivante :

« Militaires invalides,

» Le gouvernement de la République m'appelle à l'honneur de vous commander.

» C'est le cœur plein d'émotion que je viens parmi vous. J'y retrouve les cendres de l'Empereur mon frère, dépôt sacré confié par la patrie aux glorieux vétérans qu'il a tant aimés.

» J'y retrouve mes vieux compagnons d'armes d'Iéna, de Silésie et de Waterloo, j'y retrouve le brave général qui reçut à Fontainebleau les derniers embrassements de mon frère.

» C'est d'aujourd'hui seulement que je sens finir pour moi le long exil qui m'a séparé tant d'années de la France.

» Placé à la tête des fidèles de toutes les traditions de discipline, de bravoure, d'amour pour la patrie, je me consacrerai tout entier au devoir que m'imposent vos services, mon nom et l'exemple de mes prédécesseurs, de tous ces illustres guerriers au nombre desquels brille le maréchal Molitor, le vainqueur de Kloënthal, de Fildkintz, de Stralsund, qui vient d'être élevé à la haute dignité de chef de la Légion d'honneur.

» Officiers et soldats de l'hôtel national des Invalides,

» Les liens qui nous unissent sont puissants, indissolubles : même religion de souvenir pour la mémoire de l'Empereur, mêmes travaux partagés, mêmes dangers affrontés, même dévouement pour la patrie. Ces liens vont se resserrer encore par notre communauté d'existence; soyez certains que ma sollicitude pour vous sera incessante; vous trouverez dans son frère un père et un ami, et lorsque la mort viendra me frapper dans vos rangs, j'emporterai cette espérance que, placé dans la tombe auprès de mon frère, ma mémoire vivra à l'abri de la sienne dans votre affection et dans votre reconnaissance. »

Aujourd'hui 20 mars 1849, l'anniversaire du retour de Napoléon de l'île d'Elbe a été dignement fêté à l'Hôtel.

Les cinquante-quatre drapeaux pris à Austerlitz ont été présentés aux invalides, qui, réunis sous les armes, les ont salués avec les plus vives acclamations. En même temps, le général Petit a remis au prince gouverneur les reliques dont il était dépositaire, c'est-à-dire :

Le manteau impérial;

L'épée dont l'Empereur était armé à la bataille d'Austerlitz;

Le chapeau qu'il portait à Eylau;

Le grand cordon dont il s'est nombre de fois décoré;

Le collier, comme grand maître de l'ordre de la Légion d'honneur, dont il se décorait lorsqu'il portait le costume impérial;

La couronne d'or donnée par la ville de Cherbourg;

Le drap mortuaire aux emblèmes impériaux et les clefs du tombeau.

Cette imposante cérémonie, qui a profondément ému les vieux débris de nos grandes batailles, s'est terminée par la distribution de sept croix de la Légion d'honneur que le prince a remises aux plus méritants. Il leur a dit:

« C'est au nom du président de la République que je vous remets ces croix de la Légion d'honneur; braves invalides, elles seront pour vous la preuve que la République sait récompenser les services passés lorsqu'ils ont été oubliés, comme les services présents lorsqu'ils sont rendus.

» Ce sera pour vous une douce satisfaction; pour notre jeune armée, un encouragement, et pour moi, mes vieux amis, c'est un bonheur d'avoir assez vécu pour vous les remettre. »

Comme les années précédentes, aujourd'hui 5 mai, a été célébrée la messe anniversaire de la mort de l'empereur Napoléon.

Cette cérémonie religieuse avait réuni hier à l'hôtel des Invalides tous les membres de la famille de l'Empereur et un grand nombre d'officiers de tous grades et de vieux soldats restés fidèles à sa mémoire. On y célébrait le vingt-huitième anniversaire de la mort de l'Empereur. La présence de la famille de Napoléon sous le dôme des Invalides donnait à cette solennité un caractère plus imposant. C'est la première fois, en effet, depuis leur dispersion sur le sol étranger, qu'il était donné au frère et aux neveux de l'Empereur de se trouver ainsi réunis auprès du cercueil qui renferme la dépouille mortelle du grand homme, pour consacrer par la prière le triste anniversaire du 5 mai 1821.

On avait fait peu de préparatifs pour cette cérémonie, rien n'avait été changé à la simplicité de décoration qui avait eu lieu chaque année, le 5 mai, depuis le retour des cendres de l'Empereur. Un simple cénotaphe élevé au milieu de l'église des Invalides et une tenture noire, placée au milieu de la nef, étaient les seuls ornements employés dans cette circonstance.

Les militaires invalides formaient une double haie depuis la grille d'entrée jusque devant l'église. Une garde d'honneur de soldats invalides décorés avait été placée auprès du cénotaphe. L'intérieur de l'église avait été réservé aux anciens militaires de tous rangs et de tous grades qui étaient venus du dehors pour assister à la cérémonie. C'étaient les mêmes soldats qui, fidèles à la religion du souvenir, viennent chaque année à la même époque et dans le même but. Nous avons revu là quelques-uns des plus brillants uniformes de la grande armée, grenadiers à cheval, chasseurs, dragons, mamelucks de la garde, cavalerie d'élite, cavalerie sans pareille qui fit le tour de l'Europe à la suite des Bessières, des Montbrun, des Lassale, etc., etc.; grenadiers à pied, fusiliers, chasseurs, marins de la garde, vélites, etc. Tous les uniformes y étaient représentés avec leurs dorures et leurs broderies, usées pour la plupart dans les bivouacs et dans les champs de bataille. Nous avons compté jusqu'à vingt-deux soldats du bataillon sacré de l'île d'Elbe.

La cérémonie religieuse a commencé à midi et demi. Le président de la République est arrivé à l'heure précise; il était accompagné des ministres de la guerre, des affaires étrangères, de l'intérieur, de la justice et de l'instruction publique, et de ses officiers d'ordonnance.

Il a été reçu par le général Jérôme Bonaparte, gouverneur de l'Hôtel, et par le général Petit, commandant en second, qui l'ont accompagné jusque dans l'église, où deux siéges avaient été préparés à droite de l'autel pour lui et pour le gouverneur général. Les ministres et les officiers de la suite du président ont pris place sur des fauteuils réservés à l'entrée du chœur, ainsi qu'un grand nombre d'officiers généraux et supérieurs, parmi lesquels on remarquait les généraux Gourgaud, Fabvier, Schramm, Montholon, Lebreton, d'Y de Résigny, etc.; à droite et à gauche de l'autel deux tribunes tendues de noir avaient été réservées aux autres membres de la famille de l'Empereur.

L'office a commencé aussitôt; il a été célébré par le clergé des Invalides. Une messe en musique a été chantée par les élèves du conservatoire.

Après l'absoute le président de la République a passé en revue les militaires invalides rangés en bataille dans la cour d'honneur. Il s'est arrêté plusieurs fois devant des soldats mutilés, en s'informant avec intérêt des circonstances de leurs blessures. Un vieil officier amputé du bras gauche lui ayant répondu qu'il avait perdu son bras à Wagram, le président de la République lui a promis la croix de la Légion d'honneur.

Les anciens militaires qui n'appartenaient pas à l'Hôtel, et qui étaient venus là avec leurs uniformes divers, ont été passés en revue par le président et n'ont cessé de faire entendre les cris de Vive Napoléon!

C'est avec une douloureuse émotion que, reportant sa pensée vers les grands événements auxquels ces hommes ont assisté, on songe que, dans quelques années, il ne restera plus un seul des soldats de la grande armée, et qu'elle ne vivra bientôt plus que dans les souvenirs de l'histoire.

Le 12 mai 1849, l'ordre du jour suivant parut à l'Hôtel :

« Militaires invalides,

» Vous êtes appelés par la loi à participer par vos suffrages à l'élection de la nouvelle Chambre des députés du peuple.

» Pénétrés de l'importance de cette œuvre nationale, vous y apporterez toute la maturité de votre jugement et le bon esprit dont vous êtes constamment animés.

» Vos votes ne seront accordés qu'à des citoyens honorables qui, par leurs services passés ou par leurs sentiments bien connus, les principes politiques qu'ils professent hautement, ne peuvent laisser de doute sur la sincérité de leur patriotisme.

» Ainsi, en contribuant par de bons choix à la création de cette nouvelle Chambre destinée à consolider nos institutions républicaines, à compléter l'organisation des divers services publics, à rappeler notre prospérité un moment ébranlée, vous aurez bien mérité de la patrie, de cette patrie si chère pour laquelle vous avez tous longtemps combattu avec zèle et amour, versé tant de sang sur nos nombreux champs de bataille pour la faire grande, puissante, glorieuse et invincible. La France vous voit, hommage vous sera rendu de ce nouveau service. »

L'illustre maréchal Bugeaud, que l'armée et la France entière pleurèrent longtemps, est mort à Paris le 10 juin 1849.

Conformément au décret du président de la République ordonnant que M. le maréchal duc d'Isly serait inhumé à l'hôtel des Invalides, M. le général Petit, ainsi que l'état-major de l'établissement, se trouvait à la grande grille lorsque le 11 juin 1849, à dix heures du soir, y arriva la dépouille mortelle de l'illustre maréchal, suivie du colonel Feray, son gendre; de M. et madame Champlouis; de M. Gasson et de M. de Salvandy, ses alliés; d'un très-grand nombre d'officiers généraux et supérieurs des armées de terre et de mer; de l'intendance de la première division militaire et enfin de M. l'abbé Platrier.

Le cercueil est arrivé à la porte de l'église, où l'attendait M. le curé des Invalides, assisté de son clergé. M. l'abbé Platrier, en lui remettant le précieux dépôt confié à sa garde, a dit :

« Chargé d'accompagner les restes du maréchal Bugeaud, de l'homme dont la France entière pleure en ce moment la perte, j'éprouve une véritable consolation à répéter ici que j'ai vu couronner sa brillante vie par la mort la plus chrétienne; que cet exemple profite aux siens et à tous ceux qui auront la louable ambition de marcher sur ses traces, de l'imiter! L'homme qui, après avoir cent fois affronté les chances hasardeuses de la guerre, courbe son front devant celui du divin Sauveur, a des droits sacrés à la miséricorde de Dieu. Permettez-moi, monsieur le curé, de vous dire que la famille du maréchal Bugeaud compte sur vos prières. »

M. le curé a répondu :

« Nous recevons avec un religieux respect le dépôt que vous nous apportez. La République, l'armée, la patrie, regretteront longtemps celui qui s'est illustré sur tant de champs de bataille, le pacificateur de l'Algérie, en un mot le maréchal Bugeaud d'Isly, qu'une catastrophe inattendue enlève à sa famille et à ses amis. Demandons au Ciel la récompense que lui ont méritée sa vie militaire et sa mort vraiment pieuse. »

Ensuite M. le général Petit a prononcé l'allocution suivante :

« Au nom et par ordre de M. le prince gouverneur des Invalides, frère de notre immortel Empereur, nous recevons le corps que vous nous présentez de l'illustre maréchal Bugeaud d'Isly; de ce grand homme de guerre et si digne citoyen, dont un décret du gouvernement a prescrit l'inhumation dans les caveaux de notre église. Les sentiments douloureux que la famille de M. le maréchal, la France et l'armée éprouvent de cette mort cruelle et si inattendue sont vivement partagés par notre gouverneur et tous les militaires invalides, et nous pensons tous que dans ces temps de calamité publique aucune perte plus sensible ne pouvait affliger notre patrie déjà si agitée et qui avait tant besoin de conserver un si digne et si habile défenseur. Honneur soit rendu à sa mémoire! »

Déposés d'abord dans une chapelle ardente où le *De profundis* a été chanté, les restes du maréchal ont été ensuite descendus dans un des caveaux de l'église où ils devront rester déposés jusqu'au moment des obsèques. Les prières mêlées de pleurs et les bénédictions de tous les assistants ont terminé à onze heures du soir cette première et touchante cérémonie.

Et aujourd'hui, 19 juin, les funérailles du maréchal Bugeaud d'Isly ont eu lieu dans l'ordre apporté ci-après.

La grande entrée de l'Hôtel, le péristyle de la chapelle du dôme et toute l'église étaient décorés par de grandes tentures noires lamées d'argent sur lesquelles était appliqué l'écusson armorié sur fond azuré de M. le maréchal, composé d'une épée et d'une charrue où se croisaient deux bâtons de maréchal avec cette simple devise : *Ense et aratro,* exprimant toute la vie de l'illustre défunt. En outre des écussons palmés, également placés sur les tentures dans l'intérieur de l'église, rappelaient les noms de toutes les batailles auxquelles le maréchal a assisté. Au-dessus de la chaire à prêcher et sur un grand écusson palmé se lisait ce seul mot : *Isly,* bataille dont le nom rend à jamais célèbre celui qui l'a gagnée.

Au milieu de la nef de l'église, s'élevait un magnifique cénotaphe recouvert de velours noir lamé d'argent et éclairé par un grand nombre de bougies et quatorze lampadaires funèbres. Autour du cénotaphe étaient placés cent sous-officiers tous décorés de la Légion d'honneur. Chaque régiment avait fourni son contingent de bravoure et d'honneur. Sous le péristyle de la chapelle du dôme deux divisions d'invalides, ayant tous en main une lance et la flamme tricolore, faisaient le service d'honneur.

A huit heures du matin, le cercueil contenant le corps du maréchal, qui avait été déposé le 11 juin au soir dans un des caveaux de l'église, en a été retiré en présence du clergé, des parents et amis du défunt et de M. le général Petit. Ce cercueil, au-dessus duquel on voyait l'épée du maréchal et ses insignes de grand cordon de la Légion d'honneur, a été transporté dans la chapelle ardente préparée pour le recevoir et y est resté jusqu'au moment (dix heures du matin) où il a dû être placé sur le cénotaphe, en présence de tout le cortége qui se trouvait alors réuni et en tête duquel les représentants de l'armée et de la famille du maréchal remarquaient avec reconnaissance M. le président de la République.

Les cordons du poêle étaient tenus à droite par M. Dupin, président de l'Assemblée législative; M. le maréchal Molitor, grand chancelier de la Légion d'honneur, et M. le général de division Changarnier, commandant en chef des gardes nationales de la Seine et de toutes les troupes de la première division militaire; à gauche par M. le vice-président de la République; M. le président du Conseil, et M. le ministre de la guerre.

En avant du catafalque, à l'entrée du chœur, étaient la famille et quelques amis intimes du maréchal, les mêmes qui ont assisté à ses derniers moments, ses gendres, M. le colonel Feray et M. Gasson, receveur général de la Haute-Loire; son neveu, M. de la Piconnerie; son premier et inconsolable aide de camp, le commandant Trochu; le capitaine Sayet, son deuxième aide de camp; MM. de Salvandy et Champlouis, ses alliés; MM. Achille Vigier, ex-pair; Genty de Bussy, intendant militaire; colonel l'Heureux, Maigne, maître des requêtes; Pinoteau, Roche, Laborie, conseiller à la Cour de cassation; Saint-Marc de Girardin, conseiller de l'Université.

Assistaient à la cérémonie, placés dans le chœur de l'église : à droite et à gauche tous les ministres, les ambassadeurs et ministres des puissances étrangères, les maréchaux de France et amiraux Sébastiani, Dode de la Brunerie, de Mackau et Lainé, plus de deux cents représentants, parmi lesquels on remarquait MM. les généraux Bedeau, Lamoricière, Baraguey-d'Hilliers, Rapatel d'Hautpoul, de Grouchy, Leflôt, Lebreton, Tartas, le vice-amiral Cécile, MM. Thiers, Berryer, Molé, de Montebello, anciens ministres, et autres notabilités politiques; tous les généraux de division et de brigade qui se trouvaient à Paris, et notamment MM. Schramm, Pelet, Gourgaud, de Castellane, Feuchère, de Cramayec, Neumayer, Lawœstine, de Bourjolly, Perrot, de la Hitte, de Bar, de la Place, Daullé, Boilleau, Kenig, de Berthois, Boquet, etc.; un grand nombre d'officiers supérieurs de toutes armes; des députations de l'École polytechnique, de l'École d'application d'état-major et de celle de Saint-Cyr, ayant à leur tête les généraux commandants de ces écoles; enfin d'un grand nombre de magistrats ou fonctionnaires appartenant aux cours, tribunaux, académies et administrations civiles.

Dans le sanctuaire était placé M. le président de la République, ayant derrière lui ses aides de camp et officiers d'ordonnance; Mgr l'archevêque de Paris et Mgr l'évêque de Langres, entourés du clergé de l'église, et M. le général de division Petit, commandant l'Hôtel, ayant à côté de lui M. Lajard, intendant militaire des Invalides.

Toutes les tribunes étaient garnies de dames en deuil.

M. l'abbé Sibour, vicaire général de Paris, qui a assisté le maréchal pendant le cours de sa cruelle maladie, officiait. La messe, chantée en simple faux-bourdon, a été suivie de l'absoute. M. le président de la République ne s'est retiré qu'après avoir jeté de l'eau bénite sur le cercueil, ainsi que l'ont fait après lui les ministres, les membres du corps diplomatique, les maréchaux de France, officiers généraux et un grand nombre de fonctionnaires.

Après l'absoute, le corps a été placé sur un corbillard richement décoré de trophées d'armes et d'insignes militaires, attelé de six chevaux caparaçonnés d'étoffe noire lamée d'argent, comme le cheval de bataille du maréchal qui suivait derrière tenu en laisse, et a été ainsi conduit, accompagné de tout le cortége, vers l'esplanade, à l'extérieur de la grille. La sortie du corps et le défilé des troupes ont été annoncés par une salve de treize coups de canon. Deux salves semblables avaient déjà été tirées, l'une au commencement de la cérémonie, l'autre pendant l'absoute. Toutes les troupes qui se trouvaient réunies à proximité, au nombre de près de trente mille hommes, infanterie, cavalerie et artillerie, ont défilé devant le char contenant les restes du maréchal et dans le plus grand ordre, sous le commandement du général Dulac, commandant de la place de Paris. Ce défilé, qui a eu lieu pour chaque régiment, tambours et musique en tête, avec les drapeaux voilés de noir, étant terminé à une heure après midi, le char a été ramené par la cour d'honneur devant la porte de l'église, au-dessous de la statue du grand Empereur. Là, le cortége s'étant arrêté, M. Molé a prononcé, au milieu d'un silence religieux, le discours suivant :

« MESSIEURS,

» La religion seule peut-être devrait, dans ce saint lieu, se rendre l'interprète de la douleur publique. Elle y garde les cendres du grand homme qui, après avoir vaincu l'Europe coalisée contre la France, revint la délivrer de l'anarchie. Le maréchal Bugeaud d'Isly avait commencé dans les armées de Napoléon sa carrière; il s'était formé à son école. Il appartenait à cette génération enthousiaste de la gloire de nos armes et pleine d'horreur pour ces sinistres armées qui avaient épouvanté sa jeunesse et pesé sur son berceau. Né guerrier, doué de ce merveilleux instinct qui fait les plus grands capitaines, il avait aussi toutes les aptitudes de l'homme politique et surtout ce courage, ces vertus civiques qui l'ont rendu le défenseur le plus puissant et le plus habile de la cause de l'ordre, de la civilisation et de la liberté. Je laisserai l'un de ses dignes compagnons d'armes, l'un de ceux dont je l'ai entendu si souvent mêler le nom à ses récits, vous parler de cette Afrique, théâtre immortel de ses exploits.

» Mais qu'il me soit permis, à moi qu'une communauté de sentiments, de devoirs et d'efforts a rapproché du maréchal Bugeaud depuis vingt ans, de révéler en peu de mots l'homme lui-même, pour ainsi dire tout ce qu'apprend la pratique d'une longue amitié. Je ne le ferai pas sans redoubler les regrets de ceux qui m'écoutent. Non, ils ne savent pas encore tout ce qu'ils ont perdu, tout ce que l'impitoyable mort vient d'enlever à la patrie; la Providence avait réuni dans celui que nous pleurons tout ce qui pouvait nous le rendre plus cher et plus précieux. Aimé du pauvre et du soldat, la bonté de son cœur égalait la fermeté de son âme. Esprit vigoureux et flexible, naïf et droit, ne ressemblant qu'à lui-même, quoique applicable à tout; laboureur et soldat, les intelligences les plus hautes se sentaient captivées par ses entretiens. Le dévouement à la patrie a dominé toute sa vie, il était le mobile de toutes ses actions; ni l'intrigue ni l'esprit de parti n'avaient d'accès dans cette âme honnête, simple et forte. Pour lui, la patrie c'était la France, le sol qui l'avait vu naître, non une forme politique, ni une idée dont la poursuite peut servir de thème ou de moyen à son ambition. Ne l'avons-nous pas vu dernièrement encore, dans une circonstance récente, prouver qu'aucun sacrifice ne lui coûtait quand il s'agissait de servir le pays?

» Il est mort au moment où devaient se vérifier des paroles prophétiques qu'il m'adressait il y a peu de temps.

« Les factieux, me disait-il, ne connaissent pas » nos soldats, jamais ils ne parviendront à les per- » vertir. L'armée sauvera la France! »

» Illustre guerrier, grand citoyen, excellent homme, votre fin toute chrétienne a été la sanction naturelle de votre vie. Recevez ce faible hommage d'une voix qui vous fut connue, d'un cœur qui ne vous oubliera pas, d'un Français inconsolable pour sa patrie du vide que vous laissez parmi ses défenseurs. »

Immédiatement après ce discours, M. le général de division Bedeau, représentant à l'Assemblée législative, a pris la parole au nom de l'armée et s'est exprimé en ces termes :

« Messieurs,

» Les services militaires de M. le maréchal Bugeaud d'Isly appartiennent à deux époques.

» L'armée de l'Empire, si noblement représentée dans cette enceinte par les illustrations et les glorieux vétérans qui nous entourent, se rappelle le soldat vélite de 1804, conquérant successivement tous les grades sur les champs de bataille d'Austerlitz, d'Iéna, de Pultusk, d'Eylau et de Friedland, au prix de son sang généreux.

» L'armée de l'Empire a confirmé l'histoire écrite par l'illustre chef de l'armée d'Aragon. Le maréchal Suchet signale presque à chaque page l'intrépidité et la remarquable intelligence de la guerre du chef de bataillon Bugeaud, dont le nom se trouve inscrit sur les mémorables bulletins datés de Tortose, de Valence, d'Alicante, d'Ordal et du Lobréga.

» L'armée de l'Empire enfin nous a transmis comme un des actes les plus glorieux de nos fastes militaires le dernier combat livré en 1815 pour la défense du territoire français envahi par la coalition de l'étranger.

» Le colonel Bugeaud, commandant le 14e de ligne, était aux avant-postes de l'armée des Alpes. Il reçoit le même jour la nouvelle de la bataille de Waterloo et la députation qui lui apporte l'aigle remise au Champ de Mai.

» Une division autrichienne de douze mille hommes est en marche pour attaquer la position occupée par les dix-sept cents soldats du 14°. Le colonel Bugeaud réunit son régiment, lui remet l'aigle et termine son allocution chaleureuse par les paroles suivantes :
« Vous jurez tous que tant qu'un soldat du 14° sera
» debout, cette position sera défendue et que pas
» une main ennemie ne touchera le drapeau sacré
» de la patrie. »

» Le serment est répété avec enthousiasme, et, après dix heures de combat, la division autrichienne repoussée laisse deux mille hommes sur le champ de bataille, neuf cent soixante prisonniers entre les mains des braves soldats qui ont si vaillamment répondu à l'entraînement patriotique de leur intrépide colonel.

» Les souvenirs de la seconde époque remontent à 1836 ; c'est dans la province d'Oran que le général Bugeaud vient, pour la première fois, donner à la jeune armée d'Afrique l'appui de son expérience et de sa valeur. Les troupes qu'il rejoint sont réfugiées sur une plaine nue et sablonneuse. Elles viennent d'éprouver un revers. Dès le lendemain de l'arrivée du général, l'offensive est ordonnée, et quelques jours après la victoire de la Sickaek répondit aux espérances que la renommée du nouveau chef avait déjà fait concevoir.

» Quatre ans plus tard, le général Bugeaud fut

nommé gouverneur de l'Algérie au moment où la lutte y était le plus gravement engagée. Je n'entreprendrai pas de reproduire les faits si multipliés de cette guerre contemporaine. La France entière s'est associée au triomphe décerné en 1844 au conquérant et au pacificateur de l'Afrique, au vainqueur d'Isly. Mais la France ne saura jamais assez les causes de la confiance absolue que nous inspirait notre général en chef, les motifs de l'affection respectueuse que nous avions pour lui.

» Le maréchal Bugeaud possédait au plus haut degré l'énergique résolution qui grandit avec le péril, la sûreté du coup d'œil, la promptitude de la décision. Animé du plus pur patriotisme, il restait calme et maître absolu de sa pensée quand la responsabilité de ses actes s'accroissait avec la gravité des événements. Il mesurait avec un admirable sens l'importance des difficultés. Habile appréciateur des particularités de la guerre d'Afrique, il nous avait donné à cet égard des principes dont l'imitation, continuée par ses lieutenants, est aujourd'hui acceptée par tous en Algérie comme règle de conduite.

Le maréchal avait conquis l'affection de l'armée par les témoignages constants d'une sollicitude intelligente qui comprenait merveilleusement les intérêts, les sentiments et les besoins du soldat. Il savait allier à l'énergie de la volonté qui commande la bonté communicative du cœur qui fait aimer le commandement. L'union de ces précieuses qualités a donné à l'illustre maréchal une popularité qui ne sera pas éphémère.

» Cent mille soldats ont pris part, sous ses ordres, à la conquête de l'Algérie ; ils vivront longtemps après lui pour répéter partout et glorifier, avant l'histoire, le nom du chef qui savait fixer la victoire à leurs drapeaux.

» Hier encore l'armée des Alpes, justement fière et confiante, espérait en lui, attendant que l'honneur de la France lui commandât le dévouement des combats.

» Tous aujourd'hui soumis à la volonté de Dieu qui l'appelle, unanimes dans notre profonde douleur, nous apportons sur sa tombe le tribut de notre admiration et de nos regrets, la promesse de la fidélité du souvenir. »

Les deux discours rapportés ci-dessus ont été écoutés avec un sentiment unanime de sympathie et de respect par tous les assistants, pénétrés, comme ceux qui venaient de les prononcer, de la plus douloureuse émotion.

Après les dernières paroles de M. le général Bedeau, le cercueil ayant été descendu du char, de nouveaux sanglots ont accompagné les restes de l'illustre maréchal dans le caveau de l'église, où avait été préparée sa dernière demeure et où il n'a été déposé qu'après de nouvelles prières et bénédictions de la part du clergé et des nombreuses personnes qui s'étaient jointes à la famille du maréchal pour rendre ce dernier hommage à sa mémoire.

Grâce aux dispositions ordonnées à l'avance par M. le gouverneur et dont l'exécution a été suivie avec beaucoup de soin par M. le général Petit, commandant de l'Hôtel, tout s'est passé avec le plus grand ordre. Rien n'est venu troubler cette imposante cérémonie, pendant laquelle un recueillement général et la douleur empreinte sur tous les visages ont dignement exprimé les profonds regrets que laisse à toute la France honnête la perte du grand capitaine qui l'a si bien servie et qui lui a été enlevé à un âge où son courage, son dévouement à la patrie, son habileté et son expérience militaire pouvaient encore si bien la défendre soit à l'extérieur contre l'étranger, soit à l'intérieur contre les ennemis de l'ordre.

La mort de M. le maréchal Molitor, nommé depuis peu grand chancelier de la Légion d'honneur, suivit de près celle du vainqueur d'Isly. Il expira le 28 juillet. Le président de la République, considérant la longue et brillante carrière de ce maréchal, ancien gouverneur des Invalides, ordonna que ses restes seraient inhumés dans les caveaux de l'hôtel des Invalides. M. le général Petit, suivi de M. l'intendant Lajard ; du colonel Gérard, secrétaire général archiviste ; de l'adjoint à l'intendance M. Lagé ; de M. Rougevin, architecte de l'Hôtel, et de son état-major, s'est rendu à la grande grille, où sont arrivés, le 3 août à neuf heures du soir, MM. Gabriel, Auguste et Olivier Molitor, Édouard Monnier, fils et petit-fils de M. le maréchal ; le général Saint-Marc, secrétaire général de la grande chancellerie de la Légion d'honneur ; le colonel Baligan ; le commandant Clément, ancien ami du maréchal ; son aide de camp le lieutenant-colonel Dupons ; Frédéric Maitrejean ; Casimir et Henri de l'Espée ; Trépagne, notaire, et enfin M. le curé de Saint-Thomas d'Aquin, qui tous précédaient ou accompagnaient le corps du défunt. Le cercueil est arrivé à la porte de l'église des Invalides, où M. le curé, assisté de son clergé, s'était rendu pour le recevoir. M. le curé de Saint-Thomas d'Aquin, en lui remettant le précieux dépôt confié à sa garde, a prononcé le discours suivant :

« Vénérable et vénéré pasteur,

» Je viens confier à votre religieux intérêt la dépouille mortelle de M. le maréchal Molitor, qui fut pendant sa vie l'objet de notre admiration et l'est aujourd'hui de nos regrets. C'est cette enceinte, justement appelée le temple de l'héroïsme, qui devait être la dernière demeure de celui que la mort, par un coup imprévu, vient d'enlever à sa famille, à sa patrie. Aussi, justes appréciateurs de ses services, les chefs de l'État, sensibles aux vœux de l'armée et de la France entière, ont-ils voulu qu'il reposât au milieu des guerriers qu'il a constamment suivis et toujours égalés dans la carrière de la gloire. Les drapeaux suspendus à cette voûte disent à qui les considère quelles ont été ses nobles fatigues et ses glorieux succès. C'est à l'héroïsme de sa conduite qu'il a été redevable des éloges qu'ont aimé à lui donner les vrais juges du mérite militaire, ses compagnons d'armes, les Masséna, les Kléber, les Moreau, les Macdonald, dont il était le rival et l'ami. Sûrement il est ici quelques-uns des braves qui l'ont vu, de mille combats noblement soutenus en cent contrées diverses, sortir toujours vainqueur. Témoins de son courage, admirateurs de ses triomphes et fiers de les avoir partagés, ils applaudissent à l'hommage que lui rendent en ce jour et l'État et l'Église. Des témoignages de reconnaissance, voilà ce que lui doit la patrie; des prières, voilà ce que lui doivent les ministres d'un Dieu de paix, afin que, admis aujourd'hui dans le séjour des héros, il le soit bientôt dans celui des élus. C'est de vous, pasteur vénéré, et de vos pieux collaborateurs qu'il attend ce bonheur; son avenir est désormais en vos mains. Puisse-t-il, heureux de vos sacrifices et de vos vœux, obtenir auprès du Dieu des miséricordes la place que vont solliciter pour lui votre intérêt et votre piété. »

M. le curé des Invalides a répondu :

« Monsieur le curé,

» Nous avons reçu autrefois à la porte de cette église l'illustre maréchal Molitor comme notre gouverneur. Nous avons appris à le vénérer pendant sa vie, et nous recevons aujourd'hui sa dépouille mortelle avec le respect dû à ses éminentes vertus, aussi bien qu'à son éminente dignité. La Hollande, la Suisse et l'Espagne connurent sa justice dans le maniement des affaires, comme sa valeur dans les combats et sa capacité dans le commandement des armées.

» L'hôtel des Invalides a connu l'élévation de son esprit, la bonté de son cœur et les sentiments religieux de son âme vraiment chrétienne.

» C'est donc avec un juste empressement et une pieuse reconnaissance que l'autorité militaire et le clergé de cette paroisse rendront les devoirs funèbres au grand chancelier de la Légion d'honneur, bien digne de reposer ici à côté des autres illustrations confiées à la garde de notre religion et de notre patriotisme. »

Après quoi, le cercueil contenant la dépouille

mortelle du maréchal a été transporté dans la chapelle ardente préparée dans l'église pour le recevoir, et où il est resté déposé jusqu'au jour fixé pour la cérémonie des funérailles. Les assistants ne se sont séparés qu'après avoir associé leurs prières à celles récitées par le clergé pour le repos de l'âme de l'illustre défunt.

Le lendemain, mercredi 8 août, les funérailles du maréchal ont eu lieu avec la même pompe que celle suivie le 19 juin précédant pour les obsèques du maréchal Bugeaud d'Isly. L'enceinte de l'hôtel des Invalides était entourée de détachements de tous les régiments de la garnison de Paris. La grande entrée de l'Hôtel, le péristyle de l'église et toute l'église étaient décorés par de grandes tentures noires lamées d'argent, sur lesquelles étaient appliqués l'écusson armorié du maréchal et d'autres écussons palmés rappelant les noms de toutes les batailles et combats auxquels il a pris part dans sa longue et glorieuse carrière.

Au milieu de la nef de l'église s'élevait un magnifique cénotaphe recouvert de velours noir lamé d'argent, éclairé par un grand nombre de bougies et de lampadaires funèbres, et autour duquel avaient été placés les sous-officiers décorés fournis par les régiments de toutes armes. A onze heures et un quart, le cercueil contenant le corps du maréchal a été retiré de la chapelle ardente où il avait été déposé et placé sur le cénotaphe en présence du clergé, de la famille du défunt, du général de division Petit, commandant de l'Hôtel, et de tout le cortége qui se trouvait alors réuni, et où l'on remarquait : le président de l'Assemblée nationale, le président du conseil, le ministre de la guerre, l'amiral Mackau, le général de division Changarnier, commandant des gardes nationales de la Seine et de toutes les troupes de la première division, et le général de Saint-Mars, secrétaire général de la grande chancellerie de la Légion d'honneur. Toutes les tribunes de l'église étaient garnies de dames en deuil. La messe a été célébrée par M. le curé des Invalides, et l'absoute a été faite par M. Buguet, vicaire général archidiacre. Mgr l'archevêque était absent pour cause de santé.

Immédiatement après l'absoute, le corps du maréchal a été placé sur un corbillard richement décoré d'armes et d'insignes militaires, attelé de six chevaux caparaçonnés d'étoffe noire lamée d'argent, comme le cheval de bataille du maréchal, qui suivait derrière tenu en laisse, et a été ainsi conduit, accompagné de tout le cortége, vers l'esplanade, à l'extérieur de la grille. Là ont défilé avec beaucoup d'ordre devant le char funèbre les troupes fournies par tous les corps de la garnison de Paris. Des salves d'artillerie ont été tirées pendant ce défilé, ainsi que pendant la cérémonie religieuse.

Après ce défilé, le char funèbre a été ramené par la cour d'honneur devant la porte de l'église ; alors le cortége s'est arrêté. Le général de division Fabvier, représentant à l'Assemblée nationale législative, a prononcé d'une voix émue le discours rapporté ci-après :

« Messieurs,

» Dépourvu du don précieux de l'éloquence, j'aurais laissé à d'autres plus capables le soin d'honorer dignement la mémoire du maréchal Molitor et me serais contenté de suivre triste et silencieux des restes qui me sont si chers.

» Mais le désir d'une famille illustre est un ordre pour moi. L'orgueil natal m'enhardit d'ailleurs à parler au nom de ces belles vallées de la Meurthe et de la Moselle qui enfantent et nourrissent si volontiers des soldats intrépides et d'inébranlables patriotes. Je comprimerai donc, si je le puis, pour quelques instants, une douleur égale à ma reconnaissance pour tant de bontés et, j'ose le dire, d'affection dont m'honorait depuis quarante-deux ans cet homme que la tombe va recevoir.

» C'est un usage pieux et salutaire, messieurs, que celui de louer en public ceux qui ont bien servi la patrie. C'est un usage pieux, car nous devons d'abord remercier la Providence qui envoie de tels hommes pour la défense, l'ornement et la gloire de la France; salutaire, car le récit de tant de hauts faits, le tableau d'une vie pure et consacrée sans relâche à l'exercice de toutes les vertus ne peuvent inspirer à ceux qui survivent que des sentiments nobles et généreux; et quel plus bel hommage à rendre à ceux qui ne sont plus que d'aimer ce qu'ils ont aimé avec passion, que de servir ce qu'ils ont si bien servi?.... la patrie!

» Molitor, maréchal de France, grand-croix de la Légion d'honneur, grand chancelier de cette sage et magnifique institution, décoré par bien des rois, décoré surtout des hommages de respect et de reconnaissance qu'inspiraient ses vertus, son désintéressement, surtout dans toutes les contrées où il a porté ses pas victorieux, Molitor est né à Hayange, département de la Moselle. Fils d'un ancien militaire qui donna tous ses soins à son éducation, il finissait ses études lorsque la révolution éclata. A l'aspect de l'agression étrangère, son jeune et noble cœur bondit, et le même jour vit Molitor volontaire et capitaine au 4ᵉ bataillon de la Moselle.

» Je ne suivrai pas Molitor d'exploits en exploits, de succès en succès, grandissant chaque jour sous les yeux de ses illustres chefs, Custine, Hoche, Kléber, Jourdan, etc., et partageant leur gloire. C'est en Suisse que, général de brigade, il commence en 1799 à s'élancer dans l'histoire. Entouré de deux armées autrichiennes et de l'armée russe, il soutient pendant huit jours les combats les plus acharnés, bat Souvarov en personne, rejette cette armée quintuple hors de la vallée de Glaris, et couvre ainsi l'enfant chéri de la victoire, qui pendant ce temps sauvait la France à Zurich; Masséna, Masséna lui-même, messieurs, lui témoigne la reconnaissance de la patrie, la sienne propre.

» En 1800 il passe le Rhin, sous Moreau, bat les Autrichiens à Stokach et à Maeskirch et, avec sa seule division de cinq mille hommes, s'empare du Tyrol et des Grisons défendus par vingt-cinq mille; enlève enfin la position de Feldkirch et communique avec l'armée d'Italie.

» Nommé général de division en 1800, par le Premier Consul, puis à la paix gouverneur de la 7ᵉ division militaire, il imprime à toutes ces contrées agitées l'esprit d'ordre qui chez lui accompagnait la valeur.

» En 1805, à Caldiero, sa division repoussa avec succès le choc de toute l'aile droite de l'archiduc Charles.

» A la paix de Presbourg, nommé gouverneur général de la Dalmatie, il obtient soudain la confiance et la soumission de cette contrée en y introduisant cette administration pure et bienfaisante que peu après le général Marmont vint perfectionner et étendre sur toute l'Illyrie, et qui excita chez ces peuples à demi sauvages l'affection et la reconnaissance qu'ils conservent encore pour ces deux chefs et pour notre armée.

» Si j'ai passé rapidement sur bien des hauts faits d'armes, permettez-moi, messieurs, quelques détails sur une action d'autant plus belle qu'on y voit la vertu du citoyen l'emporter encore sur celle du guerrier.

» Lauriston, chargé d'occuper l'Albanie vénitienne, se présente devant Cattaro avec un faible corps et sur la foi des traités; l'amiral russe Siniavin, qui l'avait devancé, marche sur lui avec quatre mille Russes et dix mille Monténégrins. Lauriston se replie et s'enferme dans Raguse, ville située au pied du mont San-Sergio. Sa perte était certaine. Molitor l'apprend; sans hésiter, sans calculer que pendant son absence des populations frémissantes encore au souvenir de Venise peuvent lui ôter tout espoir de retraite et lui arracher une province que son devoir est de conserver, il part avec deux mille hommes, fait quatre-vingts lieues par les sentiers les plus âpres, il viole le territoire turc; peu lui importe son devoir régulier, peu lui importe le droit des gens : il a des Français à sauver. Arrivé sur les derrières des ennemis, il emporte leur position, les précipite dans le port de Gravosa, où leur flotte les recueille, et paraît sur le San-Sergio, armé de l'aigle impériale, comme un ange sauveur.

Cette ville aux abois, qui attendait la destruction dont la menaçaient ces hordes féroces, lui offre de riches présents. Toujours pur, toujours modeste, Molitor n'accepte que les vœux, rentre en Dalmatie, et les Ragusains, dans leurs églises, ajoutent au *Domine salvum* accoutumé *et liberatorem nostrum Molitorem.*

» En 1807 il part avec ses troupes de l'Adriatique pour la Baltique, repousse le roi de Suède, s'empare de Stralsund et gouverne la Poméranie suédoise. A son départ, une feuille allemande s'exprimait ainsi :

« La satisfaction d'être dispensés de l'entretien
» d'une nombreuse division se trouve bien diminuée
» pour les habitants par le départ de l'excellent
» général qui a su si bien concilier la justice la
» plus exacte avec ses devoirs envers l'Empereur
» et dont la conduite mérite notre amour et notre
» respect. »

» En 1809 on le trouve en Allemagne sous Masséna; il sauve un corps d'armée bavarois dont le chef reconnaissant s'exprime ainsi : « La division
» Molitor sauva les Bavarois en marchant à leur
» secours et conserva au milieu de leur pays la
» sévère discipline qui a toujours distingué les
» troupes commandées par ce général. »

» A Lobau, à Essling, à Wagram, Molitor toujours au premier rang.

» En 1810 il va occuper les villes hanséatiques ; là, j'ai entendu dernièrement les mêmes hommages qu'il y a quarante-deux ans j'entendais à Raguse.

» En 1811, gouverneur de la Hollande, qu'il ne quitta que lors de nos désastres de 1813 et après de nombreux combats tous dignes de lui; c'est alors que le prince Lebrun écrivait :

« Si quelqu'un avait pu conserver la Hollande à
» l'Empire, c'était Molitor, non-seulement grand
» capitaine, mais encore excellent administrateur ;
» ce qui l'honore par-dessus tout, c'est cette glo-
» rieuse médiocrité de fortune qui dépose si haut
» en faveur de sa sévère probité. »

» Rentré en France avec Macdonald, il défendit pied à pied le sol de la patrie. En 1815, envoyé en Alsace, en un instant il organisa vingt-cinq mille hommes. Il était aux prises avec l'ennemi lorsqu'une paix trop prompte et trop chèrement achetée vint lui arracher ses armes. Proscrit d'abord, il fut quelques années après chargé d'inspections générales, et c'est à lui surtout qu'on doit les excellentes bases sur lesquelles s'est formée notre nouvelle armée.

» Après la campagne d'Espagne de 1823, il fut nommé maréchal et pair de France et se trouva ainsi arrivé au sommet des dignités publiques sans avoir jamais cherché une faveur.

» Telle a été la longue et glorieuse carrière du

maréchal Molitor; n'ayant jamais connu un revers, n'ayant jamais manqué à un devoir, obtenant du soldat la discipline la plus exacte sans employer la rigueur, faisant honorer la France par l'étranger; vous l'avez vu dans les loisirs de la paix, toujours soumis, jamais courtisan, donnant de sages conseils, n'en offrant jamais.

» S'il accordait quelques heures à l'amitié et aux arts, il étudiait surtout la grande science de la guerre et se plaisait à l'enseigner à ceux qu'il aimait. Mais ses derniers jours ont été amers; sa chère armée frappée des plus rudes coups, les cris de la discorde, sa patrie abaissée, c'était trop pour son cœur, après tant de travaux!

» Messieurs, je vous ai entretenus longtemps, il suffisait de dire..... il y a quelques jours il était encore l'expression vivante de notre immortelle devise : *Honneur et Patrie*.

» Allez, Molitor, montez dans la région des récompenses; à votre aspect, la foule des héros, vos compagnons d'armes, se lèvera pour vous recevoir. Adieu!! »

Après ce discours, qui a été écouté par tous les assistants avec un silence religieux et les marques de la douleur générale et des profonds regrets causés par la perte de l'illustre maréchal, le cercueil a été descendu dans le caveau préparé pour le recevoir, en présence des membres de la famille et de toute l'assemblée. Les prières et les bénédictions de la part du clergé et des assistants ont terminé cette imposante cérémonie.

Molitor (Gabriel-Jean-Joseph), maréchal de France, est un des officiers généraux les plus brillants du premier Empire. Son nom ne rappelle que des souvenirs glorieux; c'est un des beaux caractères dont l'ancienne armée peut et doit à juste titre être fière. Valeur, talent, vertus militaires, vertus privées, rien ne manque à sa réputation sans tâche. Molitor naquit au petit bourg de Hayange, près d'Huningue, dans la fertile et riante vallée de la Moselle, le 7 mars 1770. Son père, ancien et brave militaire, était devenu un bon et honnête fermier. Sans être riche, il avait une certaine aisance; sans avoir une instruction étendue, il comprenait l'importance de l'instruction : aussi fit-il donner dans les écoles une éducation solide à son fils. Le jeune Molitor suivit les leçons de ses maîtres avec une assiduité si exemplaire et montra un caractère si doux qu'on le crut appelé par vocation dans les ordres. On lui fit faire rapidement quelques études de théologie; il fut même tonsuré, et on allait le vouer au sacerdoce. Lorsque la France menacée fit un appel à tous ses enfants, le futur ecclésiastique se jeta tout à coup, le 15 août 1791, dans les rangs des volontaires, au 4ᵉ bataillon de la Moselle.

Grande fut la stupéfaction de sa famille ; mais comme il était assez vigoureux pour porter le sac et le fusil, assez âgé pour comprendre ce qu'il faisait, on le laissa agir à sa guise. Le 25 août, dix jours après son enrôlement, il quitta le toit paternel pour se rendre à Metz. Sa figure, sa taille, son instruction bien supérieure à celle de ses compagnons ayant attiré les regards, il fut choisi par les jeunes volontaires pour être un de leurs capitaines. A cette époque de révolutions pour les uns, d'émigration pour les autres, de danger pour tous, la fortune était pour beaucoup dans les premiers grades militaires. Le 4ᵉ bataillon de la Moselle, dont le futur maréchal faisait partie, fut appelé à l'armée du Nord. Il fit à cette armée la rude campagne de 1792 dans les Ardennes. Le 10 septembre 1793, ayant été promu chef de bataillon adjudant général à la suite d'un concours, au camp de Forbach, on l'envoya à l'armée de la Moselle sous Custine. Il prit part aux affaires de Worms, de Spire, de Mayence. Ces brillants succès sont bientôt suivis de revers : les troupes se replient ; dans un engagement, Molitor reçoit sa première blessure. A peine rétabli, il est désigné pour l'armée de Jourdan, sur le Rhin. Le général en chef ne tarde pas à connaître, à apprécier et à prendre en véritable affection le jeune officier supérieur ; il lui confie des missions assez importantes et n'a pas à s'en repentir, car Molitor est aussi intelligent que brave et dévoué à son pays. Les batailles de Wattignies, de Fleurus, le beau succès d'Aldenhoven permirent aux troupes françaises de passer le Rhin. Molitor fut mis sous les ordres du brillant général en chef Hoche, qui devint son guide et son modèle. Avec cette brigade il enlève, à la bataille de Kaiserslautern, la position d'Erleberg, à la droite des Prussiens; il combat à la bataille de Werd le 22 janvier 1794; il force le lendemain la position de Lampersloch, tue six cents hommes à l'ennemi et contribue au succès de la bataille de Weissembourg, à la suite de laquelle Landau est débloquée. L'année suivante, en 1795, il est grièvement blessé dans une attaque sur Mayence. Nommé chef de brigade le 13 juin 1795 il fut employé aux armées d'Allemagne sous les généraux Pichegru, Kléber, Moreau et Jourdan. Au siége de Kehl il obtint le grade de général de brigade le 30 juillet 1799. Il se rendit en Suisse, près de Masséna, où, avec sa brigade de quinze cents hommes, il attaque deux régiments autrichiens, les déloge, les culbute et se trouve tout à coup en face de cinq bataillons autrichiens et de douze cents Suisses; il ne se décourage pas cependant. Profitant d'un moment favorable, il fait battre la charge et culbute ses adversaires. Il les repousse encore à Kerensen. Le vieux Souvarov paraît avec vingt mille hommes; le 20 septembre Molitor repousse l'avant-garde jusqu'à l'Oberland. Il refuse de se rendre, et avec ses trois bataillons il tient tête à des forces imposantes et chasse enfin les Russes de la vallée après leur avoir fait subir une perte de quatre mille combattants. C'est de cette époque que date l'amitié de Masséna et de Molitor. Le 3 mai il culbute les Autrichiens à Stokach, le 5 à Maëstricht, le 14 juillet à la bataille de Feldkirch. Cette dernière, avec celles de Marengo et de Hohenlinden, assure la paix de Lunéville. Le 6 octobre il reçut le grade de général de division et le commandement de la septième division militaire. En 1805 il fut envoyé à l'armée d'Italie sous Masséna. Il se montra très-brillant aux combats de Véronette et Vago, le 29 octobre, et enleva deux bouches à feu aux Autrichiens. Il combattit le 30 du même mois à Caldiero et parvint à repousser les Autrichiens. Le 3 novembre il fait huit cents prisonniers; le 4 il enlève la position de San-Pietro, culbutant ses adversaires et leur prenant neuf cents hommes. Napoléon l'envoya en 1806 comme gouverneur en Dalmatie, où il rendit les plus éminents services, en récompense desquels Napoléon le créa grand officier de la Légion d'honneur et bientôt après chevalier de la Couronne de fer. Il fut envoyé ensuite, jusqu'à la fin de 1808, dans la Baltique, où sa belle conduite lui valut le titre de comte avec un majorat de trente mille francs. En 1809, à

Wagram, il contint pendant une partie de l'action les tentatives désespérées de l'archiduc Charles. Après les Cent-Jours il resta dans l'inaction jusqu'en 1818. En 1823 il prit part aux campagnes d'Espagne, et il contribua beaucoup à la conclusion de la convention qui fit cesser les hostilités; le 5 août 1823 il fut fait commandeur de l'ordre de Saint-Louis, et le 9 octobre 1823 il fut élevé à la dignité de maréchal de France. En 1847 le roi Louis-Philippe lui donna le commandement de l'hôtel des Invalides. Il céda volontairement les Invalides au dernier des frères de l'Empereur comme gardien naturel des cendres de Napoléon. Il accepta en compensation la grande chancellerie de la Légion d'honneur, poste dans lequel il mourut tout à coup le 28 juillet 1849, à l'âge de soixante-dix-neuf ans.

Le président de la République, voulant récompenser les services rendus à la France par le prince Jérôme, gouverneur des Invalides, et notamment pendant les mémorables campagnes de 1807, 1809 et 1812, l'éleva, par décret du 1er janvier 1850, à la dignité de maréchal de France.

Le nombre des vieux soldats admis aux Invalides diminuant chaque jour, et l'hôtel de Paris étant devenu suffisant pour donner asile à la totalité des pensionnaires, la succursale de l'établissement fut supprimée par décret du 27 février 1850.

Les invalides d'Avignon vinrent donc retrouver

leurs camarades, dont ils étaient séparés depuis le désastre de Waterloo.

Le 3 mars 1850, la grande-duchesse de Bade est venue visiter de nouveau l'Hôtel. Le prince gouverneur lui en fit les honneurs. Arrivée dans la chapelle du dôme, la princesse parut éprouver une profonde émotion à l'aspect du monument qui renfermait les cendres de son père adoptif.

Aujourd'hui 5 mai, à midi, a eu lieu à l'Hôtel la célébration de la messe anniversaire fondée à perpétuité par les anciens militaires de l'Empire en commémoration de la mort de l'empereur Napoléon.

A cette pieuse cérémonie assistaient :

Le président de la République;

M. Boulay (de la Meurthe), vice-président;

Tous les ministres;

Tout l'état-major de l'Hôtel, en tête duquel se trouvait le maréchal gouverneur, frère de Napoléon Ier;

Un grand nombre de membres de l'Assemblée nationale;

Le préfet de la Seine;

Le grand chancelier de la Légion d'honneur;

Plusieurs officiers généraux parmi lesquels on remarquait les généraux Changarnier, Pelet, Gourgaud, Magnan, Lawœstine, Piat, de Résigny, Barrois, et le général commandant la garde nationale de Paris;

Madame la grande-duchesse douairière de Baden;

La princesse Bacciochi;

Enfin une grande quantité d'anciens militaires de l'Empire.

L'arrivée et le départ de M. le président de la République ont été salués des plus vives acclamations par les personnes de toutes les classes de la société qui encombraient la cour d'honneur.

Hier, 5 mars 1851, conformément aux ordres du ministre de la guerre, la première partie de la cérémonie des funérailles du maréchal Dode de la Brunerie, décédé le 1er mars 1851, a eu lieu à l'Hôtel. Les restes mortels de l'illustre défunt sont arrivés à sept heures du soir à la grande grille, où les attendait le général Petit, accompagné de son état-major, auquel se sont joints : MM. Dode-Denant, frère du maréchal; Dode-Guman et Pérignon, Eugène, ses neveux; Ardant, colonel du génie, allié du défunt; des Essarts, général en retraite; Moreau, général, membre du comité des fortifications; Devoize, ancien capitaine du génie; de Saint-Laurent, capitaine du génie, tous anciens aides de camp du maréchal, et enfin M. de Chamberet, capitaine d'état-major, son dernier aide de camp, qui a fait la remise du corps au général commandant l'Hôtel. Ce général, sensible à la perte que venait de faire la France dans la personne de l'une des premières illustrations du corps du génie, a fait déposer le cercueil dans une chapelle ardente préparée à cet effet dans l'église de l'Hôtel et confiée à la garde de quatre militaires invalides.

Prévenu que le président de la République honorerait de sa présence la cérémonie religieuse qui allait avoir lieu, le général commandant l'Hôtel, le maréchal Jérôme étant indisposé, est allé, suivi de l'état-major, l'attendre à la grille, et l'a accompagné jusqu'à l'église.

Aussitôt le service funèbre a commencé.

Étaient présents les ministres, maréchaux, amiraux et un grand nombre d'officiers généraux, parmi lesquels on remarquait les généraux Exelmans, Baraguey-d'Hilliers, Perrot, commandant de la garde nationale de la Seine; Vaillant, président du comité des fortifications; auxquels s'étaient joints des membres de l'Assemblée nationale et de hauts fonctionnaires appartenant aux cours, tribunaux et administrations civiles.

Dans l'intérieur de l'église, des écussons rappelaient toutes les batailles et tous les siéges auxquels le maréchal avait assisté pendant sa longue et laborieuse carrière militaire. Cent sous-officiers de la garnison étaient rangés autour du catafalque, et soixante militaires invalides, armés de lances, faisaient le service d'honneur.

Après l'absoute, le corps a été placé sur un corbillard richement décoré de trophées d'armes et d'insignes militaires et attelé de six chevaux caparaçonnés d'étoffe noire lamée d'argent ; il a été accompagné de tout le cortége et conduit à l'extérieur de la grille. Les coins du poêle étaient tenus par le maréchal ministre de la guerre, le maréchal Reille, l'amiral de Mackau et le général de division Vaillant. Après le défilé de l'armée, le corps a été ramené par la cour d'honneur à l'église pour être de là transporté par les soins de la famille au cimetière du Père-Lachaise, où le maréchal avait demandé à être inhumé.

Éminent guerrier, homme de bien, aussi distingué par l'élévation de son esprit que par la droiture de son jugement, le vicomte Dode de la Brunerie, dont le bâton de maréchal était venu dignement couronner la carrière, emportait en descendant dans la tombe l'estime et les regrets de ceux qui l'avaient connu.

Aujourd'hui, à midi moins un quart, on célébrait les obsèques du maréchal Sébastiani, quand tout à coup la cérémonie funèbre a été interrompue par un déplorable sinistre.

Le feu, produit par la chute d'un cierge enflammé, s'est communiqué à l'une des tentures des tribunes et a atteint les nombreux drapeaux suspendus aux voûtes de l'église. Bientôt les flammes mettent le feu au catafalque ; on sort en toute hâte le cercueil de l'église ; les pompiers se rendent maîtres de l'incendie, dont les ravages étaient malheureusement irréparables ; plusieurs drapeaux conquis sur les armées étrangères, et qui étaient avec raison l'orgueil de nos vieux braves, étaient dévorés par les flammes.

Grâce aux mesures prises sur-le-champ, on n'eut heureusement aucun autre accident à déplorer.

En tête des militaires invalides nommés légionnaires à l'occasion de l'anniversaire du 15 août, se trouve une femme, la veuve Brulon, dont nous avons déjà parlé, née en 1771, officier à l'Hôtel des Invalides.

La veuve Brulon a été fille, sœur et femme de militaires morts en activité de service à l'armée d'Italie.

A vingt et un ans, en 1792, dans le 42e régiment d'infanterie, où son mari était mort, elle se fit remarquer par une conduite si honorable, soit comme femme, soit comme militaire, qu'elle fut autorisée à rester au service, malgré son sexe.

En 1813, le général Rapp, qui depuis dix mois défendait Dantzig, sentait le besoin de faire connaître à l'Empereur sa position. Une embarcation légère reçut l'ordre de mettre à la voile, et un aide de camp du général, le chef d'escadron Marnier, brigua l'honneur de la commander. Il partit et put échapper à l'escadre anglo-russe qui bloquait la Vistule; mais après des chances de mer contraires, rencontré par un brick anglais que montaient vingt-cinq hommes d'équipage, le sloop français, qui n'en comptait que dix, attaqua le premier et s'empara du brick anglais. Un rapport à l'Empereur constata ce fait d'armes, et le pavillon du brick resta dans les mains du commandant Marnier, qui l'avait enlevé à l'abordage. Aujourd'hui et depuis longtemps colonel, Marnier vient d'offrir ce pavillon à l'hôtel des Invalides.

Le Président de la république, voulant honorer la mémoire de l'illustre maréchal général Soult, duc de Dalmatie, décédé le 26 novembre 1851, a ordonné qu'une cérémonie funèbre aurait lieu dans l'église des Invalides avec un grand appareil militaire.

Le 13 janvier, dès dix heures du matin, l'armée de Paris était rangée en bataille sur l'Esplanade, le boulevard des Invalides, l'avenue de Tourville et le boulevard de Latour-Maubourg; elle entourait la vaste enceinte de l'hôtel des Invalides. La cavalerie et l'artillerie étaient massées sur la place Vauban.

Les troupes, en grande tenue, musique en tête, se composaient de la gendarmerie mobile, de la garde républicaine à pied et à cheval, des 1er et 7e lanciers, d'une batterie d'artillerie et d'une compagnie du génie; des 3e, 4e, 14e, 42e, 44e, 49e et 56e régiments de ligne, et 3e, 6e, 14e et 19e légers.

La grande entrée et le péristyle de la cour d'honneur étaient tendus de draperies noires lamées d'argent et parsemées de broderies, de la couronne ducale, du chiffre du maréchal et des insignes du maréchalat.

La décoration intérieure était des plus sévères. Toute la nef, depuis l'orgue jusqu'au maître-autel, était également tendue de noir; sur des écussons nombreux étaient inscrites les principales batailles auxquelles l'illustre maréchal avait assisté, soit comme général en chef, soit comme lieutenant de Napoléon : Kaiserslautern, Fort-Louis, Fleurus, Altenkirchen, Ooskerch, Friedberg, Roekach, Schwitz, Adeliz, Andel, Singen, Zurich, Calibona, Gênes, camp de Boulogne, Ulm, Austerlitz, Iéna, Grossen, Bergfield, Eylau, Heilsberg, Kœnigsberg, Berlin, Burgos, la Corogne, Monterey, Oporto, Badajoz, Bautzen, Toulouse, etc., etc.

Au milieu de l'église s'élevait un magnifique catafalque où brillaient mille cierges; à distance étaient placées douze candélabres d'argent d'où sortaient des flammes bleues, symboles des âmes qui s'envolent dans l'éternité; sur les côtés du catafalque se trouvaient, recouverts d'un crêpe, la couronne ducale, le bâton de maréchal et le grand cordon de la Légion d'honneur.

L'avenue des Invalides, la cour d'honneur et la nef étaient remplies de vieux débris de nos armées.

La garde à l'intérieur était formée par des invalides chevaliers de la Légion d'honneur, armés de lances; autour du catafalque étaient rangés des sous-officiers décorés.

A onze heures et demie, sept coups de canon donnèrent le signal du commencement de la cérémonie.

L'abbé Lequeux, archidiacre du diocèse de Paris, officia, étant assisté de l'abbé Ancelin, curé de l'Hôtel, et d'un nombreux clergé.

La messe fut chantée en faux-bourdon par des soldats et des enfants de troupe.

L'aspect de l'église était des plus imposants.

Les quatre coins du poêle étaient tenus par le ministre de la guerre, l'amiral Mackau, les maréchaux Exelmans et Vaillant.

Au nombre des assistants étaient le maréchal Magnan, les généraux Carrelet, Levasseur, Renault, Barrois, Doguerau, Roguet, les ministres, le nonce du pape, l'ambassadeur de Naples et plusieurs chargés d'affaires; MM. Salvandy, Guizot, et plusieurs autres illustrations.

Tous les régiments y étaient également représentés par une députation d'officiers.

La famille de l'illustre maréchal, le général de Tinan et le colonel l'Heureux, ses anciens aides de camp, étaient autour du catafalque.

Au commencement de l'absoute et à la fin de la

cérémonie, plusieurs salves d'artillerie ont été tirées pour célébrer la gloire de celui qui, parti simple soldat, était, par sa bravoure et ses vertus militaires, devenu maréchal général de France et duc de Dalmatie.

Translation, dans le caveau des gouverneurs, de l'urne renfermant le cœur du maréchal de Vauban.

PROCÈS-VERBAL.

« Aujourd'hui trente et un janvier 1852, à deux heures de relevée,

» Nous Christiani de Ravaran, sous-intendant militaire des Invalides, en exécution de l'ordre du jour du 29 du courant, nous sommes rendu au dôme de l'église Saint-Louis, où nous avons trouvés réunis le général de division baron Petit, commandant l'Hôtel; Simon, lieutenant-colonel major; Tournal, adjudant-major; Gérard, colonel, secrétaire général, archiviste, trésorier, bibliothécaire et garde des trophées; Rougevin, architecte de l'Hôtel, formant avec nous la commission nommée par M. le maréchal gouverneur, pour procéder à la translation de l'urne renfermant le cœur du maréchal de Vauban.

» Là se trouvaient aussi réunis MM. les membres du clergé de l'Hôtel; Visconti, architecte chargé de la direction des travaux du tombeau de l'Empereur, et un piquet de vingt-cinq soldats invalides commandé par un officier.

» En notre présence, l'urne renfermant le cœur de l'illustre maréchal Vauban a été par M. Visconti, sus-qualifié, descendue de la colonne où elle était placée pour être transportée dans le caveau renfermant les restes des maréchaux et gouverneurs de l'Hôtel. Pendant le trajet le clergé récitait les prières d'usage.

» Le cortége arrivé dans le caveau, l'urne funéraire a été placée par M. Visconti sur un piédestal préparé pour le recevoir; puis le clergé a donné l'absoute; après quoi la commission et le cortége se sont retirés. »

« Aujourd'hui, à onze heures, a eu lieu à l'Hôtel le service solennel en l'honneur du maréchal comte Gérard, décédé à l'âge de quatre-vingts ans, après avoir servi son pays pendant près de soixante années.

» Comme aux grandes cérémonies militaires, la principale entrée de l'Hôtel, la porte de l'église et l'église elle-même avaient été tendues, dans toute leur hauteur, de draperies noires lamées d'argent, sur lesquelles on avait placé plusieurs écussons dans l'ordre suivant :

» A droite de l'autel : Passage de la Roer, Fuentes de Oñoro, Valon, la Moskowa, Krasnoe,

Goldberg, Kowno, Lutzen, Bautzen, Leipzig, Montereau, Montmirail.

» A gauche de l'autel : Francfort, Torgau, Thorn, Bamberg, Berlin, Austerlitz, Wagram, la Rotière, Kalsbach, Anvers, Ligny, Wavre, Champ-Aubert, Mormans.

» Au milieu de l'église s'élevait un magnifique cénotaphe entouré de candélabres d'argent, garnis de nombreuses bougies. Les armes et les insignes honorifiques du maréchal étaient placés sur un drap de velours noir étoilé d'argent qui recouvrait le cénotaphe.

» La chaire à prêcher était voilée par un grand crêpe noir également étoilée d'argent.

» Des siéges avaient été préparées pour la maison du Président de la république, les maréchaux, les ministres, le Sénat, le Corps législatif, pour les officiers de l'armée et les hauts fonctionnaires.

» Ces places ont été successivement occupées par le roi Jérôme, gouverneur des Invalides et frère de l'empereur Napoléon, accompagné de tous ses officiers d'ordonnance. La place d'honneur lui avait été réservée.

Puis venaient les maréchaux Exelmans, Vaillant, le général de Saint-Arnaud, ministre de la guerre; le général Magnan, commandant en chef l'armée de Paris; l'amiral de Mackau, les généraux d'Hautpoult et de Bar, en habit de sénateur ; M. Turgot, ministre des affaires étrangères ; M. Théodore Ducos, ministre de la marine ; le général Petit, le général Piat, le général Barrois, le général Achard, le général Schramm, M. Boulay (de la Meurthe), M. Dupin aîné, ex-président de l'Assemblée nationale ; le général Fabvier, le prince Napoléon, fils du roi Jérôme ; M. Baroche, M. Billault, président du Corps législatif ; le général Regnaud de Saint-Jean d'Angely, les généraux Cavaignac, Levasseur, d'Alphonse, Baraguey-d'Hilliers, le comte de Rambuteau, les généraux Trezel et Carrelet, et une foule d'autres illustrations dont nous regrettons de ne pouvoir donner les noms. Toutes les autres parties de l'église étaient remplies d'officiers de toutes armes et en grande tenue militaire.

» Quarante sous-officiers de l'armée et décorés entouraient le cénotaphe. Dans toute la longueur de l'église et des cours deux rangées d'invalides se tenaient debout, la lance au poing.

» Les tribunes étaient remplies de fidèles qui avaient reçu les lettres de faire part de la famille du maréchal.

» Un peu avant la cérémonie, le fils de l'illustre défunt, capitaine dans un régiment de lanciers, est venu se placer sur le devant du cénotaphe ; il était accompagné du général Lafontaine. A midi plusieurs coups de canon, tirés sur le quai des Invalides, ont annoncé le commencement de la cérémonie funèbre ;

à ce moment la voiture du Président de la république, dans laquelle se trouvait le général Roguet, son premier aide de camp, est arrivée dans la cour d'honneur.

» La sainte messe a été célébrée par M. l'abbé Ancelin, curé des Invalides; il était assisté d'un nombreux clergé. Après la messe, qui a été chantée en faux-bourdon, M. l'abbé Lequeux, archidiacre, a fait l'absoute.

» La musique du 42e de ligne, placée dans la galerie de l'orgue, n'a cessé de faire entendre des symphonies funèbres pendant tout le cours de la cérémonie.

» L'Hôtel était entouré d'un cordon de troupes appartenant à tous les corps de la garnison de Paris et sous les ordres du général Courant. La garde nationale de Paris y était représentée par le 1er bataillon avec son état-major, ses sapeurs et sa musique. »

Aujourd'hui, 4 mai, Sidi-Ben-Agad, premier ministre du bey de Tunis, est venu visiter l'Hôtel dans toutes ses parties.

Il a rappelé aux invalides les paroles de son souverain en 1825 : « Monsieur le gouverneur, je ne m'étonne pas qu'avec de pareils soldats Napoléon ait conquis l'Europe. »

Gérard (le comte Étienne-Maurice), lieutenant général, né à Damvilliers (Meuse), le 4 février 1773, fut en 1791 un des premiers à se faire inscrire parmi les volontaires; il entra dans le second bataillon de son département. Il fit ses premières armes sous Dumouriez, combattit à Fleurus et eut bientôt franchi les grades de sous-lieutenant, lieutenant et de capitaine. Ce fut en cette dernière qualité qu'en l'an III (1794 à 1795) il se distingua au passage de la Roer; au commencement de l'an V (de 1796 à 1797), Bernadotte, voulant s'attacher un officier qui donnait de grandes espérances, le prit pour son aide de camp et l'emmena dans les campagnes qu'il fit sur le Rhin et en Italie. Le capitaine Gérard l'accompagna dans l'ambassade qu'il fut chargé de remplir à Vienne, et il prouva qu'il n'avait pas moins de courage civil que de courage militaire. Le drapeau français flottant à la porte de l'ambassade ayant été gravement outragé dans une sédition officielle, qui fit courir des dangers au général Bernadotte et le tint quelque temps enfermé dans son palais, l'ambassadeur écrivit à l'Empereur pour demander que les séditieux fussent dissipés par la force; et il exigeait hautement les réparations dues à sa nation. Il fallait faire parvenir la lettre, et le palais était encore cerné. L'aide de camp s'en charge, il traverse hardiment les flots mutinés, plus dangereux qu'un champ de bataille, impose par sa contenance, remplit sa mission et délivre son général. Devenu colonel, Gérard conquit la décoration de commandant de la Légion d'honneur sur le champ de bataille d'Austerlitz, où il fut grièvement blessé en chargeant avec intrépidité à la tête de ses escadrons. Élevé bientôt après au grade de général de brigade, il fit en cette qualité la guerre de Prusse, fut nommé après la paix de Tilsitt chef de l'état-major de l'armée du prince de Ponte-Corvo (Bernadotte) et en remplit les fonctions pendant la campagne de 1809. La belle conduite qu'il tint au combat d'Erfurt, en avant de Lintz, lui fit prodiguer dans les journaux les éloges les plus distingués. A la bataille de Wagram, la magnifique cavalerie saxonne, entièrement placée sous son commandement, se concilia par sa belle conduite l'estime générale de la grande armée. Employé en 1810, sous le comte d'Erlon, en Portugal, il força à la bataille de Fuentes de Oñoro les courageux Écossais. Appelé en 1812 à la grande armée, après avoir puissamment contribué à la prise de Smolensk, il dut se mettre, par droit d'ancienneté, à la tête de la division du général Gudin, blessé à mort aux premiers coups de canon tirés à la journée de Valoutina. Napoléon se rendit auprès du général expirant pour recevoir ses derniers adieux. « Sire, dit celui-ci, je vous recommande ma femme et mes enfants; j'ai encore une grâce à vous demander, c'est pour ma brave division : Je vous supplie d'en accorder le commandement au général Gérard; je mourrai content si je la vois en de si bonnes mains. » Maurice Gérard avait trop bien mérité ce commandement, par l'usage qu'il venait d'en faire, pour qu'il fût possible de l'en priver. Dans les bulletins où ils racontèrent leur retraite, les Russes s'enorgueillirent de n'avoir cédé qu'à l'invincible garde impériale, et c'était la division Gudin, passée sous les ordres du général Gérard, qui les avait vaincus. A la Moskowa, cette division, qui se couvrit encore de gloire, contribua puissamment au succès de cette grande journée. A la longue et désastreuse retraite de la Bérésina, le général Gérard reçut le commandement en second, sous les ordres du maréchal Ney, du corps qui fut formé pour protéger les débris épars de l'armée. Lorsque le nouveau corps eut été réuni, un bataillon de la Sippe, posté en avant de la porte de cette ville appelée Wilna, prit l'épouvante aux premiers coups de canon, et l'on fit de vains efforts pour le rallier. Cependant la cavalerie russe arrive, met pied à terre et tente l'escalade. Le général Gérard ramasse des armes éparses, et le maréchal suit son exemple; ils font feu, et, nouveaux Coclès, ils soutiennent seuls le choc d'une armée pendant une demi-heure. Des renforts arrivent enfin, l'ennemi est contenu, et dix ou douze mille Français sont sauvés. Le prince Eugène, ayant succédé dans le commandement au roi de Naples, qui venait de partir, confia l'arrière-garde au général Gérard. A ce poste si périlleux, non-seulement on avait à lutter, comme dans le reste de l'armée, contre l'épouvante, la faim et un climat dévorant, mais encore il fallait sans cesse être engagé avec de formidables phalanges que nos malheurs rendaient plus ardentes à nous accabler. Cette arrière-garde n'était composée que de douze mille Napolitains et de trois bataillons de jeunes troupes récemment arrivées. Ce fut avec ces faibles moyens que le comte Gérard eut à surmonter tant et de si grands obstacles; mais aussi jamais général ne déploya, de l'aveu même des ennemis, autant de ressources, d'activité, de fermeté et de caractère. Il parvint sans de trop grandes pertes jusqu'à Francfort-sur-l'Oder. Il avait opéré avec tant de succès et si bien contenu l'ennemi que déjà l'armée française touchait à Berlin; mais alors le sort de l'arrière-garde, trop isolée, parut désespéré. Les environs de Francfort étaient inondés par les troupes du général Beckendorff; la population du pays, furieuse contre les Français, était en pleine insurrection, lorsque pour comble de malheur l'empereur Alexandre survint en personne avec des forces considérables et fit sommer par un de ses aides de camp d'évacuer la ville. Le général Gérard répond fièrement qu'il n'évacuera point, et il manœuvre avec tant d'habileté que trois jours après il était, on pourrait dire, en paisible retraite sur l'Elbe. Il prit ensuite le commandement des avant-postes. Dans la campagne de Saxe, en 1813, il commanda d'abord une division du 11ᵉ corps, et ensuite ce corps entier. A la journée de Bautzen, il fut placé en avant de la Sprée, de manière à se lier avec le corps qui tenait l'extrême droite. Après le combat le plus meurtrier, ce corps fut forcé de se replier. Le maréchal duc de Tarente (Macdonald), qui commandait le 11ᵉ corps, jugeant que ce mouvement rétrograde compromettait son avant-garde, commandée par le général Gérard, lui envoya l'ordre de se retirer. Au contraire, répondit celui-ci à l'adjudant-commandant Bourmont, porteur de l'ordre, au lieu de se retirer il faut avancer; qu'on me donne seulement une brigade de renfort, et je réponds du succès de la journée. A l'instant, il donna l'ordre d'attaquer : en deux heures de temps les positions abandonnées furent reprises, et le général Gérard arracha la victoire de Bautzen des mains de l'ennemi, qui déjà triomphait. Quelques jours après il fut grièvement blessé dans une affaire d'avant-garde et se vit forcé de quitter l'armée. Guéri de sa blessure, il reprit le commandement de sa division lorsque l'armistice de Plezovitz fut rompu. Au combat de Goldberg, il renouvela, sous les ordres du général Lauriston, qui commandait en l'absence du duc de Tarente, ce qu'il avait fait aux bords de la Sprée sous les yeux de ce maréchal. La division Gérard faisait l'extrême gauche, le général en chef, se voyant forcé à sa droite et au centre, envoya à plusieurs reprises au général Gérard l'ordre de faire sa retraite; celui-ci, au lieu de se retirer, attaqua vivement les Prussiens, les culbuta et pour la seconde fois rappela sous nos drapeaux la victoire infidèle. Après cette affaire, le comte Gérard, quoiqu'il ne fût lieutenant général que depuis moins d'un an et qu'il fût le plus jeune officier supérieur de ce grade, reçut le commandement du 11e corps, et fut forcé de le garder pendant tout le reste de la campagne. Sa modestie était alarmée de cette préférence; rempli d'égards et d'attachement pour ses frères d'armes et craignant blesser ceux qui étaient ses anciens, il fit de nobles représentations sur son appel au commandement, mais il fallut obéir aux ordres formels de l'Empereur. Il justifia cette préférence et sut se la faire pardonner par ses camarades. Après avoir contribué aux succès de la campagne de Saxe, le 11e corps dut en partager les revers. A la bataille de Katzbach, le général Gérard, quoique blessé d'une balle à la cuisse, ne quitta pas le champ de bataille. A la seconde journée de Leipzig, il reçut à la tête une blessure plus grave qui vainquit son obstination à rester sur le champ de bataille. Il fut cependant assez tôt rétabli pour prendre part à cette dernière et fameuse campagne des plaines champenoises. Aux derniers jours de

1813 il fut nommé commandant du corps des réserves de Paris, composé seulement de conscrits qui furent en ligne devant l'ennemi aux premiers jours de 1814. A la bataille de la Rotière il commandait l'aile droite, et malgré les attaques les plus opiniâtres d'un ennemi supérieur en nombre, il garda toutes ses positions et n'abandonna qu'à minuit, et par ordre formel de l'Empereur, la défense du pont de Dieuville. A Montereau, l'action avait commencé à neuf heures du matin, et les diverses attaques des Français avaient été repoussées; vers une heure, l'aide de camp de Napoléon, comte Dejean, porte l'ordre au général Gérard de se mettre à la tête des troupes. Soudain, celui-ci fait de nouvelles dispositions, il ordonne un mouvement général, enlève toutes les positions de l'ennemi, le culbute sur tous les points, le poursuit l'épée dans les reins et lui prend un grand nombre de canons, de drapeaux et de prisonniers. Toutes les affaires de cette campagne, et celle de Montereau en particulier, sont remarquables par ces deux circonstances : que les Français combattaient contre des forces au moins triples en nombre; et que nous n'avions guère que des conscrits, non encore habillés et exercés, à opposer à des troupes aguerries et dont le courage s'enflait par l'orgueil de leurs derniers succès. Au 22 mars 1815 le lieutenant général Gérard se trouvait en Alsace, où il remplissait les fonctions d'inspecteur général d'infanterie. Peu de temps après, Napoléon le nomma pair de France et lui confia le commandement de l'armée de la Moselle. Il reçut au commencement de juin l'ordre de se rendre à marche forcée sur la frontière du nord; il partit de Metz le 10 juin, le 15 il avait passé la Sambre, et le 16 il s'immortalisait à la bataille de Ligny, village qui fut défendu par les Prussiens avec une opiniâtreté extraordinaire. Le succès de ce combat si important, parce qu'il assurait celui de l'ouverture de la campagne, fut le résultat des habiles dispositions du général, autant que de son intrépidité personnelle et de celle de ses troupes. Le 18 le général Gérard était dans la direction de Wavre, lorsqu'on entendit le canon du côté de la forêt de Soignes; cette circonstance donna lieu à une réunion en conseil des commandants des divers corps. Le général Gérard voulait que, suivant les principes généraux de la guerre, on fût droit au canon en passant la Dyle sur le pont de Munster. Le général Grouchy ne se défendit de cette opinion que par des ordres contraires et positifs de l'Empereur. Les militaires estiment généralement que ce mouvement aurait changé le résultat de la bataille de Waterloo. Avant la fin de la journée le général Gérard reçut sa cinquième blessure; une balle lui traversa la poitrine au moment où, à la tête de l'infanterie, il allait attaquer le village de Bielye. Quoiqu'il fût grièvement blessé, il voulut partager le sort du reste de l'armée et se fit transporter au delà de la Loire. L'Empereur, satisfait du comte Gérard et le considérant comme une des espérances de la France, lui avait destiné le bâton de maréchal de l'Empire. Dès que le maréchal Macdonald fut venu prendre le commandement de cette armée pour la dissoudre, le général Gérard obtint d'aller se faire soigner à Tours, et, dès qu'il fut rétabli, il rentra à Paris. Les ministres de la guerre et de la police le prièrent de voyager quelque temps hors du royaume, non qu'on eût le moindre doute sur la loyauté de son caractère, mais pour détruire par une absence momentanée de téméraires espérances que sa présence aurait pu faire naître à son insu. Le général se montra dans la paix ce qu'il avait été dans la guerre. Prêt à tout sacrifier pour le repos de son pays, il se soumit avec résignation et grandeur d'âme à cet ostracisme temporaire. Pendant son séjour à Bruxelles, il épousa mademoiselle Rosamonde de Timbrune-Timbroune de Valence, fille cadette du lieutenant général comte de Valence, qui commandait un corps d'armée dans la première campagne de la Révolution. Il rentra en France en 1817 et se retira dans sa terre de Villers-Creil, département de l'Oise. Il fut nommé membre de la chambre des députés en 1822, réélu en 1823 et honoré de nouveau des suffrages de ses concitoyens au mois de novembre 1827; il s'y est rangé parmi les défenseurs des libertés nationales. En 1824 le général Gérard reçut à la chasse un coup de fusil; sa vie fut promptement hors de danger, mais un plomb l'a privé de l'œil gauche.

Le trente et unième anniversaire de la mort de l'Empereur a été célébré aujourd'hui, 5 mai 1852, dans l'église des Invalides.

La présence du chef de l'État devait rehausser l'éclat de cette cérémonie, à laquelle assistait un public nombreux et recueilli.

Pour cette solennité funèbre, les deux grandes entrées et toute l'église avaient été tendues de draperies noires lamées d'argent, au milieu desquelles brillaient des écussons aux armes impériales avec des aigles aux ailes déployées et surmontées d'une couronne.

Étaient inscrits, dans des couronnes de laurier, les noms des principales batailles de l'Empire, entre autres : les Pyramides, Iéna, Wagram, Marengo, Arcole, Austerlitz, Lutzen, Bautzen, Eylau, la Moskowa, Montmirail, Montereau. On y voyait aussi les noms des plus importantes créations de l'Empire : la Légion d'honneur, le Concordat, le Code civil, le conseil d'État.

Au milieu de la nef s'élevait un magnifique

cénotaphe couvert d'un drap de velours noir brodé d'abeilles d'argent. On y avait placé la grande épée d'Austerlitz, les insignes de la Légion d'honneur, la couronne et le sceptre impériaux.

Une trentaine de vieux généraux, débris de nos grandes armées, entouraient le cénotaphe éclairé par mille bougies et vingt-quatre candélabres d'argent d'où sortaient des flammes bleues.

Le prince président, arrivé à onze heures précises, précédé et suivi par une escorte de cuirassiers, a été reçu par le maréchal Jérôme, gouverneur de l'Hôtel; tous les autres membres de la famille impériale sont venus se grouper autour du président.

Dans la nef les places étaient occupées, à droite du cénotaphe, par les maréchaux de France, les sénateurs, la députation du Corps législatif, les membres du Corps législatif, les conseillers d'État et les généraux présents à Paris.

A gauche, par les ministres, la députation du Sénat, des sénateurs, la députation du conseil d'État, des préfets et sous-préfets, les membres des cours et tribunaux.

A la suite de ces grands dignitaires et à leur gauche étaient rangés les officiers civils, et à leur droite les officiers militaires.

Tout le reste de l'église et les tribunes étaient occupés par une foule de personnages de distinction, tant Français qu'étrangers, et tous les anciens officiers et soldats de l'Empire revêtus de leurs anciens uniformes.

Mgr l'archevêque de Paris, entouré de ses vicaires généraux et d'un nombreux clergé, a officié.

Après la cérémonie, qui a duré environ trois quarts d'heure, le prince président est remonté en voiture et s'est dirigé vers les quais, au milieu des acclamations les plus enthousiastes d'une foule compacte qui se pressait aux abords de l'hôtel des Invalides pour saluer l'élu de la France et prendre part à la cérémonie funèbre.

Le nombre des assistants était si grand que, seul, le défilé des voitures a duré près de trois quarts d'heure.

Plusieurs couronnes d'immortelles ont été déposées sur le tombeau de l'Empereur.

On vient de placer dans la galerie des plans-reliefs celui du siége de Rome. Ce travail, exécuté sous la direction du colonel du génie Augoyat, avec une perfection remarquable, donne une idée complète et précise de l'importance de ce grand fait d'armes qui restera un des plus beaux monuments de la science militaire et de la guerre des siéges.

Aujourd'hui 4 août 1852 un nouveau service funèbre a été célébré à l'Hôtel pour rendre les derniers honneurs au brave maréchal Exelmans, grand chancelier de la Légion d'honneur, dont une affreuse chute de cheval venait de causer la mort.

La France tout entière était représentée à cette cérémonie par ses premiers magistrats, par ses guerriers, par ses illustrations de tous genres. Mgr le prince président de la République a honoré de sa présence cette journée de deuil; il a voulu s'associer à l'hommage suprême rendu à la dépouille mortelle du glorieux soldat de nos grandes guerres, à l'intrépide combattant de Wertingen, d'Austerlitz, d'Iéna, au vainqueur de Vélisy.

Les dispositions ordonnées à cet effet avaient été faites par les soins de l'autorité militaire. A dix heures, toutes les troupes étaient sous les armes, et les invalides étaient prêts à recevoir, avec le cérémonial funèbre réservé aux maréchaux de France, les restes mortels du noble guerrier.

A onze heures et demie le cortége est parti de la chancellerie, un escadron des guides et un bataillon d'infanterie, musique en tête, ouvraient la marche.

Un corbillard richement décoré et traîné par six chevaux portait la dépouille mortelle du maréchal; son épée, son bâton de commandement, les insignes de la Légion d'honneur étaient déposés sur le cercueil et recouverts d'un crêpe funèbre; son cheval de bataille, caparaçonné de deuil, suivait le char.

Le deuil était conduit par le fils de l'illustre défunt, Maurice Exelmans, capitaine de frégate et officier d'ordonnance du prince président; par ses gendres, MM. le Barbier de Tinan, contre-amiral, et de Sillègue, chef d'escadron, et par son beau-frère, l'abbé de Ravignan.

Les cordons du poêle étaient tenus par le maréchal Vaillant, par le général de Saint-Arnaud, ministre de la guerre, par les généraux Magnan et Lawœstine.

Tous les ministres en uniforme, un grand nombre de sénateurs, de généraux, de députés, de conseillers d'État, de fonctionnaires de tous les ordres et le conseil de la Légion d'honneur tout entier accompagnaient le char funèbre.

A onze heures et demie le cortége est arrivé devant la grille des Invalides; sept coups de canon ont annoncé sa présence.

Une double ligne de militaires invalides formait la haie des deux côtés, depuis la grille jusqu'à la porte extérieure.

Des tentures funèbres, portant en écusson le chiffre et les armes du maréchal décoraient l'entrée de l'Hôtel.

A l'intérieur, les militaires invalides, placés sur deux rangs dans la cour d'honneur, formaient également la haie sur le passage du cortége.

La chapelle était décorée avec une grande pompe. De longues draperies noires couvraient les colonnades jusqu'à la hauteur des frises. Des écussons aux armes du maréchal étaient appendus aux piliers. D'autres écussons placés auprès des drapeaux, trophées de nos victoires, portaient en lettres d'or les noms des batailles auxquelles le maréchal avait assisté.

On lisait dans ces écussons les noms suivants : Andrina, Trani, Pizzighettone, Castel-Nuovo, Wertingen, Austerlitz, Posen, Eylau, Friedland, la Moskowa, Kalouga, Wilna, Bautzen, Leipzig, Hanau, la Fère-Champenoise, Plancy, Méry, Arcis-sur-Aube, Montereau, Vélisy, Versailles, Rocquencourt.

Au milieu s'élevait un riche catafalque parsemé d'étoiles d'argent; des lampadaires funèbres, aux flammes vertes et bleues, étaient disposés dans toute la longueur de la nef. La chaire elle-même était recouverte d'un velarium parsemé de larmes d'argent. Des militaires invalides armés de lances aux flammes tricolores formaient la haie des deux côtés de l'église.

Le clergé de l'église et celui de Saint-Thomas d'Aquin, chargés d'officier, sont allés recevoir le cortége à l'entrée de l'église; le corps du maréchal a été déposé sur le catafalque.

Son épée, ses épaulettes, les insignes de la Légion d'honneur ont été placés à côté du cercueil.

Les généraux qui tenaient les cordons du poêle se sont placés dans le même ordre autour du catafalque.

Les autres personnes qui faisaient partie du cortége sont allées occuper les places qui leur avaient été réservées suivant leur rang : les ministres, les généraux, les députés, les conseillers d'État, etc., dans le chœur, autour de la place destinée au prince président; les autres dans les bancs disposés à cet effet dans la nef.

Au nombre des personnages de distinction, nous citerons, indépendamment de tous les généraux de l'armée de Paris, le maréchal Harispe, les généraux Schramm, d'Hautpoul, Achard, Cavaignac, la Hitte, de Bar, Tartas, Pyat, Allard, Wast-Vimeux, Hugo, Saint-Mars, l'amiral Baudin, l'amiral Parseval-Deschênes, l'amiral Grivel, ancien commandant des marins de la garde, le marquis d'Audiffret, Boulay (de la Meurthe), baron Lacrosse, Mgr le cardinal Mathieu, de Caumont-Laforce, Vieillard, sénateurs; de Morny, Delamarre (de la Somme), Conneau, députés, de Nieuwerkerke, l'abbé Coquereau.

Dans la tribune réservée au maréchal gouverneur des Invalides on remarquait le prince Napoléon, le prince Charles Bonaparte et la princesse Mathilde.

Les vieux soldats de l'Empire avait envoyé une députation au convoi du maréchal.

La vue de ces vieux uniformes de chasseurs à cheval, de hussards, de gardes d'honneur, de fusiliers-grenadiers, de fusiliers-chasseurs, vélites, a produit une vive sensation.

A onze heures trois quarts Mgr l'archevêque de Paris est arrivé, accompagné du nonce du pape et du cardinal Mathieu.

Le prince président est arrivé à midi précis.

Le clergé, le maréchal gouverneur, les ministres, le maréchal Vaillant, les généraux Magnan, de Saint-Arnaud, Lawœstine, Renault, etc., sont allés à sa rencontre.

Le prince président était accompagné du prince Murat, du général Roguet, des généraux Canrobert, Espinasse, Lourmel, des colonels Fleury, de Beville, et il est allé occuper dans le chœur la place qui lui était réservée.

La cérémonie religieuse a commencé aussitôt. Le clergé des Invalides officiait. La messe a été chantée par les élèves du gymnase musical.

Après l'office divin Mgr l'archevêque de Paris a fait l'absoute et récité les dernières prières pour le repos de l'âme de l'illustre maréchal, dont la dépouille mortelle va reposer désormais sous le dôme des Invalides, entre Turenne et Vauban, à côté de l'Empereur, dont il fut un des lieutenants les plus braves, les plus dévoués.

Le prince président de la République s'est retiré après l'absoute, accompagné comme à son entrée du maréchal gouverneur des Invalides, du prince Murat, des ministres, et de ses aides de camp et officiers d'ordonnance.

Le cercueil du maréchal a été replacé sur le char funèbre et reconduit à l'entrée de la grille des Invalides pour le défilé des troupes; revue suprême qui, en rappelant à l'armée les services de l'illustre maréchal, lui montre en même temps comment la France récompense et honore les hommes qui se dévouent pour la servir.

L'armée de Paris tout entière avait été convoquée pour la cérémonie; chaque régiment y avait envoyé un de ses bataillons; mais la plus grande partie des officiers de tous grades qui n'avaient point été commandés s'y étaient rendus spontanément, car pour l'armée en particulier la mort du maréchal est une perte immense: il était un des derniers survivants de la grande armée, dont les rangs s'éclaircissent de plus en plus chaque jour, et qui bientôt ne vivront plus que dans les souvenirs de l'histoire.

Rentré à l'Hôtel, le corps a été descendu dans le caveau des Invalides et mis à la place qui lui avait été destinée à côté du maréchal Sébastiani.

Intrépide officier, noble cœur, aussi désintéressé que dévoué, le comte Exelmans avait reçu en 1840 le bâton de maréchal de France qu'il avait gagné en 1814, à la brillante affaire de Versailles, où, par un élan de bravoure, il avait remporté sur les troupes étrangères le dernier succès qu'enregistrent nos annales militaires de cette époque.

Exelmans (Remy-Joseph-Isidore), grand chancelier de la Légion d'honneur, maréchal de France, naquit à Bar-sur-Ornain (Meuse) le 13 novembre 1775. Il n'avait pas encore seize ans quand, le 6 septembre 1791, il se fit inscrire comme volontaire au 3ᵉ bataillon de la Meuse, commandé par son compatriote Oudinot. Dirigé presque aussitôt sur l'armée de la Moselle, il prit part, avec cette armée, à la campagne de 1792, en qualité de sergent dans la compagnie de canonniers. Il demeura sergent depuis le 11 janvier 1792 jusqu'au 1ᵉʳ brumaire an V (22 octobre 1796), et c'est comme tel qu'il combattit dans les rangs de l'armée de Sambre-et-Meuse en l'an III, l'an IV et l'an V. Nommé sous-lieutenant, il fut d'abord envoyé à l'armée d'Angleterre, puis de là à celle d'Italie, où il reçut l'épaulette de lieutenant le 1ᵉʳ messidor an VI (19 juin 1797). Les généraux Éblé et Broussier l'eurent successivement pour aide de camp. Il assista à la prise de Naples sous Championnet et fut nommé capitaine provisoire au 16ᵉ dragons sur le champ de bataille d'Andréna. Les amis de Championnet étaient tombés en disgrâce ; le grade de capitaine ne fut pas d'abord confirmé à Exelmans, et voici ce que le général Broussier écrivait à ce sujet le 20 ventôse an VIII :

*Le général Broussier au général Bonaparte,
Premier Consul.*

« Tous les pays au delà de l'Isonzo étaient en armes contre nous; Barletta et Bari tenaient seules notre parti. Cette dernière ville était assiégée par une armée de douze mille hommes. Dans seize jours de temps, à quarante-cinq lieues de l'armée, avec deux mille hommes et trois pièces de canon, je parvins à soumettre tout le talon de la botte; je pris cinq villes d'assaut, quarante-trois pièces de canon, trente drapeaux; je détruisis l'armée ennemie, je tuai les chefs, plus de dix mille révoltés périrent. Croiriez-vous, mon général, que le dix-huitième jour je fus arrêté par ordre de Schérer? Mon crime était d'être dévoué à Championnet qui m'avait comblé de bienfaits... O temps! Depuis trois mois mon aide de camp Exelmans sollicite la confirmation d'un grade gagné sur le champ de bataille, et il n'a pu l'obtenir. »

Le Premier Consul accorda la confirmation demandée par Broussier, et le 1er prairial (21 mai 1801) le capitaine Exelmans devint un des aides de camp de Murat, qui le fit nommer chef d'escadron le 9 octobre 1803. A l'ouverture de la grande campagne de 1805 il fut un des héros du combat de Wertingen et mérita d'être chargé de présenter à l'Empereur, à son bivouac de Sumershausen, les trophées du combat. « Je sais, lui dit Napoléon, qu'on ne peut être plus brave que vous. Je vous fais officier de la Légion d'honneur (10 octobre 1805). » Dès ce moment, la fortune militaire d'Exelmans fut décidée. Nous le voyons figurer successivement à Austerlitz, à Iéna, à Posen, comme colonel du 1er régiment de chasseurs à cheval, dont le commandement lui fut confié le 27 décembre 1805. La journée d'Eylau lui valut le titre de général de brigade (14 mai 1807). Envoyé en Espagne avec Murat, fait prisonnier par des guérillas espagnoles et livré aux Anglais, il demeura en Angleterre jusqu'en 1811. Murat régnait alors à Naples. Exelmans y courut et reçut le titre de grand écuyer; mais, soit qu'il ne voulût point perdre sa qualité de Français, soit que le service du roi de Naples ne lui parût pas offrir d'assez grandes perspectives, il revint en France et obtint, le 24 décembre 1811, le grade de major général des chasseurs à cheval de la garde impériale. Dans la campagne de Russie il gagna celui de major général des grenadiers de la même garde (9 juillet 1812), puis celui de général de division (8 septembre même année). Nous le trouvons en 1813 grand officier de la Légion d'honneur et commandant en Saxe et en Silésie une des divisions de cavalerie du deuxième corps, aux ordres de Sébastiani. Il succéda à ce général dans le commandement général du deuxième corps durant la campagne de France, où il montra à Craone, à Fère-Champenoise, à Plancy, à Méry, à Arcis-sur-Aube, une attitude vraiment digne de l'histoire. Le premier gouvernement des Bourbons accueillit ses services et le nomma chevalier de Saint-Louis; mais des papiers saisis chez un agent anglais le brouillèrent bientôt avec la nouvelle dynastie. On l'accusa d'être en correspondance avec Murat, de provoquer le retour de Napoléon. Exelmans déploya une rare fermeté dans la poursuite dont il fut alors l'objet. Son énergie devant le conseil de guerre de Lille amena un acquittement. Ses ennemis rapportent qu'à l'issue de cette affaire il alla se jeter aux pieds de Louis XVIII. Rien ne prouve cette démarche. Bien au contraire, à peine Napoléon était-il de retour de l'île d'Elbe que le général Exelmans se déclara pour lui. L'Empereur lui confia le commandement du deuxième corps de l'armée du Nord, corps composé des divisions Chastel, Strolz, Piré, Dorsenn, Walin et Teste. Malheureusement ce corps, mis aux ordres de Grouchy, n'eut pas à donner à Waterloo. Presque tous les historiens s'accordent à dire que ce ne fut pas la faute d'Exelmans, et qu'il ne cessa de supplier Grouchy de marcher au canon, malgré les instructions reçues. Après Waterloo, Exelmans ne perd pas courage et ramène sous Paris et en assez bon ordre la plupart de ses soldats. Là il eut l'honneur de porter les derniers coups aux ennemis de la France en marchant inopinément contre les Prussiens cantonnés à Versailles et en détruisant deux régiments de hussards de Brandebourg. Après cette affaire, dont l'un des héros fut le colonel de Briqueville, Exelmans fut au retour des Bourbons porté sur la liste des proscrits qui parut en 1816. La révolution de juillet 1830 lui rendit ses titres. Il figura comme pair de France au procès que subit Carrel. Ce publiciste ayant accusé la Chambre d'avoir commis un assassinat juridique en condamnant le maréchal Ney, Exelmans s'associa à cette énergique protestation et acquit par là une grande popularité dans l'opposition. Le reste de sa vie politique n'offre rien de remarquable à signaler. Il fut, après la révolution de 1848, l'un des premiers à se rallier au nom de Bonaparte. Le président de la République le choisit en conséquence pour grand chancelier de la Légion d'honneur le 15 août 1849; il le nomma ensuite maréchal de France le 10 mars 1851. Le nouveau maréchal se rallia naturellement au gouvernement de décembre. Il en reçut le titre de sénateur. Mais il ne survécut guère au triomphe de l'opinion napoléonienne : le 21 juillet 1852, comme il allait en compagnie de son fils, Maurice Exelmans, capitaine de frégate, rendre visite à la princesse Mathilde, au pavillon de Breteuil, près de Saint-Cloud, une voiture publique passant rapidement effraya son cheval, qui se cabra. Le vieux maréchal, renversé violemment, eut la tête fracassée contre le trottoir de la route et expira entre les bras de son fils après une courte agonie. Il était âgé de soixante-seize ans.

Aujourd'hui, 2 novembre 1852, l'émir Abd-el-Kader a été reçu à l'hôtel des Invalides.

On lui avait fait connaître à l'avance que le maréchal prince Jérôme avait une grande ressemblance avec son frère Napoléon. Il a à plusieurs reprises témoigné le bonheur qu'il avait éprouvé en voyant un portrait vivant de l'homme dont le nom remplit le monde.

Abd-el-Kader était accompagné à l'Hôtel du jeune Sidi-Allah, qui entend et parle français, de Karra-Mohammed et de M. Boissonnet, chef d'escadron d'artillerie.

Arrivé près du tombeau de Napoléon, l'émir parut profondément ému. Avant de quitter ce lieu sacré il se prosterna sur le marbre et fit ses prières. Sans doute qu'en adressant à Dieu ses devoirs religieux il n'aura pas oublié le généreux bienfaiteur qui lui a rendu la liberté.

Il n'est pas de marques de sympathie qui n'aient été données par les invalides à cet illustre personnage, que beaucoup d'entre eux avaient combattu. On sait respecter en France un ennemi vaincu.

Proclamation de l'Empire.

Ce matin (2 décembre 1852), à six heures, la batterie de l'hôtel des Invalides, commandée par le colonel d'artillerie Gérard, a annoncé à la capitale, par une salve de cent un coups de canon, la solennité de la journée.

Au premier coup, tous les canonniers de la vieille comme de la jeune armée ont salué l'Empire et le nouvel Empereur avec un enthousiasme que l'on essayerait en vain de décrire, et d'autant plus grand qu'à pareil jour et à quarante-sept années de distance un grand nombre d'entre eux, chefs et soldats, s'étaient trouvés sur le mémorable champ de bataille d'Austerlitz.

Cette heureuse nouvelle répandit dans l'Hôtel une joie ineffable; et comment en eût-il été autrement? Le nouvel Empereur n'avait-il pas déjà, comme président de la République, donné des preuves de sa sollicitude pour les débris de nos armées, en prescrivant des mesures propres à améliorer leur situation?

A partir de ce jour l'Hôtel reprit le titre d'Hôtel impérial des Invalides.

Par décret du 29 décembre, le général de division Arrighi de Casanova, duc de Padoue, est nommé gouverneur de l'Hôtel.

Ce même jour parut un autre décret impérial ainsi conçu :

« Considérant que la haute position reconnue par le décret du 18 de ce mois à notre oncle bien-aimé Jérôme Bonaparte ne peut plus se concilier avec les exigences d'un service qui entraîne responsabilité et subordination ;

» Considérant, d'un autre côté, que les cendres de l'empereur Napoléon ont été confiées à la garde de son frère, qui ne peut abdiquer ces pieuses fonctions ;

» Avons décrété ce qui suit :

» Notre oncle bien-aimé Jérôme-Napoléon-Bonaparte est nommé gouverneur honoraire de l'hôtel impérial des Invalides. »

Tout en comprenant l'esprit de ce décret, les invalides ne furent pas moins sensibles à la perte du prince Jérôme, car ils n'avaient jamais été gouvernés d'une façon plus paternelle. Aussi surent-ils gré à l'Empereur de le leur conserver comme gouverneur honoraire.

Ont été envoyés aujourd'hui, 30 décembre 1852, par ordre du ministre de la guerre, cinq drapeaux pris au siége de Lagouat (Algérie). Ils ont été escortés par un escadron de lanciers et quatre compagnies d'élite du 43e régiment de ligne, tambours et musique en tête, de l'hôtel du ministre aux Invalides et de la grande grille à la cour d'honneur, par cinquante-cinq militaires invalides légionnaires.

Là, les troupes ont formé un carré; un ban a été ouvert; les soldats ont présenté les armes, et M. Vaubert de Genlis, chef d'escadron d'état-major et officier d'ordonnance du maréchal ministre de la guerre, en remettant les drapeaux au général Sauboul, S. A. I. le prince maréchal gouverneur étant empêché pour cause de maladie, s'est exprimé en ces termes :

« Mon général,

» Le maréchal ministre de la guerre nous charge d'avoir l'honneur de déposer entre vos mains les glorieux drapeaux qui viennent d'être conquis à Lagouat. »

Le général a répondu :

« S. A. I. le prince gouverneur ne pouvant, à son grand regret, recevoir lui-même ces nouveaux trophées dus à la valeur de nos soldats, permettez-moi, messieurs, d'être l'interprète des militaires invalides sous ses ordres.

» Ils sont fiers d'être les gardiens de ces drapeaux qui vont prendre place à côté de ceux conquis à toutes les époques de nos fastes glorieux; ils remplaceront dignement ceux qu'un accident nous a ravis le 12 août. Merci de ce dépôt sacré au nom du prince gouverneur et des trois mille mutilés dont cet Hôtel est le glorieux asile. »

Le 25 mars 1853 vit arriver à la grande grille de l'Hôtel les restes mortels du général de division Arrighi de Casanova, duc de Padoue, sénateur, grand-croix des ordres de la Légion d'honneur et de la Réunion, chevalier de l'ordre du Mérite militaire de Bavière. Là se trouvait pour les recevoir l'état-major de l'Hôtel.

Le char funèbre, escorté par un détachement d'invalides et précédé de MM. Ernest Henry, Arrighi de la Sanona, marquis de Padoue, conseiller d'État, fils du défunt; M. Thayer, son gendre; M. le comte Anatole de Montesquiou; comte Henry de Montesquiou, Amédée Thayer, sénateur; Joseph Maltédo, receveur des finances; le baron Joseph Mariani, chef d'escadron d'état-major; Biadelli, officier d'infanterie; Napoléon, Levie, Ramolino, Joseph Paoli, ancien magistrat; Tibéri, chef du cabinet de M. le directeur général des postes; Foūrnier, secrétaire particulier de M. le duc de Padoue; ainsi que de plusieurs dames parentes du défunt; s'est dirigé vers l'église, où l'attendait M. le curé de l'Hôtel à la tête de son clergé.

M. l'abbé Lettetaud, deuxième vicaire de Saint-

Eustache, qui avait fait la levée du corps et qui l'accompagnait, a, dans quelques paroles chaleureuses adressées à M. le curé, rappelé les vertus guerrières et les vertus chrétiennes du défunt.

M. le curé a répondu :

« Monsieur l'abbé,

» Il y a peu de jours qu'à la porte de cette église, en recevant pour gouverneur M. Jean-Thomas Arrighi de Casanova, duc de Padoue, nous nous félicitions de vivre sous le gouvernement, sous la protection d'un général aussi distingué par ses hauts faits d'armes que par la loyauté de son caractère et les qualités de son cœur généreux.

» Aujourd'hui nous pleurons avec l'armée, avec sa noble famille, l'illustre guerrier qui se distingua d'une manière remarquable à Jaffa, à Saint-Jean d'Acre, à Marengo, à Friedland, à Essling, à Wagram, à Leipzig et à la Fère-Champenoise ; nous le pleurons et nous prions celui qui se plaît à récompenser les courageux défenseurs de la patrie de lui décerner la couronne de l'immortalité. M. le duc de Padoue a vécu en héros, et il est mort en chrétien. *Requiescat in pace.* »

Ensuite et avec les prières d'usage, le corps a été porté dans l'église et placé dans une chapelle ardente magnifiquement décorée et illuminée.

Après les prières dites par le clergé, les assistants ont répandu de l'eau bénite sur le cercueil et se sont retirés. Le corps a été confié à la garde de quatre militaires invalides se relevant tour à tour.

Le lendemain 26, à onze heures et demie, le prince Jérôme Napoléon, gouverneur honoraire des Invalides, et le prince Napoléon, son fils, ayant voulu par leur auguste présence rendre un hommage éclatant à l'illustration du défunt, se sont rendus dans le chœur où des places leur avaient été réservées. Derrière eux se sont placés MM. de Goyon, de Montebello, de Lourmel, aides de camp de S. M. l'Empereur, délégués par lui pour assister à cette cérémonie.

Dès onze heures du matin une double haie de militaires invalides avait été formée depuis la porte de l'église jusqu'à la grande grille.

Des invalides armés de lances ornées de flammes tricolores formaient une autre haie des deux côtés de la nef; ils étaient commandés par un adjudant major. Autour du catafalque se tenaient des sous-officiers de l'armée, décorés de la Légion d'honneur.

La porte principale de la cour d'honneur, le portail de l'église et la nef principale étaient recouverts de magnifiques tentures noires; à celles de la nef étaient appendus des écussons sur lesquels on lisait les noms des principales batailles dans lesquelles s'est distingué le duc de Padoue.

Salahié, Saint-Jean d'Acre, Marengo, Wertingen, Ulm, Austerlitz, Friedland, Essling, Wagram, Dennewitz, Leipzig, la Fère-Champenoise, Paris. Ces inscriptions rappelaient, avec la gloire de l'Empereur, celle du général qui l'avait accompagné partout et pris part à tous ses triomphes.

Le deuil était conduit par le marquis de Padoue, conseiller d'État; Édouard Thayer, directeur général des postes, et Mariani, chef d'escadron d'état-major.

Les coins du poêle étaient tenus par le maréchal Magnan, commandant en chef l'armée de Paris; d'Ornano, général de division, grand chancelier de la Légion d'honneur; d'Hautpoul, général de division, grand référendaire du Sénat; le marquis de Lawœstine, commandant en chef les gardes nationales de la Seine.

A des places réservées étaient MM. Abbatucci, ministre de la justice; Th. Ducos, ministre de la marine; Fortoul, ministre de l'instruction publique.

Une foule de généraux, de sénateurs, d'officiers et de fonctionnaires de tous rangs et de tous grades se pressaient autour du catafalque et témoignaient par leur empressement de l'estime et de l'admiration qu'ils avaient pour l'illustre mort.

Aussitôt après l'arrivée de LL. AA. II. le prince gouverneur honoraire et le prince son fils, le clergé de l'Hôtel a commencé une messe basse pendant laquelle des chants et des symphonies funèbres n'ont cessé de se faire entendre. Après l'absoute, Leurs Altesses Impériales ont donné l'eau bénite et se sont retirées suivies des officiers de leur maison et de leurs aides de camp.

Les divers personnages qui remplissaient l'église ont ensuite à leur tour donné l'eau bénite, après quoi le cercueil a été mis sur un magnifique char funèbre attelé de six chevaux caparaçonnés de noir et dirigé vers la grille pour le défilé des troupes, étant escorté par un détachement de cent invalides décorés, et accompagné des personnes ci-dessus dénommées et du clergé de l'Hôtel.

Après le défilé des troupes, le char funèbre a été ramené dans la cour d'honneur et le cercueil transporté et scellé dans le caveau préparé pour le recevoir, et ce, en présence du maréchal Magnan, des généraux d'Ornano, d'Hautpoul, de Lawœstine, du général commandant l'Hôtel et des membres de la famille désignés ci-dessus.

Arrighi, duc de Padoue, est né à Corte (Corse), en 1770. Sa famille, alliée à celle des Bonaparte, était une des plus anciennes de Corte. Lors de l'expédition d'Égypte, le jeune Arrighi suivit la destinée de son parent le général en chef. La valeur qu'il déploya au combat de Salahié, à l'assaut de Jaffa, où il fut laissé pour mort, et à Saint-Jean d'Acre, le plaça bientôt au rang des officiers les plus intrépides de l'armée. De retour en Europe, il fut fait chef d'escadron à Marengo, et quelque temps après colonel de dragons. Après la bataille de Friedland l'Empereur le nomma général, puis duc de Padoue. A Wagram il se distingua à la tête des cuirassiers qu'il commandait. Lors de l'expédition de Russie, l'Empereur le chargea du commandement en chef de toutes les cohortes qu'on avait organisées; ce fut en cette qualité qu'il repoussa les attaques des Anglais contre la Hollande et l'île de Walcheren. Après les batailles de Lutzen et de Bautzen, il se trouvait à Leipzig lorsque les généraux Voronzov et Czernichef, malgré la suspension d'armes, vinrent l'y attaquer à la tête d'un corps d'élite. En cette circonstance, le duc de Padoue fit une si belle contenance avec le peu de monde qu'il avait que les ennemis crurent à propos de se retirer. A la bataille de Leipzig, il commandait le troisième corps de cavalerie et défendit avec beaucoup de valeur le faubourg de cette ville. Lorsque les ennemis eurent envahi la France, il sauva en Champagne les corps d'armées des maréchaux Mortier et Marmont, et soutint avec succès les attaques du grand-duc Constantin, qui commandait en personne la cavalerie. Il fit partie de la Chambre des pairs pendant les Cent-Jours et alla au commencement de mai 1815 en Corse, pour mettre cette île à l'abri d'une invasion; la bataille de Waterloo l'obligea à se retirer. Frappé par l'ordonnance royale du

7 janvier 1816, le duc de Padoue alla vivre à Trieste, où il obtint son rappel à la fin de 1820. Depuis l'Empire, le duc de Padoue n'a pris aucune part aux événements politiques. Il avait épousé en 1812 la fille du comte de Montesquiou, chambellan de l'Empereur, dont il a eu une fille, aujourd'hui madame Thayer, et un fils, le marquis de Padoue, qui a épousé mademoiselle Honorez.

Le 18 décembre 1852 il succéda à S. A. I. le prince Jérôme au gouvernement de l'hôtel des Invalides; il mourut le 22 mars 1853.

Par décret du 25 mars 1853, M. le général de division comte d'Ornano est appelé de la grande chancellerie de la Légion d'honneur au gouvernement de l'hôtel impérial des Invalides.

La nomination de ce nouveau gouverneur, qui a assisté à toutes nos grandes luttes, a été accueillie avec allégresse par les vieux soldats dont beaucoup l'avaient vu déployer un brillant courage sur les champs de bataille.

Le jour de son installation il rendit l'ordre du jour suivant :

« Militaires invalides,

» Nommé par la confiance de l'Empereur au gouvernement des Invalides, j'apprécie hautement tout ce qu'il y a d'honorable pour moi à me trouver au milieu des nobles vétérans de nos armées dont j'ai partagé les efforts sur tant de champs de bataille, et à veiller aussi sur leurs plus jeunes frères d'armes qui ont arrosé de leur sang la guerre d'Afrique.

» Cet honneur, dont mon digne et regrettable prédécesseur n'a joui que trop peu de temps, est encore augmenté par le nom de S. A. I. le prince Jérôme, qui, après vous avoir commandés lui-même, a voulu continuer de veiller sur vous et de partager la garde du tombeau du héros dont les cendres couronnent nos glorieux trophées.

» Ma sollicitude s'étendra constamment sur vous pour vous procurer tout le bien-être que réclament votre âge et vos blessures. Je compte pour me seconder dans mes efforts sur le concours de tous et sur le bon esprit qui vous anime.

» Appliquez-vous à donner l'exemple de la discipline et du bon ordre, et n'oubliez jamais que par vos vertus militaires vous devez servir de modèle à la jeune armée. »

Philippe-Antoine d'Ornano est né à Ajaccio, le 17 janvier 1784, d'une branche de cette illustre maison qui avait déjà produit deux maréchaux de France et tant de guerriers renommés en Corse et en Italie. Il est le troisième fils de Louis d'Ornano et d'Isabelle Bonaparte, cousine germaine de Charles Bonaparte, père de l'empereur Napoléon Ier.

Le comte Philippe d'Ornano, qui devait devenir un jour le troisième maréchal de son nom, entra au service à l'âge de seize ans, comme sous-lieutenant au 9ᵉ régiment de dragons. Il fit la campagne de Marengo dans la division Desaix et prit part à l'expédition de Saint-Domingue en qualité d'aide de camp du général Leclerc. Il eut la douleur de rapporter en France le corps de ce brave général.

Le Premier Consul le plaça alors à l'état-major de Berthier, bientôt après promu maréchal d'Empire.

Il ne quitta ce chef expérimenté que pour recevoir le commandement du bataillon des chasseurs corses, à la tête duquel il s'empara à Austerlitz de plusieurs pièces de canon. Il reçut pour ce fait d'armes la croix d'officier de la Légion d'honneur sur le champ de bataille. Dans les campagnes suivantes, il ne se distingua pas moins par sa bravoure et fut nommé colonel du 25ᵉ régiment de dragons après la bataille d'Iéna. Il guida ce beau régiment en Prusse, en Pologne, en Espagne, en Portugal, et fut cité avec honneur dans les rapports du maréchal Ney et des autres généraux en chef.

Le 26 juin 1809 il força le passage de la Navia, défendu avec vigueur par une partie de l'armée anglo-espagnole. Au combat d'Alba de Tormès, il enleva quatre pièces d'artillerie. Il se distingua particulièrement à la bataille de Fuentes de Oñoro, où il fut nommé général de brigade. Il quitta ensuite l'Espagne et se rendit auprès de l'Empereur, au moment où le grand capitaine allait entreprendre la guerre de Russie. Dès le début de cette guerre, le comte d'Ornano, chargé du commandement d'une brigade d'avant-garde, fut cité avec les plus grands éloges dans le bulletin du combat d'Ostrowno. Il passa le Niémen, se trouva à Mohilow et fut nommé général de division cinq jours avant la bataille de la Moskowa, où il commandait toute la cavalerie du 4° corps, forte de sept régiments. Dans cette journée il fit preuve d'autant d'intrépidité que de présence d'esprit. Au moment où la cavalerie de la garde italienne se disposait à charger, un corps très-nombreux de cavalerie russe, débouchant par Lacharisi et Narvaé-Silo, tourna le bois où s'appuyait le corps de cavalerie du comte d'Ornano, l'attaqua et le força à se replier en bon ordre derrière le ruisseau de Borodino. Le prince vice-roi, placé au milieu du 84° régiment de ligne, se disposait à le faire mouvoir, lorsque sa garde formée en carré arriva devant la cavalerie ennemie et l'arrêta court. Alors, celle du comte d'Ornano, profitant du moment, chargea vigoureusement les Russes à son tour, les renversa et força toute la cavalerie de l'hetman Platow, forte de dix mille chevaux, à repasser la Kologha. Ce brillant fait d'armes dégagea l'aile gauche de l'armée française et eut les plus heureux résultats.

Plus tard, pendant la retraite, le général d'Ornano reprit un convoi important qui était tombé entre les mains de l'ennemi.

Le maréchal Ney en rendit compte à l'Empereur et dit dans son rapport que la cavalerie du comte d'Ornano lui avait rendu de grands services.

Le général d'Ornano se signala à la bataille de Malojaroslawitz en soutenant avec fermeté le choc de l'ennemi. Cette bataille peut être considérée comme l'un des plus beaux épisodes de la campagne de 1812. Les troupes du 4ᵉ corps, qui donnèrent dans cette journée, formaient à peine dix-sept mille hommes. L'armée russe en avait plus de quatre-vingt mille engagés; elle eut huit à dix mille hommes hors de combat. Les Français en comptèrent quatre mille.

L'Empereur, parcourant le lendemain le champ de bataille, marqua quelque étonnement de l'acharnement avec lequel on avait combattu, et dit au vice-roi et au comte d'Ornano « que l'honneur de la journée leur appartenait tout entier ».

Le général d'Ornano fut blessé à la bataille de Krasnoë par un boulet qui le renversa de cheval, et fut laissé pour mort sur le champ de bataille.

Le vice-roi ordonna à son aide de camp, M. de Tascher de la Pagerie (mort récemment grand maître de la maison de l'Impératrice), de faire enterrer son corps sous la neige. Le général était déjà à moitié déshabillé, lorsque M. Delaberge, son aide de camp, déclara qu'il ne voulait pas laisser en Russie le corps de son général et le mit en travers sur son propre cheval. Un boulet, au même instant, tua le cheval sans toucher ni le général ni l'aide de camp. Plusieurs soldats prirent le corps du général et le placèrent sur une charrette de cantinière. Il arriva ainsi au quartier général de l'Empereur au moment de son départ. Le vice-roi lui avait déjà annoncé la mort du comte d'Ornano, et, lorsqu'on apporta la nouvelle que le général respirait encore, le prince Eugène ne voulut pas le croire, disant qu'il l'avait lui-même vu enterrer.

La satisfaction de l'Empereur fut grande, et il donna ordre aussitôt de placer le blessé dans la dernière voiture qui lui restait. Ce fut ainsi à la généreuse sollicitude de Napoléon et à l'attachement de son aide de camp que le général dut l'existence.

A sa rentrée en France, le comte d'Ornano fut nommé colonel des dragons de la garde impériale, commandement qui ne se donnait alors qu'à un général de division. Il reçut également à cette époque le grand cordon de l'ordre impérial de la Réunion.

Le général d'Ornano fit la campagne de 1813 à la tête de la première division de cavalerie de la garde. Il se signala à la bataille de Dresde, et son commandement fut augmenté à Bautzen de la division de cavalerie du général Walther, également de la garde. Il y combattit vaillamment avec ces deux belles divisions d'élite, participa honorablement à la bataille de Leipzig, arriva avec sa cavalerie à Hanau, dont les Bavarois avaient pris possession avant nous, et contribua au succès de cette journée.

Le 24 janvier 1814 le comte d'Ornano fut chargé du commandement en chef de toutes les troupes de la garde impériale concentrées à Paris (infanterie, cavalerie et artillerie), avec lesquelles il prit une part active à la défense de la capitale. Il avait, par les ordres de l'Empereur, organisé une véritable armée de réserve qui devait s'élever au chiffre de quarante mille hommes.

Il rejoignit l'Empereur à Fontainebleau au moment où il réorganisait l'armée.

Désigné pour commander trois divisions de la cavalerie de la garde, le comte d'Ornano fut du petit nombre des fidèles qui reçurent les derniers adieux de Napoléon; aussi figure-t-il dans le tableau devenu populaire, d'Horace Vernet, qui retrace cette pénible séparation.

Pendant les Cent-Jours, une douloureuse blessure l'empêcha d'assister à la bataille de Waterloo.

Le général d'Ornano fut arrêté le 20 novembre 1815 et conduit à l'Abbaye lors du procès du maréchal Ney; mais il fut mis en liberté peu de temps après et se retira en Belgique. Il ne rentra en France qu'à la fin de 1817.

Nommé en 1828 inspecteur général de cavalerie, et en 1829 président du jury d'admission pour l'école de Saint-Cyr, le général d'Ornano reçut à cette époque le cordon rouge de l'ordre royal et militaire de Saint-Louis.

Commandant la 4ᵉ division militaire en 1830, il devint pair de France le 11 octobre 1832.

Nommé après la révolution de 1848 commandant de la 14ᵉ division militaire, dont le chef-lieu était Nantes, il n'accepta pas ce poste et rentra volontairement dans la vie privée.

Les électeurs du département d'Indre-et-Loire, ses compatriotes d'adoption, s'empressèrent de l'élire leur représentant aux Assemblées constituante et législative.

Le général d'Ornano fut élevé à la dignité de sénateur le 26 janvier 1852 et, bientôt après, grand chancelier de la Légion d'honneur.

Il quitta les hautes fonctions de grand chancelier pour remplir le poste éminent de gouverneur de l'hôtel impérial des Invalides, auquel l'Empereur l'appela en mars 1853.

Il fut rétabli à la même époque sur le cadre d'activité de l'armée, pour y être maintenu définitivement comme ayant commandé en chef : il y prit le numéro un.

Le comte d'Ornano fut aussi choisi par Napoléon III pour présider la commission chargée de mettre à exécution le testament de l'empereur Napoléon Ier.

Il a l'honneur de faire partie du conseil de la famille impériale.

Le comte d'Ornano, grand-croix de la Légion d'honneur, décoré des médailles militaire et de Sainte-Hélène, chevalier de la couronne de fer d'Italie et du Mérite militaire de Bavière, était le plus ancien général de division de l'armée française, puisqu'il comptait près d'un demi-siècle de grade.

L'empereur Napoléon III l'a élevé à la dignité de maréchal de France le 2 avril 1861, jour solennel où Sa Majesté vint aux Invalides pour confier irrévocablement à la garde des vétérans de nos armées la dépouille mortelle du glorieux fondateur de la dynastie impériale.

Le nom du maréchal d'Ornano figure sur l'arc de triomphe de l'Étoile, parmi ceux de ses compagnons de gloire.

Son Excellence le maréchal comte d'Ornano n'a eu, de son mariage avec la veuve du comte Colonna Walewski, qu'un seul fils, le comte Adolphe d'Ornano, ancien préfet, actuellement premier maître des cérémonies de l'Empereur et député au Corps législatif, lequel a épousé la fille du marquis de Voyer d'Argenson.

Par décret du 17 mai 1853, le ministre des finances est autorisé à céder gratuitement et au nom de l'État, à la ville de Paris, l'esplanade des Invalides, la place Vauban, les avenues de Villars et de Ségur, et la partie de l'avenue de Breteuil comprise entre la place Vauban et la place de Breteuil. (Loi du 17 mai 1853.)

Par décret du 21 mai 1853, M. le comte d'Ornano, gouverneur de l'Hôtel, est rétabli dans la première section du cadre de l'état-major de l'armée pour y être maintenu indéfiniment.

Avant de quitter l'Hôtel pour habiter le Palais-Royal, S. A. I. le prince Jérôme fit transporter dans la chapelle située derrière le tombeau de Napoléon ces précieuses reliques : l'épée d'Austerlitz, le chapeau, le grand cordon et la plaque que l'Empereur portait à Eylau ; les trois clefs du cercueil de Sainte-Hélène ; les drapeaux et les étendards pris dans la campagne d'Austerlitz. Accompagné du général d'Ornano, le frère de l'Empereur assista à cette pieuse cérémonie, qui produisit une vive impression sur les personnes présentes.

Procès-verbal de cette remise fut établi par l'intendant militaire de l'Hôtel et déposé aux archives de l'établissement.

Peu de temps après, le duc de Gênes, père du roi de Sardaigne, vint visiter le tombeau de Napoléon. Il y fut reçu par le prince Napoléon et par le gouverneur, qui lui firent remarquer dans tous leurs détails les beautés de ce monument.

« L'an mil huit cent cinquante-trois, le vingt et un mai, à dix heures du matin, suivant l'ordre qui nous en avait été donné, nous, Cristiani de Ravaran, sous-intendant militaire de première classe, employé aux Invalides, nous sommes rendu dans les appartements de M. le gouverneur de l'Hôtel, où nous avons trouvé réunis : S. A. I. le prince Jérôme Napoléon, gouverneur honoraire; MM. le général de division comte d'Ornano, gouverneur; le général Sauboul, commandant; le lieutenant-colonel Simon, major; le colonel Gérard, secrétaire général archiviste, conservateur et garde des trophées de l'hôtel impérial des Invalides. Là se trouvait également M. Visconti, architecte du tombeau de l'Empereur.

» Et en notre présence les objets précieux ci-dessous énumérés ont été retirés du lieu où ils étaient déposés pour être transportés dans la crypte du tombeau de l'Empereur.

» Ces objets se composaient :

» 1° De l'épée que l'Empereur portait à la bataille d'Austerlitz, telle qu'elle est décrite au procès-verbal en date du 15 décembre 1840, constatant le dépôt de cette épée aux Invalides;

» 2° Du chapeau que Napoléon portait à la bataille d'Eylau et dont le dépôt a fait l'objet d'un procès-verbal en date du 12 décembre 1840;

» 3° Du grand collier, du grand cordon et de la plaque de la Légion d'honneur qui ont été portés par l'Empereur, grand maître de l'ordre, et dont le dépôt à l'Hôtel a été constaté par un procès-verbal du 14 juillet 1843;

» 4° Des cinquante-deux drapeaux et étendards conquis dans la campagne d'Austerlitz et destinés à orner le tombeau de l'Empereur;

» 5° Des trois clefs du cercueil amené de l'île Sainte-Hélène et dont la remise à l'Hôtel a été constatée par procès-verbal du 7 janvier 1841. Ces clefs restent entre les mains de S. A. I. le prince Jérôme.

» Les précieux objets qui viennent d'être indiqués étaient portés : l'épée, le chapeau, le grand collier, le grand cordon et la plaque de la Légion d'honneur par le général de Ricard et le colonel Renault, aides de camp de S. A. I. le prince Jérôme; les drapeaux, par des militaires invalides entourés des personnages ci-dessus dénommés qui se sont rendus avec eux au tombeau de l'Empereur, où étant et en notre présence, et sous les yeux de l'illustre assistance dont il vient d'être parlé, les drapeaux ont été déposés en trophées sur les deux porte-drapeaux en bronze doré où sont inscrits les noms des principales batailles de l'Empire et qui sont placés à droite et à gauche de l'autel élevé au centre de la chapelle.

» Le chapeau, le grand collier, le grand cordon et la plaque de la Légion d'honneur ont été renfermés. »

Informé par le ministre de la guerre que la reine douairière d'Espagne, les princesses ses filles et le duc de Rianzarès devaient visiter le tombeau de l'Empereur, le gouverneur comte d'Ornano, assisté des généraux Sauboul et Ricard, aides de camp de S. A. I. le prince Jérôme, fut à leur rencontre à leur descente de voiture dans la cour d'honneur.

A l'entrée de l'église, Sa Majesté fut reçue par le clergé de l'Hôtel, qui l'accompagna jusqu'au chœur; et après un pieux recueillement elle fut conduite au dôme.

La reine, sa famille et les visiteurs de distinction, parmi lesquels on remarquait S. Exc. le maréchal Magnan, madame la maréchale Magnan, l'ambassadeur de Naples, etc., furent introduits dans la chapelle Saint-Jérôme. Cette chapelle renferme le cercueil de l'Empereur et ses précieuses reliques, telles que le chapeau qu'il portait à Eylau, son épée et le grand collier de la Légion d'honneur.

La reine voulut visiter l'infirmerie, où elle donna des éloges aux soins permanents et assidus dont sont entourés les malades.

De là la reine fut au réfectoire des officiers, dont le dîner était servi dans la vaisselle plate, *gracieux présent de l'impératrice Marie-Louise.* Dans cette salle se trouvait la veuve Brulon, vêtue de l'habit d'officier invalide. Le gouverneur la présenta à la reine, qui daigna l'entretenir pendant quelques instants, et ce ne fut pas sans surprise qu'elle entendit le bizarre épisode de la vie militaire de cette femme, qui, après avoir perdu son mari sur le champ de bataille, en 1791, déguisa son sexe et s'engagea dans le 42ᵉ régiment devenu 83ᵉ de ligne. Pendant sept ans elle servit dans ce régiment, qu'elle quitta par suite d'un éclat d'obus qui lui causa une grave blessure. En l'an VII elle fut admise aux Invalides, où elle demeurait depuis cinquante-quatre ans, portant gaiement l'uniforme de sous-lieutenant sur lequel l'Empereur Napoléon III, dans une visite à l'Hôtel, attacha la croix de la Légion d'honneur qu'elle avait gagnée sur le champ de bataille.

Sa Majesté se rendit ensuite à la salle du conseil, où elle vit la série des portraits des gouverneurs qui se sont succédé depuis la création de l'Hôtel.

Elle termina sa visite par la bibliothèque, où elle admira un magnifique missel in-folio, orné de peintures très-remarquables, que l'on conserve avec un soin religieux. Cet ouvrage date de 1696; il est dû au talent de deux invalides qui ont fait à l'Hôtel ce don précieux.

En laissant le gouverneur, la reine l'a complimenté sur l'ordre et la tenue de l'établissement et lui a exprimé la satisfaction que cette visite lui avait causée.

Encore une de nos grandes célébrités africaines qui vient de perdre la vie!

Le cercueil du maréchal de Saint-Arnaud, parti de Lyon le 16 octobre à quatre heures du soir, après avoir reçu de la garnison et de la population de cette grande cité tous les honneurs dus au rang et aux éclatants services de l'illustre maréchal, est arrivé à la gare du chemin de fer, où il devait rester jusqu'à sa translation à l'hôtel des Invalides.

Dès sept heures du matin, le clergé des deux paroisses les plus rapprochées de cette gare s'était rendu dans la chapelle pour y recevoir le corps et prier jusqu'au moment où il devait être transporté à l'Hôtel.

A neuf heures, les troupes destinées à former le cortége étaient massées des deux côtés de la gare. Après leur défilé devant le cercueil placé sur le char funèbre, le cortége s'est mis en marche au bruit d'une salve de treize coups de canon tirés de la place de la Bastille et s'est dirigé, conformément au programme arrêté par le ministre, vers l'hôtel des Invalides par la rue de Lyon, les boulevards, la rue Royale, la place de la Concorde, le quai d'Orsay et l'esplanade.

Venaient d'abord l'état-major du ministère de la

guerre; S. Exc. le maréchal Magnan, commandant en chef l'armée de Paris et son état-major ; un grand nombre d'officiers généraux et supérieurs sans troupes.

Le char funèbre, entouré des généraux de Bourgou, Regnault de Saint-Jean d'Angely, Levasseur et de la Rue, à cheval, et tenant les coins du poêle; les aides de camp et les officiers d'ordonnance du maréchal; Deplace, chef d'escadron d'état-major; Boyer, capitaine; Henry, chef d'escadron d'état-major; de Grammont, duc de Lesparre, chef d'escadron, et de Caynac, capitaine d'artillerie.

La vue de ces officiers qui ramenaient de si loin les restes de leur illustre chef, la grave tristesse de leur maintien, leur visage bronzé par le soleil d'Orient, leurs uniformes couverts encore de la poussière glorieuse du champ de bataille de l'Alma, produisaient dans la foule une touchante et profonde émotion.

Venaient ensuite le cheval de bataille du maréchal et sa voiture vide.

Une autre voiture conduisait M. l'abbé Gloriot, venu de Constantinople avec le corps du maréchal, et un vicaire général désigné par le ministre des cultes pour remplir les mêmes fonctions depuis Marseille.

Les voitures de famille renfermaient :

MM. de Saint-Arnaud, conseiller d'État, frère du maréchal, et ses deux fils ;

De Forcade de la Roquette, frère du maréchal ;

Le marquis de Trasignie, beau-père du maréchal ;

Octave de Trasignie, vicomte de Laferté, baron de la Ferté, comte de Revel, parents du maréchal.

Venait ensuite la voiture vide du grand écuyer de l'Empereur, attelée de six chevaux.

Dans une autre voiture étaient :

Le duc de Cambacérès, grand maître des cérémonies ; le général Rolin, adjudant général du palais ; le marquis de Toulongeon, officier d'ordonnance.

Dans la deuxième :

Le comte de Montebello et le colonel de Béville, aides de camp de l'Empereur ; le capitaine Merle, officier d'ordonnance ;

Puis la voiture du premier écuyer, renfermant :

Le colonel Fleury et le lieutenant-colonel de Valabrègue, écuyer commandant.

La population de Paris et de la banlieue semblait s'être portée tout entière sur le passage du cortége. La foule innombrable garnissait les places, les rues, les trottoirs des boulevards, les fenêtres et jusqu'aux toits des maisons, et se découvrait respectueusement devant le char funèbre.

À midi, une salve de treize coups de canon annonçait que le corps arrivait aux Invalides.

Alors le char s'est arrêté, et la partie du cortége placée à la suite a défilé devant.

Le corps du maréchal a été reçu à la grille de l'Hôtel par S. Exc. le général comte d'Ornano, gouverneur, à la tête de son état-major, puis porté à bras dans l'église par seize sous-officiers décorés.

Quelque temps avant, l'église et les tribunes s'étaient remplies des personnes invitées, des autorités et des corps qui devaient assister à la solennité religieuse.

Le corps diplomatique s'était rendu spontanément à la cérémonie des Invalides. On y remarquait :

LL. EExc. Mgr Sacconi, nonce du saint-siége; lord Cowley, ambassadeur d'Angleterre; Vély-Pacha, ambassadeur de Turquie; le lieutenant général comte de Lœwenhielm, ministre de Suède et de Norvége; le comte de Moltke, ministre de Danemark; Firmin Rogier, ministre de Belgique; le marquis d'Antonini, ministre des Deux-Siciles; le comte de Hatzfeldt, ministre de Prusse; le baron de Hübner, ministre d'Autriche; le baron de Wendland, ministre de Bavière; le baron de Seebach, ministre de Saxe; le marquis Tanay de Nerli, chargé d'affaires de Toscane; Roque, chargé d'affaires de Grèce, et le chargé d'affaires des villes libres et hanséatiques.

L'Angleterre avait voulu témoigner de la part toute spéciale qu'elle prenait à la perte que la France venait de faire. Une députation de généraux et d'officiers supérieurs anglais assistait à la cérémonie funèbre; cette députation se composait :

Du lieutenant général sir Harry-Smith et ses aides de camp;

Des colonels Taylor et Holditch;

Et de lord Arthur Hay, chargé de représenter le commandant général de l'armée britannique, lord Hardinge, dont il est aide de camp.

Le général sarde comte de la Marmora figurait dans l'enceinte occupée par le corps diplomatique.

S. Exc. Vély-Pacha, accompagné du personnel de son ambassade et de tous les officiers ottomans présents à Paris.

Tous les ministres, en grand costume, étaient présents, ainsi que les présidents et vice-présidents du Sénat, du Corps législatif et du conseil d'État, et des députations nombreuses de ces trois corps.

Les sénateurs :

Comte de Beaumont, Larabit, Dumas, comte d'Argout, comte Boulay (de la Meurthe), duc de Cambacérès, amiral Cécille, général de Lawœstine, marquis de la Rochejaquelein, général Piat, général de Bar, amiral Hugon, comte de Caumont-Laforce, duc de Bauffremont, général Schramm, amiral Casy.

Les députés :

Le général baron Vast-Vimeux, le comte de Barbantane, le comte de Partounaux, Lequien, Foucher, Lepelletier, le baron de Jouvenel, le général baron Petiet, Latour-Dumoulin, Nogent Saint-Laurens, de Beauverger, Doumet, Delamarre (Somme), le comte de Tromelin, Quesné, le comte de la Grange, le comte de Gouy d'Arsy, le comte de Champagny (Napoléon), le colonel Thiérion, et le commandant Clary, ancien officier d'ordonnance du maréchal.

S. Exc. le grand maître des cérémonies, l'adjudant général du palais, les aides de camp de l'Empereur et les officiers désignés par Sa Majesté occupaient la première place dans le chœur. Près d'eux étaient placés : le général de Ricard, premier aide de camp de S. A. I. le prince Jérôme, et le colonel Renault, l'un des aides de camp; S. Exc. le gouverneur et l'état-major des Invalides. En avant de la nef étaient LL. EExc. les ministres, les maréchaux et les présidents des grands corps de l'État.

D'un autre côté de la nef étaient placés : les députations du Sénat, du Corps législatif et du conseil d'État; les membres de la cour de cassation, de la cour des comptes, de la cour impériale, des tribunaux de première instance et de commerce; les préfets de la Seine et de police; les membres du conseil de préfecture et de la commission municipale, les membres de l'Institut, les inspecteurs généraux de l'instruction publique et plusieurs professeurs des diverses facultés.

L'autre côté était entièrement rempli par l'état-major et les employés supérieurs du ministère de la guerre et de la marine, l'état-major de la garde nationale, et par des officiers de toutes armes de la garde impériale et de l'armée de Paris.

Les tribunes étaient garnies de dames en grand deuil. L'une de ces tribunes avait été réservée à la famille du maréchal, une autre à lady Cowley, une troisième aux sœurs hospitalières de l'Hôtel.

La haie était formée d'un détachement d'invalides armés de lances.

L'église était tendue de noir jusqu'à la voûte. De distance en distance brillaient des écussons aux armes du maréchal, entremêlés d'inscriptions qui rappelaient les beaux faits d'armes auxquels il a pris part, ses conquêtes en Afrique et sa dernière victoire. On lisait d'un côté :

MÉDEAH — THAZA ET BOYAR — OUARENZÉRIS

de l'autre :

DJIDJELLI ET BOUGIE — TÉNIAH — TAYEDEMPT — GRANDE KABYLIE

et enfin ce nom désormais immortel :

ALMA

A chacun des piliers de l'église on voyait, réunis en faisceaux, les trois drapeaux de France, d'Angleterre et de Turquie ; comme ils étaient sur le champ de bataille autour du maréchal, comme l'étaient autour de son cercueil les représentants de ces trois vaillantes nations.

Un magnifique catafalque, étincelant de lumière et couronné d'un immense baldaquin, s'élevait en avant du chœur.

Le catafalque était entouré de S. Exc. l'ambassadeur d'Angleterre, de S. Exc. le maréchal Magnan, de S. Exc. l'amiral de Mackau et du général de Lawœstine, tenant les coins du poêle avec les quatre officiers généraux qui les tenaient pendant la translation.

S. G. l'archevêque de Paris était entouré de ses vicaires généraux, des membres du chapitre métropolitain, d'une députation du chapitre impérial de Saint-Denis, de plusieurs chapelains de l'Empereur et du clergé de l'Hôtel.

Après les prières d'usage, Mgr l'archevêque s'est rendu processionnellement à l'autel pour célébrer l'office divin.

La messe, commencée à une heure, était terminée à deux. La musique des guides s'est fait entendre alternativement avec les chants de la maîtrise de l'église placée dans une tribune opposée.

Au moment de l'absoute, une nouvelle salve d'artillerie a été tirée, puis les restes mortels du vainqueur de l'Alma ont été descendus, au bruit d'une dernière salve d'artillerie, dans le caveau qui leur était destiné. Alors les troupes ont présenté les armes et les drapeaux se sont inclinés.

Service funèbre de l'amiral de Mackau.

Aujourd'hui 25 mai 1855, le service funèbre de l'amiral de Mackau a eu lieu conformément à la décision ministérielle ci-après :

« Monsieur le gouverneur,

» L'Empereur a décidé, par décret du 19 de ce mois, qu'une cérémonie funèbre aurait lieu dans l'église des Invalides en l'honneur de l'amiral de Mackau, décédé le 13 de ce mois.

» Cette cérémonie sera célébrée vendredi 25, à midi : les corps constitués y assisteront.

» Bien que la dépouille mortelle de l'illustre amiral ait été transportée en Normandie, les honneurs funèbres lui seront rendus comme si elle était présente.

» En conséquence, je viens d'arrêter les dispositions suivantes :

» Chacun des régiments d'infanterie casernés à l'intérieur de Paris fournira un bataillon, avec le colonel, le drapeau et la musique.

» Les 8°, 12° et 15° bataillons de chasseurs à pied

fourniront chacun quatre compagnies, avec le chef de bataillon et la fanfare.

» Le 10ᵉ de cuirassiers et le 12ᵉ chasseurs à cheval fourniront chacun un escadron.

» L'artillerie fournira deux batteries attelées, commandées par un officier supérieur.

» La garde de Paris fournira un bataillon et un escadron, avec le colonel, le drapeau, l'étendard et la musique.

» Toutes ces troupes seront massées autour de l'hôtel des Invalides, et, pendant le service religieux, elles suivront les maniements des armes exécutés dans l'église. A la fin de la cérémonie il n'y aura pas de défilé.

» Des sous-officiers décorés (un par corps) se rendront en armes à l'église pour être placés autour du cénotaphe.

» La musique de l'un des régiments de la garnison s'y rendra également pour être mise à la disposition du maître des cérémonies.

» Chaque corps enverra, en outre du service commandé, une députation composée d'un officier supérieur, d'un capitaine, d'un lieutenant et d'un sous-lieutenant.

» Deux salves de onze coups de canon chacune seront tirées par une demi-batterie placée sur le quai des Invalides : la première salve au moment où la cérémonie commencera, la seconde au moment où elle finira. La bouche des canons devra être tournée du côté de l'Hôtel, de manière à ne pas compromettre le vitrage des bâtiments de l'exposition.

» Les troupes devront être en grande tenue.

» Les maréchaux de France présents à Paris assisteront à la cérémonie. Je leur écris à ce sujet.

» Les officiers généraux et les fonctionnaires militaires employés à Paris y assisteront également, ainsi qu'une députation de l'état-major de la première division militaire.

» Je vous prie de vouloir bien donner des ordres pour que le directeur des pompes funèbres puisse pénétrer, avec ses employés et ses ouvriers, dans l'église des Invalides et y exécuter les travaux nécessaires. »

S. A. I. le prince Jérôme Napoléon vient de faire don à l'église des Invalides d'un magnifique ciboire en or enrichi de pierreries et de huit lustres montés en or et ornés de cristaux. Le général comte d'Ornano, gouverneur de l'Hôtel, suivi de son état-major et du clergé de l'église, a reçu ces précieux objets, qui lui ont été présentés par le général marquis de Ricard, premier aide de camp de Son Altesse Impériale, et par M. Drut, secrétaire de ses commandements.

La munificence de Son Altesse Impériale est un

nouveau témoignage de ses sympathies particulières pour une église qui renferme le corps de l'empereur Napoléon, son frère. Elle témoigne aussi de cette protection éclairée que le prince sait accorder aux arts. Les huit lustres, d'une exécution parfaite, sortent des ateliers de Miroy frères; le ciboire est une des dernières et délicates compositions de Froment-Meurice, qui a laissé tant de chefs-d'œuvre.

Lorsque Mgr le prince Jérôme Napoléon était gouverneur des Invalides, Son Altesse Impériale avait considéré comme un pieux devoir de famille de garder les clefs du tombeau de son auguste frère l'empereur Napoléon Ier et celles de la chapelle Saint-Jérôme, où le cercueil de l'Empereur est déposé.

En présence de l'affluence d'étrangers et de nationaux qui se portent chaque jour aux Invalides, et pour faciliter la visite au tombeau de Napoléon, le prince s'est déterminé, quoique à regret, à déposer ces clefs entre les mains de l'Empereur et à prier Sa Majesté de les confier au gouverneur des Invalides. Sa Majesté a remis à S. Exc. le général comte d'Ornano les clefs de la crypte et de la chapelle Saint-Jérôme. Elle n'a gardé que la clef du cercueil.

Le 24 août 1855, l'hôtel impérial des Invalides a été honoré de la visite de la reine d'Angleterre.

Tout le personnel des Invalides avait été réuni par divisions dans la cour d'honneur; trois cents hommes formaient la haie de la grande grille à cette cour.

Après la revue du Champ de Mars, vers sept heures, LL. MM. la reine d'Angleterre et l'Empereur, S. A. R. le prince Albert, le prince de Galles et la princesse royale sa sœur, sont arrivés au portail de l'église où les attendaient le général comte d'Ornano, gouverneur, à la tête du grand état-major.

Leurs Majestés se sont rendues immédiatement au tombeau de l'Empereur et ont visité, à la clarté des flambeaux et avec un intérêt marqué, toutes les parties de ces saints lieux.

Avant de remonter en voiture, la reine Victoria, encore émue, a témoigné au gouverneur sa satisfaction de ce qu'elle venait d'admirer.

Aujourd'hui 3 septembre 1855, les canons des Invalides, muets depuis si longtemps, ont annoncé à la capitale la chute de la forteresse de Sébastopol, prise d'assaut par l'armée française.

Visite de LL. AA. RR. le duc et la duchesse de Brabant.

Leurs Altesses Royales sont arrivées à la grande grille, où les attendaient le gouverneur avec son état-major.

Le duc et la duchesse, après avoir visité successivement, avec un intérêt marqué, toutes les parties de l'établissement, se sont rendus au tombeau de l'Empereur, puis à la salle du conseil et à la bibliothèque, d'où ils sont partis après avoir témoigné au général comte d'Ornano leur satisfaction.

Visite du roi de Sardaigne.

Aujourd'hui, à deux heures trois quarts, le roi de Sardaigne est arrivé à la porte de l'église, où il a été reçu par M. le curé Ancelin assisté de ses vicaires. Sa Majesté s'est rendue immédiatement au tombeau de l'Empereur, qu'elle a visité dans toutes ses parties avec autant d'admiration que de recueillement. Elle a parcouru ensuite les réfectoires, l'infirmerie, la salle du conseil, la bibliothèque et a terminé par la galerie des plans-reliefs, que le colonel du génie Augoyat a eu l'honneur de lui expliquer en détail.

Un épisode très-touchant a, pendant cette visite, vivement impressionné toutes les personnes qui en ont été témoins.

Un ancien Sarde, qui avait déserté le service de son pays pour entrer dans la légion étrangère, ayant été blessé grièvement et amputé d'un bras, avait été admis à l'Hôtel. A la vue de son légitime souverain, les souvenirs de la patrie se sont réveillés dans son cœur, et il s'est précipité aux pieds du roi en sollicitant sa grâce, qui lui a été aussitôt accordée. Ce pauvre invalide pourra donc retourner au milieu de sa famille, revoir le foyer paternel, s'il ne préfère profiter encore de l'hospitalité qu'il a trouvée dans sa patrie adoptive.

Les obsèques de l'amiral Bruat ont été célébrées aujourd'hui, à midi, dans l'église des Invalides.

Les détachements des différents régiments de la garnison de Paris, sous les ordres du général Grésy, occupaient, aux abords de l'Hôtel, les positions qui leur avaient été assignées ; l'artillerie était rangée sur la place Vauban. Les invalides formaient la haie dans la cour d'honneur et dans l'église.

Des salves d'artillerie ont annoncé le commencement et la fin de cette solennité funèbre.

La façade et l'intérieur de l'église des Invalides avaient été entièrement tapissés de tentures de deuil, sur lesquelles se détachaient, au milieu des trophées, l'écusson de l'amiral et le nom des lieux où il s'était illustré : Navarin, Alger, Taïti, la Martinique, Sébastopol, Kertch, Kinburn.

Un riche catafalque, étincelant de lumières et surmonté d'un immense baldaquin suspendu à la voûte, s'élevait dans la grande nef, à l'entrée du chœur.

Aux quatre coins se tenaient : LL. EExc. l'amiral Hamelin, ministre de la marine ; l'amiral Parseval-Deschênes ; le maréchal Vaillant, ministre de la guerre; le maréchal Magnan, commandant en chef l'armée de l'Est.

Les membres de la famille de l'amiral Bruat, le contre-amiral Jurien de la Gravière, son chef d'état-major et ses aides de camp, qui ont accompagné son corps jusqu'à Paris, étaient placés en avant du catafalque.

Dans le chœur de l'église avaient pris place : le comte Roguet, aide de camp de l'Empereur, et Favé, l'un de ses officiers d'ordonnance, envoyés par Sa Majesté pour assister aux obsèques de l'amiral;

Le général Canrobert, aide de camp de l'Empereur, ancien commandant en chef de l'armée d'Orient;

Le général marquis de Ricard, premier aide de camp de S. A. I. le prince Jérôme Napoléon, et le capitaine de vaisseau Defrance, l'un de ses aides de camp; le colonel Desmarest, premier aide de camp de S. A. I. le prince Napoléon; le baron de Bougenel, chevalier d'honneur de S. A. I. la princesse Mathilde;

LL. EExc. lord Cowley, ambassadeur d'Angleterre; Mehemet-Bey, ambassadeur de la Sublime Porte; le baron Hubner, ministre plénipotentiaire d'Autriche, et plusieurs autres membres du corps diplomatique.

LL. EExc. les ministres et les présidents du Sénat, du Corps législatif et du conseil d'État;

Le général comte d'Ornano, gouverneur des Invalides, avec le général Sauboul et l'état-major de l'Hôtel;

Le général marquis de Lawœstine, commandant supérieur de la garde nationale;

Les membres du conseil de l'amirauté et un grand nombre d'officiers supérieurs de la marine et de l'armée de terre; le premier aumônier et plusieurs aumôniers de la flotte;

Des membres du Sénat, du Corps législatif et du conseil d'État;

Des députations de la Cour de cassation, de la Cour des comptes et de la Cour d'appel assistaient également à la cérémonie.

La messe a été célébrée par l'aumônier des Invalides.

Mgr l'évêque de Tripoli, assistant de Mgr l'archevêque de Paris, a fait l'absoute.

Après la cérémonie, le corps a été placé sur un char funèbre orné de drapeaux et de trophées, et conduit par les boulevards au cimetière du Père-Lachaise.

La population se découvrait respectueusement sur le passage du cortége et témoignait des regrets unanimes qu'inspirait à la France la perte prématurée de l'illustre amiral.

Le contre-amiral Jurien de la Gravière a prononcé sur la tombe de l'amiral Bruat les paroles suivantes:

« Messieurs,

» Ces restes mortels que nous honorons et que nous avons pieusement suivis jusqu'à leur dernière demeure n'étaient point notre illustre et cher amiral tout entier. J'en atteste la foi et les espérances de celui que nous pleurons. Devant sa tombe entr'ouverte c'est encore sa pensée qui me soutient et dont j'écoute les inspirations. Je me demande quels eussent été ses sentiments, quelles auraient été ses paroles, s'il lui eût été donné d'accompagner jusqu'en ce lieu de repos les chefs vénérés sous lesquels il nous avait appris comment il fallait servir, avant de nous montrer comment il fallait commander.

» L'amiral Bruat était né pour la guerre; il n'avait de goût, de penchant décidé que pour le métier des armes. Tout en lui était instinct et vertu militaires. Mourir sur le champ de bataille était selon lui la fin la plus enviable, celle à laquelle nous l'avons vu ne pouvoir accorder de pieux regrets sans y mêler quelques-uns de ces accents qui trahissaient la secrète fierté de son âme. Cette fin n'a point été la sienne; mais il est mort debout; il est mort à son poste, donnant à son pays, donnant à l'Empereur le dernier souffle de sa vie, la dernière étincelle de ce feu sacré qui soutenait encore ses forces depuis longtemps épuisées.

» L'amiral Bruat eût admiré une telle mort plutôt qu'il n'en eût gémi ; c'était ainsi qu'il comprenait qu'un soldat, quand il ne tombait pas sous le feu de l'ennemi, devait être heureux et fier de mourir. Que son âme héroïque pardonne à notre douleur ! Nous n'avons pas su être digne de lui ; nous n'avons point eu le courage d'accepter sans murmure ce cruel décret de la Providence qui nous enlevait un chef adoré, au moment même où, sorti sain et sauf de tant de périls, il revenait triomphant jouir, au milieu des joies de la famille, des honneurs qu'il avait si bien gagnés. Il nous semblait qu'après avoir échappé à cette fatale épidémie de Varna, à ce long et glorieux combat du 17 octobre, auquel le vaisseau qu'il montait put prendre, on s'en souvient, une part si honorable; après avoir traversé les mille dangers qu'il aimait à braver dans ces reconnaissances militaires que nous l'avons toujours vu diriger en personne; il nous semblait qu'il avait acquis le droit, non pas de vivre encore de longs jours (l'activité de son âme avait tari en lui les sources de la vie), mais de revenir mourir au milieu des siens, de presser encore une fois de sa main défaillante ces mains chéries que son dernier regard devait en vain chercher. Le Ciel ne l'a pas voulu !

» L'amiral Bruat est mort sur son vaisseau. Quand le *Montebello* est venu jeter l'ancre sur la rade de Toulon, qu'il avait quittée au mois de mars

1854, ce pavillon, que les acclamations enthousiastes de deux escadres avaient salué sur les côtes de Crimée, le 17 septembre 1855, flottant encore au grand mât; ce drapeau si fièrement déployé devant Sébastopol et Kinburn, ce drapeau troué en vingt endroits par les projectiles ennemis, était encore arboré à la poupe; mais ces signes glorieux n'étaient plus que des signes de deuil; amenés en berne, ils rendaient un dernier hommage à la dépouille mortelle de l'illustre amiral; mais ils disaient à cette escadre qu'il avait si noblement commandée, à ces marins qui tous savaient son nom, dont plusieurs l'avaient suivi à Navarin, à Alger, à Taïti, à Toulon, aux Antilles, que désormais ce seraient d'autres chefs qui les conduiraient à l'ennemi; que l'officier de manœuvre du *Breslau,* le capitaine du *Silène* et du *Palinure,* le commandant du *Grenadier* et du *Ducouëdic*, le capitaine de pavillon de l'amiral Lalande, le gouverneur de Taïti, le préfet maritime de Toulon, le gouverneur général de la Martinique et de la Guadeloupe en des jours difficiles, le commandant en chef de l'escadre de l'Océan et plus tard de l'escadre de la Méditerranée, l'homme qui avait conçu et accompli les expéditions de Kertch et de Kinburn, venait de rendre sa belle âme à Dieu...

» On n'apprécie bien les hommes que lorsqu'ils ne sont plus.

» L'amiral Bruat a joui sans doute pendant sa vie d'une grande popularité : il la devait à la séduction de son esprit, à l'attrait irrésistible de son brillant courage, à la gracieuse bienveillance de sa nature, ennemie de tout apprêt et de toute ostentation ; mais cette responsabilité que nous le voyons porter si légèrement, nous n'en comprenions qu'à demi les charges et la gravité. Ces difficultés qu'il semblait ignorer nous auraient apparu le jour où il n'eût plus été là pour les conjurer.

La tâche qui lui était échue nous a souvent semblé une tâche aisée, parce qu'il l'accomplissait sans effort et sans préoccupation ; mais ce n'était point une tâche faite pour des forces ordinaires. L'amiral Bruat s'y est usé lui-même, et sur sa tombe prête à se fermer, nous avons le droit de nous dire, ce sera notre meilleure consolation, la seule qui soit digne de celui qui n'est plus : La mort de l'amiral Bruat est une grande perte pour la marine, un grand deuil pour le pays, un juste sujet de regrets pour l'Empereur ; mais la mort de l'amiral Bruat est pour nous qui lui survivons un noble exemple. Il est mort en faisant son devoir ; il est mort en soldat et en chrétien. Que Dieu reçoive son âme et que la terre lui soit légère ! »

L'Empereur ayant ordonné que les trophées provenant de la forteresse de Sébastopol seraient déposés aux Invalides, ces trophées, consistant en deux grands drapeaux et quatre pavillons, ont été apportés aujourd'hui 14 janvier, en grande pompe, par le chef d'escadron de Chamberet, aide de camp du maréchal Vaillant.

Reçus dans la cour d'honneur par le général Sauboul, commandant l'Hôtel, ces drapeaux et pavillons ont été portés par des légionnaires invalides à l'église et appendus sur-le-champ à ses voûtes.

Naissance du Prince Impérial.

Une salve de cent un coups de canon, tirée de la batterie des Invalides, vient d'annoncer à la capitale que le matin, 16 mars 1856, à trois heures un quart, S. M. l'Impératrice est heureusement accouchée d'un prince.

Dès le milieu de la nuit dernière, Sa Majesté avait ressenti les premières douleurs; elles se sont prolongées, d'une façon régulière, jusqu'au moment de l'heureuse délivrance.

L'Empereur, qui s'était rendu auprès de l'Impératrice aussitôt que les premiers signes d'un accouchement prochain s'étaient manifestés, a entouré des soins les plus touchants Sa Majesté, auprès de laquelle se trouvaient son auguste mère; madame la princesse d'Essling, grande maîtresse de la maison; madame l'amirale Bruat, gouvernante des enfants de France, et madame la duchesse de Bassano, dame d'honneur.

Au moment des grandes douleurs S. A. I. le prince Napoléon et S. A. le prince Lucien Murat, témoins désignés par l'Empereur, ainsi que LL. EExc. le ministre d'État et le garde des sceaux, ont été introduits dans la chambre de Sa Majesté.

Aussitôt après l'accouchement, l'enfant a été présenté, par madame l'amirale Bruat, gouvernante des enfants de France, à l'Empereur, à l'Impératrice, à S. A. I. le prince Napoléon et à S. A. le prince Lucien Murat, ainsi qu'à LL. EExc. le ministre d'État et le garde des sceaux. Il a ensuite été dressé procès-verbal de sa naissance sur le registre de l'état civil de la famille impériale par S. Exc. le ministre d'État, assisté de S. Exc. le président du conseil d'État, conformément à l'article 8 du sénatus-consulte du 25 décembre 1852, et à l'article 13 du statut impérial du 21 juin 1853.

Le Prince impérial a reçu les noms de Napoléon-Eugène-Louis-Jean-Joseph.

Dès le matin, la grande maîtresse de la maison de l'Impératrice avait envoyé, par ordre de l'Empereur, avertir les princes et princesses de la famille impériale, les membres de la famille de l'Empereur ayant rang à la cour, les grands officiers de la couronne, les ministres et le président du conseil d'État, les maréchaux, les amiraux, le grand chancelier de l'ordre impérial de la Légion d'honneur, le gouverneur des Invalides, le commandant supérieur des gardes nationales de la Seine, le général commandant la garde impériale, l'adjudant général du palais, les officiers et les dames des maisons de Leurs Majestés, qui s'étaient empressés de se rendre au palais des Tuileries, et qui y sont restés jusque après la délivrance de l'Impératrice.

Le Sénat, le Corps législatif et le conseil municipal de Paris, avertis dès le matin par des officiers de la maison de l'Empereur, s'étaient immédiatement réunis au lieu de leurs séances. Des officiers d'ordonnance de l'Empereur sont allés, aussitôt après la naissance du Prince impérial, leur porter cette heureuse nouvelle, par ordre de Sa Majesté.

Adresse à l'Empereur.

« Sire,

» Permettez-moi de porter au pied du trône de Votre Majesté les respectueuses félicitations de l'état-major ainsi que du personnel de nos braves de l'hôtel impérial des Invalides, dont je suis l'organe, à l'occasion du Prince que la Providence vient d'accorder à votre dynastie ainsi qu'aux vœux du pays.

» Cet heureux événement, en consolidant les institutions auxquelles la France doit sa force au dedans et son influence au dehors, lui donne un nouveau gage de grandeur et de prospérité pour l'avenir.

» Je suis avec le plus profond respect, Sire, de Votre Majesté le très-humble et très-fidèle serviteur.

» Cte d'Ornano.

» Le 20 mars 1856. »

Aujourd'hui, 3 janvier 1857, M. le général de brigade Tatareau a été reconnu commandant de l'hôtel des Invalides, en remplacement du général Sauboul, appelé dans la deuxième section du cadre de réserve.

Le gouverneur profite de cette circonstance pour porter à la connaissance du personnel de l'établissement que Sa Majesté a nommé le général Sauboul grand officier de la Légion d'honneur, en récompense de ses anciens et bons services.

Aujourd'hui, 9 mai, S. A. I. le grand-duc Constantin, frère de l'empereur de Russie, a honoré de sa visite l'hôtel des Invalides; il a été reçu par le général gouverneur comte d'Ornano, l'un des plus illustres représentants de la grande époque impériale.

Après avoir visité le tombeau de l'empereur Napoléon Ier, il a voulu voir les salles de l'infirmerie, la salle du conseil, la bibliothèque, les dortoirs, les réfectoires, les galeries où sont exposés les plans-reliefs de nos places fortes.

L'auguste voyageur, en considérant ce travail de tant d'années, a souvent fait des remarques judicieuses à M. le colonel Augoyat, conservateur de l'établissement, dont l'étendue des connaissances dans l'art de la fortification est très-grande.

Les paroles bienveillantes du prince, l'intérêt qu'il témoignait aux militaires invalides, remplirent ces derniers d'admiration.

S. M. le roi de Bavière a visité aujourd'hui, 29 mai, le tombeau de Napoléon.

Le gouverneur, qui était allé au-devant de lui, suivi de son état-major, l'a accompagné pendant tout le temps que Sa Majesté est restée à l'Hôtel.

Par décret du 10 juin, l'Empereur, en remplacement du comte Boulay (de la Meurthe) et de M. Marchand (du Nord), membres du grand conseil d'administration de l'hôtel des Invalides, dont le mandat est expiré, a fait choix de MM. les sénateurs barons de Lacrosse et Charles Dupin.

Avant-hier, 27 juillet, a eu lieu, dans les caveaux de l'hôtel impérial des Invalides, l'inhumation du corps de feu le prince Jérôme, fils aîné de S. A. I. le prince Jérôme Napoléon et de la princesse Catherine de Wurtemberg, décédé à Florence en 1847, à l'âge de trente-trois ans.

Le cercueil renfermant cette dépouille mortelle, ramenée en France par l'un des aides de camp du prince Jérôme, est arrivé à minuit aux Invalides, où l'attendaient le clergé, le général commandant, l'état-major et les hauts fonctionnaires de l'Hôtel, la maison de S. A. I. le prince Jérôme Napoléon, et celles de LL. AA. II. le prince Napoléon et madame la princesse Mathilde.

Après l'absoute, le cercueil, accompagné de tous les assistants, a été descendu dans le caveau qui devait le recevoir, et dans lequel se trouvait déjà déposé le cœur de l'auguste mère du prince.

Cette pieuse inhumation, autorisée par S. M. l'Empereur, s'est faite avec un recueillement touchant et solennel, que la sainteté du lieu, jointe au silence de la nuit, rendait plus touchant et plus solennel encore.

Aujourd'hui, 20 avril 1848, par ordre de S. A. I. le prince Jérôme Napoléon, la dépouille mortelle du prince Jérôme son fils, avec l'urne contenant le cœur de la princesse Catherine de Wurtemberg, sa femme, a été transportée du caveau des gouverneurs dans celui qui est affecté à la famille de S. A. I. le prince Jérôme Napoléon.

A dix heures moins un quart, se sont réunies toutes les personnes ci-dessous désignées :

MM. les officiers de la maison de S. A. I. le prince Jérôme Napoléon; de la maison de S. A. I. le prince Napoléon; de la maison de S. A. I. la princesse Mathilde; MM. les officiers de l'état-major et hauts fonctionnaires de l'Hôtel, dont les noms suivent :

MM. le général Damas, premier aide de camp de S. A. I. le prince Jérôme Napoléon;
> le baron de Plancy, premier écuyer de Son Altesse Impériale;
> Drut, secrétaire des commandements, intendant général de Son Altesse Impériale;
> le général Deshorties de Baulieu, commandant du Palais-Royal;
> le chef d'escadron Robert, écuyer commandant de Son Altesse Impériale;
> le comte de France, capitaine de frégate, aide de camp de Son Altesse Impériale;
> le duc d'Abrantès, chef d'escadron d'état-major, aide de camp de Son Altesse Impériale;
> le baron Duperré, lieutenant de vaisseau, officier d'ordonnance de Son Altesse Impériale;
> le capitaine de cavalerie Vast-Vimeux, officier d'ordonnance de Son Altesse Impériale;

MM. le capitaine d'infanterie Raffaëlli, officier d'ordonnance de Son Altesse Impériale;

Isnard, attaché au secrétariat des commandements de Son Altesse Impériale;

Ferri-Pisani, chef d'escadron d'état-major, aide de camp de S. A. I. le prince Napoléon;

le vicomte Clerc, chef d'escadron, officier d'ordonnance de Son Altesse Impériale;

le général Bougenel, chevalier d'honneur de S. A. I. la princesse Mathilde;

Ferraud, secrétaire des commandements de Son Altesse Impériale;

le colonel Mittenhoff, major de l'Hôtel;

le colonel d'artillerie en retraite Gérard, secrétaire général, archiviste de l'Hôtel.

A dix heures toutes les personnes sus-désignées se sont rendues dans le caveau des gouverneurs, où M. le curé et son clergé étaient en prières auprès du cercueil contenant le corps du prince Jérôme et de l'urne contenant le cœur de la princesse Catherine de Wurtemberg. Les prières terminées, M. le curé a fait procéder à l'enlèvement de l'urne et du cercueil, lesquels, précédés par M. le curé et son clergé et suivis par tous les assistants, ont été transportés et déposés dans le caveau disposé sous la chapelle Saint-Ambroise; là, après l'absoute faite par le clergé et le cérémonial d'usage terminé, le cortége tout entier s'est retiré.

S. M. la reine des Pays-Bas a visité l'hôtel impérial des Invalides aujourd'hui, 7 mai 1858.

Reçue à la descente de sa voiture par le général commandant l'Hôtel, le gouverneur étant retenu chez lui par une indisposition, la reine s'est rendue, accompagnée de tout l'état-major de l'Hôtel, à l'église et de là au tombeau de Napoléon.

Après une pieuse station à la chapelle Saint-Jérôme, Sa Majesté a visité l'établissement dans tous ses détails et s'est retirée après une visite assez longue et qui a paru vivement l'intéresser.

Le ministre de la guerre vient d'envoyer à l'hôtel des Invalides, comme trophée, une pièce de canon en bronze, d'un fort calibre, arrivée de Canton (Chine).

Elle porte des deux côtés de la ligne de mire, gravées au burin avec une très-grande élégance, plusieurs rangées de caractères chinois qui se lisent de gauche à droite, et dont voici une traduction exacte, due à l'obligeance de l'illustre sinologue M. Stanislas Julien, de l'Institut :

FONDU DANS LA PROVINCE DE
KIANG-SI DANS LE 4e MOIS DE LA
28e ANNÉE DE L'EMPIRE.
FAV KOUANG. 1816.

Le char funèbre qui a servi aux funérailles de

Napoléon, à Sainte-Hélène, et qui vient d'être offert à l'Empereur par S. M. la reine d'Angleterre, est arrivé hier au Havre, sur le bâtiment de la marine anglaise *le Virago*.

Aujourd'hui, 5 novembre 1858, S. A. I. le prince Napoléon et le ministre de la guerre se sont rendus, par ordre de l'Empereur, à l'hôtel impérial des Invalides, pour la réception du char funèbre qui, arrivé à Paris cette nuit par le chemin de fer, avait été placé dans la cour d'honneur de l'Hôtel, en avant des marches de l'église.

A l'arrivée du prince Napoléon les tambours ont battu aux champs; Son Altesse Impériale et le ministre de la guerre, reçus à l'entrée de l'Hôtel par le général de division comte d'Ornano, gouverneur, entouré de son état-major, se sont avancés entre deux haies de militaires invalides sous les armes et se sont placés sur les marches de l'église.

Le général sir John Burgoyne, suivi de ses aides de camp, s'adressant au prince, s'est exprimé en ces termes :

« S. M. la reine d'Angleterre, désireuse d'offrir à Sa Majesté Impériale une relique qu'elle sait être intéressante pour la France, m'a chargé du soin d'amener ici et de mettre à la disposition de l'Empereur le char funèbre qui a porté à sa première tombe la dépouille mortelle de l'illustre fondateur de la dynastie napoléonienne.

» L'admiration que je professe comme soldat pour le génie sublime et pour les exploits de ce grand guerrier m'a rendu d'autant plus heureux du choix que ma gracieuse souveraine a bien voulu faire de moi pour me confier cette honorable mission. »

Son Altesse Impériale a répondu :

« Général,

» Je reçois au nom de S. M. l'Empereur la précieuse relique que S. M. la reine d'Angleterre lui envoie. Je la reçois comme un témoignage de son désir d'effacer les poignants souvenirs de Sainte-Hélène; comme un gage de l'amitié qui unit les deux souverains, et de l'alliance qui existe entre les deux peuples. Puisse cette alliance durer pour le bonheur de l'humanité ! Puisse-t-elle réserver à l'avenir d'aussi grands résultats que ceux qu'elle a déjà produits ! Je suis chargé par l'Empereur de vous dire, général, qu'il a été particulièrement sensible au choix que S. M. la reine a fait de vous pour cette mission. Nous sommes heureux d'avoir à remercier un des glorieux chefs de l'armée anglaise, à côté de laquelle nous avons combattu et pour laquelle nous avons conservé une si haute estime. »

Hier, 18 février 1859, LL. AA. II. Mgr le prince

Jérôme Napoléon et madame la princesse Clotilde, sa belle-fille, sont venus visiter l'hôtel impérial des Invalides.

A leur arrivée, Leurs Altesses Impériales ont été reçues par le général comte d'Ornano, gouverneur de l'Hôtel, entouré de son état-major.

Aussitôt après l'entrée de Leurs Altesses Impériales dans l'église, M. le curé des Invalides, suivi de son clergé, est venu féliciter S. A. I. la princesse Clotilde.

En sortant de l'église, Leurs Altesses Impériales sont allées prier sur le tombeau de Napoléon Ier, puis elles ont parcouru les parties principales de l'hôtel des Invalides.

Le prince Jérôme Napoléon, en souvenir de cette visite, a fait don à la communauté des sœurs qui soignent les malades d'un maître-autel de marbre blanc pour remplacer celui de bois de leur chapelle.

Hier, 5 juin, à huit heures, des salves d'artillerie ont salué la victoire de Magenta.

Entre neuf et dix heures, S. M. l'Impératrice et S. A. I. la princesse Clotilde ont parcouru en calèche découverte les boulevards et la rue de Rivoli et ont été accueillies sur tout leur passage par les cris les plus chaleureux de Vive l'Empereur! Vive l'Impératrice! Vive la princesse Clotilde!

Les édifices publics, ainsi que beaucoup de maisons particulières, étaient illuminés.

Aujourd'hui, 3 juillet 1859, cinq salves d'artillerie de cent un coup chacune ont été tirées de la batterie triomphale de l'Hôtel pour annoncer à la capitale la victoire de Solferino.

A l'issue de la messe militaire, un *Te Deum* a été chanté à l'église de l'Hôtel. Ce soir illumination générale.

Une cérémonie funèbre du caractère le plus imposant, les obsèques du maréchal comte Reille, a réuni hier, 9 mars 1860, à l'hôtel impérial des Invalides, les ministres, tous les corps de l'État, les cours de justice, les administrations publiques et un grand nombre d'officiers généraux et d'officiers de tous grades de la garde nationale et de l'armée. Des détachements de la garde impériale, de la garde de Paris, des régiments d'infanterie et de cavalerie de la garnison, avec leurs aigles voilées de crêpe, musique en tête et commandés par leurs colonels, étaient massés dès le matin dans les avenues et sur l'esplanade des Invalides. Deux batteries d'artillerie commandées par un officier supérieur occupaient les deux grands carrés en avant des batteries de l'Hôtel.

A onze heures et demie le cortége s'est mis en marche pour se rendre à l'église des Invalides. Le corps a été placé sur un magnifique char funèbre orné de drapeaux et attelé de six chevaux richement caparaçonnés.

Le deuil était conduit par les trois fils du maréchal, suivis d'un concours nombreux de parents et d'amis, parmi lesquels on remarquait des compagnons d'armes de l'illustre défunt.

Les cordons du poêle étaient tenus par LL. EExc. le maréchal comte Randon, ministre de la guerre; le maréchal Magnan, commandant le premier corps d'armée; le maréchal duc de Malakoff, grand chancelier de l'ordre impérial de la Légion d'honneur; le maréchal Canrobert, commandant le troisième corps; le maréchal Regnaud de Saint-Jean d'Angély, commandant en chef la garde impériale, et M. de Royer, premier vice-président du Sénat.

Trois maîtres des cérémonies, portant sur des coussins le bâton et les nombreuses décorations du maréchal, marchaient immédiatement après le char.

Une salve de onze coups de canon a salué l'arrivée du cortége aux Invalides; le corps était attendu à la grille principale par le général de division comte d'Ornano, gouverneur de l'Hôtel, entouré de son état-major, et à la porte de l'église par le clergé de Saint-Louis des Invalides.

Après les prières d'usage, le cercueil a été déposé sous un magnifique catafalque élevé au milieu de la nef. Au-dessus du catafalque était suspendu un immense baldaquin d'où descendaient des draperies funéraires rehaussées d'hermine. Les tribunes supérieures du chœur et des bas-côtés étaient réservées aux dames de la famille et aux personnes munies de billets; la décoration intérieure de l'église répondait par sa richesse et son caractère au sentiment de tristesse et de grandeur que laisse après elle la valeur militaire unie aux vertus les plus modestes et les plus élevées.

Les tentures étaient tapissées d'écussons portant le nom des lieux où s'était illustré ce guerrier : Nervinde, Toulon, Montebello, Dégo, Lodi, Rivoli, Caldiero, Zurich, Gênes, Austerlitz, Iéna, Pultusk, Wagram, Pancorbo, Toulouse, Waterloo.

La famille du maréchal était placée en avant du catafalque. LL. MM. l'Empereur et l'Impératrice, LL. AA. II. le prince Jérôme Napoléon, le prince Napoléon, la princesse Clotilde Napoléon et la princesse Mathilde s'étaient fait représenter par des officiers de leurs maisons. S. É. Mgr le cardinal archevêque de Paris occupait une estrade d'honneur à droite de l'autel. A midi, M. le curé de Saint-Louis des Invalides a commencé l'office, pendant lequel la musique de la garde de Paris a exécuté des symphonies funèbres.

Après l'absoute, qui a été faite par S. É. le cardinal archevêque de Paris, une seconde salve de onze coups de canon a annoncé que le corps allait quitter l'hôtel des Invalides. A ce moment les troupes formant la tête du cortége se sont mises en marche sous les ordres du général de division Soumain, commandant la subdivision de la Seine et la place de Paris.

Malgré l'extrême rigueur du temps, une foule immense se pressait sur tous les points du long parcours qui conduit de l'hôtel des Invalides au cimetière du Père-Lachaise et manifestait par une attitude recueillie ce profond et sympathique respect qui est chez nous le prix de toutes les gloires, et surtout de la gloire des armes.

Le corps du maréchal a été inhumé dans le caveau qui déjà renferme les restes glorieux de Masséna.

Ce matin, 29 mai 1860, par ordre de l'Empereur, six drapeaux dont quatre autrichiens, pris sur les champs de bataille de Magenta et de Solferino, et deux africains, pris dans la dernière campagne du Maroc, ont été apportés du palais des Tuileries à l'hôtel impérial des Invalides, escortés par un fort piquet de l'escadron des cent-gardes.

Ces glorieux trophées ont été reçus dans la cour d'honneur par M. le général gouverneur comte d'Ornano, accompagné de son état-major, et en présence des divisions d'invalides rangés en bataille dans cette cour, puis portés immédiatement à l'église pour être appendus à ses voûtes.

Aujourd'hui, 14 juin, à six heures du matin, une

salve de cent un coups de canon, tirée par la batterie d'artillerie de l'Hôtel, a annoncé à la capitale la réunion à la France de la Savoie et de l'arrondissement de Nice.

Deux autres salves de vingt et un coups ont été tirées par la même batterie, l'une à dix heures pour annoncer le *Te Deum*, l'autre au moment où l'Empereur est arrivé au Champ de Mars, où Sa Majesté a passé la revue de la garde nationale et de l'armée de Paris.

La cérémonie religieuse et militaire des funérailles de S. Exc. l'amiral Parseval-Deschênes, sénateur, grand-croix de la Légion d'honneur, a eu lieu hier, 16 de ce mois, à midi, dans l'église de l'hôtel impérial des Invalides.

Dès onze heures du matin, les troupes destinées à rendre à l'illustre amiral les honneurs funèbres étaient réunies sur l'esplanade des Invalides.

Elles se composaient de huit bataillons d'infanterie, un bataillon de chasseurs à pied, deux escadrons de cavalerie, deux batteries attelées, un bataillon et un escadron de la garde de Paris, avec chefs de corps, drapeaux et musique.

La garde impériale était représentée par un bataillon et un escadron.

Ces troupes sont restées massées autour de l'hôtel des Invalides pendant le service religieux; elles répétaient les maniements d'armes exécutés dans l'église.

Chaque corps avait envoyé en outre une députation composée d'un officier supérieur, d'un capitaine, d'un lieutenant et d'un sous-lieutenant.

Des sous-officiers décorés et en armes étaient placés dans l'église autour du catafalque.

Les troupes étaient commandées par un général de division, assisté de deux généraux de brigade.

La cérémonie religieuse a commencé à midi précis.

Tous les officiers généraux, supérieurs et autres des corps de la marine, présents à Paris, assistaient au service, ainsi que des députations de l'armée, de la garde nationale, du Sénat, du Corps législatif, du conseil d'État, du clergé catholique, des consistoires, du corps diplomatique, de la Cour de cassation, de la Cour des comptes, de la Cour d'appel, de l'Institut, de l'Université et du Corps académique.

L'Empereur s'était fait représenter par un de ses chambellans et S. A. I. le prince Napoléon par un de ses aides de camp.

Les bas-côtés de l'église et les tribunes étaient occupés par les nombreux amis de la famille.

Une tribune particulière avait été réservée aux membres de la famille de l'amiral.

La messe a été célébrée par M. l'aumônier des Invalides.

L'absoute a été faite par S. É. le cardinal Morlot, archevêque de Paris.

Les cordons du poêle étaient tenus par l'amiral Hamelin, ministre de la marine; le maréchal Magnan, commandant en chef l'armée de Paris; le maréchal duc de Malakoff, grand chancelier de la Légion d'honneur, et le maréchal Regnaud de Saint-Jean d'Angély, commandant en chef la garde impériale.

Une salve de onze coups de canon, tirée par la section d'artillerie placée sur le quai des Invalides, a annoncé le commencement de la cérémonie.

Une musique militaire placée dans une des tribunes de l'église alternait avec l'orgue et les chœurs.

La cérémonie funèbre a été empreinte de ce profond et religieux recueillement qu'inspire toujours la perte d'une de nos illustrations militaires.

Des écussons appendus autour de la nef rappelaient les circonstances remarquables de la glorieuse carrière de l'amiral.

Les yeux s'y portaient avidement.

On y lisait entre autres les noms fameux de Trafalgar, Alger, Saint-Jean d'Ulloa, Vera-Cruz et Bomarsund.

Toutes ces inscriptions, tous ces faits d'armes étaient le solennel hommage rendu par ses œuvres mêmes à l'illustre amiral; chacun louait à l'envi son caractère si noble, si pur, si chevaleresque.

Parmi les officiers généraux de la marine qui se trouvaient aux Invalides, on remarquait les vice-amiraux Hugon, Cécille, Grivel, Tréhouart, Desfossés, de Suin, Pénaud, Fourichon.

Parmi les contre-amiraux : le comte de Gourdon, Deloffre, Mathieu, le comte Bouët-Willaumez, Clavaud Chopart, Jurien de la Gravière.

Au nombre des fonctionnaires de la marine se trouvaient :

MM. Layr, conseiller d'État, directeur du personnel;
  Dupuy de Lôme, directeur du matériel;
  Mgr Coquereau, aumônier en chef de la marine;
  Rouffio, directeur de l'administration;
  Turbest, directeur des Invalides;
  Gurnault, capitaine de vaisseau, chef du cabinet;
  Dupré, capitaine de vaisseau, chargé du service du mouvement de la flotte.

Une seconde salve de onze coups de canon a été tirée à la fin de la cérémonie.

A une heure le cortége et les troupes se sont mis en marche pour se rendre au cimetière du Père-Lachaise.

Par suite des ordres de l'Empereur, S. Exc. le ministre de la marine vient d'envoyer à l'Hôtel, comme trophée militaire, un canon de bronze d'un très-fort calibre provenant de Térouane, capitale de la Cochinchine. (18 juin 1860.)

Cette bouche à feu, fondue en Europe et qui n'offre rien de remarquable que son poids et ses dimensions, a été placée sur la terrasse pour faire pendant à celle venue de Canton.

On lit dans le *Moniteur* de ce matin, 25 juin 1860:

« La mort de S. A. I. le prince Jérôme Napoléon, gouverneur honoraire de l'hôtel impérial des Invalides, enlève à la France un prince dont la mémoire restera liée aux plus grands événements d'une époque héroïque. La Providence a permis que le dernier frère de Napoléon Ier ne mourût pas sans avoir vu le rétablissement de la glorieuse dynastie qu'il avait si dignement servie. La nation s'associera à ce deuil qui vient de frapper la famille impériale. »

D'après les ordres du ministre et les désignations faites par M. le gouverneur comte d'Ornano, une députation d'invalides a été admise, aujourd'hui, 2 juillet 1860, à jeter l'eau bénite sur la dépouille mortelle de S. A. I. le prince Jérôme, leur bien-aimé et bien regretté gouverneur honoraire.

Procès-verbal constatant le dépôt dans l'un des caveaux des Invalides des dépouilles mortelles de S. A. I. le prince Jérôme Napoléon.

« L'an mil huit cent soixante, le trois juillet, nous

Bocquet, sous-intendant militaire de première classe, chargé de l'intendance militaire des Invalides,

» Constatons :

» Qu'aujourd'hui ont eu lieu dans l'église de l'hôtel impérial des Invalides les funérailles de S. A. I. le prince Jérôme Napoléon, gouverneur honoraire des Invalides, mort le vingt-quatre du mois de juin dernier, dans sa soixante-seizième année ;

» Que la dépouille mortelle de ce prince très-vénéré, contenue dans un cercueil de plomb, a été déposée dans le caveau situé sous la chapelle Saint-Ambroise, du dôme des Invalides, dans laquelle se trouvaient déjà les restes de son fils aîné, le prince Jérôme, et le cœur de sa femme, la princesse Catherine de Wurtemberg ;

» Que ces funérailles et ce dépôt ont été l'objet d'une cérémonie imposante et grandiose qui était la digne expression d'un fils, d'une famille et d'un peuple.

» En foi de quoi le présent procès-verbal a été signé par M. le général de division comte d'Ornano, gouverneur des Invalides ;

» M. le général Tatareau, commandant de l'hôtel des Invalides ;

» M. le colonel Gérard, archiviste ;

» M. Cambier, curé de l'église ;

» Et par nous Bocquet, chargé de l'intendance militaire de l'Hôtel.

» Fait et clos les jour, mois et an que dessus.

» *Signé* : Bocquet, Cambier, Gérard, Tatareau. »

Funérailles de S. A. I. le prince Jérôme Napoléon.

Aujourd'hui, 4 juillet 1860, les funérailles de S. A. I. le prince Jérôme Napoléon ont été célébrées dans l'église de l'hôtel impérial des Invalides.

Avant onze heures les bataillons de la garde nationale, les troupes de la garde impériale et de la ligne prenaient position sur le parcours du cortége et formaient une double haie depuis le Palais-Royal jusqu'à l'hôtel des Invalides. Derrière elles se pressait en silence un grand concours de personnes venant rendre un dernier hommage à l'illustre défunt.

A onze heures S. A. I. le prince Napoléon, accompagné de S. Exc. le maréchal duc de Malakoff, qui avait été désigné par l'Empereur pour l'assister, et de S. A. le prince Joachim Murat, s'est rendu à la chapelle ardente où le cercueil de son auguste père avait été déposé et a fait procéder, par le clergé de la chapelle impériale, à la levée du corps, qui a été porté par douze soldats des cent-gardes sur le char funèbre.

Des détachements des différentes armes ouvraient la marche du cortége, puis venaient les officiers composant la maison du prince défunt et le clergé de plusieurs paroisses qui s'était joint à celui de la chapelle impériale.

Le clergé, revêtu de surplis, précédait immédiatement le char funèbre richement drapé et armorié, sur lequel avait été placé le cercueil.

Les coins du poêle étaient tenus par LL. EExc. M. Fould, ministre d'État et de la maison de l'Empereur; l'amiral Hamelin, ministre de la marine; M. Troplong, président du Sénat; le maréchal comte Vaillant, grand maréchal du palais, tous désignés par Sa Majesté.

Quatre officiers du prince défunt portaient les insignes de ses dignités et son épée.

S. A. I. Mgr le prince Napoléon suivait le char en uniforme de général de division et les épaules couvertes du manteau de deuil. A sa droite marchait S. Exc. le maréchal duc de Malakoff, puis S. A. le prince Joachim Murat. Venaient ensuite les grands officiers de la couronne, les ministres d'État, les membres du conseil privé, les maréchaux qui s'étaient tous rendus à Paris pour assister aux obsèques du prince, le Sénat, le Corps législatif, les conseillers d'État, les officiers généraux, et les amis et anciens serviteurs de Son Altesse Impériale et une nombreuse députation des médaillés de Sainte-Hélène.

Le canon des Invalides, qui depuis le matin était tiré de demi-heure en demi-heure, annonça le départ du cortége du Palais-Royal, puis son arrivée à l'hôtel des Invalides.

L'église avait été tendue de draperies noires, rehaussées de trophées militaires et d'écussons aux armes du prince ; le chœur était déjà occupé par S. A. le prince Lucien Murat, S. Ém. le cardinal Mathieu, par les ambassadeurs et les ministres étrangers, et la nef par les députations des corps constitués.

Quelques moments avant l'arrivée du cortége, S. A. I. madame la princesse Marie-Clotilde Napoléon et S. A. I. madame la princesse Mathilde avaient occupé la tribune qui leur était réservée, et LL. AA. les princesses de la famille de l'Empereur ayant rang à la cour s'étaient placées dans une tribune voisine.

A midi le char funèbre étant arrivé au portail de l'église, Mgr le cardinal Morlot, grand aumônier, archevêque de Paris, est venu recevoir le corps, et une messe basse a été célébrée. A l'évangile, Mgr Cœur, évêque de Troyes, est monté en chaire et a prononcé une oraison funèbre que l'assistance, qui partageait les émotions de l'illustre prélat, a écoutée dans le plus profond recueillement.

Après le service Mgr le cardinal grand aumônier a fait l'absoute, puis un détachement de cent-gardes, qui avait été préposé à la garde du cercueil, l'a porté dans le caveau qui avait été préparé pour le recevoir.

Les dernières prières y ont été dites en présence de S. A. I. le prince Napoléon, de S. A. le prince Murat, du ministre de Wurtemberg et du ministre de Sardaigne, des ministres de la couronne, des membres du conseil privé, des maréchaux et des amiraux.

Une dernière salve d'artillerie a annoncé l'inhumation et la fin de la cérémonie religieuse.

Pendant cette journée de deuil, la garde nationale, l'armée et la population de Paris ont donné, par leur empressement à honorer la mémoire de S. A. I. le prince Jérôme Napoléon, une nouvelle preuve des sentiments de respect et d'amour qui animent la France pour la famille impériale.

Un adieu suprême est dû au dernier représentant de la grande époque, au dernier né de la première génération des Napoléons, et qui vient de disparaître aussi le dernier. Le prince Jérôme rassemblait en lui et personnifiait tous les souvenirs, toutes les péripéties de ce siècle étonnant. Il n'avait que douze ans lorsque le héros de sa race se révélait en Italie comme le premier général des temps modernes; il n'en avait que seize lorsque la France saluait du nom de Consul le conquérant de l'Égypte et de l'Italie; il n'en avait que vingt quand l'Empereur prenant son rang en Europe, le front ceint de la double couronne, il fut enveloppé dans sa fortune. Dès l'enfance, il avait été l'objet de sa sollicitude et de sa tendresse; mais les tendresses d'un héros ne ressemblent pas à celles du reste des hommes : l'aigle n'encourage ses petits et ne les porte encore enfants sur son aile que pour mieux les accoutumer aux abîmes.

Être le frère d'un grand homme, d'un de ces génies de civilisation et de ces fondateurs qui créent tout autour d'eux et qui inaugurent leur race, est à la fois un grand honneur et un grand fardeau.

Il faudrait savoir et se donner et se doubler en quelque sorte; élever son cœur en même temps qu'anéantir sa volonté propre; comprendre d'un seul coup d'œil toutes les destinées futures qui intervertissent l'ordre antérieur et s'y résigner en grandissant. Les plus nobles natures, quand elles sont déjà faites et formées, éprouvent de la difficulté à ce rôle complexe, qui exige des qualités presque contraires. Le prince Jérôme, plus jeune, devait y entrer plus aisément. L'Empereur le destinait d'abord au service de mer. Il y faisait depuis cinq ans son apprentissage, et il avait passé par les divers grades depuis celui d'aspirant, lorsque

Napoléon, dans une lettre datée de Milan et adressée au ministre de la marine (29 mai 1805), disait de lui : « M. Jérôme est à la voile, à bord de sa frégate : je vous ai déjà fait connaître que vous rangiez sous son commandement l'*Incorruptible* et l'*Uranie*. Il a de l'esprit, du caractère, de la décision et assez de connaissance générale du métier pour pouvoir se servir du talent des autres. » Dans une autre lettre du même jour, Napoléon écrivait à Jérôme lui-même : « Mon frère, je vous envoie une lettre du ministre de la marine; vous y verrez tout le bien que vous pouvez faire à mes flottes par une bonne conduite. Il ne me manque point de vaisseaux, ni de matelots, ni d'un grand nombre d'officiers de zèle, mais il me manque des chefs qui aient du talent, du caractère et de l'énergie. »

Le désir, le besoin de Napoléon eût été de susciter quelque part dans les rangs trop éclaircis de ses flottes un grand homme de mer et de premier ordre qui pût tenir en échec la puissance rivale dans cette moitié flottante de l'empire du monde; mais un tel génie, à la fois supérieur et spécial, se rencontre quand il plaît à la nature et ne se suscite pas. L'Empereur ne trouvait de ce côté que du zèle, de l'habileté pratique, des talents partiels, des courages invincibles et à l'épreuve même des revers. Le prince Jérôme se signala honorablement. Capitaine de frégate, ayant ordre en 1805 d'appareiller avec la *Pomone* et deux bricks pour se rendre dans les eaux d'Alger et y réclamer du dey deux cent cinquante Génois, pris par les corsaires algériens et jetés dans les fers, il montra une énergie, une volonté devant laquelle la puissance barbaresque dut céder. Il ramena les Génois délivrés et reçut le grade de capitaine de vaisseau.

Mais il fit preuve surtout de résolution et d'audace lorsqu'à bord du *Vétéran*, en route pour la Martinique, dans l'escadre de l'amiral Villaumez, séparé tout à coup de l'escadre par une tempête, rejeté vers les côtes de France, serré de près par l'amiral Keith, il se détermine à tout plutôt que d'admettre qu'il puisse amener son pavillon. Un matelot qui sait les parages s'offre pour essayer d'entrer le *Vétéran* dans le petit port de Concarneau. La côte est hérissée de récifs ; jamais navire de ce tonnage n'a risqué pareille aventure. N'importe ! le prince ordonne au pilote Bréton de prendre la barre du gouvernail et de mettre le cap sur Concarneau. On réussit, on entre, on a échappé par ce coup hardi à l'escadre anglaise qui se croyait assurée de sa capture. Et c'est ainsi que le prince Jérôme, à peine âgé de vingt-deux ans, acquérait l'estime des marins. L'Empereur le nomma contre-amiral.

A la fin de 1806 il n'y avait plus de grandes choses à tenter sur mer : l'Empire était tout du côté du continent, mais sur le continent tout entier. L'Empereur décida que le nouveau contre-amiral passerait, avec le grade de général de brigade, dans l'armée de terre. Il lui confia vingt-cinq mille hommes de troupes bavaroises et wurtembergeoises, avec lesquels le prince Jérôme s'empara de la Silésie et rendit à la grande armée, alors en Pologne, d'utiles services. « Le prince Jérôme, disait l'Empereur dans un de ses bulletins, fait preuve d'une grande habileté et montre les talents et la prudence qui ne sont d'ordinaire que les fruits d'une longue expérience. » Le 14 mars 1807 Napoléon nommait son jeune frère général de division, et le 4 mai il écrivait au roi de Naples, Joseph : « Le prince Jérôme se conduit bien, j'en suis fort content, et je me trompe fort s'il n'y a pas en lui de quoi faire un homme de premier ordre. Vous pouvez croire cependant qu'il ne s'en doute guère, car toutes mes lettres sont des querelles. Il est adoré en Silésie. Je l'ai jeté exprès dans un commandement isolé et en chef, car je ne crois pas au proverbe que pour savoir commander il faut savoir obéir. »

La campagne de Prusse donna au prince Jérôme une occasion de prouver la bonté naturelle de son cœur. Ce fut lui qui introduisit dans le palais, dans la chambre de Napoléon, malgré les défenses, madame de Hatzfeld, dont le mari était en jugement et allait être condamné à mort : voir Napoléon, c'était obtenir sa grâce.

Dans la recomposition de l'Europe, qui fut la conséquence des derniers triomphes, Jérôme, âgé de vingt-trois ans, épousa le 7 août 1807 la princesse Catherine de Wurtemberg et fut roi de Westphalie. Il dota son royaume des institutions françaises et gouverna avec une bienveillance, une modération qui lui concilièrent les cœurs. En 1809, quand la guerre se ralluma en Autriche, que l'Allemagne entière tressaillit autour de Cassel, il la maîtrisa et la réprima sans trop de rigueur et put ensuite prendre sa part assignée dans les combinaisons de cette formidable campagne.

En 1812 Napoléon songea à tirer parti de son zèle, de son dévouement et à mettre ses talents de chef à l'épreuve, en lui confiant le commandement de toute l'aile droite de la grande armée qui allait franchir le Niémen. Après les premières opérations, dans lesquelles un illustre historien de ce temps dit que le jeune prince « n'avait commis aucune faute », un conflit fâcheux s'éleva, sur lequel ce n'est ni le moment ni le lieu d'insister. Le jeune général en chef, qui ne l'était plus, crut qu'il y allait de son honneur de roi de se démettre. Le même point d'honneur qui fait faire de grandes choses interdit quelquefois d'y participer.

Et ici, franchissant les années pénibles, on n'a

qu'à noter le bon sens avec lequel le roi Jérôme apprécia la situation que lui faisaient les événements de 1813 : « Roi par les victoires des Français, disait-il, je ne saurais l'être encore après leurs désastres. » Mais ce serait faire injure à sa mémoire que de louer la fidélité avec laquelle il s'exécuta sans prêter un seul instant l'oreille aux fallacieuses promesses par lesquelles on essayait de le détacher. « Lorsque le tronc est à bas, disait-il encore, les branches meurent. »

Revenu à Paris, subordonné à des déterminations supérieures, aux regrets de n'avoir point combattu une dernière fois devant la capitale dans la journée du 30 mars, il quitta la France à la première Restauration. Il était à Trieste lorsqu'il apprit le retour de l'île d'Elbe : il se déroba aussitôt à la surveillance dont il était l'objet, s'échappa sur une frégate napolitaine et arriva à Paris à temps pour entrer en campagne. Sa conduite, en cette année 1815, pour être bien simple, n'en mérite que plus d'être appréciée. Savoir être roi est chose difficile; savoir ne plus l'être après l'avoir été est chose plus difficile encore. Le prince Jérôme, par droiture de cœur, y réussit. A son retour en 1815 ce n'était plus un roi, ce n'était qu'un frère de l'Empereur, un soldat de la France. Lui qu'on avait pu trouver trop susceptible en 1812, il accepte le commandement d'une division d'infanterie dans le deuxième corps commandé par le comte Reille, et qui lui-même est sous le commandement de Ney. Il fait son devoir dans les terribles journées des Quatre-Bras et de Waterloo; blessé, il continue de lutter; il se bat simplement, vaillamment, dans ce bois accidenté d'Hougoumont, dont chaque arbre est pris et repris avec tant d'acharnement pendant tout le jour; le soir il rejoint l'héroïque et désespéré capitaine dans le carré de la vieille garde où l'âme guerrière de la France s'est comme réfugiée, et il entend cette parole qui, en tout autre moment, eût réjoui son cœur : « Mon frère, je vous ai connu trop tard. »

On n'a pas à suivre le prince Jérôme dans les longues années de proscription et d'exil. On n'y relèvera que ce qu'y remarquait Napoléon lui-même, c'est-à-dire l'amour qu'il avait inspiré à sa noble épouse, et dont elle lui donna des preuves par son dévouement absolu. Ce sont là des témoignages qui parlent assez.

La Providence a accompli ses vœux et comblé sa destinée en le rendant témoin des grandes choses qu'il attendait, dont il était fier et auxquelles il a noblement assisté. Il les décorait par sa présence. On le sentait bien, et la France, qui s'était accoutumée à voir dans ce dernier frère de Napoléon un survivant permanent d'une autre époque, aimait à le savoir là toujours. Ses funérailles ont été un deuil public : elles resteront un souvenir national.

M. le général de brigade Tatureau, ayant, aux termes des règlements, exercé pendant quatre ans le commandement de l'Hôtel, est appelé de nouveau par décision ministérielle du 8 janvier 1861, à prendre rang dans le cadre de réserve des officiers généraux de son grade.

Cet officier, d'un rare mérite, a fait avec distinction la campagne de 1829, en Morée, et plusieurs en Afrique.

Quoique ferme et parfois un peu sévère, son esprit de justice et de bienveillance le faisait aimer des invalides.

Nous croyons devoir faire connaître à nos lecteurs les adieux que lui fit le gouverneur :

« Général,

» En vous transmettant la lettre ci-jointe de S. Exc. le maréchal ministre de la guerre, lettre qui est à la fois le témoignage le plus flatteur et la récompense la mieux méritée de votre honorable carrière militaire, je veux aussi vous exprimer mes regrets d'être forcé de me séparer de vous. Ce regret, l'hôtel des Invalides le partagera, car pendant les quatre années que vous avez exercé le commandement vous avez rendu des services incontestables et surtout vous avez su vous y concilier l'estime et l'affection générales.

» Je désire, mon cher général, que le souvenir du cas tout particulier que je fais de vos bons services soit un adoucissement aux regrets très-légitimes qu'éprouve un bon officier à quitter la vie active. Comme vous le dit S. Exc. le maréchal ministre de la guerre, peut-être un jour viendra où la France fera un nouvel appel à votre expérience et à votre zèle qui ne s'est jamais démenti.

» *Signé :* Cte d'Ornano. »

LE GRAND MAITRE DES CÉRÉMONIES DE LA MAISON DE L'EMPEREUR A M. LE GOUVERNEUR.

« J'ai l'honneur de vous faire savoir, par ordre de l'Empereur, que la translation des restes mortels de l'empereur Napoléon Ier, de la chapelle Saint-Jérôme de l'église des Invalides où ils sont actuellement déposés dans le tombeau construit au milieu du dôme, aura lieu mardi 2 avril, à deux heures de l'après-midi, en présence de l'Empereur.

» L'Empereur, les princes de la famille impériale et de la famille de l'Empereur, ainsi que toutes les personnes convoquées pour cette cérémonie, entreront par la porte principale du dôme, du côté de la place Vauban.

» On sera en grand uniforme avec crêpe au bras et à l'épée.

» J'ai l'honneur de vous prier de vouloir bien

donner, en ce qui vous concerne, les ordres nécessaires pour que la volonté de l'Empereur soit exécutée.

» Veuillez agréer, monsieur le gouverneur, les nouvelles assurances de ma haute considération.

» Le grand maître des cérémonies,

» Signé : Cambacérès. »

Nouvel avis du grand maître des cérémonies.

Le mardi 2 avril, à deux heures de l'après-midi, les restes mortels de l'empereur Napoléon Ier seront transférés, en présence de l'Empereur, dans le tombeau construit au milieu du dôme des Invalides.

Assisteront à cette cérémonie :

S. A. I. Mgr le prince Napoléon ;
S. A. I. Mgr le prince Lucien Murat ;
S. A. I. Mgr le prince Joachim Murat ;
Les grands officiers de la couronne ;
Les officiers de la maison de l'Empereur ;
Les officiers de service du prince Napoléon ;
Les ministres et les membres du conseil privé ;
Les maréchaux et les amiraux présents à Paris ;
Le grand chancelier de la Légion d'honneur ;
Le gouverneur des Invalides ;
Le commandant supérieur de la garde nationale de la Seine.

Le grand aumônier, assisté du clergé de la chapelle impériale et du clergé de l'église des Invalides, fera la levée du corps.

Le grand maître des cérémonies prendra les honneurs, savoir :

L'épée,
Le chapeau de l'Empereur,
Les insignes de la Légion d'honneur,

et les remettra, sur des carreaux et recouverts de crêpe, aux personnes désignées par l'Empereur pour les porter.

Douze cent-gardes prendront le cercueil et le transporteront, précédé du grand aumônier et du clergé, au tombeau, sous le dôme, au milieu d'une haie de cent-gardes.

Les coins du poêle seront portés par :

S. A. I. le prince Napoléon;
S. A. le prince Lucien Murat;
S. A. le prince Joachim Murat.

Derrière le cercueil marcheront les personnes tenant les honneurs.

Le cortége arrivé au tombeau, le grand aumônier en fera la bénédiction et dira l'absoute.

Les cent-gardes placeront le cercueil dans le tombeau, puis l'absoute aura lieu.

Le tombeau sera ensuite fermé et les honneurs remis au grand maître des cérémonies.

Les invalides borderont la haie sur le passage de l'Empereur.

Le ministre d'État dressera un procès-verbal de cette cérémonie, qui sera déposé aux archives de l'État et transcrit sur le registre de la grande maîtrise des cérémonies.

L'Empereur descendra à la porte principale du dôme, place Vauban.

On sera en grand uniforme avec crêpe au bras et à l'épée.

Translation des restes mortels de l'empereur Napoléon Ier de la chapelle Saint-Jérôme dans le tombeau construit au milieu du dôme.

« En présence de S. M. l'empereur Napoléon III, le mardi deux avril mil huit cent soixante et un, à deux heures, a eu lieu la translation des restes mortels de S. M. Napoléon Ier, de la chapelle Saint-Jérôme, où ils étaient déposés depuis le 15 décembre 1840, dans le sarcophage préparé pour les recevoir et situé au milieu du tombeau construit au centre de la chapelle du dôme de l'hôtel impérial des Invalides.

» S. M. l'Impératrice et S. A. I. le prince impérial accompagnaient l'Empereur.

» Assistaient à cette cérémonie :

S. A. I. le prince Napoléon ;

S. A. le prince Murat ;

S. A. le prince Joachim Murat ;

Les grands officiers de la couronne ;

Les officiers de la maison de l'Empereur ;

Les officiers de service du prince Napoléon ;

Les ministres et les membres du conseil privé ;

Le maréchal Regnault de Saint-Jean d'Angely ;

Le grand chancelier de la Légion d'honneur ;

Le maréchal gouverneur des Invalides.

» Le cercueil de l'empereur Napoléon Ier a été enlevé de la chapelle Saint-Jérôme et transporté à bras par douze porteurs entourés de douze des cent-gardes de l'Empereur, et il a été déposé dans le sarcophage en granit de Finlande préparé dans le tombeau.

» Derrière le cercueil marchaient le maréchal Vaillant, portant l'épée que l'empereur Napoléon Ier avait à la bataille d'Austerlitz ; le maréchal Magnan, portant le collier, le grand cordon et la plaque de l'ordre impérial de la Légion d'honneur ; et l'amiral Hamelin, le chapeau que l'Empereur avait à la bataille d'Eylau.

» Ces objets précieux ont été déposés dans la chapelle pratiquée dans la galerie de la crypte en tête du sarcophage et dont les clefs ont été remises au maréchal gouverneur des Invalides.

» LL. MM. l'Empereur et l'Impératrice et S. A. I. le prince impérial,

» S. A. I. le prince Napoléon,

» S. A. le prince Murat,

» S. A. le prince Joachim Murat,

ont jeté l'eau bénite sur le cercueil.

» Le sarcophage a été clos par des plaques de granit de Normandie, scellées à demeure et maintenues par des croisillons en fer, également scellés à demeure. Il sera procédé sans désemparer à la pose définitive de la partie supérieure du sarcophage, opération longue et difficile, par suite du volume et du poids énorme de ce bloc.

» L'office a été célébré par S. Ém. Mgr le cardinal Morlot, grand aumônier de l'Empereur.

» La cérémonie a été terminée à trois heures un quart.

» Conformément aux ordres de l'Empereur, ce procès-verbal a été dressé par nous Alexandre-Florian Colonna, comte Walewski, ministre d'État, assisté de LL. EExc. MM. Baroche, ministre président du conseil d'État; maréchal comte Randon, ministre de la guerre, et maréchal comte d'Ornano, gouverneur de l'hôtel impérial des Invalides, qui ont signé avec nous.

> » *Le ministre président du conseil d'État,*
> » *Signé* : Baroche.

> » *Le maréchal ministre de la guerre,*
> » *Signé* : M^{al} Cte Randon.

> » *Le maréchal gouverneur des Invalides,*
> » *Signé* : M^{al} d'Ornano.

> » *Le ministre d'État,*
> » *Signé* : A. Walewski. »

Ici nous finirons le livre. Cette journée du 2 avril 1861, attendue avec tant d'impatience par les pensionnaires de l'Hôtel, vieux soldats de la République et de l'Empire, pour eux la plus belle de toutes celles que nous venons de raconter, s'est terminée par une distribution de croix de la Légion d'honneur, d'une croix de commandeur et d'un bâton de maréchal de France.

La joie était grande dans le cœur de tous les pensionnaires de l'Hôtel, et ils acclamèrent chaleureusement le digne héritier du grand Empereur. Mais ce qui particulièrement a surexcité leur reconnaissance et leur enthousiasme, c'est l'élévation de leur gouverneur, du comte d'Ornano, général de division du premier Empire, qui depuis dix ans leur témoigne la bonté et la sollicitude d'un père, à la dignité de maréchal de France.

A présent que l'ombre du plus grand homme des temps modernes protége la grande institution de Louis XIV et en assure à tout jamais la durée, nous pouvons dire que l'histoire des Invalides est complète. L'avenir pourra sans doute y ajouter quelques pages, de nouveaux trophées seront appendus aux voûtes du dôme, d'illustres guerriers viendront encore reposer autour des glorieux compagnons d'armes du grand Empereur, mais le monument ne changera pas de physionomie et l'institution restera ce qu'elle est.

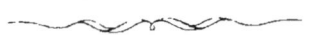

Dans tout ce qui précède, nos lecteurs n'ont trouvé que des pièces officielles, des récits authentiques de grandes et pompeuses cérémonies, des relations de visites de princes et de rois, des règlements et des procès-verbaux : notre intention n'était pas de leur donner autre chose. C'est un peu monotone peut-être, c'est moins amusant à coup sûr que la narration et les commentaires d'un historien, mais cela offre des notions plus certaines, et notre seul but était de faire tout connaître avec exactitude, en laissant à chacun le soin d'apprécier.

LIVRE CINQUIÈME.

DESCRIPTION MONUMENTALE ET ARTISTIQUE
DE L'HOTEL.

Sans être un de ces monuments qui commandent à l'admiration de tous les âges, l'hôtel des Invalides n'en est pas moins un des beaux édifices de l'Europe moderne. Son caractère est grave comme sa destination.

De larges abords, des proportions remarquables, un ensemble d'un effet éminemment majestueux, une certaine unité noble, une ornementation sévère lui assurent une place élevée dans l'esprit des connaisseurs.

Présentant au nord une façade dont le développement est d'environ deux cent dix mètres. Derrière cette façade sont cinq cours entourées de bâtiments d'habitation qui communiquent entre eux.

Au centre, la cour d'honneur, dans laquelle se trouve le portail de l'église : sur les côtés sont les cours d'Austerlitz, de la Valeur, d'Angoulême, de la Victoire.

Sur le prolongement des bâtiments dont nous venons de parler, Louis XV fit élever, en 1749, un autre bâtiment destiné aux logements des officiers de différents grades, et dont l'étendue est de cent trente mètres de largeur. Il n'a qu'un rez-de-chaussée surmonté d'un étage.

La façade principale de l'Hôtel se fait remarquer par ses belles et grandes proportions et par le caractère de solidité qu'elle offre dans son ensemble.

Le vaste soubassement qui lui sert de base et les pavillons avancés aident beaucoup à sa décoration.

Celui du milieu est l'entrée principale de l'Hôtel. De chaque côté de la baie sont des piédestaux et colonnes de l'ordre ionique supportant un grand arc décoré de trophées d'armes; dans cet arc est un grand bas-relief représentant la statue équestre de Louis XIV, ayant à ses côtés la Justice et la Prudence. Ce bas-relief, exécuté par Guillaume Coustou, avait été détruit dans le cours de la révolution : il a été rétabli par Cartelier et inauguré le 24 août 1846. Sur le piédestal on lit cette inscription :

LUDOVICUS MAGNUS,
MILITIBUS, REGALI MUNIFICENTIA,
IN PERPETUUM PROVIDENS,
HAS ÆDES POSUIT
AN 1675.

Aux côtés de la grande porte d'entrée sont les statues de Mars et de Minerve, et au-dessus la tête d'Hercule, en marbre blanc, également de Guillaume Coustou.

La façade présente trois étages de croisées au-dessus du rez-de-chaussée dont les ouvertures sont en arcades.

L'attique au-dessus du grand entablement est éclairé par des lucarnes formant des trophées.

Les grands pavillons des extrémités sont couronnés par un trophée placé sur attique formé de deux baies : ils sont en outre couronnés par une terrasse carrée entourée de balcons.

Aux angles de ces pavillons sont quatre piédestaux sur lesquels on a placé, en 1800, quatre statues en bronze qui autrefois décoraient le piédestal de l'ancienne statue de Louis XIV à la place des Victoires. Ces figures désignent les nations dont la France a triomphé. Elles sont de Desjardins.

Par l'avant-corps du milieu, on entre dans un grand et magnifique vestibule orné de colonnes, qui conduit à la cour d'honneur.

Une esplanade, n'ayant pas moins d'un demi-kilomètre de longueur sur deux cent cinquante mètres de largeur, précède l'entrée de l'avant-cour de l'Hôtel, depuis la Seine jusqu'à la grille principale.

L'avant-cour est défendue par un fossé d'environ

trois mètres de profondeur sur six mètres de largeur; au milieu est l'entrée, qui est fermée par une grille surmontée des armes de France, ayant à droite et à gauche deux pavillons servant de corps de garde.

Vient ensuite un superbe jardin, divisé en six parties triangulaires, par cinq belles allées, dont trois charretières conduisant : l'une à la grande porte d'entrée de la cour d'honneur, les deux autres aux portes latérales qui donnent entrée aux cours d'Angoulême, de la Victoire, d'Austerlitz et de la Valeur.

Enfin, à droite et à gauche de cette avant-cour, s'étendent de petits jardins que les militaires invalides se plaisent à cultiver.

Église dite de Saint-Louis.

Au fond de la cour d'honneur se trouve l'entrée de l'église, dont l'extrémité sud aboutit au dôme.

L'intérieur de cette église comprend une grande nef et deux bas-côtés; sa longueur est d'environ soixante-dix mètres sur vingt-deux de largeur. Elle est divisée par des arcs-doubleaux ornés de rosaces, de fleurs de lis et de couronnes; la voûte est pénétrée par des ouvertures demi-porche. Son élévation se compose de neuf arcades communiquant de la nef aux bas-côtés, et au-dessus desquelles se trouve une galerie interposée servant de tribune, défendue par un appui à balustrade; sur les pilastres de ces arcades sont adossées des colonnes ornées de chapiteaux corinthiens supportant un riche entablement servant d'appui à la voûte.

Trente-six fenêtres éclairent les bas-côtés et les tribunes au-dessus.

La voûte de l'arcade est ornée de différents symboles de la religion, en bas-reliefs. Dans une bordure ronde, qui est sous la clef, se trouve un triangle rayonnant au milieu duquel on voit le nom *Jehova;* le triangle, symbole de la sainte Trinité, a pour accompagnement des anges prosternés à ses côtés.

Dans deux autres bordures ovales, qui sont auprès des impostes remarquables de l'arcade, on voit de chaque côté des trophées d'armes au milieu desquels sont des boucliers portant les armes de France. Deux bordures plus hautes que larges, qui sont entre les trois précédentes, contiennent, l'une, la figure de l'Arche d'alliance, et l'autre, la figure du Saint-Sacrement.

La chaire est en marbre blanc veiné, rehaussée de parties d'or.

Le socle circulaire est parsemé d'étoiles en bronze doré.

L'appui est orné de bas-reliefs en cuivre doré représentant des sujets religieux.

Au-dessus de cet appui s'élèvent quatre colonnes en marbre, avec chapiteaux, bases et ornements en bronze qui soutiennent un abat-voix doré.

Entre les deux colonnes du fond, sur des rayons d'or, est ciselée une table de la Loi divine.

On monte à cette chaire par deux escaliers en marbre, placés de chaque côté du pilastre et garnis d'une balustrade en fer poli avec partie dorée.

L'église est séparée du chœur par une magnifique grille également en fer poli; elle est enrichie d'ornements en bronze doré.

Un jeu d'orgues d'une remarquable exécution occupe une grande tribune placée au-dessus de la porte d'entrée.

Sont appendus aux voûtes de l'église les drapeaux et étendards pris par nos armées.

Caveaux.

Jusqu'en 1788, les gouverneurs et plusieurs des hauts fonctionnaires de l'Hôtel ont joui du privilége d'être inhumés dans le caveau de l'église; mais une décision ministérielle du 8 mars de cette année avait établi qu'à l'avenir personne ne serait plus enterré dans ce caveau; décision virtuellement abrogée par les inhumations suivantes :

En l'an VIII, le corps du vicomte de Turenne a

LIVRE CINQUIÈME. 609

été extrait du musée des Monuments français et transféré à l'hôtel des Invalides.

En l'an XII, inhumation des restes du général Berruyer, gouverneur de l'Hôtel.

En 1810, dépôt provisoire du corps du maréchal Lannes, duc de Montebello, tué d'un coup de canon à la bataille d'Essling, le 22 mai 1809.

En 1812, inhumation du général Lariboissière, mort dans la retraite de Russie.

En 1812, dépôt du cœur du général Éblé, mort dans la retraite de Russie.

En 1812, dépôt du cœur du général Baraguey d'Hilliers, mort à Berlin en 1812.

En 1813, inhumation du corps du maréchal Bessières, duc d'Istrie, tué d'un coup de canon au combat de Weissenfels, le 1er mai 1813.

En 1813, inhumation du corps du grand maréchal du palais, Duroc, duc de Frioul, tué à la bataille de Bautzen, le 22 mai 1813.

En 1817, le cœur du général d'Hautpoul, tué à la bataille d'Eylau, a été transféré de l'hôtel de la Légion d'honneur aux Invalides.

En 1818, translation du cœur du général Bisson, pris aussi à l'hôtel de la Légion d'honneur.

En 1821, inhumation des restes mortels du maréchal duc de Coigny, gouverneur de l'Hôtel.

En 1823, dépôt du cœur du général de Conchy, décédé devant Pampelune le 26 août 1823.

En 1829, translation du cœur du général Kléber, général en chef de l'armée d'Égypte, assassiné au Caire le 14 juin 1800.

En 1833, inhumation des restes mortels du maréchal Jourdan, mort gouverneur de l'Hôtel le 23 novembre 1833.

En 1835, réception et placement du cercueil renfermant le corps du maréchal Mortier, duc de Trévise, et de ceux des treize autres victimes de l'attentat du 28 juillet 1835, savoir :

De Lachasse de Vérigny, maréchal de camp;
Rieussec, colonel de la garde nationale;
Raffé, colonel de la garde nationale;
Villalte, capitaine d'artillerie;
Prudhomme, sergent de la garde nationale;
Ricard, grenadier de la garde nationale;
Léger, ingénieur;
Benetter, grenadier de la garde nationale;
Labrouste, receveur des contributions;
Juglar, employé dans le commerce;
Ardouin, journalier;
Femme Langoral;
Mademoiselle Remi.

En 1837, inhumation des restes mortels du général comte Denys de Damrémont, tué d'un boulet de canon, devant Constantine, le 18 octobre.

En 1838, inhumation de la dépouille mortelle du

maréchal Mouton, comte de Lobau, commandant en chef de la garde nationale de Paris, décédé le 26 novembre.

En 1842, inhumation des restes mortels du maréchal Moncey, duc de Conégliano, gouverneur des Invalides, décédé le 20 avril.

En 1846, inhumation des restes mortels du maréchal comte Valée, décédé le 15 août.

En 1846, inhumation des restes mortels du baron Duperré, amiral et pair de France, décédé en novembre.

En 1847, translation des restes mortels du maréchal Serrurier, ancien gouverneur des Invalides.

En 1847, translation des restes mortels des deux grands maréchaux du palais, Bertrand et Duroc, dont les cénotaphes sont placés à droite et à gauche de l'entrée du tombeau de Napoléon.

En 1847, inhumation des restes mortels du maréchal marquis de Grouchy, décédé en juin.

En 1847, inhumation du corps du maréchal Oudinot, duc de Reggio, gouverneur des Invalides, décédé le 13 septembre.

En 1848, dépôt de l'urne contenant le cœur de Vauban.

En 1848, dépôt du cœur du général de division Négrier, blessé mortellement dans les journées néfastes du mois de juin.

En 1848, inhumation des restes mortels du général de division Duvivier, blessé malheureusement dans les journées de juin.

En 1849, inhumation des restes mortels du maréchal Bugeaud, duc d'Isly, décédé le 10 juin.

En 1849, inhumation des restes mortels du maréchal comte Molitor, gouverneur des Invalides, décédé le 28 juillet.

En 1851, eu égard aux nobles souvenirs qui se rattachent à madame de Villelume, née de Sombreuil, le ministre a décidé que son cœur serait transféré d'Avignon dans le caveau de l'église de l'Hôtel, où il se trouve maintenant.

En 1851, inhumation des restes mortels du maréchal Dode de la Brunerie, décédé en mars.

En 1851, inhumation des restes mortels du maréchal comte Sébastiani, décédé en juillet.

En 1852, inhumation des restes mortels du maréchal comte Gérard, décédé le 22 juillet.

En 1852, inhumation des restes mortels du comte Exelmans, maréchal de France, grand chancelier de l'ordre de la Légion d'honneur.

En 1853, inhumation des restes mortels du général de division Arrighi de Casanova, duc de Padoue, gouverneur des Invalides, décédé le 22 mars.

En 1854, inhumation des restes mortels du maréchal de Saint-Arnaud, commandant en chef de l'armée d'Orient, décédé le 29 septembre.

DOME DES INVALIDES.

En 1847, obsèques de l'amiral de Mackau.

En 1855, ...ation de l'amiral Bruat.

En 1858, ...lation de la dépouille mortelle du prince... ...ils, avec l'urne contenant le cœur ... princesse Catherine de Wurtemberg, sa mère, du ... des gouverneurs dans celui-du dôme, sous la chapelle Saint-Ambroise.

En 1860, inhumation du maréchal comte Reille.

En 18.., ...umation de l'amiral Parseval-...

... inhumation dans ... des restes ... ... prince Jér...

... translation ... ...els de Napo-léon ... ... Saint-Jérôme des Invalides, où ils sont actuellement déposés, dans le tombeau construit au milieu du dôme.

...

...e du dôme, ...stante ...pliqué à l'intérieur, éthéré ... ...eures à l'exté-rieur, que l'on regarde avec ... comme un des plus riches travaux d'architecture qu'il y ait au ... ...igne un ensemble tout à fait d... de l'inst...

La façade principale ... dôme ... laquelle se trouve le tombeau de Napoléon ... au midi, faisant face à la place Vauban. Elle est précédée

En 1855, obsèques de l'amiral de Mackau.

En 1855, inhumation de l'amiral Bruat.

En 1858, translation de la dépouille mortelle du prince Jérôme fils, avec l'urne contenant le cœur de la princesse Catherine de Wurtemberg, sa mère, du caveau des gouverneurs dans celui du dôme, sous la chapelle Saint-Ambroise.

En 1860, inhumation du maréchal comte Reille.

En 1860, inhumation de l'amiral Parseval-Deschênes.

En 1860, funérailles et inhumation dans le dôme des restes mortels de S. A. I. le prince Jérôme.

En 1861, translation des restes mortels de Napoléon Ier de la chapelle Saint-Jérôme des Invalides, où ils sont actuellement déposés, dans le tombeau construit au milieu du dôme.

Dôme et son église.

L'église du dôme, éclatante de peintures magnifiques à l'intérieur, étincelante de dorures à l'extérieur, que l'on regarde avec raison comme un des plus riches travaux d'architecture qu'il y ait au monde, forme un ensemble tout à fait digne de l'institution.

La façade principale du dôme, sous lequel se trouve le tombeau de Napoléon Ier, est au midi, faisant face à la place Vauban. Elle est précédée d'une vaste cour dans laquelle on entre par une magnifique grille en fer appuyée aux deux pavillons qui indiquent les deux extrémités.

C'est du milieu de la place Vauban que l'on peut plus particulièrement se rendre compte des riches détails et contempler l'ensemble de l'incomparable monument dû au génie du célèbre Mansard.

Cette entrée franchie, on arrive dans ce temple de la mort et de la gloire en foulant aux pieds de magnifiques mosaïques du temps de Louis XIV, restaurées avec autant de soin que de talent.

A droite et à gauche, on aperçoit les monuments de nos capitaines Turenne et Vauban.

Le dôme, à cause de son étendue, est soutenu au milieu par quatre gros piliers, séparés chacun d'une baie percée en diagonale, afin qu'on puisse découvrir du point du centre les quatre chapelles de forme circulaire qui, séparées les unes des autres par une croix grecque dont les parties, à peu près égales, sont construites au midi, à l'orient, à l'occident et au nord. Les pilastres appliqués contre ces piliers, ainsi que les huit colonnes formant avant-corps, sont de l'ordre corinthien, cannelés et exécutés avec une rare perfection.

Les voûtes de la nef du dôme forment quatre arcades, dans les pendentifs desquelles sont autant de tableaux représentant les quatre évangélistes dans des bordures de plomb doré.

Ces tableaux sont de Charles Delafosse, élève de Lebrun.

Les pendentifs sont couronnés d'un entablement, attique et mosaïque, orné de médaillons en bas-reliefs représentant :

Clovis, par Bosio; Dagobert, par Tannay; Pepin le Bref, par Cartelier; Charlemagne, par Rutxhiet; Louis le Débonnaire, par Bosio; Charles le Chauve, par Cartelier; Philippe-Auguste, par Tannay; saint Louis, par Rutxhiet; Louis XII, par Tannay; Henri IV, par Rutxhiet; Louis XIII, par Bosio; Louis XIV, par Cartelier.

Les pilastres servent à porter le dernier entablement de la première voûte, d'où s'élèvent en coupe des arcs-doubleaux, lesquels répondent aux pilastres de dessous; ils sont ornés de caissons remplis de roses-ornements, encadrés d'un riche boudin garni d'oves.

Les panneaux entre les arcs-doubleaux représentent les douze apôtres.

La corniche couronnant la coupe a, sous son larmier, un gros cordon orné de pampres de vigne.

L'ouverture circulaire de cette coupe, en hauteur, est de quatorze mètres soixante-cinq centimètres, à travers laquelle on découvre une seconde voûte ou coupole dans laquelle sont des jours pratiqués avec art. C'est dans cette dernière voûte qu'on a placé le grand morceau de peinture qui couronne l'ensemble de toutes les beautés de ce monument. Le peintre y a représenté saint Louis, revêtu des ornements de la royauté, entrant dans la gloire et présentant à Jésus-Christ, environné de ses anges, l'épée avec laquelle il a triomphé des ennemis du nom chrétien.

Ce riche tableau est de la plus grande et de la plus admirable exécution ; c'est un des chefs-d'œuvre du célèbre Charles Delafosse.

Ici nous remarquerons, comme nous l'avons déjà dit, la beauté du pavé de ce dôme, pavé qui est en marbre.

Le sanctuaire, de forme elliptique, a dix-huit mètres de long de l'orient à l'occident, sur douze mètres du nord au midi et vingt-six mètres de hauteur jusqu'à la clef de la voûte.

Des figures de femmes, en bas-reliefs, sont assises sur les bandeaux de chaque fenêtre, base du sanctuaire, aux côtés d'une console d'où pendent des festons de fleurs.

Les figures de la fenêtre vers l'occident représentent : l'une la Charité, caractérisée par des enfants qu'elle a auprès d'elle ; et l'autre, qui est ailée, la Libéralité chrétienne, ayant pour attribut une corne d'abondance. Celles de la fenêtre en face représentent : l'une la Foi et l'autre l'Espérance. Ces bas-reliefs ont été établis par Rutxhiet.

Toute la voûte du dôme est peinte ou dorée.

Deux magnifiques peintures de Noël Coypel fixent particulièrement l'attention des connaisseurs.

Le premier tableau, occupant toute la voûte, représente la très-sainte Trinité.

Le deuxième, qui est placé au-dessus du même sanctuaire, représente l'Assomption de la sainte Vierge.

Dans leurs embrasures, on voit des figures d'anges parfaitement groupées qui semblent former des concerts de musique.

Le tableau qui est à droite a été peint par Louis Boulogne.

L'espace occupé par les deux grands morceaux de Noël Coypel forme un demi-cercle renfermé entre l'archivolte et les deux impostes de la grande arcade du chœur et un arc-doubleau rampant, en plein cintre sous la voûte, dont il termine les peintures de ce côté ; ainsi, il sépare le tableau de la Trinité de celui de la sainte Vierge. Cet arc-doubleau, beaucoup plus élevé que l'arc du chœur, et un autre, entre l'archivolte qui est vis-à-vis du midi, sont l'un et l'autre richement ornés de sculptures et entièrement dorés.

La sculpture est de Paul Boutet.

Par la grande élégance de sa construction, par la prodigieuse richesse des matériaux qui le composent, le maître-autel est à lui seul un monument dans ce monument.

On voit d'abord les quatre magnifiques colonnes qui supportent un riche baldaquin doré, surmonté d'une croix; au centre de ce baldaquin figurent, sur des colonnes portées par des anges, les initiales de saint Louis, patron de l'église.

Ces quatre colonnes, dites grand antique, sont en marbre noir et blanc, provenant de l'arrondissement de Saint-Girons, département de l'Ariége. Elles ont une hauteur de huit mètres, sans les chapiteaux et bases, sur quatre-vingt-dix centimètres de diamètre.

L'autel, admirable de simplicité, est en marbre noir tiré du département de l'Isère.

Tout le soubassement est en marbre vert de la plus grande beauté; il provient des Hautes et Basses-Alpes.

Les dix marches qui conduisent au maître-autel sont en beau marbre blanc de Carrare.

Le soubassement entier de l'autel est composé en marbre noir et panneaux en grand antique, de forme elliptique, ayant de chaque côté un escalier en marbre blanc, conduisant à l'entrée de la crypte où se trouve le tombeau de l'Empereur, entrée qui est précédée à droite et à gauche des cénotaphes renfermant les restes mortels des maréchaux Duroc et Bertrand, les amis de Napoléon, aussi fidèles dans son infortune qu'ils l'avaient été dans sa puissance.

Cénotaphe de Duroc,

DUC DE FRIOUL, GRAND MARÉCHAL DU PALAIS, TUÉ LE 23 MAI 1813
A LA BATAILLE DE WURTSCHEN.

La base de ce cénotaphe est en marbre blanc de mer, du plus riche profil ; sur cette base est un sarcophage en marbre, grand antique, supporté par deux colonnes d'avant-corps derrière lesquelles sont les pilastres engagés. Ces colonnes, réunies ensemble, sont couronnées par un entablement très-riche et un fronton sphérique dont le tympan est orné de couronnes de laurier et de branches de cyprès.

Les ornements, les chapiteaux, ainsi que les bases de colonnes sont en bronze.

Les colonnes sont en marbre, grand antique de l'ordre composite.

Dans l'entre-colonnement, sur un tableau en marbre noir, on lit : Duroc.

Cénotaphe de Bertrand,

GRAND MARÉCHAL DU PALAIS, DÉCÉDÉ LE 31 JANVIER 1844.

Le cénotaphe du maréchal Bertrand est exactement semblable à celui de Duroc.

L'un et l'autre ont été exécutés d'après les dessins de Visconti.

Tombeau du maréchal Vauban.

Dans l'emplacement de l'autel dit *de la sainte Vierge,* on a élevé en 1807 un monument au maréchal Vauban, l'un des hommes de guerre les plus célèbres du règne de Louis XIV, le créateur du génie militaire en France, et dont la vie entière fut employée à la gloire et à la défense de son pays; ce sarcophage est ainsi composé :

Un piédestal en marbre rouge de Flandre en forme la base; il est surmonté d'un autre sarcophage en marbre noir, au-dessus duquel est Vauban, représenté à demi couché sur plusieurs volumes de ses œuvres. Au milieu de trophées de drapeaux s'élève une colonne en obélisque héraldique en marbre noir, et au-dessus, sur le devant du sarcophage, est un cartouche ou blason aux armes du maréchal.

De chaque côté de ce tombeau sont deux figures allégoriques : la Science et la Guerre, dues au ciseau d'Étex. Sur le soubassement on lit cette inscription : Vauban.

Cette chapelle, qui a onze mètres trente-six centimètres de profondeur sur douze mètres de longueur et dix-huit mètres de hauteur, communique par deux arcades aux chapelles Saint-Ambroise et Saint-Augustin.

Au-dessus de la première de ces arcades est un bas-relief représentant saint Louis ordonnant la construction des Quinze-Vingts.

Au-dessus de l'arcade qui mène à la chapelle Saint-Augustin, on voit la prise de Damiette.

Ce bas-relief est de Simon Hurtrelle.

Les deux figures de femmes qui sont placées dans l'archivolte de la fausse baie représentent : l'une la Prudence, l'autre la Tempérance ; elles sont de Philippe Magnier.

Tombeau de Turenne,

TUÉ PAR UN BOULET DE CANON, PRÈS DE SALTZBACH,
LE 27 JUILLET 1675.

On a érigé dans l'emplacement de l'autel de la chapelle dite de *Sainte-Thérèse,* au-dessous duquel était la statue en marbre de cette sainte, le beau tombeau de Turenne qui était à Saint-Denis ; monument regardé avec raison par les connaisseurs comme morceau de la plus belle ordonnance, dont la composition est de Lebrun et l'exécution de Tuby.

Turenne y est représenté expirant entre les bras de l'Immortalité tenant une couronne de laurier qu'elle élève vers le ciel. Aux pieds du maréchal est un aigle effrayé, symbole de l'empire sur lequel ce héros avait remporté tant de victoires. Ce morceau est surmonté d'un obélisque héraldique en marbre.

Sur la face du sarcophage est un bas-relief en bronze représentant la dernière action de Turenne pendant la campagne de 1674, où, avec vingt-cinq mille hommes, il en battit en différentes occasions plus de soixante mille, et où, à la journée de Turkheim, il extermina une grande partie de l'armée ennemie et contraignit l'autre à repasser le Rhin.

Marsy, autre sculpteur célèbre, a travaillé aux ornements qui accompagnent ce tombeau. On voit de lui des figures de femmes représentant la Sagesse et la Valeur. Sur le soubassement, on lit cette modeste inscription : Turenne.

Sur les deux arcades qui communiquent aux deux chapelles latérales de Saint-Grégoire et de Saint-Jérôme, on voit la translation de la couronne d'épines par saint Louis; ce bas-relief est de Corneille Vauclève. Sur l'arcade qui mène à la chapelle Saint-Grégoire, on voit un autre bas-relief représentant saint Louis touchant et guérissant des malades. Ce dernier est de Philippe Magnier.

Les deux figures de femmes qui sont placées sur l'archivolte de la croisée représentent : l'une la Force, l'autre la Justice.

Huit colonnes engagées, d'ordre corinthien, élevées sur des piédestaux à égale distance, supportent un entablement au-dessus duquel est une espèce de piédestal ou d'attique, qui reçoit la naissance de la voûte : cet attique est revêtu de quatre groupes de figures en bas-relief. Dans l'intervalle des colonnes il y a trois arcades, trois niches et deux croisées.

Ces figures sont entre quatre corps ornés de sculptures, telles que : boucliers, branches d'olivier et de palmes entremêlées de tiges de lis, de roses et d'autres fleurons, suivant les différents symboles relatifs aux quatre pièces de l'église auxquelles ces chapelles sont dédiées.

Chapelle Saint-Grégoire.

Sur l'archivolte qui conduit de cette chapelle au tombeau de Vauban, sont placés deux anges en bas-relief soutenant un médaillon qui représente le mariage de saint Louis.

Sur la porte du côté du sanctuaire est un autre bas-relief avec un médaillon soutenu par des anges sur lequel on voit le légat donnant la croix à saint Louis pour le voyage de la terre sainte.

Sur la porte qui va au dôme existe un médaillon en bas-relief qui représente l'Espérance, désignée sous la figure d'une femme ayant une ancre auprès d'elle.

Cette figure est de Lecointe.

Sur les chambranles de croisées, devant le soubassement, sont des groupes de figures en bas-relief et dorées, qui représentent des anges assis sur des nuages, avec différents instruments de musique. Ces groupes sont de Jean Paultier.

Dans la voûte inférieure il y a six tableaux, savoir : quatre dans les tables ornées de bordures, et deux dans les croisées simulées.

Sur la seconde voûte ou coupole est peint le premier tableau, représentant saint Grégoire distribuant tout son bien aux pauvres.

Le second représente Eutychès converti par saint Grégoire et brûlant tout ce qu'il avait écrit au sujet de la résurrection.

Dans le troisième on voit Jésus-Christ apparaissant à saint Grégoire.

Le quatrième représente une procession ordonnée par saint Grégoire pour faire cesser la peste dont Rome était affligée.

Dans le cinquième on voit l'apparition d'un ange à saint Grégoire.

Enfin, le sixième représente la translation de ce saint pape.

La seconde voûte ou coupole représente saint Grégoire enlevé au ciel par des anges.

Tous ces tableaux sont de Michel Corneille.

Chapelle Saint-Jérôme.

Les deux bas-reliefs dorés qui sont sous les croisées de cette chapelle représentent deux groupes de prophètes.

Ces figures sont de Nicolas Coustou.

Sur la porte qui conduit au tombeau de Vauban, deux anges soutiennent un médaillon représentant saint Louis pansant les malades.

Ce bas-relief est de Jean Paultier, ainsi qu'un autre de même forme, placé sur la porte opposée, qui représente saint Louis assistant à la sépulture de ceux qui avaient été tués en combattant les infidèles.

Sur la porte qui conduit de cette chapelle au dôme est un bas-relief où l'on voit la Charité, sous la figure d'une femme qui a des petits enfants autour d'elle.

Deux bas-reliefs dorés, placés sous les tableaux de cette chapelle, représentent deux groupes de prophètes.

Le groupe d'en bas est de Nicolas Coustou.

Les six autres tableaux qui décorent cette chapelle sont de Bon Boulogne, ainsi que celui qui remplit la petite voûte.

Le premier représente saint Jérôme visitant les tombeaux des martyrs dans les environs de Rome.

On voit dans le deuxième la cérémonie de son baptême à Rome;

Dans le troisième, son ordination;

Dans le quatrième, la réprimande qu'il raconte avoir reçue de Jésus-Christ à cause de son attachement aux auteurs profanes.

Dans le cinquième, on voit saint Jérôme retiré dans le désert.

Dans le sixième, il est représenté au lit de mort.

L'état de béatitude et de paix dont saint Jérôme va jouir après sa mort est exposé, avec un art et une expression admirables, dans un grand morceau de peinture qui occupe toute la coupole de cette chapelle.

Sur la porte du dehors, près de la grande porte, le pape donne la bénédiction à saint Louis et à ses enfants.

Ce bas-relief est de François Spingola.

Chapelle Saint-Ambroise.

Les bas-reliefs dorés placés sous les croisées de la chapelle représentent des concerts d'anges, par Anselme Florent et Hardy.

Le premier, où l'on voit saint Louis lavant les pieds d'un pauvre, est de Jean Paultier.

Le deuxième, qui représente la vision que saint Louis eut de Jésus-Christ sous la figure d'un enfant dans l'Eucharistie, est de Philippe Magnier.

Le bas-relief qui est placé sur l'ouverture de la chapelle, dans le grand dôme, représente l'Humilité.

Les tableaux dont cette chapelle est ornée sont de Bon Boulogne.

Le premier représente l'élection de saint Ambroise à l'évêché de Milan.

Dans le deuxième, on voit le même saint imposant la pénitence à l'empereur Théodose.

Le troisième représente la conversion d'un fameux arien par saint Ambroise.

Dans le quatrième, on voit le même saint trouvant le corps de saint Macaire, martyr.

Le cinquième représente la guérison d'un possédé par ce prélat.

Dans le sixième, on voit la mort du saint évêque.

Enfin, dans le septième, qui remplit la coupole, on voit saint Ambroise monter au ciel.

Chapelle Saint-Augustin.

Les deux bas-reliefs placés sous la croisée de cette chapelle sont d'Anselme Flamant.

Les deux médaillons représentent : l'un saint Louis exposant à la vénération des peuples la partie de la vraie croix qu'il avait apportée de la terre sainte; et l'autre, ce même prince donnant audience et rendant la justice à son peuple. Ces deux médaillons sont de Jean Paultier.

Le bas-relief placé sous l'ouverture de la chapelle, dans le grand dôme, représente la Religion sous la figure d'une femme qui tient une croix et qui a un modèle de l'église auprès d'elle.

Ce morceau est du sculpteur Lapierre.

Les tableaux sont de Louis Boulogne.

Le premier représente la conversion de saint Augustin;

Le deuxième, son baptême.

Dans le troisième, on le voit prêchant à Hippone devant l'évêque Valère.

Le quatrième représente son sacre par Mégalius, primat de Numidie.

Dans le cinquième, on le voit confondant les donatistes, dans la conférence de Carthage, en présence de Marcellin, proconsul d'Afrique.

Dans le sixième, étant au lit de mort, on le voit guérissant un malade.

Enfin, le septième, qui tient la coupole, représente son élévation dans le ciel par les anges.

Les quatre chapelles dont on vient de parler répondent au centre du grand dôme, dont les magnifiques ornements attirent particulièrement l'attention.

Le pavé en mosaïque des chapelles est remarquable tant par le choix des marbres qui y sont employés que par la distribution des compartiments.

On voit sur la baie de la chapelle Saint-Grégoire, du côté du sanctuaire, saint Louis servant les pauvres à table.

Ce bas-relief est de Pierre Legros.

Sur celle de Saint-Ambroise, de l'autre côté du sanctuaire, saint Louis est représenté envoyant des missionnaires chez les infidèles.

Ce morceau est de Sébastien Slods.

Enfin, sur celle de Saint-Augustin; qui est vis-à-vis de la chapelle Saint-Jérôme, du côté de la grande porte, saint Louis est représenté à son lit de mort recevant l'extrême-onction.

Ce bas-relief est de Corneille Vauclève.

Sur les portes du milieu de ces quatre chapelles, dans le grand dôme, sont différents bas-reliefs.

Sur la baie de celle de Saint-Grégoire est un ange qui tient la sainte ampoule.

Cette figure est d'Antoine Flamant.

L'ange qui tient le bouclier, au-dessus de la chapelle Saint-François, est de Coustou.

Sur la baie de la chapelle Saint-Augustin est un ange tenant un casque.

Ce bas-relief est d'Antoine Flamant.

Enfin, celui qui tient une couronne d'une main et un drapeau fleurdelisé de l'autre est de Corneille Vauclève.

Tombeau de Napoléon.

> Il faut à Napoléon un monument durable comme sa mémoire.
> RÉMUSAT.

Après avoir examiné les tombeaux et cénotaphes renfermant les restes mortels des illustres maréchaux Turenne, Vauban, Duroc et Bertrand, les deux derniers amis de Napoléon, aussi fidèles dans son infortune qu'ils l'avaient été dans sa puissance, on se trouve en face du péristyle qui conduit à la tombe de Napoléon ; mais, avant d'en franchir les degrés, on s'arrête avec autant de respect que d'admiration devant la sévère et imposante porte en bronze qui en ferme l'entrée, et au-dessus de laquelle on lit, sur une table de marbre noir, ces immortelles paroles de Napoléon, consignées dans son testament :

JE DÉSIRE QUE MES CENDRES REPOSENT SUR LES BORDS DE LA SEINE, AU MILIEU DE CE PEUPLE FRANÇAIS QUE J'AI TANT AIMÉ.

De chaque côté de cette porte sont adossées, contre le soubassement du maître-autel du dôme,

LES INVALIDES.

Enfin, ... entourée d'une main
... ... est de Corneille
... ...

Tombeau de Napoléon.

<blockquote>
Il fut à Napoléon ... ...
durable comme sa mémoire.
RÉMUSAT.
</blockquote>

Après avoir examiné les tombeaux et cénotaphes renfermant les restes mortels des illustres maréchaux Turenne, Vauban, Duroc et Bertrand, les deux derniers amis de Napoléon, aussi fidèles dans ... ... puissance, ... la ... ... les degrés, on s'arrête avec autant de respect que d'admiration devant la sévère et imposante porte en bronze qui en forme l'entrée, et au-dessus de laquelle on lit, sur une table de marbre noir, ces immortelles paroles de Napoléon, consignées dans son testament :

JE DÉSIRE QUE MES ... ... LES BORDS DE LA SEINE,
AU MILIEU DE CE PEUPLE FRANÇAIS QUE J'AI TANT AIMÉ.

De chaque côté de cette porte sont adossées, contre le soubassement du maître-autel du dôme,

ENTRÉE DE LA CRYPTE.

deux colossales statues persiques de bronze, exécutées par Duret. Elles tiennent entre leurs mains, sur deux coussins : l'une le globe, l'autre le sceptre impérial. Ces deux statues, par leur aspect grandiose et imposant, annoncent la sainteté du lieu où l'on va descendre et semblent destinées à la garde silencieuse et éternelle du tombeau qui renferme les restes précieux du plus grand capitaine des temps modernes.

Cette porte, ainsi qu'on le reconnaît, donne entrée au péristyle obscur qui conduit à la crypte au moyen de marches de marbre blanc taillées dans des blocs de vingt-cinq pieds de longueur. Cet espace franchi, on se trouve devant la masse imposante qui renferme le cercueil du captif de Sainte-Hélène.

Mais avant d'approcher de ces restes glorieux, parcourons la galerie circulaire creusée sous le pavé du dôme, éclairée par des lampes funéraires de bronze suspendues au plafond.

Dans cette galerie sont placés à la suite les uns des autres dix bas-reliefs de marbre blanc, résumant pour ainsi dire la vie de Napoléon.

Telle est la pensée qui a présidé à cet immense travail, remarquable par sa grandeur et le fini de son exécution.

Dans chacun de ces dix bas-reliefs, Napoléon occupe le centre de la composition. Des figures symboliques l'accompagnent : elles servent à rappeler les travaux de sa vie.

Ce n'est pas seulement le guerrier, l'homme des champs de bataille qu'elles représentent, mais aussi le législateur, le protecteur de l'agriculture, des arts, du commerce, des sciences et de l'industrie.

Ces bas-reliefs, composés par Simare et exécutés, sous sa direction et sa responsabilité personnelle, par Canut, Petit, Chambard et Ottin, rappellent :

La pacification des troubles civils; le concordat; l'administration; le Conseil d'État; le Code; l'Université; la Cour des comptes; les encouragements donnés au commerce et à l'industrie; les travaux publics; la Légion d'honneur.

Après avoir fait le tour de cette galerie, on entre dans la crypte en foulant le marbre qui en forme le sol, immense auréole d'un jaune d'or, à travers les rayons de laquelle serpente une couronne de lauriers en mosaïque incrustée. La balustrade, toute de marbre d'Italie, est ornée de simples couronnes sculptées.

Dans les intervalles, on lit les noms immortels de :

Rivoli, Pyramides, Marengo, Austerlitz, Iéna, Friedland, Wagram, Moskowa.

L'effet de l'auréole est on ne peut plus saisissant et fait ressortir mieux encore la couleur rouge foncé du monolithe qui se dresse au centre dans sa majestueuse simplicité.

LES INVALIDES.

... elles servent à rap...
...

... pas seulement ... l'homme d...
... de bataille qu'... ...ent, mais aussi
le ...islateur, le protec... ...griculture, des
arts, des commerces, des ... ...dustrie.

Ces bas-reliefs, composés par ... et exécutés
sous sa direction et sa responsabilité personnelle
par Canot, Petit, Chambard et Jtto, rappellent :

La pacification des troubles civils; le concordat;
l'administration; le Conseil d'État; le Code; l'Université; la Cour des Comptes; les encouragements
donnés au commerce et à l'industrie; les travaux
... la Cour d'honneur.

... ou entre
... en forme
... , limites ... à ... jour ... à ...
les rayons de laquelle serpente une couronne de
lauriers en mosaïque incrustée. La balustrade, toute
de marbre d'Italie, est ornée de simples couronnes
sculptées.

Dans les intervalles, on lit les noms immortels de
Rivoli, Pyramides, Marengo, Austerlitz, Iéna,
Friedland, Wagram, Moskowa.

L'effet de l'auréole est ... ...ent plus saisissant
et fait ressortir mieux encore la couleur rouge foncé
du monolithe qui se dresse au centre dans sa majestueuse simplicité.

VUE DE L'AUTEL ET DE LA CRYPTE.

Cette masse énorme n'a pour ornements que des arêtes arrondies et des enroulements d'une sévère régularité; elle a été arrachée au sol de la Finlande, et ce n'est qu'avec des peines, des sacrifices et des fatigues sans nombre que l'on est parvenu à la transporter sur les bords de la Seine; mais là toutes les difficultés n'étaient pas surmontées, car ce n'est qu'à l'aide des moyens les plus ingénieux que l'on est parvenu à la tailler, et pour lui donner la forme sépulcrale et le poli que reflète la lumière du dôme, ainsi que celle des lampes, il a fallu l'emploi d'une machine à vapeur du plus puissant mécanisme.

Le cercueil a quatre mètres de longueur, deux mètres de largeur et quatre mètres cinquante centimètres de hauteur; il est formé de quatre blocs distincts: le couvercle, la cuve et les deux supports; le tout placé sur un pied de granit vert des Vosges.

Dans le pourtour de la crypte et faisant face au cercueil, sont placées douze colossales cariatides de marbre blanc.

Ces douzes cariatides, sculptées par le célèbre Pradier, représentent les douze principales victoires de l'Empereur et semblent placées là comme compagnes silencieuses et immobiles de cette tombe, que rien n'égale en grandeur et en magnificence; les yeux s'en séparent-ils un moment pour chercher le ciel, qu'apparaissent le dôme et ses peintures séculaires, exécutées par Lafosse et Jouvenet. On y voit les initiales et les symboles de Louis XIV, ainsi que les remarquables sculptures des plus éminents artistes de cette époque glorieuse.

Dans cet asile de la mort et de la gloire, tout porte à l'âme; car on dirait que ces magnifiques travaux, exécutés depuis bientôt deux siècles, l'ont été dans le but de servir de couronnement à cette tombe qui résume l'histoire de la grande époque impériale.

Mais, avant de nous éloigner du mausolée, visitons le lieu auquel Visconti a donné avec un rare bonheur le nom de reliquaire, asile sombre et mystérieux qui se trouve dans la galerie derrière la crypte, en face de l'entrée du tombeau; c'est là que sont déposés l'épée que Napoléon portait à Austerlitz, ainsi que les insignes qui décoraient sa poitrine aux jours solennels; et de chaque côté les drapeaux longtemps conservés au Luxembourg, restes glorieux des conquêtes dont les noms sont gravés dans l'hémicycle.

Au fond de ce reliquaire, dont les parois sont revêtues de marbre noir, apparaît la statue de l'Empereur en costume impérial du sacre. Cette statue, qui est de marbre blanc de la plus grande beauté, a deux mètres soixante-six centimètres de hauteur. Elle tient dans sa main droite le sceptre surmonté d'un aigle, et dans sa main gauche le globe terrestre sur lequel se trouve placée une couronne. Exécutée par Simare, cette statue est du plus admirable travail.

Le public ne pénètre pas dans ce sanctuaire, fermé par une grille de fer et éclairé par une lampe funéraire de la plus grande beauté.

Telle est la description du tombeau de Napoléon Ier et de ce dôme qui, à lui seul, est un monument sans rival, aussi étonnant par sa grandeur que par la hardiesse de ses proportions. Il n'a fallu rien moins que la puissance du génie de l'architecte académicien chargé de diriger les travaux pour surmonter les obstacles que présentait l'accord du tombeau avec la magnificence de l'édifice qui le renferme.

Les beautés extérieures du dôme ne le cèdent en rien à celles de l'intérieur.

Il forme, comme nous l'avons déjà dit, un quadrilatère régulier qui a cinquante-six mètres en tout sens.

Son portail, qui fait l'avant-corps, est remarquable par sa composition d'architecture.

Le soubassement où se trouve l'entrée principale de l'église est décoré de quatorze colonnes et pilastres garnis de bases et chapiteaux de l'ordre dorique; ces colonnes supportent un riche entablement orné de triglyphes et métopes.

La baie d'entrée est garnie d'un chambranle surmonté d'un attique, orné de consoles et guirlandes. Le portail forme trois corps de bâtiments précédés d'un perron composé de quinze marches. Quinze autres colonnes moins avancées que les précédentes accompagnent, de part et d'autre, deux niches dans chacune desquelles est une statue de marbre blanc. L'une, qui est vers l'occident, représente saint Louis en habit de guerre, ayant sur son manteau la croix dont il s'était revêtu pour la conquête de la terre sainte; il s'appuie d'une main sur un bouclier, et de l'autre il porte la couronne d'épines. Il a un turban sous ses pieds.

La statue qui est de l'autre côté représente Charlemagne, la couronne de France sur la tête, et revêtu d'une cuirasse à la romaine; de la main droite il tient une épée, et de la gauche il s'appuie sur un globe surmonté d'une croix. Au-dessus de ce globe est un tronçon de palmier; aux pieds du prince est un casque.

Au-dessus de l'entablement dorique s'élève un étage correspondant à celui dit *du soubassement,* et orné d'autant de colonnes et pilastres, mais de l'ordre corinthien.

Au-devant des deux pilastres attiques sont quatre figures de femmes, dont les deux plus rapprochées du centre représentent la Justice et la Tempérance, et les deux autres la Prudence et la Force.

L'avant-corps du milieu est terminé par un fronton triangulaire, dans le tympan duquel on voit l'écusson des armes de France, et sur le sommet une croix accompagnée de deux figures de femmes assises, représentant la Foi et la Charité.

Quatre autres figures de femmes, élevées de part et d'autre sur des acrotères aux côtés du fronton et au-dessus des quatre colonnes des extrémités de l'avant-corps, représentent : la Confiance, l'Humilité, la Constance et la Magnanimité.

Au-dessous et entre les colonnes sont deux trophées d'église dans des panneaux surmontés d'attiques. Des deux côtés du fronton et un peu au-dessous, règne dans tout le pourtour de l'église un acrotère ou balustrade de pierre à hauteur d'appui. Au-dessous de l'entablement des corniches de second ordre de cet étage on avait placé, dans les quatre angles du bâtiment, quatre groupes, chacun de deux figures, qui représentaient huit docteurs de l'Église, quatre de l'Église latine, et quatre de l'Église grecque.

Ces groupes ont été détruits dans le cours de la révolution.

Les deux faces latérales ont chacune un avant-corps au milieu du bâtiment où sont des tables saillantes qui portent l'entablement dorique sur lequel s'élève l'acrotère ; quatre pilastres servent à porter un grand fronton, dont le milieu est rempli par les armes de France et par différents ornements de sculpture.

Rien ne peut être comparé à la richesse de la façade principale; c'est elle surtout qui fixe l'attention par sa belle ordonnance et par le fini d'une exécution dont toutes les parties répondent parfaitement à la grandeur et à la beauté du dôme qui s'élève au-dessus.

L'élévation géométrale de ce dôme est décorée de quarante colonnes composites, posées sur un soubassement qui sert de base à l'édifice, pour en faire mieux voir, d'en bas et d'un point de distance proportionné, toutes les parties.

Trente-deux de ces colonnes accompagnent huit massifs qui servent de piliers battants au dehors; les huit autres sont accouplées au-devant de quatre trumeaux dans le milieu des axes des quatre faces de ce monument. Deux vitraux sont séparés par ces groupes de colonnes; d'autres vitraux semblables répondent à chaque angle du même carré, entre deux des huit massifs ou piliers battants, ornés de colonnes. Ces douze vitraux, ainsi distribués, sont ornés d'un chambranle, d'une tête de chérubin et couronnés d'une corniche sur laquelle est un vase avec deux anges à côté.

Un attique au-dessus, de l'ordre composite, est décoré de douze croisées plein cintre; des festons de fleurs attachés à des consoles pendent de part et d'autre sur leurs archivoltes; huit consoles renversées à enroulements, ornées chacune dans le haut d'une tête de chérubin, et qui étaient accompagnées de part et d'autre, dans le bas, de deux grandes statues, contribuent beaucoup à l'embellissement de cet attique et à la solidité de sa construction.

Les seize grandes statues représentaient un ancien prophète, saint Jean-Baptiste, les douze apôtres, saint Paul et saint Barnabé, apôtres des gentils.

Ces figures étaient placées, de même que les consoles, sur des piédestaux, au-dessus de huit grands massifs de l'ordre composite.

Une balustrade de pierre règne à la hauteur de ces piédestaux, sur la corniche du même ordre, pour servir d'appui à une plate-forme découverte, qui environne l'attique au dehors et qui a son passage sur les consoles.

Pour servir d'amortissement à tous les massifs ornés de guirlandes et de têtes de chérubins dans l'attique, il y a sur la corniche des socles ou acrotères qui portent des candélabres. Derrière ces candélabres s'élève le dôme : il est fait en manière de coupe renversée et d'une forme admirable. De larges côtés qui répondent aux massifs de dessous ont dans leurs intervalles de grands trophées d'armes en bas-reliefs, et au-dessus des guirlandes et autres ornements de métal doré d'une grande richesse.

Au milieu de ces trophées sont des lucarnes formées par des casques dont les visières servent à éclairer la charpente intérieure du dôme.

Au-dessus du cordon et de la gorge d'amortissement de la coupe du dôme est une campane très-riche, qui s'étend jusqu'à un autre cordon et à des consoles qui portent une plate-forme circulaire d'où s'élève un campanille ou lanterne, environné d'un balcon de fer, le tout entièrement doré.

Ce campanille, qui est tout à jour, a quatre arcades et douze colonnes, dont quatre des plus saillantes sont isolées. Pour juger à peu près de la grandeur des parties les plus élevées de cet édifice, il suffit de savoir que les quatre statues qui couronnaient la lanterne, et qui paraissaient à la vue de moyenne grandeur, avaient cependant deux mètres soixante-sept centimètres de hauteur.

La naissance de la grande calotte intérieure du dôme est construite en pierres et continuée en briques.

Au-dessus est une immense et magnifique charpente faite avec un art infini ; elle est revêtue de plomb de manière à la garantir des injures du temps.

Tout le pourtour de ce dôme est garni de dalles de pierres à recouvrement.

On a ménagé, pour l'écoulement des eaux, des conduits dans les noyaux, d'où elles entrent dans l'aqueduc souterrain et vont se perdre ensuite hors de l'Hôtel.

Salle du Conseil.

Dans cette salle on remarque particulièrement :
Un portrait de Napoléon Ier, en habit de sacre, par Ingres ;
Un portrait en pied de Louis XIV ;
Un buste de marbre de Napoléon Ier, par Bosio ;
Un buste de Napoléon III, également de marbre, par Émile Thomas ;
Un buste de marbre blanc de S. A. I. le prince Jérôme, donné à l'hôtel impérial des Invalides par M. le comte d'Orsay ;
Le maréchal Lannes, duc de Montebello ;
Le maréchal Bessières, duc d'Istrie ;
Le maréchal Berthier, prince de Wagram ;
Le maréchal Brune ;
Le maréchal Augereau, duc de Castiglione ;
Le maréchal Masséna, prince d'Essling et duc de Rivoli ;
Le maréchal Victor, duc de Bellune ;
Le maréchal Lefebvre, duc de Dantzig ;
Le maréchal Kellermann, duc de Valmy ;
Le maréchal Beurnonville ;

Le maréchal Davout, prince d'Eckmuhl;

Le maréchal Pérignon;

Le maréchal duc de Coigny;

Le maréchal Serrurier;

Le maréchal Suchet, duc d'Albuféra;

Le maréchal Gouvion Saint-Cyr;

Le maréchal Ney, prince de la Moskowa et duc d'Elchingen;

Le maréchal Jourdan;

Le maréchal Moncey, duc de Conégliano;

Le maréchal Oudinot, duc de Reggio;

Le maréchal Lauriston;

Le duc de Belle-Isle;

Le duc de Broglie;

Le marquis de Viomesnil;

Ainsi que ceux de Libéral Bruant et de Jules Hardouin-Mansart.

Bibliothèque.

La bibliothèque, établie en 1800, se trouve au premier étage de la galerie du nord. Elle est composée d'environ 17,000 volumes. La boiserie, sculptée, est du plus beau travail.

On y voit le général Bonaparte à cheval, au passage du mont Saint-Bernard;

Un tableau représentant Napoléon III;

Un magnifique plan en relief de l'Hôtel;

Et la colonne, en petit, de la place Vendôme, monument impérissable de la gloire des Français, avec l'explication des bas-reliefs.

Réfectoires.

Dans la partie des bâtiments qui occupent la droite et la gauche de la cour d'honneur sont quatre grands réfectoires contigus aux galeries qui forment les portiques du rez-de-chaussée.

Un de ces réfectoires est destiné aux officiers; les trois autres, aux sous-officiers et soldats.

Les tables des uns et des autres sont de douze couverts, de porcelaine et d'argenterie pour les officiers, et d'étain pour les sous-officiers et soldats.

Tous les réfectoires sont ornés de peintures à fresque, exécutées par Martin, peintre célèbre, élève de Van der Meulen.

Elles représentent différentes places fortifiées des villes de Flandre, de Hollande, d'Alsace, de la Franche-Comté, etc., conquises par Louis XIV.

Dans le premier réfectoire, du côté est, on voit sur la porte un grand tableau qui représente Louis XIV sur des nuées, environné des Grâces et accompagné de la Justice, de la Force, de la Prudence et de la Tempérance, mettant en fuite l'Ignorance et la Superstition.

Dans un groupe de figures paraissent l'Abondance et la Magnificence personnifiées, et la France, à genoux, qui rend grâces au ciel des bienfaits dont elle a été comblée.

On voit dans le ciel de ce tableau le dieu des combats avec le génie de la guerre, dont un mesure le globe terrestre avec le compas. Ce tableau est éclairé par le soleil levant.

La façade opposée est décorée de différents tableaux relatifs aux prises de Cambrai, Charleroi, Tournai, Douai, Bergues, Lille, Furnes, Courtrai, Alost, Oudenarde.

Dans les trumeaux des croisées, on voit la prise de Besançon, Salins, Dôle, Gray, du fort de Joux, etc.

Sur l'autre porte du même réfectoire est un grand tableau où le roi Louis XIV est représenté à cheval, suivi de ses gardes, et revenant de faire des conquêtes; la Renommée s'efforce de devancer ses pas pour publier sa gloire. La Valeur et la Victoire le suivent, chargées de palmes; la Franche-Comté, soumise, est représentée, sur le devant de ce tableau, sous la figure d'une femme enchaînée, accompagnée d'un vieillard dans l'attitude d'un ennemi vaincu. Le peintre a désigné sous cet emblème le reste de la Flandre subjuguée.

Dans le deuxième réfectoire de ce même côté sud-est, et sur la porte d'entrée, est un grand tableau représentant la déclaration de guerre aux Hollandais. Le roi, assis sur son lit de justice, semble la prononcer. Le monarque est accompagné de la Raison et de la Justice, que l'on reconnaît à leurs attributs, et qui semblent lui conseiller cette guerre. Pallas est à ses pieds, et la Muse de la guerre dresse le cartel de déclaration.

On voit, sur le devant du tableau, Bellone qui se prépare à répandre partout le désordre et l'horreur. Elle détruit tout ce qu'elle rencontre sur son chemin et paraît mépriser les cris d'un petit enfant qui court après elle. Dans l'enfoncement de ce tableau est le temple de Janus, d'où sortent des peuples épouvantés de la déclaration de guerre. La Paix, renversée par terre et soutenant à peine un rameau d'olivier, appelle un génie qui, s'étant revêtu d'un casque et d'autres armes, refuse de l'écouter et court à la guerre.

Sur le côté opposé, on voit la prise de Rheinberg, Orsay, Wesel, du fort de la Lippe, de Reès, de Schin, d'Emerick, de Guritz, Zutphen, Narden, Utrecht et Tiel.

Vis-à-vis, le peintre a représenté la prise des villes de Graves-Bommel, Crève-Cœur, fort Saint-André, Voorn, Nimègue, Znotzembourg, Oudenarde, Culumbourg, Doesbourg, Vianem et Arnheim.

Dans le troisième réfectoire, côté sud-ouest, sur la porte d'entrée, on admire un grand tableau de

Louis XIV accompagné de Minerve, de Bellone et de la Victoire.

Ce monarque se dirige vers la Meuse, qui semble déjà soumise; elle présente au roi la ville de Maëstricht, figurée par l'étoile qu'elle tient à la main : ce sont les armes de cette ville. Au côté droit de ce tableau, le Rhin rend ses hommages au roi; l'Europe est de l'autre côté.

Dans la partie opposée aux croisées sont plusieurs tableaux qui rappellent différentes conquêtes du roi, telles que la prise de Maëstricht, de Dinant, la bataille de Senef, la levée du siége d'Oudenarde par trois armées combinées : les Espagnols, les Impériaux et les Hollandais; la prise de Limbourg, etc.

Entre les fenêtres, le peintre a exécuté la prise des forts de Joux, de Besançon, de Dôle et de Salins, pour la seconde fois, et celle de Lure, de Vesoul et de Fauconnier.

Au-dessous de l'autre porte est un grand médaillon qui représente la Clémence assise sur des trophées d'armes et tenant une Victoire à la main, avec cette inscription :

VICTORIS CLEMENTIA.

Dans le quatrième réfectoire de ce même côté sud-ouest, au-dessus de la porte, est un grand tableau du roi à cheval, donnant des ordres pour les expéditions de ses dernières campagnes. Vis-à-vis des croisées sont d'autres tableaux où l'on voit les prises de Valenciennes, de Condé, de Cambrai, de Bouchain, Saint-Omer, Aire, le secours de Maëstricht, la bataille de Mont-Cassel.

Dans les trumeaux qui séparent les croisées, on a peint l'embrasement du pont de Strasbourg, la prise d'Ypres, du fort Rouge, de Puycerda, Saint-Guilain, Fribourg, du fort de Lineck, de Bouillon, et la bataille de Saint-Denis, devant Mons.

Au-dessus de la seconde porte, on voit Louis XIV qui reçoit les remercîments des ambassadeurs d'Espagne, de Hollande et d'Allemagne pour la paix qu'il vient d'accorder.

Dortoirs.

Grandes salles servant de dortoirs aux sous-officiers et soldats, désignées sous les noms de salles Louvois, d'Hautpoul, Luxembourg et Mars.

Ceux du second étage sont les salles d'Assas, de la Tour d'Auvergne, de Bayard et de Kléber.

Ces dortoirs sont remarquables par leur étendue, par l'ordre et la propreté qui y règnent [1].

---

[1] Sully, Vauban, d'Hautpoul, Vendôme, Desaix, Joubert, etc.

Infirmerie.

Les locaux de l'infirmerie sont généralement vastes, spacieux, bien éclairés et bien aérés. Les dépendances se trouvent parfaitement distribuées à proximité des parties principales. Plusieurs grandes cours, converties en jardins, promenades, séparent les unes des autres et permettent ainsi l'accès, dans chacune d'elles, d'une grande quantité d'air et de lumière.

Chaque division de malades est confiée à un médecin traitant, du grade de principal ou de major, ayant sous ses ordres un certain nombre d'aides; tous sont placés sous la direction supérieure du médecin chef du service médico-chirurgical.

L'infirmerie est desservie par vingt-cinq sœurs hospitalières de l'ordre de Saint-Vincent de Paul et une dame supérieure.

Un local séparé, attenant à l'infirmerie, est consacré à leur logement; il contient un oratoire, un vaste dortoir et toutes les dépendances qu'exige leur service particulier.

On ne saurait donner trop d'éloges au zèle que ces respectables filles apportent dans l'exercice des pénibles fonctions dont la charité et le désintéressement absolu leur font supporter le poids.

Pharmacies.

La grande pharmacie, qui se trouve à l'entrée de l'infirmerie, sert de dépôt pour les médicaments qui excèdent les besoins journaliers. On y remarque de belles armoires de chêne, décorées de sculptures, ainsi qu'une table et des vases, dont la confection remonte à la fondation de l'Hôtel. On y conserve encore, dans une vaste jarre, une certaine quantité de thériaque préparée sous Louis XIV.

La petite pharmacie, située près de là, sert à la préparation des médicaments prescrits à la visite de chaque jour; elle est richement décorée, dans le style le plus moderne.

Le service de la pharmacie est confié à un pharmacien principal, chef, et à un pharmacien aide-major.

PERSONNEL MILITAIRE.

CONSEIL D'ADMINISTRATION.

Le conseil d'administration de l'Hôtel, présidé par le gouverneur, a pour membres :

Deux sénateurs ;
Le général commandant l'Hôtel ;
L'intendant de la première division militaire ;
Un officier supérieur major ;
Un officier supérieur du génie ;
Un officier supérieur invalide ;
Un adjudant major ;
Et deux chefs de division.

Le sous-intendant de l'Hôtel en est le rapporteur.

Le secrétaire général archiviste en est le secrétaire particulier.

Le gouverneur est de droit président du conseil ; le général commandant ainsi que le major en sont toujours membres au même titre ; les deux sénateurs, l'intendant de la première division militaire, l'officier supérieur du génie, l'intendant ou le sous-intendant et le secrétaire, sont nommés par le ministre.

L'adjudant major et les chefs de division sont

nommés à l'élection des officiers et renouvelés tous les trois ans.

En l'absence du gouverneur, le conseil est présidé par le général commandant.

ÉTAT-MAJOR.

Le personnel de l'état-major de l'Hôtel se compose :

D'un maréchal de France ou général de division, gouverneur ;

D'un général de brigade, commandant ;

D'un colonel ou lieutenant-colonel major ;

Et de sept capitaines adjudants majors.

PERSONNEL DE L'ADMINISTRATION.

Le personnel d'administration se compose :

D'un intendant ou sous-intendant militaire ;

D'un adjoint de première classe à l'intendance militaire ;

Du secrétaire général archiviste, trésorier, bibliothécaire, conservateur des trophées militaires et commandant l'artillerie de l'Hôtel.

Il y a, en outre, pour l'exécution des services administratifs proprement dits :

Un directeur ;

Huit adjudants d'administration ;

Et un garde du génie chargé du casernement.

SERVICE DU CULTE.

Le service du culte est fait par :
Un curé ;
Un premier chapelain ;
Et un deuxième chapelain.

Tous les dimanches et fêtes, à midi, messe militaire à l'Hôtel.

Et tous les jours, à six heures du matin, messe à la chapelle de l'infirmerie pour les malades.

SERVICE DE SANTÉ.

Le personnel du service de santé se compose :
De trois médecins principaux de première classe, dont un chef de service ;
D'un pharmacien principal de première classe ;
De deux médecins ordinaires de première classe ;
De deux médecins aides-majors ;
Et de six médecins sous-aides.

ORGANISATION ET SERVICE MILITAIRE.

Les militaires invalides sont répartis en divisions.
Chaque division est commandée par :
Un chef de division qui a sous ses ordres :
Un adjudant ;
Un sous-adjudant ;
Et autant de chefs de chambrée que la disposition des localités l'exige.

La première division, composée exclusivement d'officiers, occupe le bâtiment neuf contigu à la partie ouest du bâtiment.

Les divisions dites de *moines lais* se composent de tous les infirmes hors d'état de faire aucun service. Ils sont soignés par des servants, sous la surveillance des sœurs hospitalières, et ne sont pas astreints à aller au réfectoire. Ils prennent dans leurs salles le repas qu'on leur apporte.

La dénomination de moines lais date de l'époque où les abbayes étaient chargées d'office de la nourriture et de l'entretien des invalides.

Moines lais ou moines laïques veut dire ceux qui n'étaient pas engagés par des vœux.

Les invalides seuls font le service militaire de l'établissement.

SERVICE DES BATIMENTS.

Le service des bâtiments est dirigé par :
Un architecte ;
Et un inspecteur vérificateur.

RÉGIME ALIMENTAIRE.

L'ordinaire des sous-officiers et soldats est réglé conformément aux dispositions du titre V du décret impérial du 25 mars 1811.

Les officiers supérieurs sont servis dans leurs chambres.

Les capitaines, lieutenants titulaires et les chefs de division mangent au réfectoire à des tables de douze couverts; les uns et les autres sont servis en couverts d'argent et de porcelaine.

Le grand nombre des militaires invalides ne permettant pas qu'ils prennent tous ensemble leur repas, ils sont servis ainsi qu'il suit :

Les repas du matin ont lieu à neuf heures et à dix heures.

Les repas du soir à quatre et à cinq heures.

SOLDE.

Les militaires invalides reçoivent par mois, à titre de menus besoins, une solde fixée pour chaque grade ainsi qu'il suit :

Colonel,	Fr. 30	»
Lieutenant-colonel,	24	»
Chef de bataillon,	20	»
Capitaine titulaire,	10	»
Lieutenant et sous-lieutenant,	8	»
Adjudant sous-officier,	6	»
Sergent-major,	5	»
Sergent,	4	»
Capitaine honoraire,	5	333
Lieutenant honoraire,	4	»
Caporal,	3	»
Soldat,	2	»

Les chefs de chambrée ont une haute paye de 5 francs.

Il est une autre solde, dite *indemnité de manicros*, accordée sur certificat des officiers de santé en chef, et avec autorisation du conseil d'administration, aux invalides aveugles, paralysés ou atteints d'infirmités qui ne leur permettent pas de se servir seuls.

On désigne sous le nom de *manicros* les militaires invalides qui, ayant eu le malheur de perdre l'usage de leurs membres, ont besoin d'être aidés ou servis, et alors il faut payer ceux qui sont en état de les aider.

CONDITIONS D'ADMISSION A L'HÔTEL.

1° Être ancien militaire pensionné;

2° Être amputé, ou avoir des infirmités équivalentes à la perte absolue de l'usage d'un membre, ou bien avoir au moins 60 ans d'âge.

Les demandes d'admission doivent être adressées au ministre de la guerre par l'intermédiaire du général commandant la division territoriale.

Toute demande doit être accompagnée :

1° D'un acte de naissance;

2° D'un extrait des états de service;

3° D'une copie certifiée du titre d'inscription de la pension;

4° D'un certificat de moralité.

BATTERIE-TROPHÉE.

Après la révolution de 1830, sur la proposition de M. le maréchal Clausel, commandant l'armée d'Afrique, fut rendue l'ordonnance du 9 octobre 1830, qui donne à l'hôtel des Invalides vingt-quatre pièces de bronze, de forme parfaite et de dimension colossale, pour y être placées comme un trophée parlant d'une glorieuse campagne.

La batterie placée à droite et à gauche de la grande grille d'entrée, destinée à annoncer à la capitale des faits et événements remarquables, est composée aujourd'hui de dix-huit bouches à feu, savoir :

D'un canon autrichien du calibre de 48, fondu à Vienne en 1681, recevant le feu par le derrière de la culasse. Autour du collet sont des feuilles de chêne et des glands en relief entrelaçant des L. Sur la volée est un aigle se précipitant, les ailes déployées, sur un dauphin auquel il enfonce ses serres dans le flanc et son bec dans la tête, avec cette devise :

Eximam aut mergor (vaincre ou mourir);

D'un canon de 27, également autrichien, portant l'inscription :

Fortes fortuna juvat, auxiliante Deo.

Sur la volée se trouve un oiseau, les ailes déployées, avec cette autre devise traduite de l'allemand :

Dès que mon chant dans les airs retentit, les murailles par moi sont renversées ;

D'un canon du calibre de 33, fondu à Venise en 1708, en présence du roi de Danemark. Il porte les armes de la République et le lion de Saint-Marc tenant le livre d'or ouvert ;

De huit canons prussiens qui faisaient partie des deux mille trois cent trente-trois bouches à feu russes et autrichiennes évacuées de Vienne sur Strasbourg, après la bataille d'Austerlitz.

Ces pièces ont été fondues à Berlin en 1708 par ordre de Frédéric Ier, le dernier des Électeurs de Brandebourg et le premier roi de Prusse. Chacune d'elles est dédiée à l'un des Électeurs dont l'effigie, en pied et en relief, se trouve placée sur la volée.

Ces canons, qui étaient primitivement au nombre de douze, ce qui les avait fait appeler les douze apôtres, furent enlevés par les Autrichiens après leur entrée à Berlin, à la suite de la bataille de Gœrlitz, en 1757.

Par un acte de vrai vandalisme trois de ces belles pièces, dont l'ensemble formait un monument historique, unique dans son genre, ont été fondues lors du blocus de Strasbourg, en 1814, pour en faire de la monnaie obsidionale ;

De deux canons hollandais, du calibre de vingt-quatre, provenant de la citadelle d'Anvers ;

De deux canons français, également de vingt-quatre, qui ont fait partie de la batterie de brèche devant Constantine en 1837 ;

D'une couleuvrine wurtembergeoise, du calibre de douze, légère et élégante et de la plus grande beauté. La volée, cannelée en hélice, est entourée d'un serpent de grandeur naturelle. On y remarque la statue du prince armé de pied en cap, avec les initiales F. H. Z. W. et les statuettes de l'Espérance, la Justice, la Foi, la Prudence et la Force. Les anses et le bout de culasse sont formés par des figurines qui s'étreignent ;

De deux énormes canons-obusiers pris à Sébastopol ;

Enfin de deux mortiers algériens, avec cette inscription en arabe :

Fondues par l'ordre de Méhemed-Pacha, à qui Dieu rend facile tout ce qu'il entreprendra.

Il existe, en outre des bouches à feu qui forment la batterie-trophée, seize canons de gros calibre des vingt-quatre venus d'Afrique par suite de l'ordonnance précitée du 9 octobre 1830.

Ces bouches à feu, prises à Alger en 1830, qu'on voit à droite et à gauche de la grille d'entrée, n'ont de remarquable que leur calibre et beaucoup d'empreintes causées par les boulets de notre flotte.

Plus encore deux très-beaux canons français de douze qui faisaient partie de l'équipage d'artillerie employé au siége de Saint-Jean d'Acre (Égypte) par le général Bonaparte.

GALERIE DES PLANS-RELIEFS

DES PLACES DE GUERRE.

L'établissement de la galerie des plans-reliefs des places de guerre est dû au ministre Louvois, désireux de mettre sous les yeux de Louis XIV les plans des places fortes que Sa Majesté faisait construire ou dont elle avait fait les conquêtes.

De 1668 à 1715, il a été établi cinquante places fortes, auxquelles le grand Roi attachait des souvenirs de gloire. Ils furent placés dans la grande galerie du palais des Tuileries qui sert de communication avec le Louvre, où sont aujourd'hui les tableaux. A l'avénement de Louis XIV au trône, on résolut de donner à cette galerie la destination qu'elle a aujourd'hui dans les combles de l'hôtel des Invalides. Le nombre des plans était alors de cent vingt environ, plusieurs furent détruits à cette époque.

La loi du 10 juillet 1791, qui a créé le comité des fortifications, chargea un lieutenant-colonel de l'arme du génie de la conservation et de l'entretien des bas-reliefs que renferme ce vaste établissement.

Les places dont les galeries renferment aujourd'hui les reliefs sont les suivantes :

Frontière du Nord. Bergues, Calais, Gravelines, Saint-Omer, Aire, Douai, Arras, Bouchain, Landrecies, Maubeuge, Avesnes, château de Ham, la forteresse du mont Valérien.

Frontière du Nord-Est. Rocroi, Sedan, Metz, Bitch, Marsal, Toul, Verdun.

Frontière du Rhin. Strasbourg, Neufbrisach, Belfort.

Frontière du Jura. Besançon, château de Joux.

Frontière des Alpes. Fort l'Écluse, Grenoble, fort Barreaux, Briançon, Mont-Dauphin, Embrun.

Frontière de la Méditerranée. Antibes, les îles Sainte-Marguerite, Saint-Tropez, Toulon, château d'If, la citadelle de Saint-Nicolas, Marseille.

Frontière des Pyrénées. Perpignan, Villefranche, Fort-les-Bains, Prats de Mollo, Bayonne.

Frontière de l'Océan. Brouage, fort Chapus, Oléron, Saint-Martin de Ré, fort de la Prée, Belle-Isle, Brest, la Couchée, Saint-Michel, Cherbourg.

Algérie. Constantine.

Pays étrangers. Le mont Cenis, la Suisse, le passage du pont de Lodi, le siége de la citadelle d'Anvers, le siége de Rome en 1848.

L'effet que produit la vue de l'ensemble de cette collection sur les visiteurs se traduit, en général, par des expressions de surprise et d'admiration, et, pour en citer un exemple, nous rappellerons les exclamations du plus grand génie moderne :

Le 6 mars 1813, l'empereur Napoléon Ier vint visiter la galerie, en compagnie de Marie-Louise, et, en s'arrêtant devant les reliefs de Brest et de Cherbourg, récemment achevés, il s'écria :

« Voilà un beau et magnifique ouvrage! C'est beau, c'est très-beau! où est l'Impératrice? Allez chercher l'Impératrice, dites-lui qu'elle n'a rien vu de comparable, qu'elle vienne. »

La galerie des plans-reliefs, placée à l'hôtel des Invalides, unique en Europe, peut à juste titre être considérée comme un véritable musée des fortifications faisant partie de la richesse nationale.

TABLE.

Avertissement 1
Avant-propos. 1

LIVRE PREMIER.
De 1670 à 1789.

Origine de l'institution. — Édit de création. — Lemaçon d'Ormoi, 1er gouverneur. — Louis XIV à l'Hôtel. — De Saint-Martin, 2e gouverneur. — Louvois. — Ses obsèques. — Desroches d'Orange, 3e gouverneur. — De Boyveau, 4e gouverneur. — Dons. — Legs. — Testament de Louis XIV. — Sa mort. — Ses dernières volontés. — La Régence. — Le czar Pierre Ier à l'Hôtel (1716). — Louis XV à l'Hôtel. — De Beaujeu, 5e gouverneur. — Le chevalier de Ganges, 6e gouverneur. — M. de Saint-André, 7e gouverneur. — M. de la Courneufve, 8e gouverneur. — Construction des pavillons dits des officiers. — Le comte de Laserre, 9e gouverneur. — Le baron d'Espagnac, 10e gouverneur. — Visite du roi de Danemark (2 décembre 1768). — Mort de Louis XV. — Avénement de Louis XVI. — Le comte de Muy, ministre de la guerre. — Le prince héréditaire de Suède à l'Hôtel. — L'archiduc Maximilien d'Autriche à l'Hôtel (1775). — Le ministre de Saint-Germain. — Ordonnance exécutoire en quatre jours. — Plans-reliefs. — L'empereur d'Autriche à l'Hôtel. — Le prince de Montbarey. — Visites princières. — De Guibert, 11e gouverneur (11 décembre 1783). — La reine Marie-Antoinette à l'Hôtel. . . . . 1 à 34

LIVRE DEUXIÈME.
De 1789 à 1815.

États généraux. — Assemblées préliminaires. — M. de Sombreuil, 12e gouverneur. — Journées de juillet 1789. — Les invalides aux jacobins. — Projet de supprimer l'Hôtel. — L'abbé Maury, Dubois-Crancé, Custine, Guillaume, Clermont-Tonnerre, Emery. — Assemblée nationale. — Hôtel national des militaires invalides (30 avril 1792). — La France déclare la guerre à l'Autriche. — Envahissement de l'Hôtel. — Adresse à l'Assemblée nationale. — Mademoiselle de Sombreuil. — Dépouillement de l'église. — Temple de Mars. — Les révolutionnaires à l'Hôtel. — Enlèvement des archives. — Suppression de l'administration de l'Hôtel. — Agence. — Pension aux invalides. — Brice de Montigny. — Le général Berrurier, 13e gouverneur. — Fondation de la République. — Trophées. — Le Directoire à l'Hôtel. — Succursales. — 18 brumaire. — Trophées de l'armée d'Orient. — Le Premier Consul à l'Hôtel. — Turenne. — Création de nouvelles succursales. — Le Premier Consul de nouveau à l'Hôtel. — Le général Serrurier, 14e gouverneur. — Le Premier Consul est proclamé Empereur. — Institution de la Légion d'honneur. — L'Empereur à l'Hôtel. — Serment. — Cérémonie en actions de grâces de l'avénement du Premier Consul au trône de l'Empire. — Le pape Pie VII à l'Hôtel. — Visites princières. — L'Empereur à l'Hôtel. — L'épée de Frédéric le Grand. — Monument à élever pour le cœur de Vauban aux Invalides. — Maréchal Lannes. — Dotation de l'Hôtel. — Grand conseil. — Naissance du roi de Rome. — Napoléon aux Tuileries, le 19 décembre 1812. — Baraguey-d'Hilliers. — Éblé. — Comte de Lariboissière. — Napoléon à l'Hôtel (5 mars 1813). — Les empereurs de Russie et d'Autriche et le roi de Prusse à l'Hôtel...... 35 à 158

LIVRE TROISIÈME.

De 1815 à 1848.

Départ de Louis XVIII. — Retour de Napoléon de l'île d'Elbe. — Le maréchal Davout, ministre de la guerre. — Adresse à l'Empereur. — Réadmissions à l'Hôtel. — Visite de l'Empereur à l'Hôtel, et dernière rencontre de l'Empereur avec les vieux soldats d'Austerlitz et de Wagram. — Revue au Champ de Mars. — Deuxième Restauration. — Le maréchal Serrurier se dérobe à l'Hôtel. — Nouveau conseil d'administration. —

Nomination des hauts fonctionnaires. — Le duc de Coigny, 15ᵉ gouverneur. — Le comte d'Artois et la Dauphine à l'Hôtel. — L'infant d'Espagne à l'Hôtel. — Ordonnance sur le corps de l'intendance. — Mort du duc Berry. — Portraits des maréchaux. — Mort du duc de Coigny. — De Latour-Maubourg, 16ᵉ gouverneur. — Louis XVIII à l'Hôtel. — Duc de Bellune. — Obsèques du maréchal Davout. — Mort de Louis XVIII. — Sidi-Mahmoud à l'Hôtel. — Le prince de Salerne et la duchesse de Berry à l'Hôtel. — Charles X à l'Hôtel. — Le légat du Pape à l'Hôtel. — Le duc de Bordeaux à l'Hôtel. — Trophées. — Réception du cœur du général Kléber. — Obsèques du maréchal Saint-Cyr. — Le roi de Naples à l'Hôtel. — Révolution de 1830. — Prise d'Alger. — Le maréchal Jourdan, 17ᵉ gouverneur (11 avril 1830). — Général Dalesme. — Trophées. — Louis-Philippe à l'Hôtel. — Trophées. — Batterie triomphale. — Général Fririon. — La reine de France à l'Hôtel. — Trophées d'Alger. — Le maréchal Moncey, 18ᵉ gouverneur. — Ordonnance et projet de supprimer cette haute dignité. — Passy. — De Liadières. — Charles Dupin. — Attentat contre la vie du Roi (18 juillet 1835). — Ses victimes. — Service funèbre. — Le roi de Naples de nouveau à l'Hôtel. — Trophées. — Obsèques du général Damrémont. — Obsèques du maréchal de Lobau. — Le prince de Joinville à Sainte-Hélène. — Restes mortels de Napoléon Iᵉʳ à l'Hôtel. — Couronne d'or. — Obsèques du maréchal Moncey. — Visites princières. — Mort du duc d'Orléans. — Adresse. — Maréchal Oudinot, 19ᵉ gouverneur. — Trophées. — Obsèques du maréchal comte d'Erlon. — Trophées de Mogador. — Hussein-Bey. — Maréchaux Bertrand et Duroc. — Ibrahim-Pacha à l'Hôtel. — Trophées du Mexique. — Obsèques du maréchal comte Valée. — Son éloge. — Obsèques de l'amiral Duperré. — Le bey de Tunis à l'Hôtel. — Obsèques du maréchal Serrurier. — Obsèques des deux grands maréchaux Bertrand et Duroc. — Obsèques du maréchal de Grouchy (juin 1847). — Obsèques du maréchal Oudinot (13 septembre 1847). — Maréchal Molitor, 20ᵉ gouverneur. — Trophées de Fautahuha (Océanie). . . 159 à 410

LIVRE QUATRIÈME.

De 1848 à 1862.

Le 28 février 1848, la République est proclamée. — Adhésion des invalides. — Insubordination dans l'Hôtel. — Punitions (7 avril). — Cérémonie funèbre du général Négrier. — Idem du général Duvivier. — Députés membres du conseil d'administration. — Le président de la République à l'Hôtel. — Élections. — Le général Jérôme Bonaparte, 21ᵉ gouverneur. — Le maréchal Molitor, grand chancelier de la Légion d'honneur. — Reliques de l'Empereur. — Anniversaire du 5 mai. — Élections. — Obsèques du maréchal Bugeaud. — Obsèques du maréchal Molitor. — Le prince Jérôme élevé à la dignité de maréchal de France. — La duchesse de Bade à l'Hôtel. — Obsèques du maréchal Dode de la Brunerie. — Obsèques du maréchal Sébastiani (15 août 1851). — Obsèques du maréchal Soult (13 janvier 1852). — Vauban. — Obsèques du maréchal Gérard. — Messe anniversaire (15 décembre 1852). — Relief du siége de Rome. — Obsèques du maréchal Exelmans. — Abd-el-Kader à l'Hôtel (2 novembre 1852). — Proclamation de l'Empire. — Le duc de Padoue, 22ᵉ gouverneur. — Le prince Jérôme, gouverneur honoraire. — Trophées de Lagouat. — Obsèques du duc de Padoue. — Le général comte d'Ornano, 23ᵉ gouverneur. — Il est rétabli dans la première section du cadre de réserve. — Reliques de Napoléon Iᵉʳ. — La reine douairière d'Espagne à l'Hôtel. — Obsèques du maréchal Saint-Arnaud (16 octobre 1855). — Idem de l'amiral Mackau. — La reine d'Angleterre à l'Hôtel. — La duchesse de Brabant à l'Hôtel (20 octobre 1855). — Le roi de Sardaigne à l'Hôtel (28 novembre 1855). — Obsèques de l'amiral Bruat (11 décembre 1855). — Naissance du Prince impérial (16 mars 1856). — Adresse à l'Empereur. — Le général Tatareau. — Le grand-duc Constantin à l'Hôtel. — Le roi de Bavière à l'Hôtel. — MM. les sénateurs barons de Lacrosse, Charles Dupin, nommés membres du grand conseil d'administration. — Les restes du prince Jérôme fils, le cœur de la princesse Catherine de Wurtemberg à l'Hôtel. — La reine des Pays-Bas à l'Hôtel. — Canon venu de Canton. — Char funèbre de Napoléon Ier. — Batailles de Magenta et de Solferino. — Obsèques du maréchal Reille. — Trophées. — Obsèques de l'amiral Parseval-Deschênes. — Canon en bronze venu de la Cochinchine. — Funérailles de S. A. I. le prince Jérôme (4 juillet 1860). — Général Tatareau. — Le gouverneur comte d'Ornano élevé à la dignité de maréchal de France. — Installation des restes mortels de Napoléon Ier sous le dôme. . . . . 411 à 601

LIVRE CINQUIÈME.

DESCRIPTION DE L'HÔTEL ET DES TOMBEAUX.

Description de l'Hôtel et du tombeau. — Salle du conseil. — Bibliothèque. — Réfectoires. — Dortoirs. — Infirmerie. — PERSONNEL : Conseil d'administration. — État-major. — Personnel d'administration. — Service du culte. — Service de santé. — Service des bâtiments. — Régime alimentaire. — Solde. — Conditions d'admission. — ARTILLERIE : Canons, drapeaux, étendards et trophées. — Plans-reliefs des places fortes. . . . . 603 à 662

FIN DE LA TABLE.

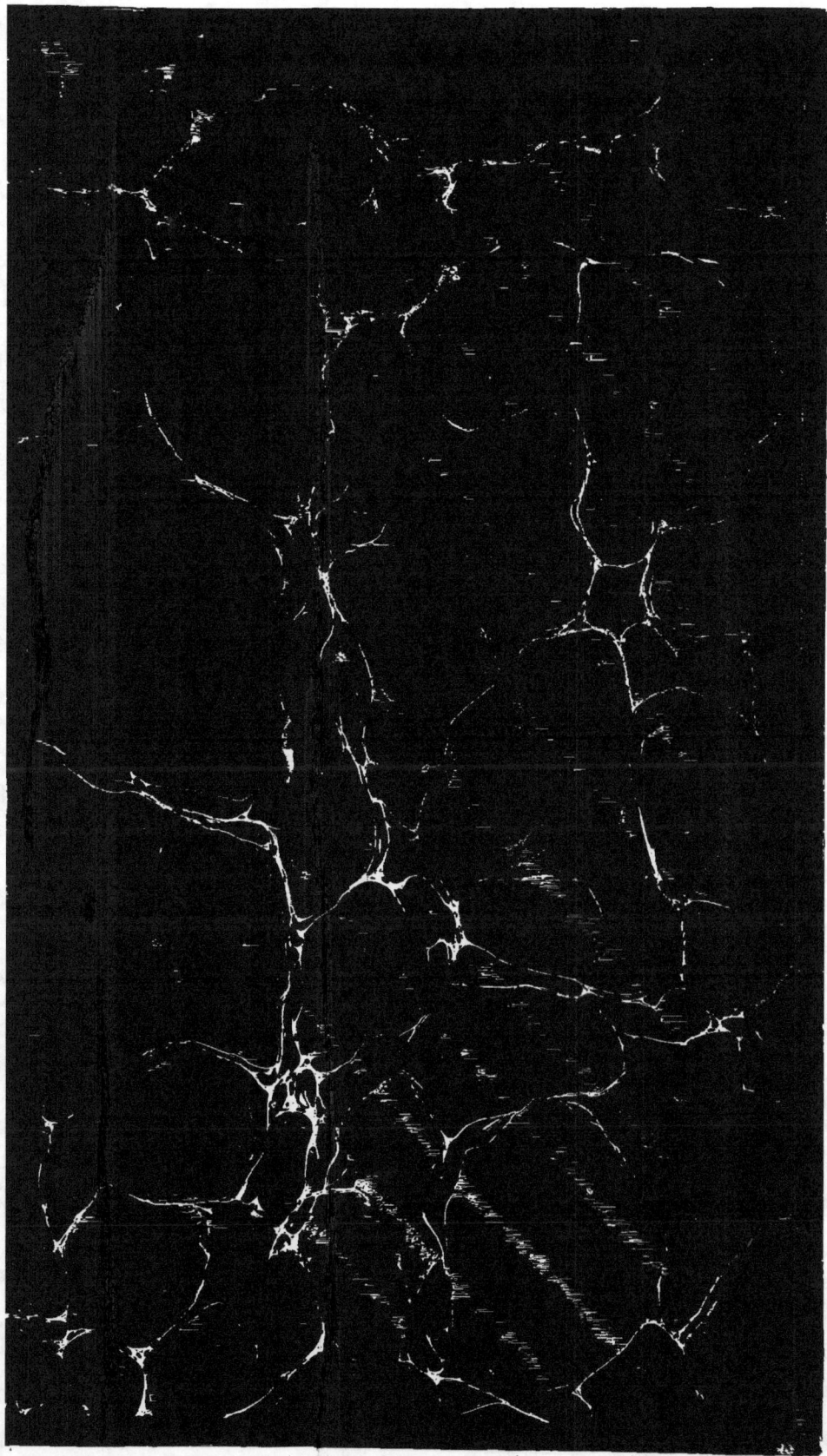

www.ingramcontent.com/pod-product-compliance
Lightning Source LLC
Chambersburg PA
CBHW061957300426
44117CB00010B/1375